LA VIE MODERNE
AU THÉATRE

DU MÊME AUTEUR

A LA MÊME LIBRAIRIE

LA VIE MODERNE AU THÉATRE (*première série*), 1 vol. in-18.
LA FRANCE ENVAHIE (*Forbach et Sedan*), 1 vol. in-18.

Paris. — Imprimerie Viéville et Capiomont, rue des Poitevins, 6.

JULES CLARETIE

LA VIE MODERNE
AU THÉATRE

CAUSERIES SUR L'ART DRAMATIQUE

Deuxième Série

PARIS
GEORGES BARBA, LIBRAIRE-ÉDITEUR
7, RUE CHRISTINE, 7
—
1875

A M. ALEXANDRE DUMAS FILS

Lorsque des malheurs pareils à ceux que la France a subis, il y a déjà près de cinq ans, accablent un pays, chacun doit, ce me semble, faire son examen de conscience et se demander, avec un certain tremblement, s'il n'a pas été pour quelque chose dans la ruine commune. Il me paraît que bien des auteurs dramatiques, de ceux qui ont recherché le succès en flattant la foule, doivent en être là à cette heure. N'ont-ils pas fait du théâtre, si je puis dire, un *amusoir* vulgaire, et, là où ils pouvaient enseigner, moraliser, prouver, combattre, n'ont-ils pas seulement caressé la dépravation publique et courtisé la cohue triomphante?

Vous n'êtes pas de ceux-là, mon cher maître, et c'est pourquoi je tiens à vous dédier ce livre. Vous y trouverez des idées qui ne seront pas toujours les vôtres, mais vous y rencontrerez ce fond commun à tous les gens qui aiment leur pays, qui voudraient le voir honnête et fier et qui souffrent de le voir tomber. Entre tous, vous avez dit d'une voix mâle la vérité à cette nation, devenue sourde aux derniers temps de l'Empire, et demeurée sourde aux premiers temps de la République. On pouvait vous reprocher jadis d'avoir poétisé cette vision de jeunesse, Marguerite Gautier, la *Dame aux camélias*. Depuis, on n'a pu qu'applaudir à tout ce que vous avez tenté de viril et de nouveau, à ces drames de passion cruelle et à ces pages de morale pratique que vous appeliez simplement des préfaces à vos pièces, et qui étaient des œuvres et — sans jouer sur les mots — des *actes*.

Actes non sans courage et tels qu'on les attendait de vous. Vous avez, hélas! prédit l'effondrement, la désagrégation de cette société qui chancelait. Vous voulez la raffermir et la refaire. Je le veux comme vous, vous par les mœurs, moi par la liberté. Celle-ci engendre celles-là. Un pays libre a des mœurs pures.

Donnez-nous donc, pour remettre à son rang ce théâtre, qui, lui aussi, a besoin de se rajeunir, donnez-nous encore de ces œuvres qui font qu'on retrouve, avec tout son esprit, sa verve, sa causticité spéciale, ce vieil esprit français réfugié au bout de quelques plumes, œuvres qui font songer aux grands aïeux, aux Regnard et aux Beaumarchais, et qui font dire, comme les Alsaciens après un repas : En voilà un, du moins, que les Prussiens n'auront jamais!

Je suis heureux de mettre votre nom en tête de ces pages, non qu'elles soient dignes de vous, mais parce que ce m'est une occasion de vous redire et mon dévouement, mon cher maître, et mon amitié.

Jules CLARETIE.

3 février 1875.

PRÉFACE

L'ART DRAMATIQUE EN FRANCE [1]

Il est toujours un peu pénible, et surtout fort ennuyeux, de jouer le rôle du prophète Jérémie; mais pourtant il faut bien avouer que le théâtre, l'art si charmant, si consolant, si français, de la scène, subit, depuis quelques années, des atteintes profondes. Les faillites se succèdent, les chutes sont nombreuses, les succès rares. Bien peu de directeurs rencontrent la fortune, quelques-uns se soutiennent avec peine et luttent; beaucoup succombent. A cette crise qu'on ne saurait nier, il faut, je crois, chercher plusieurs causes.

Le droit écrasant, l'impôt injustement dit des pauvres, la dispersion des théâtres, la transformation complète des quartiers parisiens, l'augmentation du prix des places, la nécessité pour les directeurs de livrer des batailles qui toutes soient décisives, c'est-à-dire mettent la destinée même de leur théâtre en question, tout cela fait que le *métier* de directeur de théâtre est devenu bien difficile et bien aventureux.

Quant à l'*art* même du théâtre, sa décadence tient à d'autres causes toutes morales.

[1]. Nous ne changeons rien à ces lignes, écrites peu de temps avant la fin de l'Empire.

Voulez-vous vous rendre un compte exact de la situation du théâtre à cette heure? Voyez ce qu'en pensent, au point de vue matériel, les directeurs de théâtres.

Au point de vue matériel, l'été venu, à la fin de mai, la plupart des directeurs ferment leurs portes, congédient temporairement leurs artistes, éteignent leur gaz, réduisent leurs frais généraux et font des économies. Les uns envoient leur troupe exploiter la province, courir les grandes villes, comme Ragotin, Destin et la Bouvillon couraient jadis les grandes routes, et, satisfaits d'éviter ainsi les mois d'été, les soirs caniculaires — terreur des directions dramatiques — ils vont à la campagne et s'inquiètent peu de la rampe, de ses feux, de ses pompes et de ses œuvres. Les autres vont à l'étranger, louent leur salle à qui veut tenter de la remplir, mettent leur théâtre en location et n'essayent de lutter ni contre juin, ni contre juillet, ni contre les insolations d'août.

Paris devient de cette sorte quelque chose, en été, comme un désert. Les chemins de fer devaient, tôt ou tard, nous jouer ce vilain tour. Je ne sais comment faisaient nos pères, gens casaniers et amis du coin du feu, pour demeurer si longtemps en leurs logis. Les bons bourgeois d'autrefois supportaient fort bien Paris, toute leur vie durant, sans songer à le quitter. Toujours est-il qu'aujourd'hui le Parisien ressent, au premier rayon de soleil, comme des décharges électriques dans les jambes. Il est pris de la frénésie du déplacement et de la fièvre du voyage ou de la villégiature. Les fiacres sont couronnés d'un édifice de colis, de mallettes et de sacs de nuit, et, tous les soirs, les gares de chemins de fer sont prises d'assaut. Ems, Bade, Bourbonne, Vichy, Biarritz, prennent à Paris la fleur et même les fruits (gâtés ou non) de son panier. De telle sorte que le public, ce cher et indispensable public sans lequel il n'y a point d'art dramatique possible, car il est le collaborateur même de l'auteur, et le plus essentiel — il collabore par sa présence — le public n'existant plus, le théâtre n'a plus de raison d'être. Il s'interrompt, il fait relâche. Il ouvre une parenthèse, met la clef sous la porte et court le guilledou.

Ceci ne s'applique, au surplus, qu'à la saison d'été, à ce qui est pour les Anglais, au rebours de nous, la véritable saison intellectuelle et aimable, *the season*. Mais, en laissant de côté la question du *temps chaud*, comme dit la fourmi de La Fontaine, en tout temps une entreprise théâtrale est aujourd'hui difficile à faire prospérer. L'art dramatique, en effet, en est arrivé à son paroxysme. Il a épuisé, pour plaire, tous les moyens physiques, les moyens ruineux, et il ressemble vaguement à une machine essoufflée et parvenue au bout du rouleau. Le théâtre, au lieu de chercher le succès dans les voies depuis longtemps tracées de l'émotion ou de la gaieté, de la simple comédie ou du drame, a tout sacrifié aux décorations, à la mise en scène, aux excentricités de toutes sortes. Il a habitué le public à ces surprises. Le public maintenant trouvera fade tout ce qui sera purement intellectuel. Il faut avouer aussi que les directeurs de théâtres ont été, par la nécessité même des choses, forcés de suivre ce pas accéléré de la dépense qui les devait tous, l'un après l'autre, conduire à la débâcle. Le jour où les théâtres municipaux furent construits, la prospérité de certains théâtres reçut une atteinte profonde.

Ces grands bâtiments énormes étaient des gouffres bons à engloutir des millions. Rien de plus.

Le succès aime les maisons modestes où les frais ne sont pas écrasants. Mais que voulez-vous qu'on fasse, par exemple, au Châtelet, dans cet immense théâtre ? On est contraint, sous peine de défaite éternelle, de réussir dès le début. Une pièce y coûte deux cent mille francs à monter. Si la première œuvre que risque une direction tombe à plat, la direction est perdue. Elle traînera pendant quelques mois le boulet de cette première représentation ; puis, entraînée au fond, elle se noiera fatalement. Les plus intelligents y ont succombé.

Pour réussir, au théâtre, il faut pouvoir échouer tout d'abord. Ceci n'est point un paradoxe. Le *vaincre ou mourir* n'est bon que pour les peuples : il leur donne comme un aiguillon qui les emporte au succès. Pour une entreprise commerciale, au contraire, il est terriblement dangereux. Le triomphe, en ces sortes de choses, est quelquefois dans la revanche. L'échec de la veille assure la victoire du lendemain. Mais encore faut-il avoir la possibilité de livrer une seconde bataille. Avec les charges qui pèsent sur de tels théâtres, la seconde bataille est impossible si la première a été une déroute. Et qui peut, au théâtre, répondre sûrement d'un succès ?

Un homme de résolution et d'esprit me disait dernièrement : « Qu'on me donne une subvention, et je fais du théâtre du Châtelet un grand théâtre populaire, où la foule pourra applaudir et voir évoquées les grandes journées de notre histoire, les figures rayonnantes du passé, Jeanne d'Arc, Étienne Marcel, Molière, Voltaire, Marceau. » Sans doute, il y a là une idée excellente et fort belle, et pratique peut-être. Mais quelle subvention il faudrait pour ce malheureux théâtre ! Et encore réussirait-elle à lui donner le succès ? Le Théâtre-Lyrique, qui lui fait face, est arrivé à cet état piteux où nous le voyons, en dépit de sa subvention.

La dispersion des théâtres, et par conséquent la dispersion du public, le manque de public plutôt, de clientèle et d'habitués, les frais incroyables de mise en scène ont amené le Théâtre à sa ruine. J'en veux donner un exemple bien simple. La confection des décors se paye, je crois, au mètre carré. Dans les théâtres d'autrefois, plus petits que ceux d'aujourd'hui, un décor revenait ainsi à mille ou douze cents francs, je suppose ; je prends une moyenne. Aujourd'hui le théâtre étant plus grand, ce même décor coûte cinq ou six mille francs et ne produit pas plus d'effet. Souvent il en produit moins, la scène étant trop vaste. Ce n'est là qu'un petit exemple. On peut affirmer que tout, depuis les costumes jusqu'aux accessoires, tout a augmenté dans cette proportion.

Il en est de la mise en scène d'une pièce comme de la toilette d'une actrice. Mademoiselle Mars jouait tout son répertoire avec quatre ou cinq robes, tout juste ce que madame Doche ou mademoiselle Desclée est forcée de revêtir dans une seule soirée.

Ce n'est pas sans dessein que je dis madame Doche. Elle mit à la mode le costume dans le drame moderne. Les toilettes de la *Dame aux Camélias* constituèrent une partie du succès de l'actrice. On faisait auparavant des pièces en cinq actes; on écrivit dès lors des pièces en cinq robes. Le chef-d'œuvre du genre s'appelle la *Famille Benoîton*.

Le *luxe effréné* du théâtre, comme eût dit M. Dupin, est assurément une des causes de sa décrépitude. Risquer un quart de million pour monter une féerie, c'est un peu trop. C'est faire, non de l'art, mais une opération de Bourse. C'est transformer une bataille dramatique en partie de baccarat.

Voilà pour les raisons matérielles; les raisons morales ont bien leur prix.

L'esprit des foules se transforme, et tout changement dans la politique amène forcément un changement dans les mœurs. Or, il faut bien avouer que le théâtre a de redoutables concurrents en temps de liberté. Plus un peuple deviendra libre, plus il aura de points dans la cité où se réunir, où discuter, où écouter; plus on multipliera les cours, les conférences, les lectures, moins, j'en ai peur, les théâtres auront de clientèle; ou du moins ils seront tenus de se transformer pour conserver leur clientèle. Ils devront se tenir à la hauteur du mouvement de l'esprit public s'ils ne veulent être bientôt considérés comme inutiles.

M. Dumas fils, qu'on a beaucoup critiqué à ce sujet, demande que le théâtre se fasse militant, aborde et tâche de résoudre les questions primordiales qui sont de sa compétence, comme le sort des femmes, la recherche de la paternité; le divorce; il veut enfin que le théâtre ne s'en tienne pas au seul éternel mariage de Léon avec Ernestine lorsque bien d'autres questions sociales et morales sont posées, lorsque John Stuart Mill fait du drame, et du plus poignant, dans un discours; lorsque l'esprit public marche, avance, progresse dans une certaine voie nouvelle.

M. Dumas fils a raison. Il a raison aussi M. Émile Augier, qui donne au théâtre des œuvres de combat. Mais rien ne prouve mieux le déclin du théâtre que les théories mêmes de M. Dumas fils et l'espèce de découragement actuel de M. Émile Augier.

M. Dumas fils s'en tiendra peut-être dorénavant à ses préfaces. Il a fait son œuvre. C'est à d'autres de mettre en pratique les très-justes axiomes qu'il formule. Au fond, il y a de la lassitude dans l'auteur du *Demi-Monde*. Il voit le théâtre petit, et il le voudrait grand. Il le voit livré aux turlupins et il le souhaiterait occupé par les penseurs. Oui, le théâtre est en décadence. Ici, comme en toutes choses, comme en peinture, comme en littérature, il y a en grand nombre des talents remarquables, ingénieux, spirituels, charmants; il n'y a plus de créateur ou d'inventeur. Toute cette innombrable et précieuse monnaie ne vaut pas un lingot d'or.

Je vois pourtant des nouveaux venus s'affirmer, des gens qui pensent, des gens qui cherchent, des gens qui osent. Que ceux-là nous consolent des auteurs dramatiques amis du succès quand même, du succès immédiat et de la gloire argent monnayé! Car rien n'est prodigieux comme le détachement des auteurs dramatiques de profession pour tout ce qui est palpitant, œuvre de combat, pensée de lutte. Parlez-leur, interrogez-les quelquefois. Quel étonnement! Vous ne vous entendez guère. Ils ont des idées toutes spéciales, une façon de voir les choses toute particulière et comme une langue à part. Sur un seul point, par exemple, ils vous stupéfient. Ne leur soufflez mot de politique; ils n'y veulent rien entendre. Ils la regardent comme l'ennemie. Leur idéal est un état politique bien et durement vissé, où le coursier populaire sente la bride et le frein, et qui laisse la nation seulement libre d'aller au théâtre à l'heure de la digestion.

Il y a des exceptions, sans doute, et de très-généreuses et de très-sympathiques; mais sans forcer la note et sans calomnier personne, je crois pouvoir dire que la majorité des *dramatistes* est ainsi. Le beau mot de Victor Hugo renouvelé d'une pensée de Schiller : « Le poëte a charge d'âmes », les ferait bien rire.

Ajoutez que le public hybride, charrié chaque jour, mélangé, public d'étrangers qui préfère la gaudriole à la pensée et la pantomime amusante à l'action passionnée, ce public entretient les auteurs dans ce que j'appellerai, pour être poli, leur erreur. Il paye, les autres sourient: le succès leur donne raison. Et il en résulte que l'art devient métier, et, qui pis est, métier de pacotille.

Il est facile de se rendre compte du terrain perdu. Il y a cent ans, l'esprit français tenait le monde, l'éblouissait, le charmait, le domptait. Ceux qui régnaient par le droit de naissance, comme ceux qui allaient régner par le droit du génie, se tournaient vers la France pour en attendre le mot d'ordre. Le français était la langue partout étudiée, parlée, aimée. Voltaire traitait avec le grand Frédéric d'égal à égal. La Russie attendait et fêtait Diderot ; Gœthe, jeune homme, lisait Rousseau; Schiller traduisait Voltaire. Et si cette France monarchique avait une telle influence sur le monde, de quel pouvoir allait donc disposer la France régénérée de 89 ? De tous les points du monde la conscience de l'humanité se tournait vers elle : Thomas Payne venait d'Amérique, Clootz de Prusse, Adam Lux de Mayence; Robert Burns, de loin, la chantait dans ses malheurs et dans ses gloires.

Ces choses-là, qui semblent antédiluviennes, ne sont pourtant pas éloignées.

Le rayonnement intellectuel de la France, à cette heure, ne paraît pas briller d'un éclat aussi vif et aussi réchauffant. Nous étions jadis quelque chose comme les porte-lumières du monde, et nos idées, entraînées en quelque sorte par le vent, allaient germer sur les terrains étrangers comme ces graines voyageuses et qui fructifient au loin.

Notre théâtre en particulier nous faisait tenir par l'étranger en haute estime. L'idée française, personnifiée dans un acteur, s'imposait au monde, ou plutôt le gagnait et le séduisait par le charme. C'était la finesse et l'esprit, cette délicatesse toute particulière, ce que j'appellerais la politesse intellectuelle, marque distinctive du talent français. Notre art dramatique, en effet, moins élevé que l'art exotique — timide à côté de Shakespeare, un peu terne à côté de Lope ou de Calderon — était supérieur à tous par la clarté, la netteté, et, je le répète, par cette sorte de politesse d'esprit particulière à notre race.

Notre théâtre national était comme une causerie que comprenait le monde entier. Parfois l'étranger signalait lui-même à notre attention une œuvre que nous ne connaissions point ou que nous méconnaissions. Il avait tellement le sens de ce qui était charmant et excellent, que son goût ne s'y trompait point. Et la Russie, par exemple, applaudissait avant nous le *Caprice* de Musset, que, dans son manchon, nous rapportait précieusement de Pétersbourg madame Allan, un peu comme Jussieu nous rapportait dans son chapeau quelque plante inconnue.

Aujourd'hui tout a bien changé, et il ne s'agit à présent ni de Musset, ni de Lambert, ni de Molière. C'est pitié de voir par quelles productions bizarres l'art dramatique français est représenté à l'étranger. Il semble que là les tréteaux de l'ancienne foire de Saint-Laurent, retrouvés dans quelques greniers, ont été expédiés un peu partout et reconstruits en hâte pour l'amusement de tous les badauds du monde. Partout et dans tous les pays vous vous heurtez aux farces malsaines. L'excentrique et le grotesque triomphent dans les deux mondes. Le roi d'Araucanie règnera paisiblement sur les Patagons, pourvu qu'il exporte là-bas beaucoup d'absinthe et des opérettes bien choisies.

Ce sont les meilleurs agents d'abêtissement qu'on ait encore trouvés. Et le public de tous pays se précipite sur ces nouveaux articles de Paris comme les Chinois sur l'opium. La garde-robe de Talma sert à jouer *Orphée aux Enfers* aux ténors d'Amérique. L'Espagne donnerait toutes les œuvres de Tirso de Molina pour un quadrille mythologique. Je n'ai rencontré à Vienne et sur toute la ligne du Rhin que le triomphant Offenbach, et voilà que tout à l'heure, ouvrant un nouveau journal d'informations qui se publie à Londres, *The London Figaro*, je suis tombé sur le programme des spectacles.

Soyez fiers, mes compatriotes. La France fait à peu près tous les frais de ces amusements anglais. On ne demande guère, si j'en juge par les pièces actuellement représentées, que des produits gaulois au pays de Sheridan. Mais, sauf la troupe de la Comédie-Française qui y joue le répertoire, comme les théâtres donnent bravement et de gaieté de cœur dans l'opérette et dans le burlesque! Opérettes partout, le *Petit Faust*, *the litle Faust* au théâtre du Lycœum, *the Princess of Trebyzonde* au théâtre de la Gaiety, sans compter les opérettes du cru, *Ixion* à Charing-Cross, *Sir George et le Dragon* au Strand, *Robert Macaire* au Globe, et *Don Carlos* au Vaudeville. En vérité, oui, et à moins que le programme ne se trompe, ils ont mis le *Don Carlos* de Schiller en opéra-bouffe, et ils sont capables de faire danser la gigue au marquis de Posa. Nous y viendrons bien aussi quelque jour.

Mais ce n'est point la gigue, au surplus, qui enchante beaucoup le public anglais, c'est le *cancan*, notre cancan, *the Royal Can-Can*, comme ils l'annoncent en grosses lettres. Regardez-le, ce programme, et vous y trouverez la France représentée par une troupe de danseurs excentriques qui promettent à nos voisins les Anglais : *Grenouillard et les Rosières* et les *Pompiers de Nanterre*. Clodoche triomphe. Le progrès marche, et nous avons maintenant le libre-échange de la folie.

Encore si nous donnions au monde, à côté de ces épilepsies et de ces bizarreries, des œuvres fortes, fières et nouvelles. Mais non. Et nous sommes bien contraints d'être modestes. D'ailleurs il est encore temps de tout réparer, de tout retrouver. Il faut pour cela refaire une conscience à la France. Des mœurs, des mœurs, encore des mœurs et une pensée qui ranime ce grand corps épuisé ! Ce pays-ci ressemble à un malade à qui la science doit redonner comme un tempérament nouveau.

Nous nous devons tous à cette œuvre. Il faut instruire, il faut enseigner, il faut moraliser, il faut convaincre. Par le théâtre? Oui. Et par le livre aussi, et par la parole et par tous les moyens dont la pensée dispose. Voilà la véritable lutte à soutenir. Mais le théâtre surtout peut être un agent de liberté et de progrès. Je ne demande pas qu'il devienne purement et simplement une tribune, et lorsque, comme M. Dumas fils, je suis d'avis qu'on porte sur la scène les questions débattues dans le journal, posées dans la famille, discutées dans les Assemblées, je n'oublie point que beaucoup de gens vont chercher au théâtre non la réalité, mais le rêve; non la question actuelle, mais l'éternelle moralité.

Seulement, ce rêve lui-même peut être utile. Lorsque, pendant une révolution, Georges Sand fait jouer et applaudir *François le Champi*, ne croyez pas que ce soit là chose sans portée. Le spectacle de tant d'honnêteté, de ce dévouement raconté sur le ton de l'idylle, servait la cause même de la liberté par son consolant et touchant développement. Tout est utile, dans ce qui est beau.

Ce qui se passe aujourd'hui en France doit nous être, je pense, une leçon et un enseignement. On n'arrivera à l'idéal que par l'instruction, par l'éducation morale et par la lumière. Mais, à cette heure où ce besoin d'instruire est ressenti par tous, laisserons-nous le théâtre s'égarer à la suite des excentricités et de ce que les Anglais appellent, sur leurs affiches, des *burlesques extravaganzas*?

Non, il nous faut demander aux auteurs compte de l'influence énorme dont ils disposent; il faut leur montrer cette foule assemblée et qui les écoute, foule malléable et moutonnière qui applaudit en riant la bizarrerie qu'on lui montre, mais qui acclamerait les manifestations hautes et pures de l'art si les auteurs se décidaient, dédaignant les sentiers boueux et battus, à gravir les sommets où l'on ne monte plus.

Je lisais ce matin ces lignes d'Armand Marrast qui di-

sent bien ce que j'entends par le but de l'art, et ce qu'on attend des auteurs dramatiques : « Nous leur demande-
« rons de fortifier la société en célébrant la moralité pu-
« blique, d'exalter les nobles passions, de souffler la vie
« sur tous les germes de grandeur et de générosité ; de ne
« pas souffrir qu'un seul de ces mobiles qui excitent le
« patriotisme et l'énergie nationale ne soit flétri par le
« ridicule ou le dédain ; nous encouragerons l'artiste qui
« plaidera la grande cause du travail, du dévouement et
« de la liberté ! »

Mais c'est demander beaucoup. Est-ce trop demander ? Non, certes. L'homme de talent qui n'emploie point ses facultés à l'éducation, à la moralisation publique, est quelque chose comme un banqueroutier. Il doit à tous ce qu'il a reçu de la nature.

Le talent est un fidéi-commis.

LA VIE MODERNE
AU THÉATRE

I

Les Concours du Conservatoire.

27 juillet 1868.

On a beaucoup parlé, cette semaine, du Conservatoire. Tandis que la Chambre s'occupait des subventions à accorder à nos théâtres et à cette école de chant et de déclamation, les concours annuels s'ouvraient au faubourg Poissonnière et le jury distribuait les prix. C'est un des spectacles les plus curieux que ces concours, mais c'est un plaisir qu'on achète cher. De neuf heures du matin à six heures du soir, il faut demeurer emprisonné dans sa stalle, écoutant et prenant des notes, subissant parfois des scènes entières, jouées d'une façon déplorable, attendant toujours, sans le trouver presque jamais, dans l'élève qui se présente, l'éclair, le rayon, le je ne sais quoi qui révélera là une foi ou une inspiration. A peine le jury a-t-il une heure de liberté entre la tragédie et la comédie : avant de quitter Hermione pour Dorine, il déjeune et les spectateurs en font autant.

J'étais placé au balcon, à côté d'un vieil amateur au goût très-fin et très-sûr, dès longtemps versé dans l'art dramatique, et qui, depuis cinquante ans peut-être, sans jamais manquer à cette habitude qui lui est chère, vient juger, en les comparant aux maîtres qu'il a vus, tous ces concurrents. Je dois avouer qu'avant-hier il n'était pas très-satisfait. « Allons, me disait-il (et ce n'était assurément pas un ami quand même du temps passé), la décadence s'accentue de plus en plus. Tout ici devient grêle et mesquin. Les deux grandes qualités de l'artiste : la démarche et la prononciation, se perdent tout à fait. On ne sait plus ni marcher, ni parler. Depuis Michelot, on n'apprend plus à prononcer. Or, il y a longtemps que Michelot est mort. Quant au maintien, on avait jadis pour l'enseigner un professeur de danse émérite, Deshayes, qu'on eût instinctivement salué en le rencontrant dans un couloir, tant il avait grand air. Il était aussi vieux que Vestris; il avait plus que lui l'élégance native, et on l'appelait le « marquis. » Au lieu de Deshayes, ces malheureux élèves ont maintenant pour professeur ce brave M. Élie, qui est bien le plus respectable des hommes, mais qui ne semble pas du tout créé pour enseigner la désinvolture. La grâce n'est point son fait. Il jouait les niais à l'Opéra, les lourdauds, les balourds, et il y était certes fort amusant. Mais Brunet, qui créa Jocrisse, eût sans doute détestablement joué et surtout détestablement enseigné à jouer Don Juan ou Almaviva.

« Aussi, voyez de quelle façon marchent les élèves de M. Élie! La plupart n'avancent point la poitrine, mais le corps. Ils paraissent gauches. Ils se tiennent de la plus détestable façon du monde. Il en est pourtant de l'acteur comme de l'homme qui débute dans le monde. Sur la seule façon dont il traverse le salon, il est jugé, accepté ou condamné, et s'il se présente mal il lui faudra, par la suite, faire des prodiges pour effacer cette impression première.»

Ce gros défaut, ce défaut capital de la mauvaise tenue, est, en effet, assez répandu parmi les élèves du Conservatoire. La diction aussi s'en va. Mais tout cela tient à bien des causes. L'enseignement que reçoivent les élèves est tout théorique; on les habitue à écouter les leçons du professeur, mais on ne leur fournit pas assez souvent l'occasion de les appliquer. Il leur faudrait des exercices plus fréquents; je voudrais qu'on utilisât cette salle du

Conservatoire pour des représentations publiques où la presse et le comité fussent conviés. Le Théâtre-Français, je suppose, prêterait ses costumes, ce qui donnerait plus d'aisance encore aux acteurs jeunes.

On suivrait ainsi, de mois en mois, ou de quinzaine en quinzaine, les progrès des élèves ; on les connaîtrait, on verrait plus clairement leurs qualités ou leurs goûts ; le jury s'éclairerait peu à peu sur la valeur de chaque concurrent et, au bout de l'an, décernerait les prix non-seulement sur la composition finale, mais en faisant entrer en ligne de compte tous les efforts de l'année écoulée. Je voudrais qu'on ne fît pas seulement réciter aux élèves une scène qu'ils peuvent traduire avec un certain succès, grâce aux persistantes leçons d'un maître, mais encore qu'on leur fît jouer une pièce tout entière et qu'on nous les présentât de pied en cap dans un personnage. Il faut bien le reconnaître, dans ces concours annuels, nous n'apercevons, pour ainsi dire, les concurrents que de profil. Tel qui dit avec beaucoup de succès *sa* scène ou *son* monologue ferait un effet piteux dans le rôle tout entier. Tel autre, au contraire, dont le débit peut sembler médiocre, apporterait peut-être des qualités de composition que l'on ne retrouverait point chez son camarade.

On s'étonne aussi, en voyant ces concours, de la facilité avec laquelle les professeurs admettent les élèves aux leçons du Conservatoire. A première vue, la plupart de ces jeunes gens sont condamnés par leur physique même à n'être jamais que des médiocrités. On devrait — c'est Nestor Roqueplan qui l'a dit, je crois — placer un conseil de révision à la porte du Conservatoire. Le physique, ce malheureux physique, est encore plus indispensable, on l'avouera, pour un acteur que pour un soldat.

Avec toutes les aspirations artistiques du monde, on peut paraître une sorte de nullité parce qu'un visage ingrat, un corps trop maigre ou trop gros ne permettent pas au talent, à l'intelligence de se faire jour.

« Mais on peut être bossu et être un acteur de génie ! »

Soit. Encore faut-il du génie, et le génie ne s'enseigne

pas. Soyez sans crainte, l'homme de génie s'affirmera, sans le secours du Conservatoire, et parfois en dépit du Conservatoire. Les institutions de ce genre ne sont faites que pour développer les qualités et les dispositions naturelles des gens. Il est donc parfaitement inutile d'encourager ceux qui, tout naturellement, sont comme repoussés du théâtre par leur taille ou leur figure.

Je disais que l'homme de génie n'avait pas besoin d'enseignement. Je reviens sur ce mot qui est sorti trop vite de ma plume. L'autre jour Frédérick Lemaître nous vantait, avec la bonne foi la plus complète, l'enseignement du Conservatoire :

— J'y ai appris, nous disait-il, ce que je sais.

A vrai dire, tout le monde a besoin de science. Je crois peu aux chefs-d'œuvre qui s'affirment comme des éruptions. Tous les arts ont leur orthographe. Un prodige de couleur est, en somme, une monstruosité artistique si le dessin n'y tient point sa place. Le Conservatoire (et c'est là son utilité et son mérite) est l'école où l'on enseigne l'orthographe dramatique, la tradition.

J'admets que chaque époque a sa façon de comprendre un art et de traduire ses sentiments; je demande même que l'artiste s'attache à être tout à fait de son temps, à demander son inspiration personnelle à la passion ambiante, au besoin d'émotion de tous. Le chef-d'œuvre, sous quelque forme qu'il apparaisse, c'est le cœur d'une foule battant dans la poitrine d'un seul. Mais il faut pourtant, à cet artiste qui va s'inspirer de ceux qui l'entourent, une instruction supérieure, un idéal, quelque chose comme une échelle où il mesurera sa création actuelle.

Que le peintre nous peigne les femmes de son temps, que Raphaël nous montre la *Fornarina*, et le Vinci la *Joconde*, certes; mais que tous deux comparent le modèle vivant qu'ils ont devant les yeux au modèle qu'ils ont dans l'âme ou dans le souvenir. Une statue grecque retrouvée dans un talus de terre, c'était la tradition pour les artistes du seizième siècle, et cependant leurs œuvres portent bien la date de leur époque. C'est dire que tous les arts se composent de deux choses : la vision et la traduction personnelle, et la science et la tradition étudiées ou enseignées.

L'artiste, quoi qu'il fasse, est si bien *de son temps*, que, par exemple, quel que soit son mérite, la tragédie est, sinon morte, du moins assoupie et pour quelques années peut-être. Les concours de comédie (la comédie est de tous les temps) sont toujours plus intéressants, et les élèves qui y prennent part beaucoup plus nombreux. Le défaut même de la tragédie se traduit par l'anachronisme des costumes. On peut jouer le *Misanthrope* en habit noir sans qu'on y trouve rien de choquant — et il y a toujours, quoi qu'on fasse, un côté comique dans un élève qui interprète Agamemnon ou le vieil Horace avec des favoris.

Le jury n'a point décerné de premier prix de tragédie. Il a accordé un second prix à M. Dugaril, un premier accessit à M. Mounet, partagé un second prix entre mesdemoiselles Héricourt et Delmary, et donné un premier accessit à mademoiselle Paturel. C'est dire la faiblesse des concurrents. Et pourtant M. Dugaril a du talent; il prononce bien, et, certainement, de tous ceux que nous avons entendus, c'est lui qui accentue le plus convenablement ses paroles. Sa tête est tragique. Il a dit avec succès une scène d'*Horace*. Je l'ai trouvé inférieur dans *Alceste*; il prête trop de rage, une rage brutale et vulgaire, au *Misanthrope*, qui doit demeurer noble et fier jusque dans ses fureurs.

M. Mounet (1ᵉʳ accessit) est un jeune homme élégant, d'une figure aimable, que nous avions vu débuter dans le *Roi Lear*. L'Odéon, où il va rentrer, avait obtenu du Conservatoire qu'il jouât la pièce de M. Jules Lacroix. Les élèves n'ont pas toujours chance pareille. Au lieu de s'essayer sur les théâtres d'ordre, ils commencent par la petite scène de la rue de la Tour-d'Auvergne où, livrés à eux-mêmes, ils perdent bien vite ce qu'on leur enseigne dans leur classe. A l'Odéon, M. Sully-Mounet avait joué avec un peu trop de *gentlemanerie* un des personnages de Shakespeare. Au Conservatoire il a accentué avec trop de fureur un personnage de Racine. Il a fait d'Oreste un fou à la Shakespeare, quelque chose comme un Hamlet poursuivi par le spectre. Il se traîne à terre, il étend les bras vers quelque objet invisible. Toute sa mimique est pleine d'intentions curieuses : M. Mounet est — comment dirai-je? — un romantique. Le jury, qui lui devait un second prix de tragédie, lui a accordé un second prix de comédie. M. Mounet avait pourtant assez mal joué Clitandre des *Femmes savantes*. La noblesse manquait; de deux choses l'une : ou l'acteur cherchait avec trop de zèle des effets nouveaux, ou il s'abandonnait trop facilement à son inspiration. Dans tous les cas il y a là des promesses et même mieux que cela.

Il s'est passé un petit vaudeville assez amusant à propos de mademoiselle Héricourt, qui a partagé le second prix de tragédie avec mademoiselle Delmary. Le concours allait être achevé. On appelle mademoiselle Héricourt. C'était la dernière concurrente que devait entendre le jury avant de déjeuner. « Mademoiselle Héricourt! Où est mademoiselle Héricourt? »

— Elle n'est point là, dit l'huissier. Je lui avais cependant bien répété qu'il fallait être ici avant dix heures !

— Tant pis pour elle, fait le public. Le concours est terminé. Elle n'aura point le prix.

Le jury lève la séance. Nous descendons. A ce moment même, une voiture arrive au galop dans la cour du Conservatoire. C'est mademoiselle Héricourt, toute pâle, toute émue, qui descend du fiacre et qui revient de Cauterets en grand costume.

— Mais, mademoiselle, le concours est terminé; tout est fini.

— Tout est fini? Dites donc : tout est perdu !

Et mademoiselle Héricourt monte, toute tremblante, l'escalier qui mène au théâtre. On la rassure, on lui fait entendre que si le scrutin est fermé, on le rouvrira pour elle. Elle concourra dans une heure, et, en effet, à la reprise des examens, mademoiselle Héricourt nous apparaît en peplum blanc.

C'est une élève de Beauvallet. Elle a dit, avec un accent assez criard et d'une voix un peu rauque, les imprécations d'Hermione. Il y a là une assez grande froideur sous une énergie factice. J'ai trouvé l'actrice inférieure ; mais le jury en a décidé autrement et lui a donné un second prix. Sa concurrente, mademoiselle Delmary, qui a partagé ce prix avec elle, est une jeune personne distinguée, un peu faible — j'entends d'une santé délicate — qui joue la tragédie et la comédie fort convenablement. Elle a pourtant moins de finesse que mademoiselle Paturel, qui, avec son jeu peut-être un peu mesquin, mais très-intelligent et d'une distinction rare, a fait plaisir dans Emma de la *Fille d'honneur* et dans *Abufar*, de Ducis. Mademoiselle Paturel ressemble beaucoup, physiquement, à mademoiselle Delaporte. C'est une comédienne et une tragédienne de couvent ; mais elle pourra accentuer ses qualités, et sera fort agréable alors à entendre.

Mais vraiment on ne devrait point faire concourir les élèves dans des morceaux littéraires aussi faibles que cet *Abufar* du bon Ducis ou que les petites scènes de la *Fille d'honneur !* L'accueil au surplus est celui-ci : ces pièces assez médiocres font justement, à cause de leur médiocrité même, beaucoup plus d'effet que le grand répertoire sur cette assemblée singulière qui est là, attentive, et qui se compose d'éléments bizarres : mères d'actrices aux tournures à la Gavarni, élèves futures, un petit ruban ou une fleur dans les cheveux, petits acteurs, lauréats des années précédentes, parents et amis des concurrents. La majorité de ce public est loin d'être lettrée. Elle applaudit à tort et à travers et son goût est loin d'être sûr. Le mauvais ton, les grondements dans la tragédie ou la *charge* dans les comiques l'entraînent et elle *fait un succès* à ceux qui ne le méritent pas toujours.

Nous verrons pourtant tout à l'heure que, sur un point, cette foule a eu raison, et — ce qui vaut mieux — s'est fait rendre raison.

En disant que le choix des morceaux influe beaucoup sur le résultat obtenu, je songe surtout à cette scène de *Lady Tartuffe*, où Mlle Reicheimberg, élève de Regnier, qui a obtenu le premier prix de comédie, a produit un si grand effet. Ce fut un triomphe pour Mlle Émilie Dubois que cette jolie scène, si facile à rendre charmante, lorsqu'on a des cheveux blonds et des yeux bleus. Ces cheveux, Mlle Reicheimberg les a touffus et superbes. Elle avait déjà gagné sa cause avec sa gentillesse en se présentant au public. Je dois ajouter qu'elle a récité son morceau d'une façon ravissante, très-spirituelle et où l'on ne sent point l'œil du maître et les leçons du professeur. Mlle Reichemberg est sans contredit, à l'heure qu'il est, la plus remarquable de toutes ces élèves.

Et pourtant, je ne voudrais point affirmer qu'elle a, par exemple, un avenir aussi assuré que celui qui attend Mlle Tholer. Voilà, ou je me trompe fort, une actrice véritable. Mlle Tholer a dit avec infiniment de goût et de charme une scène du *Barbier de Séville*. Elle est encore un peu anguleuse, elle a cette gracilité un peu gauche de la jeunesse, mais on devine une nature d'une distinction rare dans cette chrysalide.

C'est une pensionnaire à l'air timide et un peu atristé, les cheveux noirs. Elle rappelle vaguement Mlle Thuillier; elle a, comme elle, une expression résignée et tendre. Mlle Tholer, dans cette scène de *Lady Tartuffe*, où elle ne concourait point, a donné la réplique à Mlle Reicheimberg avec beaucoup d'assurance et sa tenue est parfaite. C'est beaucoup sur cette seconde scène, m'a dit M. Legouvé, qu'on l'a jugée, et on a bien fait. Tel artiste qui hésite et se trouble dans son morceau de concours peut être parfait dans les scènes où il répond à un camarade et il faut, pour être juste, le juger sur cet ensemble.

Mlle Tholer partage le second prix avec Mlle Colas. On me dit que Mlle Colas est remarquablement intelligente, on le voit au petillement de ses yeux. Mais j'attendais mieux : elle chantonne, elle s'agite, elle minaude, elle joue avec des chatteries la Finette du *Philosophe marié*. Ce n'est point là la soubrette franche et gaie. Mlle Colas ne rit encore que du bout des dents. Mais il y a là certes un tempérament d'artiste. Mlle Thomas l'aînée, qui avait excellemment joué Valérie, avait plus vaillamment qu'elle conquis ce second prix. On n'allait pourtant lui donner qu'un accessit. Appelée par M. Auber, la pauvre fille est arrivée en pleurs sur la scène. Le public s'est mis à l'applaudir et à l'applaudir à tout rompre. M. Auber voulait parler; le public applaudissait toujours; c'était une façon de protester. Et Mlle Thomas remerciait, essayait de sourire, et ne pouvait que s'essuyer les yeux. Le jury s'est alors consulté, et, tout à coup, M. Auber se levant :

— Mademoiselle, a-t-il dit, le jury *et le public* vous décernent un second prix.

Il fallait voir la joie de la pauvre fille, le contentement du public. Voilà un prix bien gagné. Et il y a là aussi une leçon : chacun de nous devrait insister ainsi, protester toujours (il n'y a point de petites protestations) et se faire rendre à la fin justice.

Les hommes n'ont point remporté de premier prix de comédie. On a partagé le second entre M. Mounet, dont j'ai parlé, et M. Vois, qui avait joué Clitandre avec une certaine élégance. M. Dugaril et M. Mazoudier, une sorte de Coquelin tragique, fort remarquable dans le Géronte du *Menteur*, ont eu chacun un premier accessit.

Je feuillette mon carnet de notes et j'y vois bien des noms oubliés. Le jury n'a pas couronné quelques tout jeunes gens peut-être parce qu'ils sont trop jeunes. Il a donné les couronnes aux autres un peu par encouragement. Il y a aussi dans ces concours des fiches de consolation. Nous retrouverons sans doute l'an prochain : M. Fraizier, jeune, énergique, avec des qualités nerveuses, toutes modernes, et qui a joué un rôle d'*Iphigénie*, comme il eût joué l'Armand Duval de la *Dame aux Camélias*; — M. Joumard, qui se tient bien et dont la voix claire rappelle celle de Delaunay; ils ont eu, l'un et l'autre, un second accessit; — Mlle Legrand, qui imite Mlle Marie Royer à s'y méprendre; M. Laroche (3e accessit), plein de feu, de verve endiablée, mais qui crie, se démène et s'enroue ; Mlle Demaurial, décente et distinguée dans l'*Ecole des Maris*; Mlle Croizette, grande, élégante, un peu écolière encore dans Célimène, point assez insolente et perfide, assez bien en somme et parfaite de tenue.

Mais une remarque à faire, c'est que le rire s'en va, la soubrette disparaît. Dorine, la servante de Molière est, comme toutes les bonnes aujourd'hui, introuvable. Des deux jeunes filles que nous avons entendues et qui se destinent à lancer la réplique à Tartuffe, l'une donne au vers de la comédie une allure insolente et brutale, l'autre prête à Dorine la voix d'une harengère. C'est vraiment trop forcer la note.

Et maintenant que les prix sont donnés, tout ce petit peuple du Conservatoire va prendre ses vacances. Que de déceptions chez les vaincus ! que d'illusions chez les vainqueurs ! Ce prix leur paraît sans doute le *Sésame ouvre-toi* qui va forcer la porte des directeurs, faire naître les engagements et soudain pousser les rôles. Pauvres gens ! Ils entament seulement la longue série des déceptions et des attentes cruelles. Il faudra maintenant faire antichambre, quêter, pour débuter, le bon vouloir de quelque puissance, courir la banlieue ou la province, se contenter de jouer le général Boum à *Bruxelles*, après avoir rêvé de représenter Agamemnon au Théâtre-Français.

C'est maintenant surtout qu'il faut travailler, chercher, lutter sans cesse. Il en est de ces couronnes de papier, comme de tous les diplômes qui sont une attestation pour le passé et non une promesse pour l'avenir. La dure vie commence maintenant pour ces bacheliers de l'art. Et, pour réussir — encore s'ils réussissaient tous ! — il leur faut ces grandes vertus : le labeur et la patience.

II

GYMNASE : *Fanny Lear*, comédie en cinq actes, de MM. Meilhac et Ludovic Halévy,

24 août 1868.

J'arrive le dernier pour parler de la nouvelle pièce du Gymnase, *Fanny Lear*, dont je lisais, il y a quelques jours, en Allemagne, les divers comptes rendus. De loin, j'avais trouvé la presse un peu bien sévère pour une œuvre où je devinais une remarquable vivacité d'esprit et des qualités dramatiques. On parlait, il est vrai, de mélodrame, de violences, de situations volontairement grossies, mais je n'y voulais point croire. La violence, d'ailleurs, ne me déplaît point. Elle est encore un des pseudonymes de la force.

Et puis j'ai pour le talent de M. Henri Meilhac une véritable sympathie. L'auteur de l'*Autographe* et des *Curieuses* est, à coup sûr, un des esprits les plus fins et les plus distingués de notre théâtre nouveau. Il a sa note toute particulière, son accent personnel, ironique et piquant, à la Musset et à la Henri Heine. Je trouve que personne n'enlève avec une dextérité plus grande un de ces petits actes où le *high life* parisien est agréablement raillé. Encore la dextérité est-elle chez lui une qualité secondaire, et ce n'est point, je me hâte de l'ajouter, parce qu'il est habile que j'apprécie M. Meilhac, mais aussi et surtout parce qu'il est élégant, et qu'on sent en lui — même lorsqu'il descend jusqu'à l'argot du jour — le lettré et l'écrivain.

Oui, il se dégage de son théâtre un parfum de bonne compagnie et de compagnie littéraire. Et je ne parle point seulement ici de ses pièces du Gymnase, mais de ses farces elles-mêmes que je n'ai jamais célébrées, mais qui gardent, il faut bien l'avouer, une certaine discrétion jusque dans leur fantaisie échevelée. Grattez l'auteur des opérettes, vous trouverez l'auteur des comédies. Comédies charmantes, alertes, ailées comme des guêpes et comme elles armées d'aiguillons.

Qu'on s'en aperçoive ou non, il est fort méchant, le rire des *Curieuses*. L'auteur y fait tout bonnement, en se jouant, une satire, et l'on ne saurait dire plus vertement leur fait à ces grandes dames qui veulent singer les petites. Personne, jusqu'à présent, n'a troussé un acte comme Meilhac, avec cet esprit où se mêle, comme pour le rendre plus savoureux, une certaine dose d'humour.

C'est même une chose qu'on a déjà dite bien des fois; M. Meilhac ne réussit tout à fait que la pièce en un acte, le tableau rapide, ou plutôt le croquis. Il est, dans la pièce en cinq actes, comme embarrassé et comme alourdi. Il se perd involontairement dans une série de complications fort inutiles. Il accumule les personnages et les situations. Il ne dégage point clairement et vivement le sujet de son œuvre. Dans *Fanny Lear* trois actes sur cinq sont au moins inutiles, fort agréables, je l'avoue, très-spirituels, amusants, et qu'on écoute avec plaisir, mais inutiles à coup sûr. Le drame est tout entier dans les deux derniers actes. Encore pouvait-on fort bien se passer du cinquième acte.

Le grand tort de M. Meilhac, dans les grandes pièces, c'est, en effet, de trop chercher et de vouloir trop dire. Il se perd aux détails, s'attarde aux buissons de la route, oublie l'idée première de sa pièce ou s'en souvient trop tard. Chacune de ses comédies ressemble à ces coins de forêts où se trouvent, comme à plaisir, rassemblés les arbustes et les fleurs, un fouillis de plantes, des entrelacements de branches et de lierre. On pourrait ramasser là des bouquets à foison, tailler les branches, emporter des lits de feuilles. Mais ce dessous de bois est si touffu que le soleil n'y peut pénétrer; les fleurs semblent dormir à demi cachées dans la pénombre; c'est à peine si quelque ayon perce la voûte, s'enroule aux troncs des chênes, [é]claire la verdure et s'enfouit dans l'herbe.

C'est cela justement. Il n'y a ni assez de jour, ni assez [d]e lumière dans les grandes pièces de M. H. Meilhac. Les [d]étails et les fleurettes abondent; l'auteur dépense un acte [o]u deux à préparer une scène, puis il la traite magistrale[ment. Mais on a trop attendu, et, la scène passée, il faut [a]ttendre encore. Il y avait dans le *Petit-fils de Mascarille* [u]n acte admirable et un dénoûment émouvant, mais la [p]ièce était incomplète. Incomplète encore cette comédie [d]e premier ordre, *la Vertu de Célimène*, où Lafontaine [j]ouait avec tant de passion une scène hardie et superbe. [Q]ue manquait-il à *Fabienne*? Peu de chose, et jamais [M]. Meilhac ne fut si près de la perfection. Mais ce peu de [c]hose était important sans doute, car le public (et j'en[te]nds le public qui comprend et qui sait choisir) ne fut [p]oint complètement satisfait.

Peu importe, peu m'importe surtout à moi. Je donnerais [b]ien des pièces à succès—et des plus populaires en ces [d]erniers temps—pour ces œuvres d'une finesse et d'une [é]légance séduisantes. Il y a un auteur dramatique de pre[m]ier ordre dans M. H. Meilhac; un de mes confrères en [f]aisait l'autre jour un élève de M. Sardou. Il n'en est rien. [M]. Meilhac n'est l'élève de personne, et il pourra fort bien [d]evenir un maître, s'il ne l'est déjà. Qu'il lui faudra ce[p]endant d'efforts pour arriver à condenser son idée, à ne [p]lus éparpiller l'attention, à grouper en une seule action [c]es actions multiples dont il abuse et à faire une pièce [a]vec un seul sujet et non avec plusieurs intrigues dis[ti]nctes, et inachevées, à peine ébauchées !

Mais parlons un peu de *Fanny Lear*. Fanny Lear est [u]ne aventurière anglaise, une de ces femmes à qui la [p]ruderie ou l'honnêteté britannique, le *cant*, en un mot, [n]e donne point de nom, une *anonyma*, comme on dit à [L]ondres. Fille d'un matelot qui l'abandonne un soir dans [l]es coulisses d'un théâtre, elle débute tout enfant sur les [p]lanches et, à dix-huit ans, joue à Drury-Lane les sui[v]antes et les figurantes dans les drames de Shakespeare.

Un lord invraisemblablement riche la rencontre là, s'éprend de ses cheveux d'un blond roux, et commence sa fortune. L'aventurière devient capitaliste avec le temps. Elle thésaurise sa jeunesse, elle fait des économies sur sa beauté — *beauty is money;* — elle compte par les millions qui viennent les années qui s'en vont.

Et lorsqu'elle a suffisamment prélevé ses dîmes sur la Chambre des lords, elle se sent tout à coup prise de la nostalgie du repos, elle n'aspire qu'à régulariser cette situation irrégulière, à s'imposer à ce monde qu'elle a dominé, à traiter en égales ces grandes dames et ces femmes honnêtes dont elle a ruiné les maris ou les frères, et qu'elle a pu éclabousser en passant. Elle veut, en un mot, se marier, avoir le droit de faire peindre une couronne quelconque sur le panneau de son coupé où l'on ne peut lire que ses initiales. C'est une démangeaison, un appétit d'honnêteté. Les frères de Goncourt ont spirituellement dit, à propos de cette fièvre d'épousailles qui saisit parfois les aventurières à l'heure où elles songent à prendre leur retraite : Le mariage, c'est leur croix d'honneur.

Fanny Lear veut être décorée. Elle a rencontré dans les rues de Londres, et par hasard, sans doute — les auteurs de la pièce ne nous disent point comment — un certain marquis de Noriolis, épave de la vie parisienne, jetée, poussée dans les taudis de la Cité ou de Saint-Gilles. M. de Noriolis est ruiné, pis que cela, il est misérable; il a froid et faim. Les émigrés de 93 raccommodaient eux-mêmes leurs habits en loques dans les greniers de Coblentz. Cet émigré de l'Opéra traîne son dénûment par les carrefours, et vit, là-bas, avec les pauvres de Londres, qui sont les plus pauvres de l'univers.

C'est ce marquis qu'épousera Fanny Lear. C'est par lui, c'est à son bras qu'elle entrera dans le monde. Les salons anglais lui sont fermés, sans doute. Mais M. de Noriolis lui ouvrira les salons de France. Elle lui achète son nom. « Votre titre pour du pain. » Le marquis vend, affamé, le couteau de la nécessité sur la gorge. Fanny Lear, devenue marquise de Noriolis, s'embarque pour le continent avec fierté, laissant son passé, qui lui est odieux, dans les brouillards de la Tamise. Mais huit jours après son mariage, elle s'aperçoit d'une terrible chose : la raison du marquis s'égare. Tant de privations après tant d'excès, le gin des tavernes anglaises après le champagne des cabarets parisiens, l'ont écrasé ou plutôt détraqué. Il devient fou ; il est fou déjà.

Tout l'échafaudage construit par Fanny Lear s'écroule. La marquise de Noriolis est clouée au chevet de Noriolis, devenu insensé. Et Fanny Lear aura épousé cet homme pour se transformer en garde-malade, pour être livrée vivante à ce cadavre ambulant ? Non certes. Le marquis a une petite-fille, et Geneviève doit avoir un mari. Ce mari, Fanny Lear le choisira elle-même ; elle le fera riche, mais elle exigera de lui ce qu'elle attendait du marquis. C'est le mari de Geneviève qui présentera dans le monde Fanny Lear, devenue Mme de Noriolis.

J'ai longuement raconté la donnée du drame ; mais, chose singulière, elle ne tient qu'une place assez restreinte dans la pièce de MM. Meilhac et Halévy. Cette intrigue-mère est comme envahie par une série d'intrigues parasites qui, encore une fois, détournent l'attention, la déroutent et font ressembler la comédie à une pièce *kaléidoscopique*.

Les auteurs nous présentent au premier acte M. de Frondeville, un mari séparé de sa femme. Pourquoi séparé ? Parce qu'un soir, après une discussion un peu vive, il s'est laissé emporter jusqu'à appliquer sur la joue rose de Mme de Frondeville un retentissant soufflet. Tout honteux de sa brutalité, M. de Frondeville s'est allé cacher dans son château au fond de la province, lorsqu'à minuit, toute essoufflée, Mme de Frondeville arrive.

— Vous ici, madame ?

— Oui, monsieur. Depuis notre séparation, j'ai repoussé tous les soupirants, qui, vous le concevez bien, n'ont pas manqué de m'entourer. Je ne les aimais pas. Mais aujourd'hui, M. de Callières me fait la cour. J'ai bien peur d'aimer M. de Callières ; je suis seule, je suis faible.

C'est auprès de vous que je viens chercher du secours. Défendez-moi et défendez-vous!

— Eh! madame, vous arrivez d'autant mieux que j'ai pour hôtes ici même M. et Mme Brédif. Mme Brédif est charmante. Je suis seul, je suis faible. Vous avez bien fait de m'apporter du secours.

La situation est parfaitement invraisemblable, mais elle est plaisante. On eût aimé voir les auteurs s'amuser à ces spirituelles improbabilités. Mais ils laissent là M. de Frondeville, Mme de Frondeville, Mme Brédif; et après nous les avoir montrés pendant deux actes — et même trois — ils les renvoient dans la coulisse, et ne s'occupent que de Fanny Lear qu'ils auraient bien dû nous présenter plus tôt.

Je ne dis rien du personnage de Bernheim et de son idylle avec Niquette qui est gaie, mais qui distrait et « tient de la place. » Encore une fois, la pièce était tout entière dans ce duel entre le marquis et la courtisane, entre Noriolis et Fanny Lear. Tout l'intérêt du drame repose sur l'ambition, la haine ou l'espérance de l'aventurière, sur les efforts qu'elle tente non pour se relever, mais pour s'imposer; il y avait de terribles effets à tirer de la lutte d'une telle femme avec un homme comme le marquis de Noriolis, dégradé et pourtant humilié de sa dégradation, tout prêt encore à relever la tête.

MM. Meilhac et Ludovic Halévy nous le montrent fou, pis que cela, et, pour nous servir du terme exact, *gâteux*. Mais j'aurais voulu savoir par quelle série de douleurs ou d'excès cet homme avait passé pour en arriver là. A-t-on voulu nous donner une leçon de morale par l'horreur, nous montrer ce que deviennent les viveurs et comment Don Juan finit, avec l'hébétude pour statue du Commandeur? C'est fort bien. Mais le drame véritable, dans un cas pareil, ce ne sont point les spasmes qui suivent la folie, c'est la crise qui la précède.

Les auteurs, je le crains, n'ont désiré qu'une chose en nous présentant ce personnage de Noriolis : introduire dans leur pièce un élément saisissant de drame. Malheureusement ils ont forcé la note, et leurs couleurs sont trop crues. Fanny Lear magnétisant le vieux fou n'est plus seulement l'*anonyma* féline jouant, comme dirait Hamlet, jouant du vieillard à son gré; c'est un monstre, et M. de Frondeville partant en guerre avec Bernheim, pénétrant à la façon des princes charmants dans le château des Roches-Blanches, pour arracher Geneviève à la marquise, qui la tient prisonnière, font songer aux héros des féeries qui luttent pour les belles princesses contre les vilaines fées. Je m'attendais à les entendre parler de leurs talismans.

En un mot, avec le désir d'être vrais, cruellement vrais, les auteurs de *Fanny Lear* nous ont montré un drame assez faux, où le talent est évident, où l'esprit abonde, une œuvre bizarre, incomplète, heurtée, sans intérêt et pourtant saisissante, presque vulgaire et cependant originale, hardie, confuse, intéressante dans tous les cas, qui se fait écouter malgré toutes ses longueurs et qui attache profondément en dépit de ses défauts.

Pujol, qui avait débuté dans *Une journée de Diderot*, a donné une physionomie très-émouvante au marquis de Noriolis : tête maigre et pâle, l'œil vitreux et sans regard, a voix tantôt rauque, tantôt stridente, un grand air de noblesse sous tant d'affaissement et les mouvements à la fois cureux et menaçants du fou.

C'est un grand succès pour ce nouveau venu qui a de a puissance et de la distinction, deux qualités rares, et qui a marqué sa place dans le drame. C'en est un plus rand pour Mme Pasca. Elle a composé cette figure de 'anny Lear avec un soin extrême. La chevelure blonde lui a bien ; elle a pris avec un tact charmant une diction ritannique point trop affectée, discrète et donnant du relief à chaque mot. Railleuse, souriante tout d'abord, vec des balancements et des susurrements de miss 'Hyde-Park, elle a bientôt des accents d'une énergie farouche. Tout cela rendu ave un rare talent.

2.

III

ODÉON : Le *Drame de la rue de la Paix*, drame en cinq actes, de M. Adolphe Belot. — De la police dans la littérature.

8 novembre 1869.

La pièce de M. Adolphe Belot, le *Drame de la rue de la Paix*, tirée, comme on sait, d'un roman qui fit sensation, appartient à cette littérature judiciaire que la mode a adoptée depuis deux ou trois ans. Il s'est, en effet, pourrait-on dire, formé toute une école qui, de parti pris, va chercher les combinaisons nouvelles à la cour d'assises, ramasse l'émotion au Palais de Justice, et, de prisons en prisons, de cabinets de juges d'instruction en chantiers de bagne, conduit le lecteur jusqu'au pied de l'échafaud. Le lecteur aime ces histoires; il ne déteste pas un petit frisson de terreur; il demande volontiers au romancier ce qu'on réclamait un soir de Voltaire : « Vite, vite, monsieur, dites-nous bien vite une histoire de voleurs! »

Mais ce goût particulier qui a toujours existé est devenu passion en ces derniers temps. *Tout Paris*, pour les coquins et les Cids de maisons centrales, a eu les yeux de Chimène.

La puritaine Angleterre va plus loin que nous encore dans ce violent amour pour l'horrible. Elle a toute une littérature criminelle, toute une bibliothèque judiciaire composée de petits livres déjà — et c'est le mot — terriblement nombreux. Depuis la publication à Londres des *Mémoires d'un agent de police*, dont on a traduit, je crois, en français, les chapitres les plus curieux, les indiscrétions de police, les confidences criminelles, les souvenirs des cours de justice se sont mis à pulluler dans la Grande-Bretagne.

C'est un genre de livres à sensations et qui a envahi le

marché, encombré les librairies. Cette littérature spéciale pour nom la *détective littérature*, ce qui à proprement parler signifie « littérature de mouchards » ou d'espions. Le mot *détective* pourrait se traduire, dans l'argot de nos gents de police, par surveiller, ou plutôt *filer*.

Et elle fait fureur, cette *détective* littérature. Chacun de ces libretti du crime se vend à des cinquante ou soixante mille exemplaires, et plusieurs ont atteint ces tirages fantastiques inconnus de la librairie française, et qui ne se voient qu'en Angleterre. Mais les livres ne suffisent pas. Nos voisins ont créé un journal monstre, les *Police News*, chargé de tenir le public londonner au courant des hauts faits du monde des coquins. Les *Nouvelles de police* paraissent tous les huit jours, illustrées en hâte de méchants bois qui représentent le dernier assassinat ou le vol célèbre.

Les meurtriers ont leurs portraits gravés du jour au lendemain: on crie les *Police News* dans la rue, et la foule s'arrache cette feuille de papier, moniteur quasi-officiel de toutes les juridictions, de toutes les arrestations, de tous les *work-houses* et de tous les repaires de Saint-Gilles.

Le premier, au surplus, qui mit la police à l'ordre du jour, ce fut Balzac. Dans son admiration pour la ténacité, la volonté, il se prit d'un bel enthousiasme pour les agents de police, qui opposent la ruse à la ruse, la férocité ou la patience à la patience et à la férocité du crime. Il y avait dans l'existence des limiers de la sûreté générale un côté ténébreux qui frappait vivement l'imagination puissante de cet homme.

Raconter les duels épiques des scélérats et des agents — gibier et chasseurs — quelle séduction! Le Palais de Justice avait pour celui qui créa Vautrin un magnétisme singulier. Il aimait à suivre ces couloirs sombres, il respirait à l'aise dans cette atmosphère jaune et humide. Il se plaisait à écouter les angoisses qu'entend chaque jour le *petit parquet*, cet égout par où se dégorgent toutes les douleurs des misérables. Il allait du dépôt à la prison, de cette cour où grouillent, en commun, les deux ou trois cents individus arrêtés pendant la nuit, à la cellule où le condamné reste les yeux fixes, ou se promène avec des balancements de bête fauve captive, attendant le bagne ou l'échafaud.

Il s'était lié avec Vidocq, il avait demandé l'amitié de Sanson. Sanson, ce faiseur de drames à coups de couperet, dédaignait d'ailleurs le romancier qui ne versait que de l'encre. Il refusa d'entrer en collaboration avec l'auteur de la *Comédie humaine*.

C'est Balzac, encore une fois, qui a donné à la littérature ce pli singulier et qui a bâti un piédestal à l'agent de police. Depuis les Peyrade et les Bibi-Lupin, nos romans sont envahis par ces épiques chasseurs d'hommes. Les disciples ont ajouté à la manière du maître les procédés d'induction que leur ont, depuis la traduction de Baudelaire, appris les œuvres d'Edgard Poë, et de là sont nés ces *Vibert*, ces *Trébuchet*, ces *M. Lecoq* dont le public dévore avec acharnement les aventures.

Victor Hugo lui-même n'avait-il pas donné dans ce goût en créant Javert, Javert le gigantesque? On retrouverait cette préoccupation même dans son dernier roman, *les Travailleurs de la mer*.

Au fond, qu'est-ce que cela, sinon l'idéalisation de l'espion, et comme l'apothéose du dogue de police? Le roman accorde la première place aux gens que mépriserait le dernier homme du peuple. L'agent de la police secrète, c'est le rouage graisseux et caché qui fait marcher la machine : il est utile, on ne l'enlèverait point sans doute, mais on craindrait d'y toucher de peur de se salir les mains. Quel nom que celui que lui donne la foule! Mouchard. On hésite à le prononcer et à l'écrire.

Et pourtant c'est à cet homme que nous devons notre sûreté, et, quand nous dormons, c'est lui qui veille, se colletant dans l'ombre avec quelque bandit. Aussi de quelle impression navrante n'est-on point saisi lorsqu'on visite quelque prison, lorsqu'on voit de près ces douloureux spectacles! Quoi! c'est au prix de toutes ces souffrances que la société s'établit et dure? Notre joie est faite de toutes ces douleurs ou de toutes ces infamies? Voilà l'envers de toutes choses? Au Jean Valjean sans repentir, il faut le Javert sans pitié. Comme on aimerait les parcelles de bonheur qu'on ramasse çà et là, sur le chemin, si l'on songeait toujours à ce qu'elles coûtent de larmes à d'autres!

Nous allons retrouver dans la pièce de l'Odéon un de ces agents que M. Gaboriau, le meilleur des écrivains de notre *détective* littérature, fait agir avec une habileté si grande. Celui-ci s'appelle Vibert. Ils sont tous un peu parents de cet Auguste Dupin, d'Edgar Poë, dans l'*Assassinat de la rue Morgue*, et qui tout à coup, à son ami qui marche à ses côtés et n'a pas prononcé un mot, dit d'un ton net:

— Il est trop petit; il serait mieux à sa place aux Variétés.

L'ami le regarde stupéfait.

— Comment savez-vous que je pense à cet acteur?

Et Dupin, expliquant sa méthode:

— C'est chose simple. Tout à l'heure un fruitier portant des pommes vous a heurté. Nous causions de chevaux. Vous avez glissé, grogné. Vous avez regardé le pavé; le pavé vous a fait penser à *telle chose, telle chose à telle autre* (lisez cette page dans Poë, il serait trop long de la citer), vous vous êtes souvenu qu'il était question de cette affaire dans la pièce que joue l'acteur Chantilly; je vous ai vu vous redresser en pensant à Chantilly, qui est d'une pauvre petite taille. J'étais bien sûr que vous songiez à cela, et c'est alors que je vous ai fait remarquer que cet avorton serait bien mieux à sa place au petit théâtre des Variétés.

L'art tout entier de nos romanciers judiciaires tient dans ce passage d'Edgar Poë. Ils n'ont eu qu'à appliquer la méthode d'Auguste Dupin, et, je l'avoue, ils l'ont fait d'une manière curieuse.

Le drame de M. Belot s'ouvre dans le cabinet d'un juge d'instruction. Un homme a été assassiné, rue de la Paix, tué d'un coup de poignard, et l'on soupçonne vivement un certain Albert Savari, un déclassé et un débauché, d'être le coupable. Savari devait à Maurice Duval, qui est mort, une cinquantaine de mille francs, et la date de l'échéance des billets coïncide justement avec la date du crime. Albert Savari est arrêté. On trouve chez lui les billets non acquittés qu'il avait souscrits à Vidal. Amené devant le juge d'instruction, le prévenu se défend avec une habileté singulière.

Cet interrogatoire est même tout à fait remarquable et très-attachant. Le juge presse de questions Albert Savari, qui répond d'une façon précise, tantôt sur le ton de la raillerie élégante, tantôt avec l'amertume ou l'accablement de l'homme innocent, et qui sait bien que sa vie entière le dénonce et l'accuse. Berton joue d'ailleurs dans la perfection cette première scène, et Richard, un acteur sur les seconds plans, que nous avons eu maintes fois l'occasion de remarquer, donne à ce juge d'instruction une tournure pleine de caractère. Les mouvements, les jeux de physionomie, la façon d'écouter, de regarder sans voir, tout est excellent.

Il y a là un mot dont l'effet était certain.

— Comment avez-vous passé la soirée du 19 octobre dernier? demande froidement le juge.

Et l'inculpé de répondre :

— Et vous, monsieur ?

Voilà qui est d'une vérité grande. Quel homme, amené dans le cabinet d'un juge d'instruction et interrogé sur l'emploi d'une soirée éloignée d'un ou deux mois, pourra, sans balbutier, sans se troubler, ou sans se mettre à rire, répondre à une telle question ?

Savari interrogé, le juge d'instruction le met en liberté. Il n'existe aucune preuve contre lui. Il dit avoir soldé les billets avec les gains successifs qu'il a faits en Allemagne, à Baden et à Hombourg. La présence même de ses billets chez lui plaidera en sa faveur, car s'il les eût volés à Maurice Vidal, il les eût assurément brûlés, anéantis. Savari, libre, reprend sa vie affolée et court aux mêmes parties de baccarat, aux mêmes steeple-chases, aux mêmes soupers. L'agent Vibert pourtant ne le perd pas de vue.

Vibert est un autre Peyrade : homme de police par passion. Il est laid, petit, chétif ; qui l'aimerait ? qui aimerait-il ? Personne. Il prend la police pour maîtresse et *file* les coquins pour l'amour de l'art. C'est un Mohican de la rue de Jérusalem, œil de lynx, jambe de cerf. Il est convaincu de la culpabilité de Savari : il le forcera bien à se trahir. « Nous vengerons votre mari, madame, dit-il assez souvent à la veuve de Maurice Vidal. »

Cette veuve est une Italienne qui, elle aussi, a juré de jeter au bourreau l'assassin de son mari. Elle est jolie ; elle se fera aimer de Savari. Le plan de Vibert est bien simple. Voilà donc cette honnête femme courant le monde et le demi-monde au bras de cet agent, qui a quitté ses lunettes bleues et qui se donne pour un romancier italien, le comte Rubini. Quand Savari joue au lansquenet, Julia Vidal se dresse devant lui comme un *jettatore* et lui fait perdre les parties. Quand il soupe au Café-Anglais, elle est encore là, et Vibert présente à Savari, au dessert, le poignard qui a tué Maurice Vidal.

Albert Savari d'ailleurs ne reconnaît point cette arme, et Julia, qui en est venue maintenant à aimer l'homme qu'elle soupçonnait, Julia, qui défend Savari contre Vibert, Julia, certaine de l'innocence de cet homme, lui demande bientôt pardon de l'avoir suivi, traqué, espionné, accusé. Elle se démasque enfin en lui disant : — Je vous aime et je suis la veuve de Vidal !

Devant cet aveu, Savari recule, écrasé. C'est bien lui, c'est lui qui a tué Vidal. Il était fou ; l'autre l'avait outragé. Quand Savari a expliqué, avoué et crié son crime, il prend le poignard — ce poignard assez semblable à la dague de d'Alvimar dans les *Beaux messieurs de Bois-Doré*, qui force l'assassin à se trahir — et il se le plonge dans le cœur. La pièce finit sur ce suicide. Julia Vidal tombe à genoux et Vibert s'éloigne.

Le grand écueil du drame, c'est que l'action tient tout entière dans son premier et son dernier acte. Les épreuves par lesquelles l'auteur fait passer le meurtrier, le jeu, le souper, etc., sont parfaitement inutiles puisqu'elles n'aboutissent pas à sa confusion.

Vibert, qu'on nous donnait au début comme un homme de génie, y joue un rôle assez modeste.

C'était sur l'amour de Savari pour Julia Vidal et sur la passion soudaine de Julia pour lui que reposait l'intérêt. Encore ce cadavre qu'on semble voir entre elle et lui glace-t-il l'é.. otion. Savari accusé et innocent intéresserait singulièrement. Coupable, on le méprise, et ses souffrances amoureuses augmentent le sentiment de répulsion qu'il inspire.

Berton a sauvé ce personnage. Il lui donne tout d'abord une élégance, une impertinence cavalières. Bientôt, transformé, il se passionne, il souffre. Comme il raconte à cette femme tout ce qu'il a enduré ! Quelles plaintes, quels soupirs profonds ! Il est tout à fait remarquable, et ce meurtrier devient sympathique avec lui comme le Richenbach de l'*Abîme*.

Taillade, en agent de police, maigre, courbé, le crâne énorme, labouré d'une large mèche, est merveilleux au premier acte. Il a trop déguisé, transformé son personnage par la suite. C'est dommage. Cette face terreuse était stupéfiante : Napoléon à Sainte-Hélène avec des allures de Rodin. Raynard est charmant, plein d'entrain et de gaieté, dans un rôle de romancier fantaisiste à l'affût d'une cause célèbre. Il débutait à l'Odéon. Il y est entré verve allumée.

IV

La question du Comité de lecture à la Comédie-Française. — Débuts de Mlle Reichemberg dans l'*École des Femmes*.—ATHÉNÉE : Les *Horreurs de la Guerre*, deux actes de M. Ph. Gille, musique de M. Coste.

21 décembre 1868.

Les journaux de théâtres ont fait grand bruit des réformes qu'on veut, paraît-il, introduire dans l'administration de la Comédie-Française et du décret de Moscou [qu']on se déciderait à réviser. J'ai lu qu'une commission, [o]ù j'apercevais les noms de M. Mérimée, de M. Nisard, de [O]. Feuillet, avait été composée par le ministère et chargée [d]e remplacer le comité de lecture actuel de la rue de [R]ichelieu.

Il n'en est rien. Une commission se réunit, en effet, [s]ous la présidence de M. Camille Doucet, mais elle se propose simplement d'examiner ce qu'il peut y avoir de [f]ondé dans les réclamations assez violentes dont le comité [d]e lecture a été l'objet en ces derniers temps. De cette [c]ommission, ni M. Feuillet, ni M. Nisard, ni M. Mérimée [ne] font partie. Elle n'a pas, heureusement, ce caractère [p]urement officiel. On y a appelé des auteurs dramatiques: M. Dumas fils, M. Augier; des critiques : M. Roqueplan, M. de Saint-Valry, et si je ne me trompe — un seul comédien, M. Régnier, qui représente ainsi le *comité lecteur*, puis M. Édouard Thierry, directeur du Théâtre-Français, et M. Montigny, directeur du Gymnase.

Cette commission a du moins le mérite d'être composée de gens qui s'entendent aux affaires dramatiques, et qui pourront juger de la question autrement que les aveugles des couleurs. Je ne vois pas trop, en effet, de quel secours eussent été, dans le cas présent, MM. Mérimée et Nisard. Le théâtre est non-seulement un art, il est aussi une science. Il ne suffit pas, pour le connaître, d'en avoir le goût, il faut en épeler l'alphabet et en écrire l'orthographe. Il faut avoir vu une œuvre passer de l'immobilité du manuscrit au mouvement de la scène, il faut avoir vu la statue s'animer, se colorer et palpiter, il faut avoir étudié l'optique de la scène pour juger sainement d'une production dramatique, j'entends pour distinguer, pour deviner la pièce représentée dans la pièce écrite.

Et, au surplus, qui peut apercevoir et prédire le succès? Il fut un temps où le Théâtre-Français exploitait le théâtre de l'Odéon, qu'on ne voulait point garder fermé. Un jour, on annonce sur les deux théâtres à la fois la première représentation de *Voltaire chez Mme de Pompadour*, de Ch. Desnoyers. Régnier, Monjaud, Mlle Anaïs jouent la pièce au Théâtre-Français. A neuf heures, le rideau tombe sur un succès éclatant. Des voitures attendaient les acteurs à la porte. Ils montent en hâte, costumés encore. Fouette, cocher! On joue, tout enfiévré du premier succès, *Voltaire chez Mme de Pompadour* à l'Odéon. La pièce croule. Ici, des bravos; là, des murmures. C'est l'inattendu de l'art dramatique.

Pour moi, je défendrai ici, comme le feront mes confrères de la presse libérale, cette institution du comité qui offre à l'auteur apportant son manuscrit la plus forte somme d'impartialité, d'aptitudes à bien connaître et d'indépendance. Et pour montrer le prix que nous devons attacher à un comité composé tel qu'il est aujourd'hui — ou légèrement réformé — il suffira de poser cette simple question : — Par quoi ou par qui le remplacerait-on?

Par un directeur qui recevra ou refusera selon son bon plaisir, et en dernier ressort, qui donnera à notre Théâtre-National le reflet de ses propres goûts, qui proscrira tout un genre de littérature, et en accueillera spécialement tel autre.

Par une commission gouvernementale qui mettra en interdit certains sujets de pièce et certains auteurs, qui, sous quelque régime que ce soit, aura tout naturellement ses fournisseurs officiels et ses exilés?

Par un comité composé de gens de lettres, de critiques, de dramaturges? Mais quel littérateur acceptera une telle mission? Quel lettré se fera le juge — c'est-à-dire le censeur — d'un autre lettré?

Et quel est l'auteur dramatique qui consentira à faire examiner son œuvre par un voisin, par un rival? Petites haines de métier ou grosse camaraderie, voilà les écueils, les inévitables écueils. Un candidat à l'Académie, appelé à siéger dans une telle commission, refusera ou acceptera l'œuvre d'un académicien, selon que l'académicien votera ou non pour lui à la prochaine vacance. Boule blanche pour boule blanche. Cela s'est vu. Ce n'est pas la première fois qu'on a voulu établir ce tribunal de lettrés. M. Naudet, M. Avenel, M. Mangin, bien d'autres, il y a dix-huit ans, en firent partie. Ils ne savaient à qui entendre. M. Mangin avait bien écrit *l'Histoire des origines du théâtre*, M. Avenel avait bien fait le feuilleton au *Courrier français*, M. Naudet avait bien traduit Plaute, mais devant une pièce à recevoir, ils hésitaient.

Et c'est bien toujours le même échec, la même question d'optique.

Tout le monde est sujet à l'erreur et surtout les gens de lettres qui jugent avec leurs passions, leurs goûts, leur tempérament, selon l'école à laquelle ils appartiennent. Qui nierait, au contraire, que les comédiens, en somme, ne voient dans une pièce que la pièce elle-même, sans se soucier du genre, des opinions littéraires ou politiques de l'auteur? Si on peut trouver des certitudes d'impartialité quelque part, c'est à coup sûr dans un groupe de gens, instruits pour la plupart, et tous experts aux choses du théâtre.

Je sais assurément ce qu'on peut reprocher à un tel comité. Le comédien voit surtout dans un personnage un rôle. Beaucoup de comédiens — plus habitués aux *ficelles* du théâtre qu'à la forme littéraire — se laisseront prendre, sans doute, aux boursouflures de la forme, à l'emphase, cette doublure, cette ombre de la vraie grandeur. Bien souvent ils recevront, la prenant pour un chef-d'œuvre, une pièce médiocre. Mais, à coup sûr, ils ne laisseront point passer un chef-d'œuvre sans le saluer. Ce chef-d'œuvre, si on le leur présente, ils le recevront, on peut le certifier.

Un jour Adolphe Dumas, le poëte, réunit pour protester contre la Comédie-Française, qui lui avait refusé un drame, toute une commission de lettrés qui déclarèrent que le drame était un chef-d'œuvre — une *merveille*, disait Alexandre Dumas. Lorsque Alexandre Dumas prit la direction du Théâtre-Historique, Adolphe Dumas lui apporta la *merveille* en question, l'*Ecole des Familles*. L'auteur d'*Antony* fit la grimace, mais quoi! il fallait bien s'exécuter. Il joua la pièce et la pièce tomba à plat.

Les comédiens avaient deviné juste.

Les comédiens du Théâtre-Français se défendent, d'ailleurs, avec énergie, d'avoir refusé jamais une pièce d'une valeur absolue, d'un talent réel, un vrai chef-d'œuvre. Il faut avouer que nous nous habituons un peu trop à accepter comme vérités ces légendes de pièces repoussées par le comité et qui ne lui ont pas été présentées, ou qu'il avait parfaitement acceptées.

Comptons. On fit grand bruit, il y a cinquante ans (nous sommes, on le voit, en pleine histoire ancienne), du refus des *Vêpres siciliennes* de Casimir Delavigne. Au lendemain des *Messéniennes*, Casimir Delavigne — ce Paul Delaroche du Delacroix-Hugo, et qu'on a un peu trop oublié, comme Paul Delaroche — Delavigne était en pleine gloire. Lui refuser une pièce, c'était directement blesser le sentiment public. Lorsqu'on apprit que les *Vêpres siciliennes* n'avaient pas été acceptées, on s'insurgea contre le comité.

Le comité pourtant n'avait rien refusé. Il avait reçu les *Vêpres siciliennes* en déclarant qu'il ne les représenterait point, mais « *en réservant à l'auteur*, pour une pièce ultérieure, susceptible d'être jouée (ce sont à peu près les expressions du registre du théâtre), le tour qui lui était dû. » Et pourquoi ne jouait-on pas les *Vêpres siciliennes*? Simple question d'inopportunité. Le nom français était chargé dans la pièce de tous les anathèmes de la Sicile conquise et massacrée, et le public eût protesté sans doute. Les alliés campaient alors aux Champs-Élysées, les officiers prussiens faisaient sonner leurs éperons sur les boulevards. L'heure n'était pas encore venue où le duc de Richelieu allait obtenir qu'on délivrât Paris de l'occupation étrangère. Les *Vêpres siciliennes*, ajournées et non refusées, manquaient simplement d'actualité.

Je tiens ce fait d'un des hommes les plus érudits en matière théâtrale, et dont le goût est aussi sûr que la mémoire est certaine.

Mais laissons là Casimir Delavigne.

Que n'a-t-on pas dit contre le Théâtre-Français lorsque l'Odéon représenta la *Lucrèce* de Ponsard? Refusée, répétait la foule, par la Comédie-Française ! *Lucrèce* n'avait pourtant pas été présentée au comité de la rue de Richelieu : jamais il n'en fut question au théâtre. *Lucrèce* avait été portée tout droit, par M. Ch. Reynaud, à M. A. Lireux, directeur de l'Odéon, qui la fit lire par son comité, composé en majeure partie de gens de lettres. Les gens de lettres refusèrent. M. Lireux joua *Lucrèce* malgré son comité de connaisseurs.

Jamais la *Ciguë* de M. Émile Augier ne fut, quoi qu'on en ait dit, refusée au Théâtre-Français. Jamais elle ne fut présentée au comité. M. Augier, lui aussi, la porta à M. Lireux. M. Lireux la transmit à son comité de l'Odéon. Le comité refusa. Cette fois encore, le directeur joua la pièce malgré son comité.

Il avait, ce comité de l'Odéon, comme en auront tous les comités de ce genre, des prodigalités de bienveillance à côté de sévérités étonnantes. En somme, il était bon diable. Il recevait, recevait, recevait, comme l'abbé Trublet compilait. Il reçut tant, que M. Lireux se trouva un beau matin avec une cinquantaine de manuscrits sur le dos et une meute d'auteurs à ses trousses. Les auteurs reçus voulaient être joués. C'était leur droit strict. Le directeur empêché ne savait où donner de la tête. La Société des auteurs intervint. Elle força M. Lireux à jouer *tant* d'ouvrages par an. On les montait, ces malheureuses pièces, en toute hâte et comme à la vapeur. On les jouait électriquement.

— Allons, allons, disait Lireux aux répétitions, alerte ! nous passons demain.

— Mais c'est impossible, les acteurs ne savent pas leurs rôles.

— Tant mieux, il faut que les acteurs ne sachent pas leurs rôles. Il y a plus d'imprévu, plus de fièvre dans la représentation. L'inspiration, du moins, court bravement à travers tout cela.

Et les pièces étaient représentées à peu près comme une rangée de châteaux de cartes.

Au Théâtre-Français, l'*Honneur et l'Argent*, de Ponsard,

avait été reçu d'emblée. Le *Cœur et la Dot,* de Mallefille, avait été accueilli dès le premier jour sous le titre de la *Fille qui cherche,* et les *Sceptiques,* tout compte fait, n'ont pas été refusés. Ils ont été reçus *à corrections.* Mais l'intrépide Mallefille n'entendait point qu'on lui parlât de ces corrections. Les *Inutiles,* enfin, le triomphe actuel du théâtre de Cluny, n'ont jamais été soumis au vote du comité.

Voilà le bilan de ces dernières années. En y réfléchissant bien, la Comédie-Française a-t-elle réellement laissé échapper les œuvres viriles du temps ? Elle a accueilli les comédies politiques d'Émile Augier, elle a joué *Jean Baudry.* Elle a appelé à elle Labiche et si elle n'a pu enrôler Dumas fils, c'est qu'il est lié par un traité avec le Gymnase. J'ai été le premier à blâmer l'administration de la rue de Richelieu lors de certains débats. Mais ici, lorsqu'il s'agit de substituer l'inconnu à ce comité de gens experts, nous protestons. Qu'on établisse un tribunal d'appel si l'on veut, qu'on donne plus de responsabilité aux membres du comité, qu'on le perfectionne ce comité, rien de mieux, mais qu'on le garde.

Volontiers demanderais-je qu'on y appelât des femmes : elles ont le goût sûr, elles ont le sentiment, elles représentent le vrai public du théâtre. On leur reprochait, au temps jadis, de rire et de broder, et d'écouter des tragédies en croquant des bonbons. Mais en somme l'avis de Mlle Augustine Brohan ou de Mlle Judith ne me paraîtrait pas déplacé à côté de celui de Régnier, de Maubant, de Leroux ou de Got.

Pour nous résumer, nous avons là une quasi-république de lecteurs. N'écoutons pas ceux qui coassent et demandent un dictateur. Nous nous en repentirions.

Tout cela m'a entraîné bien loin. Constatons vite le grand succès de Mlle Reichemberg qui débutait lundi, à la Comédie-Française, dans l'*École des Femmes.* Elle est petite, blonde, et elle a quinze ans et un mois. Cet enfant est déjà une comédienne. Elle prête à Agnès je ne sais quel charme souriant et elle *dit* de la meilleure façon du monde. Elle ressemble un peu à Mlle Émilie Dubois qu'on accueillit de même à ses débuts, et avec les mêmes bravos. Elle a dit comme elle, comme l'Émilie Dubois de jadis, avec la même grâce : *le petit chat est mort*. Dès à présent sa place est faite et le Théâtre-Français a une *ingénue*.

L'Athénée tient un succès très accentué avec les *Horreurs de la guerre*, une bouffonnerie d'un aimable esprit, qui a signé plus d'une opérette devenue populaire, M. Philippe Gille, musique de M. Jules Costé.

Il faut rire de tout, dit une école philosophique. M. Gille est de cette école-là. Il rit — comme il rirait des ogres — et il nous fait rire à notre tour de la guerre et des guerriers.

C'est une chose intéressante que la façon dont on concevait, il y a trente ans, *le militaire* au théâtre et la manière dont on l'y présente aujourd'hui. Pour ceux qui, comme nous, recherchent surtout dans l'art dramatique les manifestations de la vie moderne, l'expression des sentiments d'un temps, rien n'est plus curieux que d'étudier ces modifications du goût public qui sont peut-être, qui ont certainement aussi des transformations de la conscience publique.

Il y a trente ou trente-cinq ans, le théâtre était envahi par une légion de soldats pleurnicheurs, laboureurs ou autres, de vieux grognards attendris, de colonels à tirades sentimentales : les jeunes courtisaient les belles en faisant reluire leurs épaulettes et traîner le fourreau étincelant de leurs sabres ; les vieux soignaient leurs rhumatismes en racontant leurs exploits du temps jadis, et ruminaient leurs batailles sur l'air de : *T'en souviens-tu ?* C'était le beau temps de *Michel et Christine*, du colonel montant au ciel, « sa demeure dernière, » sur des ailes de séraphins ; c'était l'heure du sergent devenu curé et qui chantait en parlant de son Empereur :

> Après avoir servi Napoléon
> Je n'ai voulu que Dieu pour maître.

Combien le seul Scribe en a-t-il aiguisés pour sa part, de ces couplets qui remplissaient alors les yeux de larmes et faisaient battre les cœurs? Les vaudevilles étaient comme des *Messéniennes* bourgeoises, qui consolaient doucement de l'invasion le patriotisme des spectateurs du théâtre de Madame. Cette apothéose du soldat était tout à fait alors dans le sentiment public : on n'était pas encore tout à fait éclairé sur le sens de certains mots qu'on employait beaucoup, *libéral, libéralisme*, et on enfermait la liberté dans une sabretache de hussard.

Le beau temps pour l'uniforme ! Quel triomphe pour les officiers à taille de guêpe qu'on voyait, échappés d'une vignette anglaise, effeuillant des marguerites avec leur cousine en rupture de couvent, à la fenêtre de leur tante la chanoinesse ! Volontiers on eût mis au Panthéon ces braves soldats à jambes de bois, qui consentaient — comme des rois qu'ils étaient — à épouser des bergères ou des femmes de chambre et leur disaient, d'une voix chevrotante, en montrant un ruban rouge de la Légion d'honneur :

> C' ruban teint de mon sang
> Me servira pour vous en acheter d'autres !

Le vieux Ferville, que nous avons connu encore et applaudi, avait gardé de ce beau moment de sa virilité un tel souvenir, si fiévreux, qu'il ne quittait jamais, chez lui, la décoration que Scribe lui donnait inévitablement au théâtre, et qu'il se faisait, dit une légende de théâtre, appeler par ses domestiques : « mon colonel. »

Les temps ont bien changé. Il ne faut plus, aujourd'hui, pour réussir au théâtre, caresser la fibre militaire du Français, il faut s'adresser à son humeur railleuse et lui montrer, avec ironie, ces héros qu'il regardait tout à l'heure avec admiration. C'est un radical changement : on croirait à une humeur nouvelle. Les plumets, les pompons et les croix font rire maintenant un public qu'ils attendrissaient jadis.

On connaît l'envers de la gloire, les dessous de la guerre, les coulisses et la cuisine de la victoire. Le militarisme a pesé et pèse encore d'un poids trop lourd sur les nations pour que leur enthousiasme persiste. Le défilé triomphal des grognards de Scribe semble changé en une descente de la Courtille dont l'opérette conduit l'orchestre. Le général Boum a *permuté* avec le général Bourgachard et l'a fait mettre à la retraite. C'est le sort fatal.

L'ironie du moment, le sarcasme à la mode s'attaquait dans la *Grande Duchesse* aux généraux à cœur de salpêtre; elle va plus loin dans les *Horreurs de la guerre*, et monte, cette fois, jusqu'aux souverains. C'est une plaisanterie charmante que la rivalité du grand-duc Ernest XCIX et du grand-duc Céderic CXXIII. Ces roitelets veulent se faire aussi gros que des aigles. Ils entassent dans les arsenaux de leurs capitales, Microbourg et Nihilbourg, des engins formidables, et des fusils nouveaux modèles. Ils se livrent à la confection de canons perfectionnés et assemblent des comités d'artillerie.

D'ailleurs se jurant l'un l'autre alliance éternelle et scellant chacune de leurs paroles d'une décoration qu'ils s'attachent mutuellement sur la poitrine. Quand la poitrine est trop garnie, ils accrochent ces croix dans le dos. Le public a franchement ri à cette gaie et brave satire. Tout le premier acte des *Horreurs de la guerre* est d'ailleurs d'une vivacité et d'un entrain vraiment joyeux. Un chœur charmant, et qui va tantôt devenir populaire, c'est ce couplet que chantent tour à tour les deux armées allant au combat :

> Nous avons un fusil
> Se chargeant par la culasse.

Cela est vif, alerte, très-ironique et très-fin.

La pièce, lorsqu'elle fut donnée, il y a quelques mois, au Conservatoire, dans une fête de bienfaisance organisée par la princesse de Beauvau, avait trois actes. A l'Athénée, on l'a représentée en deux actes. Il y a, dans cette seconde partie, une idée charmante que M. Ph. Gille, l'auteur, eût pu développer davantage. Le grand-duc Ernest pille Nihilbourg, tandis que Céderic pille Microbourg. A un moment donné, Céderic demande à son rival un verre d'eau sucrée. Il le boit.

— Tiens ! vous avez là de bon sucre !
— Je l'ai pris chez vous...

Tout cela est vraiment fort plaisant. Ce qui ajoute au piquant de la pièce, ce sont les costumes des deux armées qui rappellent vaguement les uniformes autrichiens et prussiens. Voilà, je le répète, où nous en sommes. Les casques pointus de la landwehr, les casaques blanches des grenadiers de François-Joseph, les tueries de Langenslaza ou de Sadowa, qui datent de deux ans à peine, tout cela fait rire. Les blessés ne sont pas tous guéris qu'on se moque déjà de leurs blessures. On n'a vraiment plus la velléité de devenir un héros: il a fait son temps, l'héroïsme. Hélas ! Le salut qui l'attend est un *ohé !* de coin de rue. Est-ce que l'idée de guerre perdrait du terrain ?

V

Gymnase : *Séraphine*, comédie en cinq actes,
de M. Victorien Sardou.

4 janvier 1869.

M. Victorien Sardou a eu raison de débaptiser sa nouvelle pièce et de l'appeler *Séraphine*. La *Dévote* n'eût pas été le titre exact de cette œuvre qui est beaucoup plus un drame de passion qu'une satire de l'intolérance religieuse. — C'est un très-grand succès pour le théâtre et pour l'auteur. J'ai déjà lu en maint endroit que M. Sardou ne s'était jamais montré à la fois plus vigoureux et plus habile. On a sans doute oublié les *Diables noirs*, cette pièce violente et heurtée, qui reste encore l'œuvre la plus émouvante de l'auteur. Le public, qu'elle abordait de front et, cette fois, résolûment, s'était offusqué. Peu m'importe. Le rôle de l'artiste n'est point de caresser la foule, mais de lui tenir tête.

Dans *Séraphine*, M. Victorien Sardou a bien sacrifié à la timidité générale, qui se serait effrayée d'une attaque en règle contre les dévots vrais ou faux; mais rendons-lui cette justice qu'il l'a franchement bravée un moment, et justement même dans la partie de sa comédie dont le succès a été le plus vif.

Mais analysons rapidement *Séraphine* et nous la discuterons en chemin.

Mme Séraphine de Rosanges est une pécheresse du temps jadis, une femme de Balzac tombée en repentir. Elle a quitté la Chaussée-d'Antin pour la rue Cassette, et là, loin d'un monde dont elle fit autrefois tourner les têtes, elle vit, confite en dévotion, retirée, mais non solitaire, et remplaçant les amours d'autrefois par les ambitions nouvelles. Elle complote pieusement; elle intrigue avec ferveur; elle protége les candidatures politiques et littéraires; elle fait des académiciens et des députés: elle s'agite pour devenir présidente de Société. Sur le papier satiné où elle traçait autrefois de si compromettantes pattes de mouche, elle écrit aujourd'hui des billets à son curé ou des ordres à son directeur. Elle a deux filles, Mme de Rosanges, et un mari. En tout trois martyrs.

Le pauvre colonel de Rosanges est forcé de manger de la morue et de renoncer à son gloria pour gagner le ciel. Il lui faut céder son coin de feu au bon M. Chapelard qui arrive tout guilleret et tout gelé, le *pauvre homme!* et qui soigne fort la guenille humaine pour s'occuper ensuite plus librement de son âme. Le colonel, ce soldat qui tailladait hier la figure des Autrichiens, assis maintenant devant une table à ouvrage, découpe des images de sainteté pour les petites communiantes. Figurez-vous un dogue dressé, courbé, avachi, à qui l'on ferait rapporter un mouchoir de batiste parfumé d'encens.

Le brave homme est devenu hébété dans ce milieu qui sent la sacristie. Il ne digère plus, il ne vit plus. On lui enlève de la bouche le cigare qu'il serait si heureux de fumer. Mais quoi ! nous sommes en carême. Je songeais, en regardant Nertann, tout à fait remarquable dans ce rôle, à cet infortuné M. Swetchine, à qui le Ciel avait rendu ce déplorable et terrible service de lui faire épouser une sainte. Prenez garde aux saintes! Ce que le pauvre diable eut à supporter de Mme Swetchine est incalculable. On abrégea ses jours sous prétexte de lui faire accomplir son salut. Il avait une montre, il y tenait beaucoup. C'était la seule amie qu'il possédât dans le Paradis conjugal, Mme Swetchine (l'historiette est célèbre) la lui arracha tout net, un beau matin, pour le mortifier et le contraindre à gravir un échelon de plus de l'échelle céleste.

M. de Rosanges est un peu chez lui comme M. Swetchine chez sa femme. Il n'a pas voix à ce chapitre de dévots; on jurerait qu'il n'est point de la paroisse. Il est pourtant, têtebleu ! le père de l'aînée de ses filles, Agathe, mariée à M. de Planterose, un homme qui lit Voltaire et que les laquais de Séraphine traitent tout bas de jacobin. Quant à la plus jeune, Yvonne, si l'on cherchait bien dans le passé de la dévote, on y trouverait un certain M. de Montignac qui pourrait expliquer le secret de la foi farouche et comme terrifiée de Mme de Rosanges.

Séraphine a peur de ce passé qui la hante. Elle tremble de se présenter devant son Dieu avec ce stigmate et ce nom sur le front : adultère. Elle voudrait expier ou faire expier cette faute dont le remords la tient courbée. Tout à l'heure causant du dernier sermon avec des mondaines d'église, Mme de Rosanges nous rappelait ces précieuses du carême que M. Gustave Droz fait parler avec un art si délicat en ses dialogues qui sentent la poudre de riz et le cierge. Maintenant, lorsqu'elle conjure sa fille d'entrer au couvent, de fuir le monde, de prendre le voile, de courber les genoux et de demander au Seigneur — pour parler comme elle — le pardon des fautes maternelles, elle nous remet en mémoire la *Religieuse* de Diderot, ces scènes puissantes et terribles — la scène du carrosse, entre la mère qui veut jeter sa fille au tombeau du cloître, et l'enfant, frissonnante, qui a peur, qui recule et qui pleure.

La situation est identiquement la même. La mère de la *Religieuse* veut aussi enfermer sa fille dans un couvent pour lui faire racheter l'adultère maternel. Le génie essentiellement moderne, quasi-contemporain, de Diderot serait fécond pour les dramaturges s'ils voulaient l'étudier. Cet homme qui fit en somme un théâtre médiocre, monotone et bavard, est le père véritable du drame, de notre drame à nous. Il y a dans ses récits, dans *Jacques-le-Fataliste*, vingt situations de premier ordre et que nous verrons à la scène, un jour ou l'autre, pourvu que nos auteurs dramatiques sachent lire. Mais M. Sardou a commis un anachronisme en prêtant à Mme de Rosanges le langage épouvanté, la foi tremblante de la mère de Suzanne. Ceci n'est plus de notre temps. Les dévotes contemporaines ne croient plus beaucoup à la nécessité de ces rachats du passé par de tels sacrifices. Elles obtiennent trop de dispenses en toutes choses pour ne point s'accommoder entièrement avec le ciel. J'admets la dévotion de Séraphine au premier acte. Mais je crois, pour le second et le troisième acte, que cette ferveur s'est un peu bien assouplie depuis la *Religieuse*, de Diderot.

Après tout, c'est là, c'est en cette lutte d'Yvonne contre sa mère qu'est le drame tout entier, et, encore une fois, dans *Séraphine*, le drame l'emporte. Séraphine ne serait pas une dévote que la situation n'en demeurerait pas moins la même, et toujours émouvante. C'est bien là le défaut d'une comédie qui nous annonce la peinture d'un caractère et qui se contente à peine d'un croquis. Prenons-la comme elle est. Une mère veut faire le malheur de son enfant, survient le père qui enlève sa fille. C'est un peu l'histoire de cette *Madame Desroches*, qu'on représentait à la Comédie-Française il y a précisément un an. Mme Desroches, elle aussi, voulait contraindre sa fille — non pas à entrer au couvent, mais à épouser un sot que la pauvre enfant n'aimait pas. Surgissait le parrain qui arrachait la victime à ce bourreau et l'emmenait peut-être aussi à bord de son navire. Car le parrain, dans la pièce de M. Laya, est justement amiral comme le parrain d'Yvonne dans la pièce de M. Sardou. M. de Montignac est, en outre, le père véritable de cette enfant qu'on torture.

Ce personnage, tracé d'une arête vive par M. Sardou, est peut-être le meilleur de la pièce. Je regrette qu'il soit chargé de représenter, dans *Séraphine*, le vrai croyant, l'homme de foi, le *pratiquant* sincère, car il se vante de pratiquer. Cela n'ajoute rien à son caractère, dramatiquement parlant. Le seul point important pour le public, c'est que M. de Montignac soit homme d'honneur. Notez que nous parlons théâtre ; j'accentuerais davantage ma pensée si nous discutions au point de vue philosophique. Cet amiral donc, présenté comme un croyant, est uniquement là pour faire opposition à l'austérité feinte de Séraphine. Je ne sais qui parlait de certains moyens littéraires qui sont comme les emballages de ouate dont on entoure les objets fragiles pour les laisser arriver à bon port. M. de Montignac est le tampon qui entoure délicatement les angles des petites hardiesses voltairiennes de M. Victorien Sardou.

Je l'aime beaucoup mieux lorsqu'il agit que lorsqu'il parle, ce Montignac. Il a arraché sa fille à Séraphine, il l'a emportée dans sa maison d'Auteuil, demain il l'embarquera, à Cherbourg, sur son vaisseau et contre la dévote il armera toute une escadre. A la bonne heure! Et cette fièvre chaude vous entraîne. Il y a de la folie dans le cas de l'amiral qui risque fort de se faire donner sur les doigts par le ministre, mais cette folie vous gagne. On est tenté de s'écrier comme le jeune Robert devant cet accès de colère, ce *delirium* paternel, ce souvenir d'exaltation romantique : Ah! quelle génération !

Ce jeune Robert fait d'ailleurs, à côté de l'amiral, assez piètre figure. Quel est donc ce petit sceptique effronté qui, sur un soupçon, insulte une femme, et parce qu'il a vu Yvonne jeter une lettre à la poste, s'introduit chez elle en corrompant un domestique et propose tout naturellement à la jeune fille, avec un petit sourire satisfait, de l'enlever? En quel monde a-t-il vécu? Comment Yvonne de Rosanges, que l'auteur nous présente comme une âme haute et au cœur fier, peut-elle aimer cet échappé de restaurant qui joue au don Juan dans les familles? Il aura beau tout à l'heure prier, supplier, s'excuser, offrir son nom, crier et répéter qu'il épouse, une honnête fille ainsi soupçonnée et ainsi traitée le repoussera cent fois et le renverra à ses drôlesses. Mais non. Yvonne supplie simplement son parrain d'emmener Robert avec elle à Cherbourg. Le vaisseau amiral sera bien peuplé.

M. de Montignac au surplus n'emmènera personne. Séraphine sait le chemin de cette maison d'Auteuil et elle a deviné qui lui a arraché sa fille. Elle entre, elle va droit à M. de Montignac.

« — Mon enfant! Elle est ici! Rendez-la-moi. »

La scène est fort belle, absolument belle et jouée par Mme Pasca et aussi par M. Pujol avec un talent de premier ordre. L'impérieuse femme ne supplie point d'abord, elle menace, elle a la loi pour elle, elle va appeler un sergent de ville (le sergent de ville qu'on ne voit pas assez souvent dans les drames, mais qu'on rencontre beaucoup trop dans la réalité). On lui rendra son enfant.

« — Osez faire cela, répond son amant, j'ai là vos lettres, je vous démasque! Toute votre réputation de vertu s'écaille et tombe. Vous êtes perdue! » Rien de plus tragique que cette lutte. Il la regarde en face, dans les yeux, comme le dompteur la bête fauve : « Avouez que vous me tueriez volontiers!

— Ah! si je pouvais! — Le mot est superbe, et l'actrice l'a dit en grand artiste. C'est bien là ce que doit penser cette femme, humiliée, domptée, vaincue. Tout à coup elle pâlit. M. de Rosanges entre. Lui aussi cherche Yvonne et demande sa fille.

— Madame, répond l'amiral en montrant Séraphine, vous dira qu'elle n'est pas ici. — Le mari doute maintenant. Le benêt grince des dents et fait mine de mordre. George Dandin se change en Othello. Il a visité toute la

maison, moins une chambre. C'est dans cette chambre justement qu'est Yvonne. La mère y entre; elle revient aussitôt. Elle tremble sous le regard de M. de Montignac :
— Il n'y a personne, dit-elle, personne.

Yvonne sort bientôt à un cri de sa mère. Le quatrième acte, si dramatique, énergique, émouvant d'un bout à l'autre, finit sur ce coup de théâtre. La mère a reconquis sa fille, et le colonel tuera l'amiral. L'armée de terre contre la marine. C'est une guerre de prétoriens qui va éclater.

Non certes. M. Victorien Sardou aime les dénoûments heureux qui sont aussi du goût de son public. Le drame, au surplus, ne pouvait finir d'une façon tragique. Les soupçons de M. de Rosanges s'évanouissent lorsque le jeune Robert lui déclare que c'est lui, et non l'amiral, qui avait enlevé Yvonne pour l'arracher au couvent qu'elle détestait, et Séraphine s'attendrit quand elle apprend que sa fille a brûlé sans les lire et sans savoir ce qu'elles contenaient les lettres d'amour autrefois écrites à M. de Montignac. Je n'aime point cet éternel escamotage des lettres, tour d'adresse inutile ici et qui ne sert pas à grand'chose, mais tout est bien en somme qui finit bien. Robert épousera Yvonne, et l'amiral, qui rejoint son escadre, ne reviendra plus que de temps à autre embrasser sa filleule à la barbe du colonel, retombé dans son hébétude. Séraphine n'a plus rien à craindre.

Je n'ai point parlé de plus d'un personnage cependant assez important, Chapelard, entre autres, le directeur de toutes les consciences de la rue Cassette. Le type pouvait être curieux et méritait l'étude. M. Sardou malheureusement en a fait un pitre, quelque chose comme le M. Mathieu du *Mari à la campagne*, affublé de la queue de Bobêche. C'est peut-être, après tout, l'acteur Pradeau qui donne ce ton au personnage, mais on s'explique mal qu'un niais de cette espèce ait sur des gens intelligents et sur une femme de la force de Séraphine une irrésistible influence. La baronne Pfeiffer, de M. Augier, ne peut être dominée par le Gorenflot d'Alexandre Dumas.

Je n'ai rien dit non plus du ménage de Planterose. Agathe magnétisée par sa mère rend la maison insupportable à son mari, le plus charmant et le plus spirituel garçon du monde. M. de Planterose n'hésite plus. Il déménage. Sa femme le suivra si bon lui semble. Et Agathe le suit bien vite car elle l'adore, et elle est déjà jalouse. C'est encore et toujours le *Mari à la campagne* de Bayard, mais rajeuni, mais plus alerte et plus fringant. Le rôle tout entier de Planterose est gai, séduisant et fin.

Je reviendrai probablement plus d'une fois sur cette *Séraphine*, la plus importante des pièces de M. Sardou. Je n'hésite pas à la juger définitivement aujourd'hui. Le premier acte est charmant; ce sont des pages de la *Vie parisienne*, du G. Droz, et du meilleur, transporté au théâtre. Le deuxième et le troisième acte s'imposent malgré leur impossibilité et vous séduisent. Le quatrième acte est éminemment dramatique et tout à fait remarquable. Le cinquième acte est semblable à tous les cinquièmes actes de M. Sardou. Tout cela compose un attrayant spectacle.

L'habileté est prodigieuse, le tempérament dramatique s'accentue et grandit, M. Victorien Sardou possède comme personne le doigté du dramaturge. Et puis toutes ces figures semblent vivre, cette prose qu'on ne saurait relire vous charme, éclate, brille et chatoie; bref, celui-là connaît le théâtre de tous les temps, connaît le public du second Empire, et risque magistralement ce qu'il faut d'audace pour réussir et de concessions pour triompher.

VI

Théâtre-Français : Les *Faux ménages*, comédie en quatre actes et en vers, par M. Édouard Pailleron.

11 janvier 1869.

M. Édouard Pailleron — abandonnant pour une fois le vers qu'il excelle, non à forger, car ses vers n'ont rien de pénible, mais à lancer comme un cri alerte — nous avait tracé en une prose tout à fait charmante ce joli croquis, le *Monde où l'on s'amuse*, qu'on applaudissait au Gymnase, il y a deux mois. Revenant à la poésie, il vient de donner au Théâtre-Français une comédie vraiment remarquable, qui a obtenu le plus vif succès. L'année commence bien, et par l'heureuse tentative d'un jeune homme et d'un poëte. Car celui-là, encore une fois, est vraiment un poëte et ne ressemble point à la plupart des faiseurs de vers, qui ne paraissent avoir rimé leur sujet que pour s'épargner le souci de le traiter en prose. Son vers, sa langue poétique, ont la franchise absolue et la justesse d'images des poëtes de race. A ces qualités toutes littéraires, déjà remarquées dans son premier recueil de vers, ce hardi recueil d'une verve si gauloise et d'un ton si fier, d'une langue si nette et si colorée, *les Parasites*, M. Pailleron ajoute — chose rare — l'entente complète des combinaisons de la scène. Il fait de l'art, comme on dit, mais il connait en même temps son métier, et il a ce double mérite de satisfaire à la fois le goût des lettrés et l'instinct ou l'habitude des simples curieux.

C'est beaucoup d'avoir ce don tout particulier du théâtre, de pouvoir dramatiser, animer, vivifier sa pensée, de se figurer agissant et parlant le personnage qu'on jette sur le papier. Il y a chez l'auteur dramatique comme une double vue. Il aperçoit d'abord son œuvre telle qu'elle est, et comme il la façonne à son gré dans la solitude de son cabinet de travail, mais il la voit en même temps au jour cru de la rampe, sous la lumière du lustre. Et quelle différence entre l'œuvre écrite et l'œuvre jouée ! On pourrait comparer toute pièce de théâtre à un papillon qui passerait de mains en mains, laissant aux doigts de tous un peu du pollen de ses ailes. Il était merveilleux, coloré, superbe au début : le voilà fripé, déchiré, à demi mort.

Les auteurs en réputation ont seuls le privilége d'imposer leurs idées à tout ce monde du théâtre qui combat sous leurs ordres, et, comme le succès au lieu d'enhardir rend timide et prudent, les maîtres du théâtre ne risquent guère que ce que le public a déjà applaudi. Quant aux nouveaux venus, leurs audaces stupéfient si complétement cette population routinière des coulisses, qu'ils ne peuvent jamais montrer que des demi-hardiesses. De là l'infériorité du théâtre contemporain ; de là cette pénurie d'hommes et de pièces dont la critique se plaint chaque jour. Pour arriver à présenter son œuvre au public telle qu'on l'a conçue, il faudrait ne subir aucune influence, ni celle des acteurs, ni celle d'un directeur. C'est une vérité que je développerai sans doute : si Shakespeare et Molière, je pourrais dire simplement un Dancourt, ont pu donner à leur génie tout son essor, c'est qu'ils étaient à la fois auteurs et directeurs, les maîtres de leur personnel, les seuls juges de leurs œuvres.

Rendons à M. Pailleron cette justice, que ses *Faux ménages* n'ont rien de timide, et qu'il n'a rien sacrifié au *cant* du public. La comédie est jeune, ardente et vivante.

La donnée ressemble beaucoup à celle de *Paul Forestier*. S'il m'en souvient, la pièce de M. Pailleron avait été reçue par le comité avant le drame de M. Augier. C'est l'éternel et émouvant chapitre de la réhabilitation d'une femme perdue. Que celui qui se croit sans péché lui jette la première pierre, dit la morale évangélique. La généreuse morale d'un cœur épris va plus loin encore et dirait volontiers : Que celui qui aime cette femme et a pu la racheter de son passé — lui assure encore l'avenir et lui donne son nom. Armand de Riom, du moins, raisonne ainsi. Il a vingt-trois ans, il ne connaît rien de la vie. Sa mère l'a élevé au logis et l'a couvé avec un soin jaloux. Il a gardé ces illusions charmantes et cette délicatesse de sensations qui poussent les âmes passionnées aux déterminations extrêmes. Il appartient d'avance à son premier amour, ce premier amour décisif, climatérique, si je puis dire, pour un homme qui garde toujours — blessure ou caresse — le coup d'ongle de la première femme aimée.

Elle est généralement, cette femme, indigne de l'affection profonde, dévouée, presque chaste que lui porte un honnête garçon. C'est la fatalité d'une organisation sociale telle que la nôtre, ce sont les inévitables représailles. La femme sacrifiée par l'homme fait payer à l'homme ses souffrances. Trop souvent trahie, abandonnée, elle se venge. C'est surtout en amour qu'on applique le plus fréquemment la peine du talion. Bernerette méconnue devient Marco triomphante. La courtisane a depuis longtemps vengé la grisette. C'est une vérité que, dans une des tirades des *Idées de Mme Aubray*, a fort bien fait ressortir M. Alexandre Dumas fils. La femme perdue n'est trop souvent qu'une esclave insurgée, et c'est la moralité et finalement le bonheur d'une nation qui payent les frais de cette autre guerre servile.

La femme que rencontre Armand n'est pas du tout, au surplus, une de ces révoltées. C'est une jeune fille inconsciente, fort troublée et déjà lasse de l'existence qu'elle s'est faite, et qui aspire simplement à reconquérir sa liberté par le travail. Elle aime Armand; ils se font un nid heureux dans ce Paris, et, tous deux, ignorés, elle fuyant ses souvenirs, lui quittant sa mère et dédoublant sa vie, ils relisent en tête à tête, comme le leur dit justement un des personnages de la pièce, le doux roman de *Marion Delorme*. Armand façonne, il repétrit, pour ainsi parler, cette âme ignorante. Il lui enseigne à la fois la vie et la grammaire. Mais, en fait de vertu, les fautes d'orthographe qu'on peut commettre ne se corrigent pas. C'est là l'idée des *Faux ménages* que nous allons voir développée tout à l'heure.

Au premier acte, nous sommes chez la mère d'Armand. La pauvre femme, jadis malheureuse, abandonnée de son mari, est maintenant consolée et fière de son fils. Elle en a fait un homme. Elle veut le marier à sa filleule Aline, une jeune et charmante fille qui, depuis longtemps, aime Armand. La façon dont Aline avoue cet amour à sa marraine est simple, vraiment touchante, et cette jolie scène est comme parfumée d'honnêteté ! On se sent dans cette atmosphère douce, et dont il ne faut pas rire, des Florian et des Berquin dans le pays de la « bonne mère » et du « bon fils. » On n'y reste pas longtemps. Voici le frère d'Aline qui, d'un seul mot, change le décor et fustige tous ces rêves candides. La vie parisienne, la vie et la douleur modernes reprennent leurs droits. « Armand ne peut épouser Aline, dit le frère ; il est déjà marié ! »

Marié de façon bizarre, lié quelque part, dans Paris, à ce que l'auteur et Georges appellent un *faux ménage*,

> Un ménage marron qui tient l'autre en échec.

La femme, en pareil cas, n'est point une maîtresse, elle est déjà l'épouse, elle le deviendra, du moins, la patience de la femme et l'habitude de l'homme aidant.

> On se trouve en ménage, on ne sait pas comment,
> Comme ces voyageurs qui, venus par envie
> De visiter la ville, y sont restés leur vie.

Armand menace d'être du monde des voyageurs lassés qui ne vont pas plus loin. — Georges peint éloquemment (je regrette qu'il fasse cette peinture sur ce ton railleur, à une mère haletante et torturée) ce faux ménage.

> Il est avec tous ceux qui sont empêtrés là,
> Dans ce taillis épais des amours buissonnières,
> Des premières souvent et surtout des dernières :
> Les réhabiliteurs naïfs et triomphants,
> Les malheureux à qui sont venus des enfants,
> Les esseulés à qui ce marché rend service,
> Les drôles pour lesquels un amour est un vice,
> Les travailleurs trouvant ce lien plus léger,
> Les attardés trop vieux pour en vouloir changer.
> Les timides n'osant se lever de leur chaise,
> Et les mal élevés qui sont là plus à l'aise,
> Et les mal mariés, au moins aussi nombreux,
> Qui viennent y chercher ce qu'ils n'ont pas chez eux...
> C'est un monde ! le monde inconnu, mais prospère,
> Des époux sans épouse et des enfants sans père,
> Où l'estime s'égare, où s'abîme l'amour.
> Et si grand, si nombreux qu'il faudra quelque jour,
> Comme ont fait les Romains pour le concubinage,
> Annexer forcément ce faubourg du ménage.

— Eh bien ! répond la mère, j'arracherai mon fils à cette femme !

Le premier acte finit sur ce cri.

Le second acte est tout à fait charmant, semé de traits heureux, d'une verve et d'une ironie remarquables. C'est là que M. Pailleron a mis en scène ces faux ménages dont nous parlait George tout à l'heure! Ce sont des caricatures enlevées d'un trait, fines et profondes à la fois. Des maris qui présentent leur femme surnuméraire, tandis que l'épouse, malade au logis, meurt doucement et solitairement ; un vieux général, perclus et grognon, avec des éclats de tonnerre qui fait long feu, une sorte de baron Hulot, trituré par une madame Marneffe, qui héritera du vieillard, et contraint, en attendant les collatéraux, à s'incliner avec respect devant son infamie ; des petites dames couvertes de diamants et qui risquent leur *position* pour un caprice.

Tout ce monde bizarre où les hommes ne portent que le prénom, où les femmes s'appellent Mme Henry ou Mme Ernest, ces amalgames de détritus parisien font encore des façons et conservent des mépris. Il y a de la hiérarchie jusqu'en cette boue. L'échelon sali semble contempler de son haut le misérable échelon placé plus bas.

M. Pailleron a été à la fois gai et hardi dans ces croquis rapides et d'un relief très-net. Double qualité ! Le vice ici demeure comique et pour tous semble répugnant. La physionomie la plus complète, et qui émerge ce petit monde empesté, est celle de M. Ernest. M. Ernest s'appelait jadis monsieur le comte. Il était riche, noble et beau, et tous ces bonheurs dont il devait faire des vertus, il les a gaspillés, jetés à la borne, versés dans le ruisseau.

Le gentilhomme est devenu un bohême acoquiné avec une épave de sa vie de plaisir, une pauvre fille qui a vieilli avec lui, qui use à ses côtés ses appas et ses robes fanées et qu'il méprise sans pouvoir parvenir à la haïr. Ce caractère est aussi bien tracé que les silhouettes. Rien de navrant, dans son réalisme impitoyable, comme la dégradation de cet être qu'on devine accessible encore à une émotion pure sous la lèpre morale. Il a gardé toutes les souillures d'une vie de désordres et, comme un feu follet au-dessus d'un champ de pourriture, il sort parfois de cet homme tombé une bouffée de regrets et de générosité.

L'art dramatique aime à nous présenter de telles physionomies, ravagées et pourtant superbes. C'est que nul sentiment humain n'est plus profond et plus fort que la pitié. On aime à soulever les haillons du misérable, et on met de l'anxiété à regarder si son cœur palpite encore. Toute parole amère qui tombe d'une bouche souillée semble plus puissante et plus digne d'être écoutée. Le moraliste en gants paille ne nous inspire point la conviction de celui qui prêche avec des bottes éculées. Et plus la dégradation est effrayante, plus la leçon est forte. Voilà pourquoi le Giboyer de M. Augier, le Vireloque de Gavarni nous saisissent si complétement. Ils sont comme l'incarnation de la flétrissure, du châtiment et du remords.

M. de Riom est de cette famille de cyniques qui gardent encore un sentiment caché, honnête et vivace, fumiers qui nourrissent des lys, comme dit le Vautrin de Balzac. Il a gâché sa vie. Il expie sa faute. Par contenance, plus encore que par intérêt, il conseille à Armand, dont il est le voisin, de laisser là ce projet de mariage avec Esther.

« Vous êtes de province. Quittez Paris et prenez le train ! » Il donne maintenant son conseil d'un ton gouailleur ; tout à l'heure il parlera plus haut, et sa raillerie se fera prière. Mme Armand est venue braver Esther, comme M. Duval le père, regardant en face Marguerite Gautier. Devant les larmes de la jeune fille, les suffocations et la douleur d'Armand, elle a consenti à ce que Esther entrât dans sa maison. Elle s'éloigne éperdue lorsque M. Ernest, M. de Riom, la reconnaît et pousse un cri. Il est, il était du moins le mari de cette femme, et Armand est son fils. Il secoue, comme au sortir d'un marais, toute la vase dont il est couvert, il veut maintenant aider sa femme, — celle qu'il a abandonnée — à sauver cet enfant qu'il n'a pas su élever.

Esther est installée chez Mme de Riom. Elle y est humble, peureuse, troublée. Les murs semblent l'accuser et la mépriser. Mme de Riom est sévère, le frère d'Aline, Georges, est implacable. Il a reconnu Esther, et la malheureuse désespérée a laissé échapper ce cri de douleur honteuse : « Ça se voit donc ? »

Hélas ! oui, cela se voit, et le vers fameux de *Marion Delorme* nous revenait en mémoire :

> Oh ! les baisers de l'autre, est-ce qu'il les verrait ?

Il y a, il y aura toujours sur la joue de la femme tombée, les baisers de Laffemas, les baisers de *l'autre*. Est-ce bien là ce que M. Pailleron a voulu prouver ? Je le crois. Cette idée, je la retrouverais dans une saisissante pièce de son premier recueil, la pièce intitulée : *A Lise*, mais j'ai peur qu'il n'ait rendu Esther trop intéressante, et qu'il ne l'ait trop punie, trop châtiée.

Georges est impitoyable. Esther quittera la maison le soir même, ou Aline en sortira. Esther essaye de résister. De quel droit la chasse-t-on ? Pourquoi cette cruauté ? L'a-t-on fait venir ici pour l'y insulter ? Plus on la méprise, plus elle se cramponne, en quelque sorte, à cette main qui lui est tendue et qui est le salut pour elle. Elle restera dans ce logis, en dépit de Mme Armand, en dépit de Georges et parce que Armand l'aime. Je ne crois pas qu'une âme haute comme M. Pailleron nous présente Esther s'acharne à s'imposer ainsi. Elle fuira au premier reproche, elle regagnera, rougissante et éperdue, sa mansarde. Elle peut s'asseoir à ce foyer, si on l'accueille avec des paroles de pardon ; mais elle aura l'air d'une aventurière qui tient à sa proie, si elle dispute la place qu'on lui refuse.

On ne saurait d'ailleurs adresser pendant un long temps ce reproche à l'héroïne de M. Pailleron. Ce que n'ont pu faire ni les mépris de Mme Armand, ni les duretés de son filleul, une larme d'Aline l'accomplit. Les deux femmes parlent de leur amour.

C'est Aline qui vient droit à la fille perdue. Elle a tout deviné. Armand épousera Esther. Pour elle, elle est résignée : elle ne l'aime plus. Elle répète du moins que son amour est mort, mais chacune de ses paroles crie tout haut que cet amour est vivant et palpite en elle. Elle aime Armand de l'amour pur que n'a jamais connu Esther; elle ignore même qu'Esther est coupable — est-ce qu'elle sait ce que signifie ce mot? Et devant cette inconscience, cette candeur, cette pénétrante vertu, Esther humiliée se courbe, rougit et demande grâce. Voilà ce qu'on n'apprend point! On peut assurer l'avenir, mais le passé ne se lave pas... Esther sortira donc de cette maison. Elle a d'ailleurs comme une consolation amère dans son sacrifice. — « Ah! madame, dit-elle à Mme Armand, vous m'estimerez ! »

Elle est partie. Qu'importe ! Armand n'est point guéri. Armand veut la suivre. Il la suivra malgré les larmes de sa mère, malgré les supplications de son père qui se dresse devant lui, exemple vivant d'une chute et d'une abdication. La scène est fière et forte. Jusqu'alors le drame avait été fort bien traité, mais d'un ton doux et plutôt attendri que violent. Ici, la passion est ardente ; le choc de ces caractères est vraiment beau. Ce père dégradé n'ose se nommer à son fils : si ce fils allait le mépriser! Il s'incline, il supplie, il parle de son âge, mais quelle autorité ont des cheveux blancs ainsi souillés? La réponse d'Armand soufflète ce malheureux, cruellement châtié par son enfant qui l'outrage sans le connaître et simplement en le jugeant. C'est le quatrième acte de *Paul Forestier*, mais plus saisissant, parce que — singularité de l'art! — ce père dégradé a plus d'autorité sur le public que le sculpteur cornélien de M. Augier.

Oui, et voilà, encore une fois, la puissance artistique. L'ilote ivre est un argument plus solide en faveur de la sobriété qu'un long sermon d'un membre de la société de tempérance. Le spectacle de cette dégradation plaide plus éloquemment en faveur de la majesté paternelle que le discours d'un vieillard de Greuze. Et c'est un sentiment si intime, le respect du père, que devant les injures jetées par Armand à celui qu'il appelle encore M. Ernest, quelques rares spectateurs se sont montrés effrayés, blessés.

Ils ne comprenaient donc pas que plus Armand insulte son père qu'il ne connaît point, plus haut il place ce sentiment de l'amour filial au nom duquel les timides se cabraient? Encore une fois, la fin de ce troisième acte est absolument émouvante et belle.

Mais si Armand est logique ici, au quatrième acte il m'a paru terriblement cruel. Là M. de Riom se redresse : il veut être en une heure ce qu'il n'a jamais été, un père et un homme. M. Ernest redevient le comte de Riom. Il y a dans cet autre neveu de Rameau l'étoffe d'un Don Diègue. Il ramènera son fils à la droite voie par le tableau du chemin boueux qu'il a suivi, lui, le père. Il s'humiliera devant son enfant pour l'arracher au danger qu'il court. Il se confessera, il se mettra nu, avec ses souillures, devant cet Armand qu'il aime, car il l'aime et il souffre de le voir se perdre ainsi.

Encore un coup, on ne lave point le passé, on n'efface point la faute d'une Esther. On aurait beau faire, *cela se verrait*. Devant cette parole attristée, Armand se trouble. Il voulait tout à l'heure épouser Esther malgré les dieux; maintenant il hésite, il regarde avec effroi cette vieillesse salie qui lui parle. Esther d'ailleurs refuse de devenir sa femme, elle se résigne, elle se sacrifie comme elle l'a promis. Armand épousera Aline, mais M. de Riom aura-t-il au moins la consolation de serrer la main de son fils et de l'embrasser?

Un mot profondément humain est celui de Mme de Riom, qui dit à Armand lui montrant le vieillard courbé: — « C'est ton père, songe que c'est ton père! » On sent qu'elle pardonne, qu'elle oublie, qu'elle n'a plus devant les yeux que le père de son enfant. Cela est émouvant, d'une émotion virile. Armand va pour embrasser le malheureux, il le regarde, mais devant ce visage débauché, il recule et s'écrie : Je ne peux pas !

Ah! en vérité, cela est trop ! Et ce jeune homme, si indulgent pour les fautes d'Esther, est un peu bien sévère pour cet homme qui a failli, lui aussi, mais qui se relève et qui est son père. Quoi ! pas un mouvement de pitié, pas un cri, pas une larme ! Je plains Mlle Aline : elle ne sera pas heureuse.

C'est d'ailleurs le défaut de cette œuvre très-remarquable. Le dénouement logique était le pardon général. Cette fois, et par extraordinaire, il fallait un dénouement heureux, j'entends que Armand, après avoir embrassé son père, devait épouser Esther. C'eût été le dénouement des *Idées de Madame Aubray*, mais autrement justifié, à mon avis.

Esther est une Jeannine qui gagne de ses mains sa vie et son mobilier; elle ne court point les villes d'eaux, mais les magasins, et elle garde sa mansarde comme une Mimi Pinson repentie. L'auteur l'a faite trop charmante, trop séduisante, trop impossible, si je puis dire, pour qu'on n'accepte pas ce mariage avec Armand. Et puis vous avez si bien plaidé la théorie de la régénération morale pendant trois actes, qu'on exigerait volontiers que M. Armand achevât l'épreuve, et épousât sa grisette à ses risques et périls. Que va-t-elle devenir maintenant ? Elle parle d'entrer au couvent. C'est un dénouement littéraire, ce n'est pas un dénouement humain, social. Cet Armand qui prétend sauver les âmes n'aboutit en fin de compte qu'à leur montrer tout ce qu'elles ont perdu.

Et puis encore les remontrances du père ne tombent point à propos. La situation de M. de Riom et celle d'Armand ne sont pas identiques. M. de Riom ne peut être un exemple. Armand pourrait fort bien — et devrait — l'embrasser et lui dire : « Je suis fort heureux de votre repentir. Mais parce que vous avez quitté ma mère, qui est une sainte, vous n'allez pas m'obliger à laisser là une pauvre fille qui, vous l'avouerez, est honnête. » Il y avait au surplus quelque chose de terrible dans le sujet, un drame latent que n'a point dégagé M. Pailleron. Le public l'eût-il accepté ? Je l'ignore. Mais le moyen de rendre ce mariage impossible était de faire retrouver à Armand un rival dans M. de Riom :

— Épouse donc Esther. Elle a été ma maîtresse !

Le coup de foudre eût été terrible. Voilà que je substitue, après tout, une idée à l'idée de M. Pailleron, et que je tombe dans le défaut que je reprochais aux gens de théâtre en commençant.

Laissons l'artiste libre de traiter un sujet comme il l'entend. M. Pailleron a mis beaucoup d'énergie, de talent et de conviction dans son œuvre. C'est tout à fait là une comédie hors de pair. La critique n'y perd pas ses droits, mais elle applaudit et avec un plaisir sincère. On entend rarement au théâtre une langue poétique plus claire, plus franche, plus charmante et, comment dirai-je? plus gauloise. Le vers de M. Pailleron est de souche française.

L'auteur des *Parasites* a beaucoup lu sans doute et doit beaucoup aimer Mathurin Régnier. On retrouve chez lui de ces vers bien frappés qu'on retient et qui font proverbes. Au-dessus des banalités nécessaires — ou fatales — du langage bourgeois mis en vers, flottent comme des étendards des *couplets* charmants, d'un ton juste, d'une émotion ou d'une gaieté communicatives. Tout cela est frappé au bon coin et sonne le métal pur.

Les acteurs ont excellemment joué. Bressant est magnifique dans M. Ernest. Il a encore l'élégance native et le vice a déjà flétri cette beauté et cette noblesse. Comique et tragique à la fois, l'acteur a fait de ce personnage une de ses créations les meilleures. Coquelin est charmant et jeune dans le rôle un peu court de Georges. Delaunay et Mlle Favart ont toujours ces éclats, cette fièvre, cette passion que vous savez. Ils sont faits pour ces rôles douloureux et ardents.

VII

ODÉON : *la Comédie de l'Amour*, un acte en vers de M. Jean Du Boys ; — *le Passant*, un acte en vers de M. François Coppée.

18 janvier 1869.

La poésie joue le plus grand rôle en ces pièces nouvelles que nous donne l'Odéon. Je dis la poésie ; je devrais dire les vers, pour être plus exact. M. Jean du Boys, l'auteur de *la Volonté* et du *Mariage de Vadé*, un des jeunes gens qui pourraient ou qu' peuvent rajeunir, ranimer le théâtre, M. du Boys, qui, ous dit-on, achève plus d'un drame passionné, éner..., vivant, a fait représenter sous ce titre, ce vieux titre, *la Comédie de l'Amour*, une petite pièce sans nouveauté, où l'intrigue la plus banale sert de prétexte aux *airs de bravoure* les plus connus.

J'imagine que cet acte est un péché de jeunesse retrouvé par M. J. du Boys dans ses cartons et apporté à l'Odéon tout aussitôt. On aime ces ébauches faites jadis avec beaucoup de foi, mais mieux vaut les cacher au public, les garder soigneusement dans l'atelier comme un peintre ses premières études.

La poésie véritable, la poésie qui fuit les banalités sentimentales pour le sentiment éternel, allait avoir sa revanche le soir même, avec *le Passant*, de M. François Coppée. Le théâtre est un tel marche-pied, ou pour mieux dire un tel tremplin, que la renommée du jeune poëte s'est trouvée, d'une heure à l'autre, décuplée, centuplée par cette saynette à deux personnages, ce duo charmant, d'une harmonie pénétrante et qui a enchanté le public.

Bien des gens, et je parle des lettrés, sont encore étrangers à un mouvement très-accentué qui se produit, depuis deux ou trois ans, en faveur de la poésie. Il s'est formé un groupe, et comme un clan, de jeunes poëtes qui, peut-être ignorés encore de la grande masse des lecteurs, finiront assurément par s'imposer, et par reconcilier le monde lisant avec la poésie. Il ne leur manque, pour s'affirmer tout à fait, qu'une occasion de se produire. Ils me font l'effet de soldats qui se tiennent dans la tranchée avec leurs armes prêtes, et qui, fiévreux, impatients, attendent le signal de l'assaut.

Plus d'un a du talent, j'entends du talent dans toute l'acception du mot. Hier ils étaient des disciples, demain ils seront des maîtres.

Toujours est il que la poésie n'est pas morte et avant

4.

peu sortira de son discrédit. Les rimeurs l'ont compromise, ces poëtes la sauveront. J'en citerais plusieurs, de ces nouveaux venus, qui m'ont ému ou étonné : Sully-Prud'homme, Armand Silvestre, Mérat, Em. des Essarts, G. Lafenestre, Valade, André Theuriet, Cazalis, de Ricard, Mendès, Verlaine, tous, enthousiastes ou originaux, sûrs de leur rhythme et plusieurs du moins mettant toujours une pensée dans leurs vers et ne dédaignant point le tableau sous prétexte de dorer ou de sculpter le cadre. Entre tous ces jeunes gens, M. François Coppée aura eu la bonne fortune d'aborder le premier le théâtre et de se présenter devant le public. Les volumes de vers ont une peine assez grande à se faire ouvrir les portes des bibliothèques. Mais lorsqu'un poëte peut faire représenter une de ses comédies, la scène change, et c'est la montagne, cette montagne de public si difficile à remuer, qui tout aussitôt vient à lui. Et c'est bien là vraiment le miracle que ne put accomplir le prophète Mahomet.

Voilà un poëte jeune, qui apporte une pièce à l'Odéon, et le petit acte fait plus d'impression sur la salle que les cinq actes d'un gros drame haut en couleur. Si l'on goûte souvent à ce vin de Chypre, on jettera le vin bleu par la fenêtre.

La courtisane Sylvia est accoudée sur sa terrasse, rêveuse, attristée, regardant au loin les toits de Florence lactés par la lune et les coupoles se détachant sur le ciel bleu. Elle songe ; elle s'ennuie. Le faux amour dont on l'entoure, les hommages dont on la fatigue ont enfin lassé la Sylvie, qui regrette maintenant le passé peut-être, et qui n'a même plus de larmes pour sa mélancolie, de pleurs pour sa souffrance. Il faut l'entendre interroger son cœur triste et glacé ; il faut écouter cette langue ferme et sonore à laquelle le théâtre ne nous accoutume point, et qui soudain vous transporte, heureux et charmés, au pays des rêves.

Il me semblait revoir ces claires nuits florentines, ces nuits d'été bleues et parfumées, où du haut des terrasses de l'Ombrellino — la villa de Galilée — nous regardions voleter, se mêler, étinceler, s'élancer les gerbes de lucioles, pareilles à des essaims d'étoiles. C'est bien là un rêve italien, ce *Passant*, le songe d'une nuit amoureuse, une vraie chanson de poëte entendue au bord de l'Arno, à la saison des roses.

Sylvia rêve et le poëte passe. Le poëte est un enfant. Il a seize ans, il porte ce gracieux costume des fresques de Ghirlandajo et de Botticelli. Vêtu de serge, il tient à la main sa guitare, il a jeté sur son épaule son manteau brun. Un banc! Il s'arrêtera là, il y dormira au bon vent, à la belle étoile. Tout à l'heure Sylvia était demeurée attentive et troublée, entendant venir le refrain du chanteur, ce refrain fleuri comme une strophe de Rémi Belleau, le gentil Belleau :

> Mignonne, voici l'avril !
> Le soleil revient d'exil ;
> Tous les nids sont en querelles.
> L'air est pur, le ciel léger,
> Et partout on voit neiger
> Des plumes de tourterelles.

Maintenant, Sylvia regarde Zanetto dormir. L'enfant ressemble à son rêve. Pourquoi le hasard lui envoie-t-il cette proie, ce cœur à dévorer, ce jeune front à pâlir, cette insouciance à fustiger d'un coup d'éventail ? Si elle se vengeait sur cet enfant, la courtisane, des mépris ou des amours des autres ! Elle l'éveille. Il la prend pour une fée. Elle lui parle, il lui répond. L'œil noir de la Sylvia plonge au fond du regard bleu de l'heureux et léger poëte. Et il lui conte gaiement sa vie d'aventures, de caprice et de liberté.

> .... Je vais par là, mais si la route
> Se croise des chemins qui me semblent meilleurs,
> Eh bien ! je prends le plus charmant et vais ailleurs.
> J'ai mon caprice pour seul guide, et je voyage,
> Comme la feuille morte et comme le nuage,
> Je suis vraiment celui qui vient on ne sait d'où,
> Et qui n'a pas de but, le poëte, le fou,

Avide seulement d'horizon et d'espace.
Celui qui suit au ciel les oiseaux et qui passe.
On n'entend qu'une fois mes refrains familiers.
Je m'arrête un instant pour cueillir aux halliers
Des lianes en fleurs dont j'orne ma guitare,
Puis je pars. Je suis le voyageur bizarre
Que tous ont rencontré, léger de ses seize ans,
Dans le sentier nocturne où sont les vers luisants.
Quand il pleut, je me mets sous l'épaisse feuillée
Et je sors, ruisselant, de la forêt mouillée
Pour courir du côté riant de l'arc-en-ciel.
Ne la cherchant jamais, je trouve naturel
De n'avoir pas encor rencontré la fortune.
Je suis le pèlerin qui marche sous la lune,
Boit au ruisseau jaseur, passe le fleuve à gué,
Va toujours et n'est pas encore fatigué.

Dites-moi, cela n'est-il point de la poésie, de la plus enivrante et de la plus vraie, de la plus émue, parce qu'elle est la plus juste et la plus sincère? Zanetto a parlé, Sylvia réplique, interrogeant toujours :

Et n'avez-vous jamais songé à faire halte?
Dans cette folle course où votre esprit s'exalte
A rêver le douteux espoir du lendemain ;
N'avez-vous donc jamais, au tournant du chemin,
Aperçu la maison calme, toute petite
Et blanche sous le pampre et sous la clématite,
Avec son bon vieux chien qui dort près du portail,
Et sa fenêtre dont s'entr'ouvre le vitrail
Pour montrer le profil pur et le fin corsage
D'une enfant qui vous donne un bonjour au passage?

Sans doute, Zanetto l'a entrevue, cette vision chère, mais il a peur de l'amour. S'il aimait, serait-il libre? Il passe. En ce moment, il va, dit-il, chez la Sylvia, lui chanter ses refrains et se faire son hôte. La Sylvia! La courtisane a peur maintenant d'être reconnue. Tant de candeur, de jeunesse fière et saine, l'a désarmée et attendrie. Faut-il aller chez Sylvia? demande le poète. Et Sylvia lui ordonne de fuir cette femme et de s'éloigner. — Je resterai donc à vos pieds, à vos genoux à vous qui n'êtes point

Sylvia ! Et toujours elle répond : — Va-t'en ! va vers le devoir, va vers le bonheur, va vers l'amour ! Et le poëte part, emportant une fleur, demain fanée et tombée aujourd'hui des cheveux noirs de Sylvia.

Voilà la pièce. Est-ce une pièce ? C'est, encore une fois, un des plus charmants duos que nous ayons entendus au théâtre. C'est un conte de Boccace chaste. Depuis les comédies de Musset, je n'avais nulle part retrouvé ce parfum d'Italie, cette grâce florentine. Le caractère distinctif, la qualité suprême de l'art florentin, c'est, en effet, l'harmonie. La peinture des maîtres, des Lippi ou des Massaccio y est en quelque sorte musicale. Ceux-là n'ont pas cherché l'idéal dans la solennité, comme nos classiques français, ni dans la fièvre, comme nos romantiques, mais dans l'équilibre heureux, la libre expansion des facultés.

Leur type de beauté, par exemple, n'est point la majesté royale ni la maigreur catholique, mais je ne sais quelle grâce qui n'est point la grâce païenne, qui est la grâce humaine, en un mot la vie. Et c'est justement cette vie et cette grâce toutes particulières que je retrouve dans cette petite pièce du *Passant*. Je ne saurais faire en vérité à M. Coppée un plus bel éloge. Cela est harmonieux, d'un ton très-juste et très-fin. Cela n'est pas du pastiche, c'est de l'art italien : deux figurines de Donatello récitant des sonnets à la Pétrarque.

Il manque pourtant quelque chose à son poëte florentin : il lui manque le sentiment du patriotisme, si puissant alors dans les âmes. Aux promenades poétiques, dans les allées de Boboli, sous les oliviers gris, les poëtes de Florence rimaient leurs strophes élégantes, mais ils songeaient aussi aux affaires de la commune, aux intérêts de la République. Leurs sonnets amoureux alternaient avec leurs discours civiques. Ils avaient inventé, ces artistes, le mot que Saint-Simon écrira sous Louis XIV et que la France dira tout haut, pendant la Révolution, le nom de *patriote*. Ils *harnachaient* aussi leurs poëmes, comme plus tard l'allemand Kerner. Ils combattaient avec Michel-Ange, ils mouraient avec Savonaro

Le Zanetto de M. Coppée, après tout, ce passant, n'est encore qu'un enfant. Il a seize ans, il grandira. Il s'arrêtera, un jour, il ne contera plus ses joies de poëte buissonnier à la courtisane Sylvie; sous les arcades des Lanzi il jettera ses cris enflammés au peuple qui se presse sur la place du château. Il comprendra que la poésie doit, pour vivre, s'inspirer des passions, des douleurs, des espérances de son temps. Et Zanetto ira souvent s'asseoir à l'ombre du Dôme, sur cette pierre où Dante rêvait aux malheurs de la patrie, et, sombre, enchâssait les noms de ses tyrans dans des vers immortels. Zanetto, Zanetto, croyez-moi, celui-là est le poëte! Celui-là passait aussi, mais, courbé, meurtri et portant dans son cœur le deuil de ses concitoyens. Où sont allés les *canzoni* ou les contes de Pogge? Qui le sait? — Et les bateliers de l'Arno, les gamins vendeurs de grillons, chantent encore les strophes d'Alighieri!

Mlle Sarah Bernhardt et Mlle Agar jouent le *Passant* avec beaucoup de sentiment et de goût. Mlle Agar a vraiment la beauté tragique des Belcolor. Auprès d'elle, Mlle Sarah Bernhardt, les cheveux longs et blonds, douce, frêle, poétique, avec l'air de la statuette de Paul Dubois, le chanteur florentin, à côté d'une créature de Michel-Ange. Avec quel charme Mlle Bernhardt a dit les vers gracieux de Zanetto! Elle est parfaite et je ne trouve à critiquer en elle qu'un détail de son costume, cette plume rouge qui palpite sur son bonnet de velours, et que n'ont jamais portée les personnages de Sandro-Botticelli et de Benozzo-Gozzoli.

VIII

PORTE-SAINT-MARTIN : *Patrie!* drame en cinq actes et huit tableaux, de M. Victorien Sardou.

22 mars 1869.

Le premier tableau de la pièce de M. Victorien Sardou nous transporte sous les piliers de la Vieille-Boucherie, à

Bruxelles. J'ai rarement vu au théâtre un décor plus saisissant, une mise en scène plus exacte et plus curieuse, une exposition dramatique plus largement découpée. Des soldats vont et viennent sous les halles, causant, buvant, prenant la taille des ribaudes qui passent cuirassées, le coutelas au flanc et des brocs à la main. Un feu vif est allumé, et les reîtres et les lansquenets y font fumer leurs bottes humides de la boue flamande. Sur les piliers, surmontée de l'aigle allemand à deux têtes, une affiche s'étale menaçant de mort tous les Flamands à la fois.

C'est dans cette Halle bruxelloise que se font les exécutions du Tribunal de Sang et que fonctionne le triumvirat sinistre composé de Vargas, de Del Rio et de Noircarmes, les âmes damnées du duc d'Albe. On aperçoit vaguement, amoncelés en tas ou suspendus à des cordes, comme des loques, des pourpoints et des hauts-de-chausses, volés sans doute aux cadavres. Les maisons fermées, au fond, se dressent avec leurs toits en escaliers et leurs murailles de couleurs rouges ou vertes. On entend, de temps à autre, des détonations : ce sont des Flamands qu'on fusille.

Vargas bientôt arrive, suivi de Del Rio et de Noircarmes. Le sombre trio vient faire justice. Ce n'était pas sous les Halles que siégeait le Conseil de Sang, et Noircarmes, nous dit Motley, n'avait pas droit de vote. Les décisions de Del Rio et de Vargas même étaient soumises à la révision du duc d'Albe. Peu importe. Ce Del Rio, personnage vil, valet bon à tout faire, ce cupide Noircarmes qui donnait ordre de dépêcher en hâte « les rebelles desquels on peut tirer quelque argent, » ce Vargas qui, la nuit, rêvant, s'écriait encore, comme son collègue Hessels : *Au gibet, au gibet!* (*ad patibulum!*) et qui disait froidement, comme un nouveau saint Dominique : « Les hérétiques ont détruit des temples, les bons ne les ont pas empêchés, donc ils doivent tous être pendus, » — voilà les maîtres des Flandres. On leur amène des prisonniers, pasteurs calvinistes ou vieillards impotents, des femmes, des enfants : ils envoient à la mort les vieillards, les enfants et les femmes. Les soldats font cercle, ou, grimpés sur les tas de hardes, applaudissent et rient, poussant leurs cris : *Sangre! Sangre! Oro! Sangre!* mais le massacre est interrompu par l'*Angelus*. Les Espagnols — Vargas avant tous — se signent, et, l'*Angelus* passé, la tuerie recommence.

Ce premier tableau a la couleur énergique et la netteté de certaines scènes de M. Mérimée dans la *Jacquerie* ou de la *Ligue* de M. Vitet. M. Sardou n'a pas mieux fait au théâtre. Ces jugements sommaires, ces exécutions rapides, ces fusillades atroces sont mis en scènes et présentés avec une vérité sombre, un talent robuste. Je ne sais rien de plus tragique.

Parmi les prisonniers qu'on va exécuter se trouve un noble flamand, le comte de Rysoor. Il vient d'être arrêté et on l'accuse de conspirer; s'il ne prouve point qu'il était en son logis cette nuit même, il est perdu. Un officier espagnol s'avance et conte qu'étant ivre et entrant justement, la nuit précédente, dans la maison de M. de Rysoor, M. de Rysoor s'est colleté avec lui, et l'a repoussé.

— C'est bien, monsieur, dit Vargas au comte, vous êtes libre.

Le comte de Rysoor s'approche de l'officier pour le remercier.

— Vous m'avez sauvé la vie, monsieur.

— Moi? J'ai dit la vérité, monsieur le comte, voilà tout.

— La vérité?

— N'étiez-vous pas chez vous, cette nuit? Sur ma foi, je vous ai bien reconnu. Et ne vous êtes-vous pas blessé à la main en essayant de m'arracher mon épée?

— A la main, oui.

M. de Rysoor courbe la tête. Il y avait donc cette nuit, un amant chez sa femme! qui? Cet homme a la main coupée. Il le reconnaîtra et le tuera. Ce noble Flamand, épris de sa patrie, a, par une erreur inconcevable, épousé je ne sais quelle aventurière espagnole qu'il a tirée de la misère, et à laquelle il a donné son nom. Epouser une étrangère en temps de guerre, c'est loger l'ennemi chez soi. M. de Rysoor devait s'attendre à l'équipée. Il entre, menaçant, chez Dolorès, et lui demande le nom de son amant. L'Espagnole avoue tout, brave insolemment son mari et refuse de parler. L'amant, c'est l'intime ami du comte, un jeune homme que M. de Rysoor a élevé et qu'il aime comme un fils, Karloo van-der-Noot. Ce Karloo va et vient dans la maison, tutoie le mari et n'éprouve, en dépit de son ennui, qu'un remords modéré de cette lâche existence à trois.

M. de Rysoor conspire. Il conspire pour la liberté flamande, pour la patrie. Cette nuit même il doit, à la tête de compagnons déterminés, ouvrir la porte de Louvain au prince d'Orange. Bruxelles est du complot; les bouchers, les boulangers s'arment. Le sonneur Jonas doit donner au prince le signal définitif : il carillonnera joyeusement pour lui dire d'entrer (on est en carnaval), on sonnera le glas des morts pour lui dire de fuir. Au moment où M. de Rysoor remet à Karloo, qui a rendu fièrement son épée de milicien au duc d'Albe, une épée nouvelle, il aperçoit une blessure à la main du jeune homme. L'amant de Dolorès, c'est donc lui ! Le premier mouvement du comte est de tuer l'infâme, le second est de lui mettre l'épée à la main et de lui dire : Meurs pour la patrie !

La scène est absolument belle et fort habilement menée. Les conjurés, trahis par Dolorès, vendus, sont entourés et arrêtés, et le duc d'Albe ordonne au sonneur de sonner le carillon qui dit au prince d'Orange : Venez ! Le carillonneur, le pauvre diable de père de famille, sonne héroïquement le glas qui dit : Fuyez ! On le tue et les gentilshommes prisonniers se découvrent devant le cadavre glorieux de l'humble martyr. C'est le *Carillonneur de Bruges* admirablement encadré dans un tableau dont l'effet a été foudroyant, électrique. On applaudissait Dumaine qui dit si bravement le mot de patrie, on applaudissait Berton, et les décors, les foules, les costumes, cette mise en scène, une des plus brillantes qu'on ait vues, ajoutaient encore à l'impression d'une scène superbe que les acteurs emportent avec éclat.

Dolorès a dénoncé son mari pour sauver son amant. Lorsqu'elle apprend que Karloo est prisonnier avec lui, elle se traîne aux pieds du duc d'Albe et demande grâce. Le duc est sourd, mais Rafaële, la fille du duc, que Karloo a sauvée jadis, supplie, et Karloo est libre. Il ne veut point de cette liberté.

— Mon enfant, dit le comte de Rysoor, au contraire, prends-la, sois libre et venge-nous, venge-nous de celui qui nous a livrés, et quel qu'il soit, tue-le !

— Je jure, répond Karloo, je jure que je le tuerai !

Il le tuera avec le poignard dont s'est frappé, plutôt que d'être broyé vivant par la torture, le comte de Rysoor. Karloo court chez Dolorès, il se heurte en chemin au cortége des condamnés, qui lui crient, le voyant libre : *Lâche, traître et Judas !* Sous la fenêtre de Dolorès le bûcher s'allume, les flammes rougissent le visage des deux amants. Et toujours les mêmes cris : *Lâche ! traître !* Karloo, à la terreur de la femme, soupçonne, devine que c'est elle qui a livré ses amis au bourreau et le comte avec eux. N'a-t-elle pas un sauf-conduit du duc ? Il tire son poignard, frappe Dolorès et s'élance par la fenêtre, criant aux martyrs : Attendez-moi ! Je vais vous rejoindre !

Voilà ce drame, l'œuvre, à coup sûr, la plus complète de M. Sardou, et dont le succès a été unanime. Le patriotisme y tient moins de place que l'adultère et l'héroïsme que la passion ardente ; mais M. Sardou a su incarner le sacrifice dans deux sympathiques figures, celle de M. de Rysoor et celle du carillonneur Jonas. Le tableau de l'Hôtel de ville et le premier tableau entre autres sont de toute beauté. Il y a aussi une scène habile, la dénonciation des conjurés par Dolorès. Le massacre de la patrouille espagnole qu'on ensevelit sous la neige — est une merveille de décoration. M. Sardou nous a tracé aussi un portrait curieux, mais un peu bien adouci, du duc d'Albe. Quel terrible héros de drame pourtant que celui-là !

Cette sombre figure du duc d'Albe passe dans l'histoire comme le fantôme sanglant du despotisme. Tel maître, tel valet. Au lugubre Philippe II, il fallait ce lieutenant féroce. Le roi le savait bien. Le duc était parti d'Espagne emportant dans une malle des blancs seings de son maître, mots d'ordre donnés d'avance au bourreau. Sa Majesté le Crime avait confiance en Son Excellence l'Infamie.

Quand il apparut aux Flamands, hautain et dur, les pauvres gens se sentirent perdus. Il entre à Bruxelles par la porte de Louvain, comme un tortionnaire en tournée. Il promène sur la foule atterrée un regard de bête féroce guettant sa proie, et son premier mot a l'indifférence cruelle et froide d'un exécuteur sûr de son fait.

La peinture nous a conservé ses traits sinistres : le visage osseux, le nez recourbé comme le bec d'un oiseau de proie, la barbe longue, touffue, une barbe de bouc sous une bouche sauvage, et dont on entend, semble-t-il, les dents grincer. Imposant, d'ailleurs, dans ses costumes de bataille cuirassé, tout prêt à la lutte, la tenue sévère et le front implacable, on n'oublie plus cette tête dure dès qu'on l'a regardée. Partout vous suit le souvenir de la bête fauve.

Le théâtre nous a maintes fois montré le duc d'Albe. Dans l'*Egmont*, de Goëthe, dans Schiller, c'est surtout le diplomate haineux et rusé qui nous apparaît (le loup-cervier était aussi renard). Dans la pièce de M. Sardou, c'est le bourreau. Nous le voyons, pâle et froid, donner des ordres de pendaison et converser avec l'exécuteur sur les prochains supplices. Quelle que soit la férocité de ce personnage de *Patrie*, l'homme de l'histoire était plus tragique encore.

Ces physionomies atroces ont leur moralité aussi et il est bon de les étudier. Elles enseignent jusqu'où peut aller la tyrannie à son paroxysme. Elles font prendre en pitié autant qu'en horreur la toute-puissance ainsi affolée de pouvoir et ivre de sang. A ce point arrivés, la cruauté et le despotisme ressemblent à la démence. On aurait envie de plaider pour ces tigres les circonstances atténuantes devant l'histoire. De ce pays flamand, où les laborieux et les actifs, drapiers, tisserands, brasseurs de Belgique et de Néerlande devaient travailler pour nourrir les hidalgos paresseux d'Espagne, le duc avait juré de faire un désert, une ruine immense. « Je n'épargnerai, écrivait-il à Philippe II, *pas une âme parmi toute la population.* » Ses ordres portaient, nous dit Motley, que *toute ville des Pays-Bas fût brûlée jusque dans ses fondements.*

Et combien en fit-il mettre à mort de ces gentilshommes courageux, de ces humbles communiers, de ces pauvres paysans de Flandres? Qui l'a compté? Qui le dira? On avait pendu, brûlé, égorgé, écartelé, jeté dans les fossés, décapité, déchiré, roué, tenaillé, écorché vifs des milliers de victimes. Ceux que le bourreau épargnait, on les jetait à cet autre bourreau: l'exil. Les tambours dont le roulement lugubre accompagnait la marche des condamnés à l'échafaud ou au gibet étaient faits de la peau des morts, de la peau arrachée aux femmes, aux fils, aux mères de ceux qu'on allait torturer.

Et ce maniaque assassin passait, superbe, par les rues de Bruxelles. Il sortait impassible, fier de l'œuvre accomplie, il sortait de son conseil de sang, songeant peut-être, comme allait le dire bientôt Vargas, qu'il était coupable de *trop de pitié*, et il n'entendait pas du fond de ces campagnes ravagées — et comme un cri de haine avant-coureur du jugement de l'avenir — ce *Pater Noster* gantois où les pauvres gens avaient mis leurs malédictions suprêmes:

> Diable d'enfer dont Bruxelle est la cour,
> Que maudit soit ton nom et ton règne éphémère!

Non, ils n'entendent point, ces tueurs de peuples, les cris de rage des nations qu'on égorge. Ils passent. Ils portent haut la tête et font bâtir des monuments à leurs crimes dont ils se parent comme d'une gloire. A l'heure même où la Flandre agonisait, le duc d'Albe, avec les canons pris à Jemmigen sur les patriotes, ordonnait qu'on coulât ses traits en bronze, qu'on mît sous les pieds de sa colossale statue l'image des têtes — tranchées par son ordre — du comte d'Egmont et du comte de Hornes, et sur le piédestal il fit écrire — il osa faire écrire:

« A Ferdinand Alvarez de Tolède, duc d'Albe, gouver-
« neur des Pays-Bas sous Philippe deuxième du nom, pour
« avoir étouffé la sédition, châtié la rébellion, rétabli la
« religion, assuré la justice et la paix, au plus dévoué
« ministre du meilleur des rois, ce monument est
« érigé. »

Orgueilleux ! Ce qu'un tyran élève, un autre tyran l'abat, quand la justice du peuple ne le renverse pas. Requesens, le successeur du duc d'Albe en Flandre, fit détruire cette insolente statue. Jalousie de courtisan. Le duc d'Albe, dans son château d'Uzeda, songeait aux flots de sang qu'il avait fait verser. Il était vieux, son front chenu penchait vers la terre. Le soldat était devenu vieillard. Sur les soixante-quatorze ans qu'il venait de vivre, il avait consacré cinquante années — cinquante — à l'horrible gloire de son roi et de son Dieu.

Quel drame que celui de cette conscience! Voilà qui devrait tenter un auteur assez hardi pour laisser de côté les aventures et pour descendre bravement au fond de l'âme humaine ! La vieillesse du bourreau, la décrépitude du tyran, ses remords et ses terreurs. A quoi pensait-il dans sa solitude peuplée de visions sanglantes? Gardait-il encore en son cœur d'airain la conviction féroce d'avoir accompli son devoir? Pourquoi pas? N'avait-il point devant lui le chapeau glorieux que lui avait envoyé le pape, ne voyait-il pas étinceler dans l'ombre les pierreries de l'épée sacrée, de l'estoc que Sa Sainteté lui avait fait remettre, ne pouvait-il relire la lettre autographe jadis écrite par le saint-père, ce représentant de la toute bonté sur terre, et qui félicitait le duc de Sang de ses bûchers et de ses massacres !

Sans doute, c'était là un souvenir de joie; mais non, la fraycur, mais l'effroi, mais la douleur étaient les plus forts. Le duc d'Albe avait peur maintenant ; il voyait, eût-on dit, monter jusqu'à lui comme une rouge marée qui menaçait de l'engloutir. Il tremblait ; il se confessait. Il se traînait aux genoux de ses chapelains ; il leur criait avec angoisse de le sauver de l'enfer qui venait. Et le roi son maître, Philippe II — terrifié peut-être, lui aussi, pâlissant devant tant de carnage et tant de meurtres — écrivait à son valet comme pour décharger sa royale conscience de ces crimes dont il était le complice :

« *Tout ce que vous avez tué par l'épée de ma justice, je le prends pour moi; mais tout ce que vous avez tué par l'épée de la guerre au delà des besoins de mon service doit rester à votre charge.* »

On croirait voir deux assassins vulgaires s'accusant l'un l'autre et *mangeant le morceau* devant leurs juges.

Et le duc d'Albe tremblait toujours ! Le misérable était si faible maintenant, lui, le terrible soldat, qu'il ne vivait plus — atroce ironie ! — que de lait de femmes comme les nouveaux-nés. Oui, du lait, c'était du lait qu'il demandait pour vivre, celui qui avait versé le sang à flots, comme des ruisseaux, comme des fleuves.

Il est toujours difficile de transporter au théâtre, dans leur intégrité, des personnages historiques, et surtout des personnages de cette taille.

De cette funèbre et gigantesque figure, M. V. Sardou a fait un tyran assurément féroce et sombre, mais dont le duc d'Albe n'eût pas voulu pour un de ses lieutenants.

A la façon dont il se laisse traiter par la comtesse de Rysoor, par la Trémouille et par Rafaële, sa fille, j'ai même trouvé, ceci soit dit sans paradoxe, le duc d'Albe assez débonnaire. On lui impose silence, on l'appelle bourreau en face, on lui arrache des grâces avec une facilité singulière. Le duc d'Albe n'était ni si patient, ni si longanime. On ne lui connaît ni un amour ni une affection, ni un tressaillement de pitié. Où est aussi ce curieux langage du temps, cette pittoresque manière de dire si savoureuse dans sa brutalité et dont les chroniques nous ont conservé tant d'exemples ?

Dans cette entrevue de Bayonne, où la Florentine Catherine et l'Espagnol Albe conspirèrent la perte de la libre pensée (l'éternelle persécutée, la victorieuse éternelle), le duc conseillant à la Médicis d'établir l'Inquisition en France et d'en finir avec les grands seigneurs protestants, disait :

« *Vous avez assez de fretin, madame, péchez maintenant
« de gros poissons. Une tête de saumon vaut mieux que dix
« mille têtes de grenouilles.* »

On lui annonçait que le prince d'Orange, à la tête d'une armée, venait de passer la Meuse :

« *Oui, da!* dit-il incrédule, *l'armée du prince d'Orange
est-elle un troupeau d'oies sauvages pour voler ainsi au-
dessus d'une rivière comme la Meuse?* »

Toute son implacable volonté passait parfois dans ses paroles. Promenant ses regards sur le doux peuple flamand, dont il ne soupçonnait point l'ardent héroïsme :

« *Au temps jadis,* disait-il, *j'ai dompté des peuples de fer,
« j'aurai bientôt raison de ces hommes de beurre.* »

Nous sommes loin des paroles sans couleur locale que prête au duc l'auteur de *Patrie*.

C'est d'ailleurs le défaut de la pièce, défaut sur lequel on passe bien vite, entraîné par l'action et les effets superbes et habilement accumulés. La vérité est toute conventionnelle au théâtre, et la couleur du style ou « la date » de certains caractères ne peuvent frapper qu'un petit nombre de délicats. J'aurais pourtant souhaité que la fille du duc d'Albe, ce personnage imaginaire, très utile à l'action du drame pendant les premiers tableaux, et que l'auteur a fait mourir à la fin de sa pièce, sans tirer de cette mort la scène vigoureuse qui motivait le caractère un peu effacé de Rafaële, j'aurais souhaité que cette jeune fille ne fût pas l'espiègle ingénue des comédies de tous les jours, de nos comédies contemporaines, mais une de ces créations attendries qui sont de tous les temps par leur poésie et leur grâce.

C'est beaucoup demander. Et pourtant quel parti à tirer de cette enfant, tuée par les tueries mêmes de son père, de cette malade qui est comme l'envers de ce bourreau! Les légendes allemandes parlent d'une fleur fantastique qui fleurit tristement à l'ombre des gibets. C'était cette fleur-là que devait être la fille du duc d'Albe et non point la petite pensionnaire souffreteuse et enamourée de son bel officier qu'on nous a montrée.

Ses soupirs arrachent trop facilement des grâces à son père. Souvenez-vous de la fille mourante de Cromwell. Elle suppliait aussi et pleurait. Mais le farouche républicain pouvait s'attendrir, et je doute que le bourreau de Bruxelles eût cédé une goutte de sang à personne. Rafaële, dans *Patrie*, meurt de douleur en rencontrant sur son passage un cortége de condamnés qu'on mène au bûcher. On transporte en hâte le cadavre dans une boutique de barbier, et, agenouillées autour du corps de la catholique, les luthériennes flamandes prient. Le duc d'Albe passe, suivant le cortége funèbre.

— Pourquoi ces femmes à genoux?
— Monseigneur, c'est une jeune fille morte.
— Une jeune fille!

Et le duc, qui n'ôtait pas plus son feutre devant les cadavres des jeunes filles (il aurait eu trop à faire) que devant le roi, se découvre et continue sa marche.

Et voilà pourtant la scène que nous attendions : le moment où la bête féroce blessée pousserait un cri, un cri de douleur, un cri humain. C'était là qu'était le drame intime de cet homme. Rafaële a servi jusque-là à l'action ; elle allait être utile à une étude psychologique, morale, et voilà qu'on la place dans la coulisse et qu'elle n'est plus qu'une figurante dans un somptueux défilé. Sans doute l'effet théâtral est beau, mais j'eusse préféré une larme de souffrance ou un rugissement de désespoir. Mais tout le monde ne rêve pas *une tempête sous un crâne*.

Les acteurs ont été superbes, et j'ai rarement vu un tel ensemble. Dumaine, si aimé, a grandi sous les ovations. Il a magnifiquement composé cette figure de M. de Rysoor. Et quel talent il a fallu à Berton et à Mlle Fargueil pour faire passer leurs rôles difficiles, hérissés de mots dangereux! Ils voulaient, dit-on, rendre ces rôles aux répétitions : c'eût été dommage. Du péril même ils ont fait une victoire. Les merveilleux artistes! Charly est absolument beau sous le masque sépulcral du duc d'Albe et Mlle Leblanc, très-charmante et très-touchante aussi dans Rafaële.

Charles Lemaître donne le ton le plus impertinent et le plus élégant à un gentilhomme égaré dans ces massacres, la Trémouille, l'inévitable Français qui, à Magdala ou à Tombouctou, dit si bien leur fait aux étrangers. Et quelle mise en scène ! Des chefs-d'œuvre. La décoration n'a pas nui au grand succès de M. Sardou, le succès le plus éclatant qu'il ait obtenu au théâtre. Un succès, mieux que cela, un triomphe !

IX

COMÉDIE-FRANÇAISE : *Julie*, drame en trois actes, de M. Octave Feuillet.

10 mai 1869.

Julie, la nouvelle œuvre de M. Octave Feuillet, vient d'obtenir un grand succès à la Comédie-Française, succès d'acteurs et succès d'auteur. Ce drame intime, en trois actes, est presque un événement et il a soulevé comme de l'enthousiasme. Qui donc s'est avisé d'affirmer que nous étions une nation railleuse ? L'enthousiasme court les rues. Qui osa jamais prononcer, depuis le second Empire, le mot de décadence ? Nous saluons partout des chefs-d'œuvre. Seulement il y a chef-d'œuvre et chef-d'œuvre. *Julie*, pour parler du premier né, est déjà, on le sait, un chef-d'œuvre officiel.

M. Octave Feuillet a évidemment voulu nous donner, en l'écrivant, le pendant du *Supplice d'une Femme*. Trois actes menés vigoureusement et une situation difficile enlevée à la baïonnette. Mais il fallait là une main hardie, un style net, quelque chose de viril et d'âpre. Dans le *Supplice d'une Femme* nous avions trouvé tout cela. Les moyens dramatiques étaient simples, nouveaux, saisissants. L'œuvre tout entière fonctionnait avec la précision d'une machine. Avec cela il y avait une âme et une ferme leçon. Retrouvons-nous ces qualités dans *Julie?* La pièce est peu nouvelle. Elle rappelle de loin *Henriette Maréchal*, de très-près, de trop près *la Mère et la Fille.*

M. Feuillet a voulu accentuer, il est vrai, son style et le tonifier. En dépit de lui, il a gardé son doux langage et sa phraséologie, qui n'est point sans charme. On y parle des *larmes du cœur,* ce qui fait bondir les anatomistes, mais on écoute et cela plaît. La pièce, après tout, eût été peut-être compromise par trop de vigueur et de décision. Il fallait l'envelopper de toutes les fluidités et les grâces imaginables pour la faire passer et pour donner l'attrait d'une œuvre attendrissante et morale à une étude de femme adultère absolument faite pour repousser.

Julie est demeurée pendant dix-sept ans une honnête femme. Un beau jour, elle s'aperçoit qu'elle n'aime plus son mari, Maxime de Cambre, un débauché qui laisse sa femme au logis et court au dehors les aventures. Maxime a un ami, M. de Turgy, un ancien officier, un rêveur de casernes, le Lara du *mess.* M. de Turgy la plaint et l'aime de son côté. Julie pourrait, il est vrai, se rattacher à ses enfants : mais la mère est aussi malheureuse que l'épouse. Sa fille est au couvent, son fils à l'École navale. Ce sont là, pour M. Feuillet, des circonstances atténuantes. Julie, d'ailleurs, essaye de lutter, de se rattacher à l'amour de son mari, mais M. de Cambre répond aux soupirs, aux sanglots étouffés de sa femme par de banales protestations de dévouement, et surtout par une singulière prière : « Vous recevrez, s'il vous plaît, ma chère amie, madame de Cressy, qui va devenir notre voisine. »

Or, madame de Cressy est la maîtresse de M. de Cambre. Julie le sait bien. Elle pâlit, se laisse tomber, accablée, sur un siége, et pousse un cri : *Je suis perdue !* — C'en est fait. Elle ne résistera plus. Elle se rend, elle se donne. D'un entr'acte à l'autre (et il ne s'écoule pas une heure entre le premier et le second acte), Julie nous prouvera qu'elle a dit vrai. Nous aurons presque assisté au plus flagrant délit. Elle sera perdue.

Perdue, parce que sa fille est au couvent ; perdue, parce

que son fils travaille, là-bas, pour devenir un homme; perdue, parce que sa rivale va venir tout à l'heure dans son logis; perdue, parce qu'il fait de l'orage et que ses nerfs sont malades! Quoi! dix-sept ans de vertu tiennent à ce fil si mince! Une légèreté de son mari, une coupure au doigt pansée par M. de Turgy, un peu d'électricité dans l'air, et toute cette fière honnêteté s'écroule, toute cette neige se fond en boue! Julie prétend qu'elle résisterait si ses enfants étaient auprès d'elle. Elle ment.

Est-ce que les enfants sont jamais absents pour une mère qui les aime?

« Je t'aime plus que tes frères, écrivait une mère à son fils qui faisait le tour du monde, parce que tu es le plus éloigné. »

Le cœur vide, le cerveau inoccupé, la vie dépensée en parties de cheval, en courses dans les bois, Julie s'ennuie. Qui ne s'ennuierait ainsi? Il lui faut M. de Turgy pour combler son *vague à l'âme*. Elle appelle son mariage un enfer. Un enfer, quand elle a des enfants! Pauvre femme, sybarite de la vie à deux et qu'un pli de roses égratigne, elle ne sait donc pas ce que c'est que de souffrir?

La vie, l'âpre et dure vie l'a donc épargnée, qu'elle prend son dépit pour une douleur?

Mais quoi! c'est bien là la femme d'aujourd'hui, vaine et tombant sans passion, attirée fatalement vers la chute par l'énervement et la fatigue. Les héroïnes exaltées des drames romantiques, les pauvres folles, les Adèle d'Hervey, pouvaient du moins se vanter de connaître la souffrance; les femmes de la race de Julie ne connaissent que le caprice.

A-t-elle réellement du remords, cette madame de Cambre, l'adultère une fois commis? L'admirable talent de l'artiste qui interprète le rôle nous le ferait croire. Il n'en est rien.

Cette femme, ce n'est qu'une malade. Sa chute n'a été qu'une affaire de baromètre. Le temps orageux l'a perdue, cet orage que nous connaissons pour lui avoir vu produire le même effet sur une autre Julie, dans *M. de Camors*. Son remords n'est que la suite de son anévrisme. Elle meurt, de douleur ou de terreur? — Non. Elle meurt brisée après un entretien de juge d'instruction, après une torture atroce à laquelle son mari la soumet, ce mari si léger au premier acte, si barbare au dernier.

Au surplus, elle a décidé du succès, cette dernière scène. Admirablement traitée au point de vue dramatique, elle est inutilement cruelle au point de vue humain, nulle au point de vue moral. Le mari vient d'apprendre que sa femme l'a trompé. La vérité est sortie de la bouche de Cécile, sa fille, une ingénue qui sait bien des choses. Le mari fait aussitôt asseoir sa femme devant lui, et brusquement :

— M. de Turgy est mort, dit-il.

Madame de Cambre répond :

— Comment s'est-il tué?

Le mot a paru terrible. Est-il naturel? Point du tout. C'est du marivaudage tragique.

Puis M. de Cambre force Julie à se trahir, à jeter dans un cri l'aveu de son crime et le secret de ses souffrances, et quand elle a fini :

— Eh bien, dit-il, je me vengerai sur votre amant.

— Allons donc! Il est mort!

— Mort, Turgy? Détrompez-vous; il sera ici aujourd'hui.

La porte s'ouvre. Un valet annonce : M. de Turgy! — Julie recule, porte la main à son cœur et tombe foudroyée.

— Tu sais que je te tuerai! dit alors M. de Cambre à M. de Turgy.

Et Turgy répond, en montrant Julie étendue :

— Tu sais qu'elle est morte!

Choc de mots et phrases à effet qui sentent le mélodrame.

La pièce finit ainsi. Elle n'a rien prouvé, rien appris, rien apporté de nouveau au théâtre, rien fait vibrer en nous de grand, de terrible ou de vrai. On l'a écoutée avec attention, avec plaisir, parfois avec une certaine fièvre, car la situation est poignante et les acteurs l'accentuent avec un talent rare. Mais de tout cela que reste-t-il? J'en ai remporté pour moi comme une impression de malaise.

sous leur vernis d'élégance, et sous leurs paroles écrites de ce style harmonieux et tendre d'Octave Feuillet, ces personnages sentent la corruption profonde, cette corruption aimable, facile, distinguée, corruption à la mode et qui transporte d'aise les spectateurs.

Aiment-ils, en réalité, tous ces gens qui parlent d'amour d'une si mystique façon? Je n'en crois rien; ils se plaisent, voilà tout. Ils auraient peur de la passion; ce qu'il leur faut, c'est le plaisir. M. de Cambre seul a la franchise d'en convenir, et ce coureur de ruelles se trouve, de cette façon, plus honnête à mes yeux que cet ex-officier qui lui prend sa femme, que cette femme qui succombe dans la maison d'un garde, entre deux éclairs, et que cette pensionnaire qui sort du couvent pour avouer à sa mère l'amour qu'elle nourrissait pour M. de Turgy, tout en étudiant son catéchisme.

Et à propos de ce dernier rôle, qu'on me permette de constater qu'on ne sait plus au théâtre tracer des rôles de jeune fille. La jeune fille, cette énigme charmante, cette blanche page d'album où pourtant on déchiffrerait, si l'on regardait bien, tant de pensées et tant de poésies, nos auteurs ne savent point la lire ou deviner, sur le vélin sans tache, les caractères qui apparaîtront plus tard, comme d'une encre qui ne s'aperçoit qu'avec le temps. D'où vient cela, et n'est-ce pas que nos mœurs font de la jeune fille un être à part, ne vivant point, dirait-on, de la vie commune, un être insaisissable, qui va et vient, chante, valse, sourit et ne se livre pas?

Depuis longtemps la scission semble s'être opérée dans le monde, entre les hommes et les femmes. Les femmes ont leur coin à elles où parler toilettes; les hommes ont le fumoir où causer politique ou scandales. Corps législatif ou corps de ballet. Mais entre les jeunes gens et les jeunes filles, combien la rupture semble plus complète et me paraît plus dangereuse! Le temps n'est plus où l'on devisait et riait en commun. La jeune première (puisque nous parlons théâtre) et le jeune premier sont aussi ignorants l'un de l'autre que Cicéron l'était de l'Amérique;

ils se regardent même avec un sentiment de défiance et je dirai de crainte, comme à l'approche d'un danger ou à deux pas du gouffre.

Et ils ont raison : ils sont, l'un pour l'autre, l'obstacle, l'inévitable et terrible inconnu. Ils peuvent être liés à jamais l'un à l'autre et ils ne savent encore ce qu'ils sont ni l'un ni l'autre.

La vérité est que, s'ils sont unis jamais, ils le seront sans avoir échangé quelques-uns de ces mots où l'être tout entier se peint, quelques-unes de ces causeries à fond de cœur où le plus caché de la pensée, où tous les secrets, toutes les confidences s'échappent. Ils auront murmuré entre deux quadrilles quelque mot banal sur le temps qu'il fait, sur le salon où l'on étouffe, sur la toilette d'une voisine, ils auront valsé et dans l'entraînement de la valse le jeune homme aura certes pu mieux étudier les charmes de la personne que les qualités du cœur. Et lorsqu'ils se rencontreront devant le buste blanc et les moustaches du souverain et l'écharpe tricolore du maire, ils seront étrangers l'un à l'autre, ils connaîtront aussi peu leur caractère, leur humeur, la tournure de leur esprit ou leurs vœux secrets que s'ils ne s'étaient jamais rencontrés.

Ce n'est pas ainsi que la jeune fille américaine, avec la liberté qu'elle a de ses pensées et de ses choix, entre dans la vie. Que si on ne la peut connaître, c'est qu'on ne sait point voir ou qu'elle prend une attitude. Mais elle a le loisir du moins et le droit de se montrer telle qu'elle est et dans la vérité de son âme. Il paraît que cette franchise blesserait fort nos idées françaises. Nous avons un fond de raillerie bien déplaisant à la longue et je me rappelle que M. Sardou écrivit une comédie, les *Femmes fortes*, pour se moquer de ces mœurs de la libre Amérique sans songer que ces mœurs mêmes font de la jeune fille un être pensant et agissant selon sa volonté, maître en un mot de lui-même, ce qui est le but et ce qui est le droit.

Notre théâtre néglige la jeune fille. C'est peut-être qu'il a assez de cultiver l'adultère. Notez bien que lorsqu'il veut nous intéresser à la femme coupable et l'excuser, il nous apprend que, jeune fille, elle a été mariée malgré sa volonté, à l'âge où elle ne pouvait ni songer, ni choisir, etc. C'est la femme qui porte le poids de l'inexpérience de la jeune fille. Je voudrais donc qu'on s'occupât d'Agnès autant que de Célimène. Mais l'art des nuances est perdu depuis Molière, et lorsqu'on nous présente une Agnès, on la rend si intelligente du mal, si fûtée, si savante, que le spectateur irrité la prend bientôt en haine et s'insurge.

La représentation de *Julie* a produit sur moi le même effet que la lecture de *Monsieur de Camors*. C'est le même talent, car il y a là une somme de talent considérable; c'est le même charme musical du style, la même cruauté des situations sauvée par la ouate ou la gaze de la forme, le même magnétisme nerveux, le même attrait singulier, irrésistible et corrupteur. Ne prenez ce dernier mot que dans le sens d'une critique, non pas dans celui d'une accusation. Mais quoi! aux gens qui accusent la réalité, la vérité, la passion étudiée sur le cadavre humain, d'être immorales, on peut bien répondre par ce même reproche d'immoralité. Voulez-vous ma pensée entière? Donnez, si vous voulez, *Madame Bovary* à lire à une jeune fille, ne lui laissez pas écouter *Julie*.

En un mot, la pièce de M. Octave Feuillet appartient à ce genre d'œuvres qui forment le fonds même de la littérature byzantine de ce temps où la passion est remplacée par l'hystérie. Cela est capiteux et malsain. Cela grise et cela trouble comme l'odeur des tubéreuses. Cela n'a point l'emportement furieux de la souffrance, mais plutôt les petits frissons et les langueurs de la maladie. La douleur n'y est qu'une crise nerveuse, la chute une surprise des sens, le châtiment une affaire de tempérament. M. Octave Feuillet écrivait avec *M. de Camors* tout un volume pour prouver que le matérialisme n'aboutissait à rien, et pour combattre le monstre.

Mais qu'est-ce donc que son spiritualisme maladif sinon du matérialisme peureux? Est-ce l'analyse d'un caractère qu'il nous montre dans Julie ou le développement d'une névrose? Ce qui a fait dérailler M. Feuillet, ce sont les reproches qu'on lui adressait jadis d'être trop modéré et trop chaste. Quelles œuvres charmantes il donnait alors : *le Village, la Partie de dames*, et quelles œuvres fortes aussi : *Dalila* et *Rédemption!* Mais il a voulu, lui aussi, montrer ses muscles; il n'a que des nerfs. On l'appelait autrefois, fort injustement, le Musset des familles. Mais on peut dire en toute vérité aujourd'hui que ses derniers romans et sa dernière pièce, c'est du Musset sans souffrance et sans amour.

Mademoiselle Favart a trouvé dans *Julie* son plus grand succès. Il n'y a qu'un mot pour la juger : *admirable*. Elle a sauvé les situations scabreuses, rendu merveilleux des mots, des phrases. On l'a acclamée. Elle le méritait. La salle croulait sous les applaudissements. Febvre, parfait dans les rôles contemporains, est excellent, comme toujours, dans le rôle de Turgy : il semble, à le voir, que Turgy souffre. Je n'en crois rien.

Lafontaine se débat dans son rôle de mari, trop insouciant au début, trop farouche au dénouement.

X

THÉATRE DE CLUNY : *Le Juif Polonais*, drame de MM. Erckmann-Chatrian. — L'œuvre des romanciers nationaux.

21 juin 1869.

L'événement dramatique de cette semaine est le début au théâtre des deux écrivains populaires, M. Erckmann et M. Chatrian. Il est bien peu de littérateurs véritables que le théâtre n'ait point tentés. Quelle que soit la puissance du livre, il n'a pas, comme la scène, cette force irrésistible qui s'impose par tous les sens en même temps que par les idées. Il n'a point cette vie ou cette apparence de vie plus saisissante encore que la vie réelle et qui agit sur les masses d'une façon si intense. Le livre, conçu dans le recueillement, va trouver le lecteur au coin du feu, dans son logis, comme un visiteur ou comme un ami. Le théâtre, au contraire, attire à lui la foule, la magnétise et l'entraîne. J'avoue que le livre, qui est à lui seul un théâtre, où l'auteur crée tout à la fois ses acteurs et son drame, ses décors et ses personnages, est autrement difficile à mener à bonne fin qu'une œuvre dramatique, et je crois qu'un roman excellent est supérieur à une excellente pièce, mais je reconnais aussi que l'auteur du plus renommé des romans, M. Gustave Flaubert, par exemple, n'a jamais connu la centième partie de l'émotion qui vient caresser l'auteur dramatique, même de second ordre, un soir de succès.

C'est bien cette émotion et cette lutte en quelque sorte personnelle avec le public, qui ont toujours attiré les littérateurs vers le théâtre. En admettant que toute œuvre artistique soit comme un combat entre l'artiste et la foule, où trouverait-on bataille plus complète, plus immédiate et plus décisive? Aussi voyez comme cette bataille, Balzac, F. Soulié, Eugène Sue, madame Sand, ont tour à tour voulu la livrer. Mais chose singulière, il existe un certain préjugé contre les hommes de lettres proprement dits, j'entends les romanciers, les journalistes, les publicistes qui abordent le théâtre pour la première fois. On se figure qu'ils n'y peuvent pas réussir.

Et de fait, la méthode du livre, qui procède par l'analyse, est dangereuse au théâtre où tout doit être à la fois action et synthèse. Une seule parole d'un personnage éclaire sur la scène le drame tout entier. Il faut, pour se faire connaître, que tout héros agisse ou qu'il parle. Dans le roman, au contraire, il peut aller et venir mystérieusement à sa guise ou dépenser de longues pages pour peindre l'état de son esprit. Ce sont là deux méthodes, deux manières, ou, comme on l'entendra, deux métiers différents. Et justement parce qu'ils apportent à l'œuvre entreprise plus de soin, plus d'attention, plus de moyens mécaniques, les littérateurs de profession risquent de ne réussir point lorsqu'ils se hasardent sur les planches.

Ce n'est pas la première fois, s'il m'en souvient, que M. Erckmann et M. Chatrian écrivent une pièce. Le théâtre de Strasbourg représenta, il y a quelque seize ou dix-sept ans, un drame signé de leurs deux noms. Je ne me rappelle point le titre, mais ce devait être quelque drame patriotique dans le sentiment de leurs dernières œuvres. Voilà trois ans, il fut un moment question de monter au théâtre du Châtelet le drame découpé à la Shakespeare, *la Guerre*. Mais la censure s'y opposa, dit-on. Il n'est pas moral de montrer sur la scène les horreurs de la chirurgie, qui fait égaux vainqueurs et vaincus en leur coupant également les jambes, de présenter au peuple dans leur atrocité les rouges coulisses de la victoire, et surtout de reconnaître un peu de valeur à Souwaroff, qui était Russe, et quelque mérite à la Convention, qui fut factieuse.

Je regrette pourtant qu'on n'ait pu monter une telle œuvre. Elle représente beaucoup mieux que le *Juif polonais* le côté véritablement populaire du talent des deux romanciers. Le *Juif polonais* appartient à cette série des contes et nouvelles que MM. Erckmann-Chatrian ont publiés à leurs débuts avec tant de succès. La pièce était imprimée depuis longtemps et réunie à quelqu'un de leurs volumes, lorsque M. Larochelle leur demanda de la représenter. C'est l'histoire curieusement et fortement étudiée d'un paysan alsacien qui tue son hôte, lui prend son argent et espère vivre sans remords, le crime une fois oublié. Le cadavre enterré, qui se douterait du meurtre? L'assassin fraterniserait volontiers avec le gendarme et parlerait morale au brigadier en trinquant avec lui, tant il est sûr de l'impunité. C'est un type cruellement vrai que celui-là, et dessiné par les conteurs d'un trait ferme et net. Le personnage d'Erckmann-Chatrian a quelque chose de cette inoubliable silhouette de Rigou, dans les *Paysans* de Balzac. Il a en outre cette originalité alsacienne qui n'a pas nui au grand succès des *Romans nationaux* — un parfum de terroir, en quelque sorte l'odeur de ce « plat de pays » que nul de nous n'oublie, car c'est chose remarquable avec nos habitudes de centralisation combien tout homme, quoi qu'il fasse, demeure fidèle à l'amour de son coin de terre natale, de sa vieille province, cette patrie dans la patrie.

On sait quel succès attendait la série de ces romans alsaciens, succès mérité à coup sûr. Je voudrais voir le peuple lire et relire ces livres. Sous une forme romanesque, ils nous racontent notre histoire même, l'histoire de nos pères. Ils nous parlent la langue que nous comprenons. Ils sont patriotiques et non *chauvins*, en un mot, patriotes. Ils sont surtout humains, c'est-à-dire de tous les pays, et dernièrement l'Université d'Oxford ne déclarait-elle pas que le *Conscrit de 1813* figurerait dans sa bibliothèque comme une œuvre classique? La valeur morale du livre n'est certes pas au-dessous d'un tel honneur.

L'œuvre d'Erckmann-Chatrian est essentiellement démocratique et moralisatrice. Je ne crois pas que beaucoup d'écrivains aient été aussi utiles que ceux-ci. Ils n'ont pas voulu écrire pour les lettrés, pour les désœuvrés, pour les curieux, ils ont écrit pour les petits, pour les humbles, pour les ignorants. — Et résultat qui donne raison à toutes nos théories artistiques — il s'est trouvé que la perfection de leurs livres était d'autant plus grande que leur sincérité et leur simplicité étaient plus complètes. Comme ils ne voulaient ni étonner, ni griser, ni se donner un torticolis pour sembler originaux; comme ils obéissaient à leurs convictions, comme ils se souciaient avant tout du naturel, comme ils écrivaient les choses ainsi qu'ils les sentaient, en braves gens, en honnêtes hommes que l'injustice indigne et qui aiment avant tout le droit et la liberté, leur style se ressentait de leur humeur et de leur droiture, et il charmait les plus délicats par cette netteté même et cette bonhomie avenante.

Tout homme qui s'attache énergiquement à la poursuite d'une vérité ou à l'attaque d'une iniquité risque fort de s'imposer. Il faut le dire et le redire : c'est encore l'honnêteté virile qui réussit le plus souvent dans le monde.

MM. Erckmann-Chatrian ont avisé une ennemie, une terrible ennemie, et ils ont tout droit marché à elle. Ils ont déclaré à la guerre une guerre sans merci et dans tous leurs livres avec une persistance heureuse ; c'est elle qu'ils montrent nue dans sa sanglante horreur. Les grandes tueries de la bataille, les petits meurtres de l'embuscade, les conscrits blonds qu'une balle couche dans un fossé, le front troué, à cinq cents lieues de leur pays ; les fiancées dont la levée en masse fait des veuves, les mères qui tremblent le soir en entendant le vent faire au loin le bruit du canon, les soldats harassés qui rentrent des campagnes inutiles et qui, après avoir versé leur sang un peu partout, se trouvent éclopés et vieillis, avec la misère devant eux ; les héros accablés qui comprennent l'inutilité de l'héroïsme, l'infamie de la gloire, et qui, désespérés, brûlent leur dernière cartouche pour se faire sauter la cervelle au bas de quelque rempart ; les cavaliers qui passent, enfonçant leurs sabres dans les cervelles humaines ; les roues des voitures des états-majors qui broient en passant au galop les membres des blessés, les veillées pleines des cris de l'hôpital, les nuits tragiques des veilles de combats, voilà ce qu'ils ont conté, ce qu'ils ont étudié, ce qu'ils ont vu, ce qu'ils ont fait voir.

Nul spectacle plus utile, encore un coup, nulle tâche plus salutaire.

Mais je reviens au *Juif polonais*. J'ai lu à peu près tout ce que la critique vient d'écrire sur cette pièce et sur ses auteurs, et c'est une chose qui m'a singulièrement frappé que la façon dont la plupart de nos confrères ont traité Erckmann-Chatrian. Quelques-uns exceptés — les plus considérables, il est vrai — beaucoup ont été je ne dirai point malveillants, mais froids. Ils ont parlé de l'œuvre des deux romanciers comme s'il se fût agi d'écrivains ordinaires. Ils ont mis en relief les qualités de chroniqueurs des conteurs alsaciens, mais ils se sont bien gardé de faire saillir les mérites des historiens de nos grandes guerres. C'est à croire qu'il y a parmi plusieurs critiques un véritable parti-pris. Et je ne fais aucunement allusion ici, notez-le bien, à certaine « critique » dont le seul talent est l'injustice et l'injure.

Les journalistes, il faut bien l'avouer, ne pardonnent pas facilement aux gens de se passer de la presse et de tenir le succès des mains du public. Les journalistes aiment assez à créer eux-mêmes des gloires littéraires. Ces Warwicks de la plume consentent bien à saluer les rois de l'art (les seuls entre parenthèse qui ne nuisent à personne), mais à la condition qu'ils les auront sacrés devant tous et avant tous. Ainsi, la critique s'admire en quelque sorte personnellement dans autrui et se taille un succès dans les triomphes auxquels elle collabore. Or, par tempérament, par goût, ou par hasard, il s'est trouvé que les auteurs de *Madame Thérèse* et de l'*Ami Fritz* — deux œuvres, deux chefs-d'œuvre — se sont tenus constamment à l'écart, et n'ont pas eu besoin du secours de la critique pour arriver au public. La foule les a acceptés et adoptés dès l'abord et leurs romans nationaux ont fait leur chemin sans articles. Première faute.

Deuxième faute. — M. Erckmann et M. Chatrian vivent assez volontiers éloignés des turbulences du monde littéraire. Ils se recueillent. Ils ont pour intimes des amis et non des camarades d'encrier. Ils mènent la vie régulière et calme de véritables hommes de lettres. Ces défauts-là, comme on sait, ne se pardonnent pas facilement. Sans doute on ne peut leur dénier le succès ni le talent, mais on peut constater ces deux choses avec plus ou moins d'empressement, et je l'ai remarqué à regret, la critique n'a pas mis d'enthousiasme à applaudir ces deux écrivains qui méritent certes les applaudissements, mais qui ne sont pas de la paroisse.

MM. Erckmann-Chatrian couraient gros risque en abordant le théâtre. Ils s'exposaient à un grand danger, et cela justement parce qu'ils ont des convictions et qu'ils combattent dans les rangs d'un parti. Au théâtre, on est généralement neutre. De la politique, les dramaturges ne s'inquiètent guère. Ils ont bien assez des luttes avec le parterre sans livrer d'autres combats. C'est leur faiblesse, moralement parlant, mais c'est leur force et souvent leur moyen pour arriver au succès. Nous ne faisons de la critique que pour demander qu'il en soit autrement.

En dépit de tout, ce drame coupé d'idylle, le *Juif polonais* a complétement séduit le public. Ses personnages, taillés en plein bois par une main d'artiste comme des sculptures de la Forêt Noire, sont cependant vivants et humains. J'ai voulu voir la pièce à la dixième représentation, jouée devant une salle parisienne qui n'a rien du Tout Paris. On applaudissait, on était ému, on était charmé. Il y avait pourtant des railleurs, ceux qui ne comprennent point le prix de la naïveté dans l'art. Il y avait des fidèles des Bouffes ou des Folies-Dramatiques et que l'air attendri de la *Lauterbach* décontenançait. Mais la fraîcheur, la grâce et l'inattendu des détails ont bien forcé tout ce monde à se rendre.

Ce qui fait le prix de ces trois actes, c'est qu'ils sont écrits avec une sincérité étonnante. Tant de candeur pouvait être dangereuse au théâtre, et, par exemple, l'apparition du second juif polonais et le gendarme amoureux risquaient d'être mal pris par les gouailleurs. Point du tout. Devant tant de vérité et de sobriété forte, il a bien fallu se rendre. Mais, encore une fois, songez au péril ! Songez au brigadier de gendarmerie venant sur la scène déclarer son amour à une jeune fille, et cela après le gendarme fantastique de l'*Œil crevé* et les hommes d'armes de *Geneviève de Brabant !* Un homme du métier n'eût certainement pas eu l'audace de risquer cette énormité.

Car, c'est un fait, le gendarme est décidément un être comique. Depuis Odry jusqu'à Nadaud, tous les chansonniers l'ont raillé. Le gendarme, soldat civil, et qui ne fait le plus souvent la guerre qu'aux coquins, paraît bouffon. Le zouave, qui troue les poitrines autrichiennes, devient sublime. On raille surtout deux uniformes en France, où l'on en admire tant d'autres : celui du gendarme et celui du pompier. C'est justice : ceux-là prennent la mauvaise part dans l'héroïsme, la plus ingrate et la plus obscure. Je me rappelle un article étincelant d'Edouard Ourliac dans les *Français peints par eux-mêmes,* article où l'humoriste prenait bravement la défense du gendarme qui fait sauter les enfants sur ses genoux devant la caserne, et glisse une pièce blanche dans la main du vagabond qu'il arrête, lorsque celui-ci n'a pas d'argent pour acheter du pain.

Il y a du vrai dans la plaidoirie d'Ourliac, mais il y a une cause aux accès d'ironie du Français lorsqu'il entend parler des gendarmes. C'est que le gendarme est l'agent le plus direct de l'autorité, et qu'on s'est plu de tout temps en ce pays à regarder l'autorité sous le nez, en riant.. On a chansonné le tricorne comme on eût chansonné la couronne. Le gendarme est la *poigne* du pouvoir, et comme cet innocent instrument se retrouve trop souvent où se trouve la rigueur, on le siffle et l'on s'en amuse. C'est justement ce qu'a voulu prouver M. Pessard dans son alerte pamphlet, les *Gendarmes.*

Le gendarme *jeune premier* d'Erckmann-Chatrian avait à lutter contre le souvenir du Gérome de M. Hervé. Un gendarme amoureux ! Au second acte, lorsque Christian se trouve seul avec Annette et lui rappelle si poétiquement la première fois qu'il la vit, le public, ce grand sceptique de public, pouvait se fâcher. Mais voyez encore un coup la puissance du vrai. Tout au contraire, le public s'est attendri. C'est que cela est charmant en vérité et d'un ton juste et doux :

« Vous rappelez-vous, Annette, cet autre jour, à la fin
« des moissons, quand on rentrait les dernières gerbes et
« que vous étiez sur la voiture, avec le bouquet et trois ou
« quatre autres filles du village ? Vous chantiez de vieux
« airs. De loin, je vous écoutais et je pensais : Elle est là !
« Aussitôt je commence à galoper sur la route. Alors,
« vous, en me voyant, vous ne chantez plus. Les autres
« vous disaient : « Chante donc, Annette, chante ! » Mais
« vous ne vouliez plus chanter. Pourquoi donc est-ce que
« vous ne chantiez plus ? »

Réellement, ne dirait-on pas un de ces tableaux de Jules Breton, si poétiques et si vrais, ou quelque fragment des idylles de Goëthe ? On songe à Hermann rencontrant Dorothée pour la première fois, ou à Werther regardant Charlotte distribuer ses confitures. Mais le maréchal des logis Christian a bien un autre mérite que Werther à se faire accepter comme un héros de roman, avec ses aiguillettes et son tricorne.

Je n'aime pas la phrase, déjà fameuse, qui suit cette confidence : « Je pensais : Elle ne veut pas chanter devant un gendarme, elle est trop fière. » La note, là, me semble un peu forcée. L'humilité de Christian tombe dans la manière. C'est une ligne à peine, un mot dans une admirable scène qui n'a pas peu contribué au succès de la pièce.

Elle tient à peine l'action pourtant et le drame est ailleurs. Le bourgmestre Mathis, un soir d'hiver, il y a longtemps, a vu rentrer chez lui un juif polonais avec une ceinture pleine. Mathis était alors aubergiste et l'auberge allait mal. L'échéance approchait ; point d'argent et sur la tête une menace d'expropriation. Cette ceinture posée là par le juif sur la table de l'auberge, elle pourrait tout sauver ? Mathis se poste sur le passage du juif, une hache à la main. Il entend la sonnette du cheval, se précipite sur l'homme et le tue. Puis, la ceinture prise, il porte le cadavre dans un four à plâtre et l'y brûle. Et c'est ainsi qu'on fait fortune.

Depuis ce temps, Mathis a vécu heureux, honoré, riche et bourgmestre. Il a son banc à l'Église ; on le salue quand il passe. C'est un bon mari et un bon père. Sa femme Catherine, qui ne se doute de rien, l'adore et sa fille Annette est la plus belle fille du pays. Mathis ne croit pas au remords. Comment y croirait-il ? Il entend bien parfois à de certaines heures, comme un bruit de sonnette qui lui rappelle le tintement des grelots du cheval. Mais qu'est cela ? C'est le sang. Il se met le petit doigt dans l'oreille et le remords cesse, puisque pour lui le remords est un bourdonnement. Ce Macbeth madré et bourgeois n'a pas peur du spectre de Banquo, et il se frotte les mains, de temps à autre, en se redisant qu'il mourra vieux, et qu'il aura une belle pierre avec des lettres d'or sur sa tombe. Ce sceptique s'amuse même des épitaphes. Il sait que la vertu et la bonne renommée s'achètent chez le marbrier.

Mais il y a aussi le gendarme. Mathis n'hésite pas : il met la gendarmerie de son côté. Il donne sa fille, qui est riche, au maréchal-des-logis Christian, qui n'a rien. Et qu'on vienne donc parler au gendre des exploits nocturnes du beau-père.

— Ça va bien ! ça va très-bien ! dit Mathis.

Il a pourtant des inquiétudes. Il a vu tout à l'heure, à Ribeauvillé, un Parisien qui endort les gens en leur faisant des signes et qui les force à parler. Je vous demande un peu cette invention ! Tout en songeant, et pendant que les gens de la noce chantent, Mathis se met au lit, s'endort et fait un rêve. Un rêve ? Celui de tous les coupables, le rêve du tribunal qui condamne et du bourreau qui va punir. Les juges en robe rouge sont là, les accusateurs et la hache et la robe du juif, et le président qui demande à Mathis :

— Pourquoi entendez-vous des bruits de sonnette ?

Pâle, en haillons, Mathis se débat. Il nie, il réclame, il avoue bien qu'il entend ce bruit, mais en rêve, et après tout il sait bien qu'il rêve. « Si ce n'était pas un rêve, est-ce que ces juges porteraient des perruques, comme du temps des anciens seigneurs, il y a plus de cent ans ? » Mais le président le menace de faire venir le *songeur*, cet homme qui fait parler les gens malgré eux. Mathis proteste, il crie, il appelle Christian. Où est Christian ? Pourquoi Christian n'est-il pas ici ? — Christian est mort. Le songeur entre. On met à Mathis le manteau du juif. Et le songeur, fixant ses yeux sur l'assassin, le courbe, le magnétise et le force à conter tout haut, devant tous, comment il a tué le juif polonais dans la neige.

Ce qui est tout à fait remarquable ici et nouveau au théâtre, c'est la façon dont MM. Erckmann-Chatrian ont rendu l'obsession du cauchemar et le décousu du rêve. La scène entière a je ne sais quoi   et de falot. Le meurtrier y rumine véritablement tout son passé, tous ses souvenirs, toutes ses craintes. Il est bien seul dans ce tribunal, abandonné, comme dans ces mauvaises rêveries où, en dormant, on sent autour de soi le vide. C'est encore du réalisme, cet acte fantastique, et la vérité est là toute psychologique et physiologique.

Erckmann-Chatrian ont, au reste, étudié de très-près les mystères du sommeil, et M. Maury ne leur apprendrait rien là-dessus. J'ai présente encore à la mémoire une de leurs nouvelles tout à fait remarquable, l'*Esquisse mystérieuse*, où ils content le cas d'un peintre qui, en rêvant, voit un crime se commettre, et le voit avec une telle intensité, qu'il jette la scène sur la toile le lendemain. On trouve sur lui l'esquisse, et elle reproduit si fidèlement le lieu et les détails du meurtre, qu'on l'accuse de l'avoir commis. C'était court et saisissant.

Leur tribunal du *Juif polonais* me rappelle encore une très-belle scène d'un drame de Charles Duveyrier que jouait Lockroy, le *Monomane*. C'était l'histoire d'un avocat général de Colmar qui, somnambule, assassinait un homme en dormant. On accusait un innocent, et le procureur Balthazar, l'assassin, prenait la parole aux assises. Mais tout à coup, endormi en pleine audience par un magnétiseur, il s'écriait, devant les jurés et les avocats : — Le coupable, c'est moi ! L'assassin, c'est moi ! Et il signait, les yeux fermés, la déclaration de son meurtre.

Ces études quasi-médicales ont leur prix et captivent singulièrement. Presque toujours, en étudiant un de ces phénomènes, on a rencontré le succès. Voyez l'*Auberge Rouge* de Balzac, l'*Assassinat du Pont-Rouge* de ce pauvre Charles Barbara. C'est encore ce qui donne un grand intérêt au *Juif polonais*, dont le dénoûment très-ironique est la mort de Mathis, terrassé par les secousses de son rêve et tué par la congestion. « C'est le vin blanc ! dit alors le docteur. — Un si brave homme ! fait un voisin. — C'est la plus belle mort, ajoute un autre, on ne souffre pas ! »

Et le drame finit ainsi. Mais je risquerai une simple

question : Christian, qui a épousé la fille de Mathis et qui a touché la dot, va donc vivre heureux et gras, l'ignorant, avec l'argent du juif? Songe-t-on à ce gendarme achetant une ferme, des prés ou des bœufs avec le prix du sang ? Comme il ignore le passé de Mathis, il n'aura garde d'en refuser les écus. Et ce n'est pas une des moindres originalités de la pièce que cette raillerie suprême à laquelle les auteurs peut-être n'ont pas songé : la loi engraissée du labeur du crime.

Le *Juif polonais* est bien joué. Ces trois actes sont montés avec un soin et un goût infinis. M. Larochelle a fait rapporter d'Alsace les croquis des décors, les costumes et les meubles. A la bonne heure! Voilà qui est compris et bravement mis en scène. Il fallait cela d'ailleurs. Cette exactitude donne à la pièce une qualité de plus. Ces personnages d'idylle simple et vraie se meuvent dans le cadre qui leur convient. On a rarement vu au théâtre une restitution de mœurs plus complète et plus réussie.

Tallen joue d'une façon très-remarquable, en artiste puissant, le rôle de Mathis. C'est plus qu'un succès, c'est une révélation. Il a nuancé excellemment le long récit du meurtre, il est effrayant; c'est le mot. Bien grimé, bien costumé, il a créé de pied en cap ce personnage. Voilà un comédien de plus.

Par un bonheur curieux, les auteurs et le directeur ont trouvé pour jouer Annette une jeune fille qui semble une Alsacienne de Marchal ou de Brion, Mlle Andrée Kelly, souriante, avec des yeux bleus sous de longs cheveux blonds et qui joue et chante avec talent. On la prendrait, sans flatterie, pour la Gretchen de Gœthe peinte par Scheffer. Je ne sais comment elle jouera dans une autre pièce, ici elle est parfaite.

XI

Le concours de déclamation au Conservatoire.

3 août 1869.

Nous avons dit, au lendemain des examens, combien ont été faibles, cette année, les concours du Conservatoire. Depuis longtemps, au reste, c'est là un refrain que répète sur le même ton la critique, quand arrive la fin de juillet. Les talents sont de plus en plus rares. Je cherche les individualités remarquables sorties de ces concours, en ces dernières années, et je n'en trouve guère. Ce n'est pourtant pas la science des professeurs qui manque ni les élèves qui font défaut. C'est, j'en ai bien peur, la vocation.

Les hommes ont encore le goût de leur métier et marchent, poussés par le diable-au-corps dont parlait Voltaire. Mais je crains bien qu'il n'en soit pas de même des femmes. Je n'ai rencontré, l'autre jour, de véritable conviction que dans Mlle Albine ou Aveline, qui n'a plus les dix-huit ans des autres concurrentes, mais qui du moins joue en toute conscience et avec une certaine passion. Les autres récitent plus ou moins correctement leurs rôles, mais, à mon avis, on ne sent point chez elles l'amour vrai de leur art, l'irrésistible besoin de jouer la comédie.

Ces jeunes filles, jolies pour la plupart, élégantes, nées avec cette instinctive distinction de la Parisienne, se destinent au théâtre simplement parce que le métier d'actrice est amusant et en pleine lumière. Bien souvent, ce sont les parents eux-mêmes qui ont cultivé ce caprice. On conduit sa fille au Conservatoire, sans se donner la peine d'étudier ses facultés, et tout uniment parce que, pour une classe entière de petits bourgeois, le Conservatoire est comme l'Ecole polytechnique des filles. Il doit, semble-t-il, mener à tout.

Il mène souvent à la déception et aux déboires. Ces concours et ces fêtes ont leurs lendemains! Rien de plus curieux, il est vrai, et de plus charmant en apparence, mais au fond rien de plus triste.

Ces jours-là le Conservatoire ouvre de tous côtés ses portes. La foule stationne dans le faubourg ; les professeurs vont et viennent ; les jurés en cravates blanches, les critiques, leur carnet à la main, les parents, les amis, les élèves, les indifférents se croisent et se heurtent.

On n'a point déjeuné, on est venu en hâte, dès le matin. Les estomacs sont tiraillés en même temps que les oreilles. Mais on s'amuse, on est dans une atmosphère nouvelle, dans un milieu intéressant, avec des types naïfs autour de soi, des amours-propres divertissants à étudier, des espérances qui attendrissent, des impatiences qui font plaisir et souvent des désespoirs qui font peine.

La salle est fort animée, on y étouffe et l'on s'y étouffe, elle est comble, toute pleine de cette jeunesse fourmillante qui rit, qui jase, qui applaudit, qui critique, qui acclame ses préférés, donne la note au jury et proteste au besoin contre ses verdicts. Les camarades des concurrents, les lauréats des années précédentes, les fruits secs des anciens concours devenus acteurs çà et là, au hasard des chances et des engagements, tout un monde intéressant et spécial se trouve rassemblé pour la cérémonie. Les jeunes gens ont le menton bleu, rasé de frais, des acteurs en tenue de ville. Les fillettes ont mis leurs costumes des grands jours. Il en est qui simplement arrivent avec des airs de grisettes, d'autres, couvertes de rubans et chargées de poufs. Et Bernerette devenue Marco salue de la main Mimi Pinson.

Les camarades se retrouvent :
— Es-tu engagée ?
— Oui, en province, à Lille.
— Moi, à Paris. Je vais créer une pièce de Meilhac.
— Tu es bien heureuse !

On se serre la main. Les gants glacés donnent l'accolade aux gants de Suède. Tout ce monde se connaît et se tutoie. La vie a séparé les compagnons de classe; le magnétisme du concours annuel les réunit.

On entend des soupirs, de côtés et d'autres, des : « Tiens, j'avais aussi cette scène-là lorsque j'ai concouru ! » Tout un passé d'espoirs pour la plupart déçus voltige dans la petite salle de théâtre. Les *élus* reconnaissent les *appelés* qui les envient. On se montre les sommités, le professeur ému pour ses élèves, et qui glisse un regard derrière les portants, le père Ferrières, l'appariteur, qui consulte la liste des concurrents, le journaliste qui ouvre son canif pour tailler son crayon, l'actrice en vogue, le directeur qui tient la fortune dans sa main, qui peut engager, qui va engager le vainqueur, et des députés, et des amateurs, et le jury qui s'ennuie dans sa loge.

Mais, chut! Ferrières s'est avancé, sa liste en main. Il salue le jury, jette des noms, on commence.

Sur 'a scène, les jeunes gens défilent, irréprochablement vêtus de l'habit noir, les jeunes filles en robes blanches, des fleurs dans les cheveux, parées comme pour un bal. Le prologue de la cérémonie a dû être curieux aussi. Combien de fois s'est-on regardée dans la glace? Combien de fois le coiffeur a-t-il recommencé ce bandeau si bien rejeté en arrière et cette torsade du chignon? Cela est fort amusant de voir Zaïre en costume de soirée venir gémir sur les tourments que lui fait supporter Orosmane, et l'Agnès de Molière se présenter avec la toilette de Mlle Benoîton.

Crébillon parle gaiement dans une lettre sur les spectacles de ces Phèdres et de ces Méropes qui, de son temps, se présentaient sur la scène avec des paniers formidables; et non-seulement Mérope ou Phèdre, mais Hippolyte et Agamemnon. « Au retour d'une victoire, un capitaine grec « ou romain paraissait sur notre théâtre avec un panier « tourné de la meilleure grâce du monde. » Au Conservatoire, Agamemnon n'a point de panier, mais il a des gants. Oreste est admirablement frisé, et Lusignan, après avoir embrassé Zaïre, garde les traces de sa fille agréablement marqués par la poudre de riz sur son habit noir.

J'aimerais assez, si la chose était possible, que les concurrents se présentassent en costumes. Nous sommes habitués à l'illusion théâtrale. Nous n'acceptons plus qu'Othello se montre à nous en costume de mariage ou de garçon de café. Ce serait sans doute bien long, il est vrai, et ces changements de vêtements feraient perdre du temps, peut-être. Mais comme on serait mieux fixé sur la valeur du comédien, sur son mérite, sur sa façon de marcher et sur son *paraître* ! C'était là sans doute l'idée de M. Laroche, un des concurrents de l'autre jour, qui est venu jouer une scène du *Médecin malgré lui* avec le chapeau pointu et la robe du médecin de Molière.

Mais, chose curieuse, au lieu de le servir, cette innovation lui a nui, j'en suis sûr. On a vu là l'envie de se distinguer à tout prix. Le jeune comédien, affublé du vêtement classique, a paru détonner, et on l'a jugé plus sévèrement, certes, qu'il ne méritait de l'être.

Passons en revue tous ces concurrents.

Le deuxième prix de tragédie a été partagé entre M. Mazoudier, élève de M. Monrose, et M. Joumard, élève de M. Régnier. Il n'y a pas eu de premier prix, et pour les hommes et pour les femmes, on n'a distribué ni prix ni accessit. Pauvre tragédie, on t'abandonne !

M. Mazoudier est un grand et solide jeune homme, à la voix mâle, un peu sourde, mais puissante. Il a concouru dans le rôle de Lusignan, de *Zaïre*, qu'il avait joué, si je ne me trompe, à la Gaîté, pendant les représentations classiques de M. Balande. Peut-être donne-t-il beaucoup de voix au vieux Lusignan, qui depuis vingt ans gémit dans un cachot. Les mourants au théâtre ont d'ailleurs, et cela est souvent fort comique, des poumons de cuivre. Ils meurent tous comme Danton. Ce défaut signalé, M. Mazoudier a fort bien joué le vieux chrétien, et il allait être plus remarquable encore dans la dramatique scène de l'*École des vieillards* — où j'ai noté de lui un beau mouvement :

Vous ridicule, non ! Non, vous serez infâme !

Ce rôle de Lusignan me rappelle deux faits assez curieux de l'histoire du théâtre. Lorsqu'on forma la troupe de l'Odéon (Provost aimait à raconter l'anecdote) on fit, au Conservatoire, un concours et on composa cette troupe avec les meilleurs sujets du faubourg Poissonnière. Or, il se trouva parmi les jeunes acteurs qui concoururent un certain Lafargue qui joua Lusignan comme personne avant lui ne l'avait joué, pas même Sarrazin qui l'avait créé. Talma était justement du jury. Ce Lafargue l'enthousiasma. Talma allait répétant partout : Voilà un grand artiste !

Hélas ! lorsque Lafargue joua d'autres rôles, il y fut exécrable.

Il n'avait qu'une corde à son arc. Il ne savait faire vivre qu'un seul personnage, Lusignan, mais il lui donnait une beauté et une grandeur incomparables.

 Mon Dieu ! j'ai combattu soixante ans pour ta gloire !

Et chaque fois qu'il le jouait, Talma venait s'asseoir à l'orchestre, et, comme un écolier devant son maître, lui, le grand Talma, il écoutait le méchant comédien, admirable par aventure et supérieur dans ce rôle-là.

Mais voici qui est plus curieux peut-être. Pendant qu'on représentait *Zaïre*, en 1733, Mlle Gaussin, qui figurait l'héroïne de la tragédie, tomba malade. Voltaire improvisa alors une troupe d'amateurs et les représentations de sa pièce continuèrent, mais chez Mme de Fontaine-Marcel. Chacun prit et apprit un rôle. M. de Thibouville jouait Orosmane, Mlle de Lambert, Zaïre. Et qui se chargea de maudire Zaïre mahométane, de jeter les imprécations de celui que M. G. Avenel appelle le fanatique Lusignan, qui remplit le rôle du vieux chrétien ? — Voltaire, Voltaire lui-même. Et Voltaire joua Lusignan avec une flamme étonnante. Il devait sourire pourtant, j'imagine, en déclamant le vers fameux :

 C'est le sang de vingt rois, *tous chrétiens comme moi !*

M. Joumard a eu du succès dans le Damis de la *Métromanie*. J'ai dit, l'an dernier, qu'il imitait Delaunay. Il en a la voix agréable, mais non le physique. Élégant au surplus, il pourra jouer les seconds amoureux avec distinction.

On a fort bien fait de n'accorder rien aux élèves tragédiennes de 1869. Mlle Pazza jouait Aménaïde de *Tancrède* d'une voix sourde qui n'arrivait pas jusqu'au public. Et, comme pour prouver qu'il y avait en elle l'étoffe d'une tragédienne, en concourant pour le prix de comédie, elle donnait à la Silvia de Marivaux l'allure d'une héroïne de Corneille. La Silvia du *Jeu de l'Amour et du hasard* fronçant le sourcil, ce n'est plus Silvia. On n'alourdit point ces papillons bleus de l'esprit français.

Comment ne pas être frappé de ce défaut commun à tous les élèves, le manque de justesse dans la note? Aller droit au but, sans effort, c'est pourtant en art la qualité suprême. C'est la plus rare, à coup sûr. Je croyais écouter un concours de tragédie en entendant Mlle Chapuy réciter *Iphigénie*. Timide, l'air décent, elle avait l'air de jouer les *Femmes savantes* avec Mlle Martin, qui lui donnait la réplique d'un air railleur. En vérité, on eût dit que ces deux jeunes filles se disputaient Clitandre. Et c'est ainsi qu'on prend la comédie au tragique et qu'on rend la tragédie souriante, ce qui produit un singulier effet.

Je comprends après tout que cette *note juste* soit assez difficile à obtenir. Lorsque le comédien sait la toucher, il est parfait, et la perfection est rare. M. Régnier — qui la connaît, cette perfection — a beau enseigner magistralement, il ne peut faire passer toutes ces qualités chez les élèves. Je pense qu'il doit être assez difficile d'apprendre à bien prononcer, à marcher convenablement, à bien jouer, en un mot, et que pour donner à des jeunes gens de vingt ans ou à des jeunes filles de dix-sept l'idée exacte d'une passion, d'un sentiment qu'ils ne peuvent avoir éprouvé, c'est l'impossible.

Comment une enfant de cet âge, quels que soient son intelligence et son instinct, sentira-t-elle la différence qui existe entre une ingénue de Racine ou une ingénue de Molière? Comment exprimera-t-elle la jalousie, la déception, la douleur, tout ce qu'elle ignore, tout ce que la vie lui apprendra demain? Un collégien jouant le *Misanthrope* aurait son côté comique, en dépit de son talent de déclamation.

Sentir, ah! la grande vertu, la grande force dans l'art dramatique comme dans tous les arts! il faut avoir vécu pour être un grand acteur, c'est-à-dire pour rendre, pour peindre la vie. Voilà bien pourquoi je ne désespère pas de trouver des artistes vrais dans ces élèves entendus l'autre jour. Ils vieilliront. L'âge qui vient est aussi un maître. J'entends pour ceux qui comprennent, qui analysent, qui comparent et, je le répète, qui sentent.

Il en est d'autres à qui les rides et les cheveux blancs ne donneraient pas un grain de sagesse. C'est l'histoire de Préville, à Rouen, faisant répéter une jeune fille comme on en voit tant, et qui montent sur la scène parce que le théâtre est un métier aussi et un piédestal. Le comédien s'évertuait à faire entendre à l'actrice le sens de son rôle, un rôle d'amoureuse exaltée et que la fillette jouait froidement, en nonchalante.

— Mais, enfin, s'écrie un jour Préville, ce que je vous demande est pourtant bien facile à exécuter. Voyons, écoutez-moi, quel est votre rôle? Celui d'une jeune fille qui aime passionnément un jeune homme. Bien. Ce jeune homme la trompe. Elle le sait. Eh bien! mon enfant, voyons, vous avez bien un amoureux?

— Oui, monsieur Préville.

— Vous l'aimez?

— Oui.

— Éperdument?

— Oui.

— A la bonne heure! Vous l'aimez, vous l'adorez. Supposez maintenant qu'il vous trompe. Un beau matin il vous abandonne, vous l'adorant, entendez-moi bien! Qu'est-ce que vous ferez?

— Moi!

— Vous, éprise, malheureuse et jalouse....

— Ah! bien, dit-elle naïvement, je chercherais un autre amant et je me vengerais de l'autre avec lui!

Préville regarda la jeune actrice :

— Parfait, dit-il. Si j'ai un conseil à vous donner, ma chère enfant, c'est d'abandonner l'emploi des amoureuses. Pour le bien remplir, il faut aimer, pour aimer, il faut sentir. Adieu ! Je crois que j'ai perdu mon temps.

On n'a point décerné de prix de comédie aux hommes. M. Murray, élève de Bressant, a partagé le second prix avec M. Mazoudier. M. Murray a la voix mordante, stridente, et m'a paru plein de verve, quoique un peu prétentieux. On a donné un premier accessit à M. Joumard, deuxième prix de tragédie, et un autre à M. Strinz.

M. Strinz, excellent, d'une physionomie très-mobile, imitant Regnier, a enlevé les *Fourberies de Scapin* bravement et avec beaucoup d'esprit. Il est tout jeune. Nous comptons bien le retrouver meilleur encore et, tout à fait remarquable, l'an prochain. Il lui suffit de travailler.

M. Gillemot, à qui on a accordé le second accessit, est petit, blond, assez drôle et fort intelligent. Il m'a semblé moins amusant pourtant que M. Janillon (troisième accessit). Mais M. Janillon, qui n'a peut-être pas vingt ans, joue les vieillards, se courbe en deux sur sa canne et fait grimacer son masque d'Arnal jeune. On a peut-être trouvé qu'il manquait de naturel. Ce n'est point là, en tout cas, le premier venu.

Mlle Croizette seule, élève de Bressant, a eu les honneurs du premier prix. Je reconnais, encore une fois, qu'elle a joué le *Verre d'Eau* avec distinction. Mais doit-on s'en rapporter, dans un concours, à l'unique scène que vient débiter un élève? Il faut aussi, je pense, lui tenir compte de la façon dont il donne les répliques.

Si l'on s'en tenait à la scène de concours, Mlle Chéron, par exemple, mériterait le prix, elle qui a récité l'*Avare* avec la vraie voix franche, brutale de la servante de Molière. Mais on a pensé avec raison que, pour Mlle Chéron, une scène bien dite ne suffisait pas. On n'en a pas moins couronné Mlle Croizette, qui emporte ainsi son premier prix, et qui jouera peut-être Célimène — car elle est vraiment élégante et jolie — mais quand elle aura beaucoup travaillé.

Mlle Chapuy, élève de Régnier, a obtenu le deuxième prix. Elle avait paru un peu langoureuse dans Agnès: mais, après tout, il y a du charme dans sa manière. Un peu plus de naturel, et ce serait excellent. Pourquoi dire avec ce soupir oppressé :

> Certain je ne sais quoi dont je suis tout ému !

Agnès est plus ignorante, et moins troublée. Le succès de Mlle Chapuy a, d'ailleurs, été très-grand, plus grand que celui de Mlle Croizette. C'est comme une autre Victoria, et elle jouera bien, à l'Odéon ou au Vaudeville, qui se la disputent, les petites Cendrillons.

Pour les autres, elles ont, de leur mieux, récité leurs bouts de rôle. Mlle Baujard, dans la *Fausse Agnès*, blonde, l'air fûté, a réussi assez gentiment. Mlle May, que nous retrouverons, m'a-t-on dit, au nouveau théâtre du Château d'Eau, a fort agréablement, mais un peu trop vite et en grignottant les mots, débité le fameux récit du chien dans *Lady Tartufe*. Mlle Clotilde Collas, dans Dorine, est piquante avec de la rondeur et de la gaieté. Ce sont les soubrettes de Marivaux, les fines mouches de la comédie du dix-huitième siècle autant que les fortes filles de Molière qui lui conviennent. En revanche, Mlle Rocher donnait à Lisette des *Folies amoureuses*, de Regnard, l'accent d'une gaie harengère. C'est trop forcer le ton, et c'est dénaturer le personnage. Mlle Aimée, dans une autre scène de la même pièce, l'histoire de la corde tendue, se donnait beaucoup de peine pour rire et pour nous faire rire.

Mais que sert de chatouiller les gens? Un peu de grâce et de sympathie vraie et le rire, le rire vrai part comme une fusée. Mlle Bic, dans *Valérie*, maniérée, s'écoutant volontiers et avec complaisance, a nuancé pourtant avec soin son long récit qu'elle rendait plus long encore. Elle a, d'ailleurs, un certain charme et de la distinction. Mlle Morand, Mlle Martin, Mlle Chéron, je l'ai dit, remarquable dans l'*Avare*, n'ont pas fait grande impression sur le public. Mlle Morand dans Agnès et Mlle Martin dans Rosine ont été écoutées. Elles sont évidemment gracieuses, élégantes, fort jolies, mais où est la flamme ? Et le moindre grain de mil dramatique ferait bien mieux notre affaire.

J'oubliais, parmi les concurrents, M. Laroche, qui se désespérait de n'avoir point de récompense et qui avait joué Sganarelle du *Médecin malgré lui* en ajoutant au texte : *Lucindus, lucinda, lucindum !* Ce sont là les leçons de M. Monrose. L'élève en a supporté les conséquences. On lui a reproché de traiter Molière en collaborateur. J'avais vu M. Laroche dans un vaudeville des Folies-Dramatiques, voilà quelques mois. Il y était fort amusant. Je crois qu'il fera son chemin, car il a du zèle et du feu, en dépit de son manque de couronne et d'accessit.

Notons encore M. Soquet dans le *Menteur*. Jolie voix, mais trop de gestes. Et ce sera tout. On voit qu'à deux ou trois exceptions près, remarquables dans le médiocre, ce n'est point la génération de 1869 qui sauvera l'art dramatique, le pauvre art dramatique, si grand hier, si compromis aujourd'hui.

XII

Comédie-Française : *La Parvenue*, comédie en quatre actes, de M. Henri Rivière. — Gymnase : *Diane de Lys*. — Mort de Théodore Anne.

6 septembre 1869.

Les débuts de M. Henri Rivière au théâtre, à la Comédie-Française, et par une pièce de l'importance de la *Parvenue* méritaient de piquer la curiosité publique, et ont, en effet, causé une certaine sensation dans le monde qui lit et qui juge. M. Rivière est l'auteur de deux ou trois romans fort remarquables à divers titres et de deux nouvelles qui sont vraiment des chefs-d'œuvre du genre, *Pierrot* et *Cain*. Je ne crois pas que, dans la veine fantastique et physiologique, la littérature romanesque de ces derniers temps ait produit quelque chose de plus curieux et de plus saisissant, Egar Poë en eût été jaloux.

Rien, il est vrai, dans ces récits, que j'ai souvent relus, n'indique et ne fait pressentir l'auteur dramatique. L'analyse des sentiments y est fort habile, tout à fait ténue, profonde aussi et parfois bizarre ; mais les *situations*, comme on dit à la scène, appartiennent plutôt à la philosophie, aux études de psychologie ou de médecine, qu'à l'action proprement dite, et le théâtre vit surtout d'action. Mais on pouvait espérer que M. Rivière, qui est un écrivain, et qui est jeune, apporterait dans sa comédie quelque chose de nouveau, d'inattendu et de fier. Une conception dans le genre de *Pierrot*, transportée à la scène, eût peut-être étonné et effrayé, mais à coup sûr elle n'eût point passé inaperçue.

La *Parvenue* sera moins remarquée. Je le regrette. J'aurais souhaité que M. Henri Rivière entrât au théâtre par un succès. Il est temps qu'une génération nouvelle se fasse jour et apporte à l'art dramatique le secours de ses idées, les ressources de son tempérament, tout ce qu'elle sent, tout ce qu'elle pense, la réserve de ses aspirations et de ses nerfs. M. Rivière avait sans doute voulu frapper un grand coup : pour son début, il s'est attaqué à un sujet douloureux, vraiment tragique, pris au cœur même de notre société contemporaine. Ce qu'il a, je pense, essayé de montrer (car vraiment il est assez difficile de saisir dans son drame la pensée-mère), c'est la dégradation lente de l'homme, du mari, sous l'influence perverse de la femme.

M. Calendel, un pauvre diable d'honnête ingénieur, a épousé Mme Calendel, une ambitieuse de luxe, qui va devenir bientôt une aventurière. Il l'aime ; pour subvenir aux besoins, aux appétits de cette femme, il abandonne ses projets de long travail honnête et sûr, il se lance dans des spéculations dont Mme Calendel a l'idée ; il s'associe à je ne sais quel prince allemand sexagénaire, auprès duquel Mme Calendel fait la pluie et le beau temps. Il a tous les jours un pied d'eau de plus par dessus la tête, le malheureux! et il se débat, et il lutte en attendant qu'il se noie.

Edmond About avait à peu près traité la même situation dans l'*Infâme*. Calendel est proche parent de son héros. Ce Calendel a d'ailleurs le défaut énorme de demeurer indécis aux yeux du public. On ne voit pas bien clair dans cette âme. Il n'est ni héroïque ni misérable. Sa faiblesse, qui se courrouce au dénouement, nous touche ou nous importe peu. Il ne nous a pas assez montré sa souffrance durant les trois premiers actes, pour qu'au dernier nous nous intéressions à ses sanglots. Il est comme la pièce tout entière, qui veut être brutale, hardie, saisissante, et qui s'arrête à mi-chemin.

Il ne fallait pas, en un tel sujet, d'euphémismes de style ou de morale. En appelant sa pièce la *Parvenue*, M. Henri Rivière lui ôtait d'avance son caractère. Mme Calendel, femme de M. Calendel, est une coquette, une torpille, une lionne pauvre, tout ce qu'on voudra; elle n'est point une parvenue. Elle le devient au baisser du rideau, je suppose, quand elle va rejoindre au delà du Rhin son grand-duc de Gérolstein. Jusque-là, c'est une femme sans cœur, tripotant, comme une Mme la Ressource en robe de soie, des affaires véreuses, et s'attardant à un amour passager qui n'est ni dans son tempérament, ni dans la donnée de la pièce.

Cette pièce, il faut le dire, n'a pas d'originalité grande. La situation capitale, l'histoire des lettres de la comtesse que possède Mme Calendel et dont elle menace la pauvre femme à toute heure, est empruntée à un roman qui fit grand bruit jadis et d'autant plus de bruit qu'il avait été pris par l'auteur à la plus parisienne des réalités, *Un péché de grande dame*, par le marquis de Foudras. La pauvre comtesse de M. Rivière a eu un amant, M. de Mercey. Ce gentilhomme assez piètre a trouvé tout simple de remettre les lettres de la comtesse à cette électrique Mme Calendel qui le domine et le magnétise, et le mène en laisse avec insolence.

Archimède demandait un levier pour soulever le monde :

Mme Calendel se sert des lettres de la comtesse pour y entrer. Elle fait bénéficier sa vie d'expédients de l'intacte réputation de la comtesse. La comtesse, avant de faiblir, de se donner à M. de Mercey, a aimé, du vivant du comte, M. de Léris, qui l'estime profondément et qui l'a respectée. M. de Léris maintenant la sait veuve. Il revient des antipodes pour l'épouser. Et il l'épouserait sans la passion soudaine de Mme Calendel qui se dresse implacable entre ces deux êtres.

La comtesse, menacée par Mme Calendel, qui lui jure de tout dire à M. de Léris, va bravement au-devant du mépris. On veut révéler sa faute à M. de Léris, elle fait mieux, elle la montre, elle l'étale. Elle se sacrifie et s'humilie, et cette scène nette, franche, bien enlevée qui termine le troisième acte, est certes la meilleure de l'ouvrage. M. de Léris, frappé au cœur, atterré devant cette foi qui s'écroule, n'a plus qu'une chose à faire : il réclame à Mme Calendel les lettres de la comtesse, il les brûle et s'éloigne. Mme Calendel les avait cédées, ces lettres, à l'homme dont elle croyait rencontrer l'amour et dont elle ne rencontre que la haine. Furieuse de l'injure suprême, ruinée par une spéculation dernière, elle rompt enfin avec ce monde où elle étouffe et, poussée par la nostalgie de la boue qui torturait la Maintenon — cette autre parvenue — sur son trône, elle s'enfuit, elle va vivre à l'aventure, là-bas, dans le pays où les millions fleurissent. — Je vous quitte, dit-elle à Calendel. — Non, madame, répond le mari, c'est moi qui vous chasse !

Et le mari trompé et l'amant trahi iront se consoler, chercher l'oubli quelque part, en Amérique ou dans une île de l'Océan. C'est un des côtés originaux de la *Parvenue* que ce je ne sais quoi d'exotique, qui sur toute la pièce répand son odeur. Il n'est pas un seul de ces personnages qui n'ait fait une ou deux fois le tour du monde. Et quoi d'étonnant à cela? Pour M. Rivière, officier de marine et voyageur, il est tout simple qu'un roman entamé dans l'Arkansas se termine rue de la Chaussée-d'Antin et que l'épilogue se joue à Taïti. La vapeur a depuis longtemps eu raison de cette ennemie de l'art romantique : l'unité de lieu.

Je me suis contenté de donner une analyse de la *Parvenue*. On pourrait discuter, un à un, tous les personnages. Calendel, je l'ai dit, mélange singulier de Sganarelle et d'Othello, sorte de M. Bovary agioteur, n'est pas assez nettement dessiné pour émouvoir. M. de Léris a des sévérités un peu bien puritaines et, sans avoir de droits sur la comtesse, lui parle avec des tonnerres d'époux outragé. Pourquoi ces méprisants regards à M. de Mercey, son ami, qui ne l'a point trompé puisqu'il ne connaissait point l'amour de Léris pour la comtesse ? Je ne vois de logique en vérité que cette pauvre femme tombée et à qui tout le monde demande des comptes, excepté le mari (qui est mort), et que tous torturent, et qui n'a contre M. de Léris et contre Mme Calendel que ses larmes et son repentir.

L'arme que choisit cette Mme Calendel est, au surplus, bien vulgaire. Prendre des lettres, les lire, s'en faire une arme, happer au passage les confidences des cœurs qui se livrent, cela est si facile et si petit, que la parvenue même ne devrait pas avoir recours à un tel moyen. J'aurais voulu que M. Rivière expliquât de toute autre façon l'ascendant de cette femme sur la comtesse. Il y avait dans l'amitié d'une aventurière s'imposant à une honnête et faible femme un sujet d'étude, de psychologie morale qui devait tenter un homme de talent comme l'auteur de la *Main coupée*. Mais des lettres, mais cette éternelle histoire qui fatigue la salle tant elle lui paraît repoussante et mesquine ! Vieux moyen. Il faut l'abandonner décidément aux hommes de métier qui ne savent autrement se tirer d'affaire.

Ce que j'espérais trouver dans la *Parvenue*, ce que j'avais rencontré dans les romans de M. Rivière, et ce qui, cette fois, a manqué, c'est le style. Point de trait dans tout ce dialogue, une conversation facile et sans angles. Je sais bien que le théâtre s'éloigne aujourd'hui de cette manière qui faisait fortune, il y a douze ans, et où le *mot* étincelait, habilement amené et comme enchâssé dans la conversation des personnages, mais le trait, l'arête, ce qui constitue le style, cela est, en somme, de toutes les saisons, et M. Rivière, qui cependant n'avait qu'à écrire comme il écrit d'habitude, a vraiment négligé, cette fois, de s'en souvenir.

M. Alexandre Dumas fils a, comme pas un, ciselé, à son heure, et serti le *mot*. Ce n'est pas qu'on en trouve beaucoup dans cette *Diane de Lys* que vient de reprendre le Gymnase. Mais, dans le *Demi-Monde*, par exemple, et le *Père Prodigue*, dans l'*Ami des Femmes*, ils éclatent comme des pois fulminants. *Diane de Lys*, admirablement jouée par Mlle Aimée Desclée, qui débutait ou plutôt *rentrait*, a produit l'autre soir l'effet d'une pièce nouvelle, ou du moins d'une œuvre qui n'a pas vieilli et qu'on retrouve, après seize ans, aussi ferme et aussi droite qu'au jour de son apparition. Cela est net, magistralement construit, saisissant. On n'en pourrait enlever une seule phrase. Tout se tient, comme en une solide maçonnerie.

Et je me sers là d'un terme impropre. La construction même de la pièce, la charpente, comme on dit dans le métier, est évidemment irréprochable dans *Diane de Lys*; mais ce qui fait le mérite, la valeur, le charme et la puissance de l'œuvre, c'est sa sincérité, son émotion, ce je ne sais quoi de senti et de vécu qui apparaît à chaque scène. *Il y a du sang dans mon encre*, disait un jour Alfred de Musset. Il y a du sang aussi dans l'encre dont M. Dumas fils écrivit la *Dame aux Camélias* et *Diane de Lys*. Au reste, je suis là un piètre devin, et il suffit de lire la préface du drame dans le théâtre complet de l'auteur, pour voir que la pièce est née de sentiments éprouvés (si l'on pouvait transfigurer le sentiment) transfigurés par l'art.

Il est au reste fort curieux de rapprocher *Diane de Lys* d'une œuvre vécue aussi et saignante, je veux parler d'*Antony* d'Alexandre Dumas. Je ne sais pourquoi, mais l'œuvre du père et celle du fils me semblent parallèles. La poursuite de Diane de Lys par Paul Aubry rappelle la fugue affolée d'Adèle d'Hervey et celle d'Antony. Diane, insultée dans une soirée comme Adèle dans un bal, semble, comme

Adèle d'Hervey, se parer publiquement de son amour. Il n'est pas jusqu'au dénouement de la comédie de 1853 qui ne m'ait remis en mémoire le drame de 1830. Cette fois seulement, c'est le mari qui se fait le bourreau. Et ne croyez pas que je veuille ici parler d'imitation, de réminiscence. On n'a pas à songer à ces choses avec M. Dumas fils, le plus sincère des artistes. Non, je veux seulement indiquer comment, à vingt ans de distance, deux tempéraments divers, et d'un talent si élevé, comprennent une situation quasi-identique.

Avec M. Dumas fils, la passion est plus nerveuse, moins sanguine, plus réfléchie, plus résolue, moins byronienne et je dirai plus profonde sous ce qu'Antony appellerait de la froideur. Cet amour de Paul Aubry pour la comtesse de Lys vous pénètre et vous entraîne. On suit comme avec des palpitations le développement du plus simple des drames, un de ces drames de tous les jours semblable à ceux que raconte sans phrases, dans son style de greffier, cette romancière qui a plus d'imagination que Balzac, la *Gazette des Tribunaux*. Qu'est-ce que la pièce? Une assez ordinaire aventure d'amour, mais déduite et *démontée* avec une vérité et un art infinis.

Paul Aubry rencontre sur son chemin Diane de Lys. Tous deux sont aimants, passionnés, et n'aiment pas. Diane est négligée, abandonnée par son mari. Paul n'a d'autre amour que le vulgaire amour de la grisette, qui se pose près de vous et s'envole comme le moineau franc. Ils ont le cœur vide et inoccupé. Fatalement ils doivent s'adorer, et ils s'aiment en effet, lorsque le comte de Lys s'avise d'être jaloux de sa femme et tue d'un coup de pistolet le jeune homme avec lequel Diane veut vivre. En dix lignes, c'est là le drame, et il fallait toute la patience, toute la conscience de M. Dumas fils pour le rendre aussi poignant, pour le remplir de sentiments, à défaut d'incidents. La pièce, remarquablement conçue, est admirablement conduite, de la façon la plus sobre et la plus implacable.

Je voudrais savoir aujourd'hui ce qu'en pense M. Dumas fils. Lorsqu'il l'écrivait, il ne songeait, à coup sûr, qu'à passionner, à émouvoir, à séduire et il y réussissait comme il y réussit encore. Mais, depuis ce temps, on sait quel travail généreux s'est fait dans ce talent et dans ce cerveau. L'auteur de *Diane de Lys* ajouterait peut-être aujourd'hui, je le gagerais, et la pièce n'y perdrait rien, quelque personnage comme Taupin qui ferait saillir aux yeux du public l'idée, ou du moins la moralité contenue en germe dans le drame. « Voilà un chef-d'œuvre du temps où Dumas fils ne se souciait de rien prouver, me disait un confrère et un ami, l'autre soir, pendant un entr'acte. » Je ne suis pas si certain, vraiment, que Dumas fils n'ait rien voulu prouver en écrivant *Diane de Lys*, et, dans tous les cas, l'œuvre prouve péremptoirement quelque chose. Jamais, à mon avis, revendication du divorce n'a été aussi nettement exprimée. Avec ce seul mot : « le divorce, » dans la bouche d'un des personnages, la pièce prend aussitôt un caractère nouveau, et croyez-vous que son mérite littéraire en soit diminué? On ne peut même adresser la question sérieusement. Supposez le divorce établi, le comte de Lys n'a plus le droit de venir tuer brutalement lâchement, un homme qui n'est même pas l'amant de sa femme. Othello, comme dit Shakspeare, n'a plus rien à faire.

Paul Aubry, pour vivre heureux, si le divorce existe, n'a pas besoin de demander la main de Mademoiselle de Boursac, qu'il n'aime pas, et la vie brisée de Diane de Lys, épouse sacrifiée, refleurit et s'épanouit à nouveau. La loi seule, une loi implacable, sépare ces trois personnages, tous trois honnêtes selon la morale humaine : la femme, le mari et l'amant. La loi fait de l'une une adultère, de l'autre un meurtrier, du troisième une victime. N'est-ce pas atroce et stupéfiant ? N'est-ce pas inique? Et voilà, je le répète, ce que prouve le coup de pistolet du comte de Lys.

Cette idée de protestation était contenue dans l'œuvre de M. Dumas fils, mais l'auteur, à présent, l'affirmerait plus nettement. N'est-il pas résolu à faire servir cette immense et retentissante tribune, le théâtre, à ces plaintes, à ces légitimes rébellions? On attaque aussi par l'émotion les lois mal faites et les larmes en certains cas valent les discours. Cette question du divorce précisément, M. Dumas fils ne veut-il point la traiter, la poser franchement au public? Ne prépare-t-il point sur un tel sujet une comédie ou un drame? Nous le suivrons toujours dans cette voie nouvelle et féconde.

Ses dernières œuvres témoignent d'une préoccupation des questions sociales qui ne pourra que s'affirmer davantage en ses œuvres futures. Et la critique sera toujours prête, disons-le, à saluer ces recherches, ces essais, ces tentatives, et, au besoin, à pousser les autres dans cette voie qui peut sauver le théâtre de son abaissement et de sa ruine.

Un auteur dramatique, un journaliste de talent et de courage, un de nos confrères du feuilleton théâtral, un de nos devanciers, M. Théodore Anne, vient de mourir. Il avait soixante-douze ans. Légitimiste acharné, ancien garde du corps du roi, dans la compagnie de Noailles, démissionnaire après 1830, il était entré, je suppose, dans la littérature un peu par hasard, et il y était demeuré par conviction.

Théodore Anne avait débuté par des vaudevilles et devait finir par de gros romans et des drames sombres. Niedermeyer, l'auteur de la musique du *Lac*, avait écrit la partition d'un opéra de Théodore Anne, *Marie Stuart*. Je me rappelle un drame fort bien fait du même auteur, la *Chambre rouge*, où l'ancien garde du corps, l'adversaire des journalistes libéraux de la Restauration, le polémiste qui mettait volontiers plume et flamberge au vent, comme c'était alors la mode, avait mis en scène un duel singulièrement dramatique et curieux.

Lorsqu'il donnait une pièce nouvelle, Théodore Anne avait une façon originale de se rendre compte du sentiment public. Il est resté célèbre pour sa méthode. L'heure du spectacle venue, il s'allait placer au beau milieu du parterre, en pleine mêlée, et il écoutait, non pas la pièce, mais les observations des spectateurs. Il ne lui est jamais arrivé d'interrompre une critique un peu vive. Tout au contraire, après la représentation, il hochait la tête et disait :

— J'aurais pu conduire telle scène de telle façon, c'était l'avis d'une marchande d'oranges, ma voisine, et, par ma foi, c'était le bon.

Nos auteurs dramatiques n'oseraient pas tous affronter ainsi cette voix du peuple. Mais Théodore Anne avait diverses sortes de courages. En 1832, après la détention de Madame au fort de Blaye, après le scandale du mariage secret et de la grossesse, Théodore Anne publia une brochure des plus vives et des plus agressives, *la prisonnière de Blaye*. Elle est assez rare, et c'est dommage, car il faudrait la lire pour se rendre un compte exact des polémiques d'il y a trente ans.

Feuilletoniste à la *France*, puis à l'*Union*, Théodore Anne a donné au théâtre le *Guerillero*, l'*Enfant du régiment*, et il y a quelque dix ans, l'*Espion du grand monde* à l'Ambigu, en collaboration avec M. de Saint-Georges. Ce qu'il y avait surtout de remarquable chez Théodore Anne, c'était l'homme, le fidèle serviteur d'une cause perdue, ou pour mieux dire d'une cause morte, l'écrivain résolu et arrêté qui, semblable à l'Old-Mortality de Walter Scott, s'acharnait à arracher l'herbe parasite sur les tombeaux oubliés.

On a beau ne point partager les idées d'un homme et les combattre, on ne peut s'empêcher de reconnaître, et surtout en un temps fécond en reniements et en parjures, le prix de la fidélité.

XIII

Odéon : *Le Bâtard*, drame en quatre actes, de M. Alfred Touroude. — *Des Modes dans la haine et dans le crime.*

27 septembre 1869.

Le *Bâtard* de M. Alfred Touroude est un succès. Ce drame, dont la passion très-sincère et l'émotion vraie ont dès l'abord dominé le public, a réussi pour deux raisons, toutes deux excellentes: la remarquable façon dont il est joué, la conviction juvénile et ardente avec laquelle il est écrit.

J'ai dit que la pièce avait fait quelque temps antichambre. Il y a un an, Berton le père nous en parlait avec une admiration communicative. L'auteur, je crois, lui avait apporté sa pièce; l'artiste l'avait lue, s'en était épris et, bien résolu à la jouer, à créer ce rôle du bâtard qui convenait si bien à sa nature, il l'avait tour à tour présentée à M. Larochelle et aux directeurs de l'Odéon.

M. Touroude nous était connu déjà par quelques petites pièces et par des publications où l'on pouvait deviner des intentions sérieuses. Mais, à tout prendre, sa première œuvre est ce *Bâtard*, et il débutait véritablement l'autre soir. Le public l'a traité comme il traite tous les débutants auxquels il fait volontiers crédit de l'expérience et de l'habileté. Mais, s'il s'est montré bienveillant, il n'a eu, je l'avoue, pour l'auteur aucune complaisance, et l'auteur, en revanche, ne lui a rien sacrifié de ses audaces et de sa virilité.

La pièce est très-simple, et sa simplicité même est une force. Robert Duversy a vingt ans. C'est un puritain, un honnête garçon qui comprend non le plaisir, mais la passion, non pas les amours, mais l'amour. Il a rencontré sur son chemin une jeune fille, Jeanne, qu'il a aimée et qui s'est donnée à lui. Un enfant est né, que les deux jeunes gens adorent. Le premier acte nous montre Robert et Jeanne appuyés l'un contre l'autre, et les yeux fixés sur le berceau. Robert traite Jeanne non comme une maîtresse, mais comme une femme. Il la respecte; il veut la faire respecter. Il l'épousera; mais que d'obstacles! M. Duversy ne consentira jamais à ce que ce mariage s'accomplisse. Il faut attendre, amener lentement le père à cette idée, et Robert, pour arriver à son but, aura chez lui, dans son foyer, un auxiliaire bien-aimé, sa mère.

Après avoir ainsi bâti ce château en avenir, Robert s'éloigne et laisse Jeanne seule auprès de son fils endormi, lorsque tout à coup un inconnu entre dans cette chambre. C'est Armand, un homme de plaisir et de folie, un déclassé de la vie parisienne, sans nom, car il est bâtard, sans fortune, car il vit de hasard, de paris, de jeu; un sceptique qui s'est pris d'un amour violent, absolu, sincère pour Jeanne et qui la poursuit de ses obsessions. Elle veut le chasser, il demeure; elle lui dit qu'elle aime Robert, il lui répond que Robert la trompe, que Robert est jeune, incapable de résister aux séductions, et qu'il l'abandonnera, un jour ou l'autre, pour la laisser retomber dans sa honte. Il épuise contre l'honnête fille tous les arguments de la tentation, toutes les insinuations. Elle aime. Elle n'écoute pas.

— Eh! bien, venez ce soir, à cette adresse, dit Armand. Je vous prouverai que Robert vous ment, et vous saurez alors celui qui vous aime et celui qu'il vous faut aimer.

Il jette une carte sur la table, une carte que Jeanne va prendre tout à l'heure et tourner et retourner entre ses doigts, puis il s'éloigne.

Le premier acte, terminé en deux scènes, nettement posé, largement découpé, est excellent, et son exposition — la conversation des deux jeunes gens devant le nouveau-né — est tout à fait pénétrante et charmante. J'aime beaucoup moins le second tableau, le bal où mademoiselle Turquoise, poussée par Armand, séduit ou essaye de séduire Robert. Ce Robert, qui aime réellement Jeanne et du fond de l'âme, se conduit, dans ce raout interlope, comme un collégien échappé. Pour imiter Armand, qui le raille sur sa sagesse, il fume des londrès qui lui donnent la nausée, joue des parties de baccarat à l'aveuglette, et papillonne sans motif autour des jupons de Turquoise. C'est ce que désire Armand; mais Robert Duversy donne, il faut l'avouer, bien facilement dans le piége. Au milieu de cette soirée du demi-monde, Jeanne arrive dans sa robe de laine. Elle est persuadée qu'Armand a menti, que Robert n'est point là. « Voyez! » dit Armand. — Il relève le store d'une glace sans tain, et Jeanne aperçoit, dans l'autre salon, Robert qui rit, cause et fume, un camelia blanc à la boutonnière — camélia, entre parenthèse, terriblement compromettant pour un Grandisson.

Au reste, je n'aime pas du tout cette façon, qui sent son Méphisto en frac noir, de montrer ainsi la culpabilité dans la glace. Il faut laisser cette méthode aux féeries ou aux romans d'aventure. Le *Bâtard* est une pièce assez solide pour se passer de ce moyen mélodramatique, assez insignifiant d'ailleurs, mais qui ressemble trop à un truc. Il fallait s'attacher à demeurer le plus près de la réalité dans une œuvre qui veut et qui sait être essentiellement réelle, moderne, vivante.

A peine Jeanne a-t-elle aperçu Robert qu'elle pousse un cri, un cri d'effroi et un appel. On accourt. On la voit là palpitante et pâle. Robert devine quelque machination et se tourne instinctivement vers le coupable :

— C'est vous, monsieur?
— C'est moi !
— Vous êtes alors un lâche, un misérable et un bâtard !

Rien ne vaut la façon énergique, fière et mâle dont Pierre Berton a jeter cette injure à la face de son adversaire, si ce n'est l'expression de froide haine et d'implacable résolution que met Berton père dans ces simples mots : *C'est moi!* Il les fait tranchants comme un couteau.

Armand pâlit sous l'injure.— Je vous tuerai, monsieur!— A demain! — L'acte avait paru faible et surtout en le comparant au premier. Cette fin l'a subitement relevé et la partie, dès ce moment, était gagnée.

La pièce, à vrai dire, ne commence guère qu'au troisième acte. C'est là que la véritable action s'engage et qu'apparaît l'idée de l'œuvre, idée morale et forte. Robert va se battre. Il peut être tué. Il faut qu'il fasse son devoir il ne se battra point avant d'avoir reconnu son enfant. En même temps qu'il demande un sursis à son adversaire, il supplie sa mère de décider M. Duversy à ce mariage. M. Duversy pousse les hauts cris aux premiers mots de l'affaire. Est-ce qu'on épouse sa maîtresse? Quelque aventurière, une femme de proie qui veut habilement s'introduire dans une honnête famille !

Il connaît la vie, ce M. Duversy, il l'a pratiquée. Il sait comment on la traite, par la gaieté et par l'oubli. Est-ce qu'il n'a pas eu de maîtresses, lui aussi? Est-ce qu'elles ont pesé sur sa vie? Il refuse son consentement, et il le refuse en riant à demi, car cette amourette ne lui paraît pas bien sérieuse, et il ne devient grave que lorsque Robert lui avoue qu'il a un fils. Un fils! M. Duversy, cette fois, hoche la tête et fronce le sourcil. Un enfant! La solution du problème est plus difficile qu'il ne le pensait.

Il est là, songeant, lorsque Jeanne, éplorée, se dresse devant lui. Elle s'est jetée aux pieds de madame Duversy, elle a pleuré, elle est pardonnée déjà et acceptée par cette mère faible et charmante qui n'obéit qu'à son fils. M. Duversy lui demande ce qu'elle vient faire chez lui. Ce qu'elle y vient faire? Elle était simplement accourue, la malheureuse, pour savoir des nouvelles de Robert, de ce duel, de ce terrible duel dont elle a peur. Un moment — et le public a trouvé là ce père un peu trop sceptique — M. Duversy se demande si ce duel n'est pas un mensonge, si Jeanne ne veut pas de la sorte hâter le dénouement, pousser au mariage, désarmer sa volonté. Mais il faut bien qu'il croie à tout lorsqu'on lui nomme l'adversaire de Robert, Armand, le spadassin, le roué, le bâtard.

Bâtard! Oui, Armand porte seulement le nom de sa mère; Armand s'appelle comme la malheureuse qu'on a séduite et qui est morte. Armand n'a tant d'ironie et tant de haine que parce qu'il a vu sa mère, une honnête femme, souffrir, abandonnée et tomber, et se vendre pour le nourrir. Par amour pour sa mère, il déteste tous ces heureux qui ont une famille, un nom, des parents et qui, plus favorisés que lui, ne valent pas plus que lui. Pourquoi est-il un aventurier et un suppôt de clubs et de roulette? pourquoi a-t-il tant de fiel aux lèvres et au cœur? Parce qu'un misérable a trompé sa mère, et l'ayant prise honnête fille, en a fait une fille perdue. Et cet homme, c'est précisément M. Duversy, qui est heureux, souriant, riche et gai, et dont le bâtard va tuer le fils.

Le tuer! Non; il ne le tuera pas! M. Duversy court à Armand.

— Vous ne pouvez vous battre avec Robert.

— Et pourquoi donc?

— Votre père, que je connais, qui m'envoie vers vous, votre père vous le défend!

Le bâtard le regarde.

— Mon père? quel père? J'ai donc un père? Ah! puisqu'il vit, que je voudrais lui dire en face tout ce qu'il a fait souffrir à celle qu'il a tuée!

Et il conte à cet homme l'agonie de la malheureuse, sa douleur, sa misère, l'atroce et froide misère, la mort lente par le dénûment.

Le bâtard devient terrible. On croit voir l'ombre de la femme abandonnée se dresser menaçante dans son suaire. Et j'aime assez, je vous l'avoue, ce courroux dans la bouche de ce fils! Il dit vrai, il a raison de haïr. Il venge à la fois ainsi et sa mère et lui-même.

La recherche de la paternité est interdite, soit. C'est encore là un de ces articles de lois qu'il faut corriger. Une femme est perdue, séduite, comme dit cette aimable langue française, qui a des euphémismes pour toutes choses, l'homme disparaît, tout est dit. La malheureuse n'a qu'à nourrir son enfant : elle est la mère. Que si, devant sa misère et son abandon, cette solitude effrayante, le long avenir qui s'ouvre terriblement sombre, le désespoir et la folie l'entraînent, la poussent à l'infanticide, c'est bien; la justice est là! Il y a des magistrats à Berlin. Le complice, le père peut à son aise circuler. Nul ne l'inquiète. L'inquiéter? On y songe bien : on le félicite. C'est un homme à bonnes fortunes. Comment donc! Vive don Juan! On a dit cela cent fois, mais il faut le redire.

Une mère n'a point le droit de s'écrier : « Celui-ci est le père de mon enfant! » Un fils n'a point le droit de dire : « Je suis le fils de cet homme! » Tout est pour le mieux. Mais alors, c'est au théâtre de réclamer pour la femme perdue et l'enfant sans nom, c'est au dramaturge de détruire par l'émotion, les iniquités de la loi. Le rire désarme, mais les larmes font mieux encore : elles détruisent. Et toute une salle applaudit, et proteste en applaudissant, lorsqu'elle voit, comme au quatrième acte de la pièce de M. Touroude, le bâtard faire courber sous sa colère le front de celui qui lui a donné le jour et qui lui a pris sa mère.

Ce n'est pas à la recherche de la paternité que conclut M. Touroude, mais il s'élève avec vigueur contre l'amant qui abandonne sa maîtresse. Il réclame les droits du bâtard en montrant ce que devient l'enfant abandonné, jeté dans le monde avec une vésicule de fiel dans le cœur. Il n'est pas tout à fait vrai, pour tout dire, que les bâtards aient tant à souffrir de leur bâtardise, et l'histoire et l'observation donneraient assez raison au dicton : *Chanceux comme un bâtard*. Mais ce n'est point là un argument, et la vérité est, que le père doit à l'enfant son nom et sa protection. La loi naturelle l'exige.

Je sais gré à M. Touroude d'avoir agité la question. Il n'est pas devenu, notez bien, un prédicant pour cela, et son drame, pour discuter un problème et sonder une plaie sociale, n'en est pas moins un bon drame. Un peu plus de simplicité dans la forme, moins d'adjectifs, de romantisme (*Tu ne connais pas, toi, les pleurs couronnés de rires*, j'ai entendu cela ou l'équivalent), et ce serait parfait. Il y a bien aussi des longueurs et surtout dans ce quatrième acte, si sobre, si fort, si brave. La pièce se dénoue entre les trois hommes, le père et les deux fils. La situation n'est pas sans rapport avec celle d'un drame de M. Édouard Plouvier, représenté justement à l'Odéon.

Dans *Madame Aubert*, le marquis de Saint-Géry voyait aussi son fils naturel, Georges, prêt à tuer son fils légitime. Mais, au premier sang, les deux jeunes gens se précipitaient dans les bras l'un de l'autre. M. Touroude ne les fait pas croiser le fer, comme M. Plouvier. La voix de Robert qui dit : *Mon frère*, désarme ce terrible Armand. Mon frère ! On ne lui a jamais dit cela : il n'a jamais eu de famille. Son espoir de vengeance s'enfuit devant ce nom nouveau. Et puis, décidément il a assez souffert d'être un bâtard. Il veut que l'enfant de Robert ait un père. Il pardonne l'outrage. Il oubliera son amour; il restera seul avec ses souvenirs et ses amertumes. Et la pièce finit sur le cri poignant du fils naturel qui voit s'éloigner son père, ce père qu'il n'a pas voulu embrasser.

— Si tu l'avais voulu, pourtant, je serais le fils honoré d'une honnête femme !

Je regrette que le bâtard de M. Touroude mêle, dans ses idées de haine, le nom de sa mère à celui de Jeanne. Fils, il est logique dans sa soif de sang; amoureux, il est trop cruel. C'est par là, d'ailleurs, qu'il se rapproche littéralement de cet autre bâtard littéraire qu'on ne saurait oublier en parlant de lui : *Antony*. Tout le monde l'a nommé.

Oui, il y a un certain rapport entre Armand et Antony dans la façon dont l'un et l'autre entendent se venger.

Armand, l'Armand de l'Odéon, cet Antony de 1869, est moins exagéré, plus discret dans sa vengeance, mais tout aussi féroce. Il veut se venger légalement. Il est de son temps et raisonne et calcule jusque dans sa fureur. Ce n'est pas lui qui rêverait de poignarder un rival, dût-il pour cela risquer la guillotine. A quoi bon? Il tient sa vengeance au bout de son épée. Assassin, non ; duelliste, oui. C'est une autre façon de comprendre le meurtre. Armand est effrayant, campé dans son droit strict, dans son droit d'offensé, et réclamant, exigeant le sang de Robert. La phrase menaçante dont il soufflète Jeanne terrifiée sent son Antony d'une lieue, mais un Antony qui connaît le Code et qui se défend avec un article de loi :

— Vous pouvez commander vos habits de deuil, madame. Dès à présent, votre fils n'a plus de père. C'est un bâtard aussi.

Rien de plus curieux, d'ailleurs, que ces comparaisons littéraires, et rien qui peigne mieux l'état des esprits. Le bâtard de 1869, avec sa froideur d'acier, est tout aussi tragique que le bâtard de 1831 avec ses accès de fièvre chaude. A tout prendre, Antony est plus excusable qu'Armand, et ce fou qui finit par le meurtre a des accents plus déchirants parfois que ce bohême doré qui consent à pardonner. L'un et l'autre, en somme, portent le cachet de leur époque.

Armand est proche parent d'Antony, soit, mais il a reçu une toute autre éducation que son aîné; il n'est pas comme lui naïf jusqu'à la brutalité, audacieux jusqu'à la furie, il réfléchit, il compte, il veut tromper, il a passé par la Bourse, les coulisses, les tripots et les boudoirs.

Et cela est si vrai, que les sentiments ont leurs modes, que la passion, l'amour, la haine, le pardon, la vengeance prennent des reflets selon les temps, que le crime même (je vous demande pardon de parler du terrible drame joué par de sinistres acteurs et qui a fait pâlir, cette semaine, tous les drames à la fois), oui, le crime a des aspects différents selon les dates, des causes différentes selon l'heure où il est commis. Lacenaire ne ressemble pas à Lemaire ou à La Pommerais. Lacenaire est de son temps comme Lemaire est du sien. Il y a de l'*antonysme* aussi dans le premier et du raisonneur, du calculateur dans le second.

Il y a deux endroits — deux antipodes — où la conscience publique, interrogée, laisse échapper son secret, où l'on peut étudier à coup sûr un état social et suivre sa décomposition ou ses progrès : c'est le théâtre et la Cour d'assises. Drames rêvés, ou drames exécutés, un invisible lien semble les rattacher les uns aux autres. L'époque où Lacenaire joue du tiers-point est bien celle où Antony rugira ses tirades devant une foule. La *pose* que choisit le héros de roman ou celle que prend le héros de l'échafaud est la même. Ils ont l'un et l'autre lu Byron.

Ce n'est plus Byron qu'on lit aujourd'hui, c'est le Manuel du Spéculateur ou les menus du baron Brisse. Il s'agit de jouir. Tout est appétit, âpre désir, soif ardente. Le crime même se fait plus atroce. Quel prurit affreux pousse des êtres humains à ces boucheries dont Paris frémit encore? La passion, la colère, la folie, la honte d'un outrage, la frénésie de la vengeance? Non, rien de tout cela. On n'assassine plus par amour, comme au temps du bâtard Antony. Encore une fois, non, le mobile du crime, c'est le sentiment le plus bas, c'est le besoin d'argent, la faim, non pas la faim du pauvre, mais l'horrible faim de l'or. Il y a du calcul maintenant, au fond de toute action humaine.

La folie, qui monte comme une marée effrayante, a pour principale cause à présent l'appétit, l'envie des jouissances. Être riche, c'est le rêve! S'enrichir, c'est l'ardent espoir. Mais non pas lentement, jour par jour — chaque journée amenant sa peine et son profit; non, s'enrichir brusquement, gloutonnement, par un coup d'audace, un coup de Bourse ou un coup de couteau. Déchaînement atroce de tout ce qu'il y a de répugnant et de hideux dans les instincts de l'homme! Il semble que certains crimes soient faits pour montrer jusqu'où peuvent tomber les sociétés qui pourrissent. Conscience, n'es-tu donc qu'un mot?

C'est qu'on a si fortement, depuis des années, développé les boulimies, aiguisé les dents, fait pousser les ongles, que le vieux monde affamé se rue à toutes les curées. Qu'il est loin déjà le temps où l'austère Guizot disait aux foules: *Enrichissez-vous!* Ce cri qui révolta tant de gens alors retentit aujourd'hui de tous côtés et sur tous les tons. Les idées les plus pures et les plus lumineuses ont besoin, pour demeurer populaires, de s'appuyer sur des promesses de bonheur immédiat.

Où sont les stoïciens qui oseraient à cette heure parler de devoirs, célébrer la privation sainte, la misère noblement subie, la douleur fièrement supportée? Leur moment est fini. Il serait gênant le stoïcisme. Le monde a des dents: qu'on mette la table et qu'on se gorge. La France a le ver solitaire. Tant mieux! Les mets sont bons et l'auge est pleine.

Et, c'est pour la remplir, lorsqu'elle devient vide, qu'on dérobe et qu'on tue. Les crimes augmentent, et commis (chose atroce) par des jeunes gens. Avoir vingt ans, et tuer! Les assassins deviennent précoces, on l'a remarqué déjà. C'est qu'on veut que, dès les premières heures, la vie tienne toutes ses promesses. On exige, sous peine de mort, que le rêve doré que tout homme porte en sa tête se réalise sur-le-champ. Pourquoi serait-on né si ce n'était pas pour être heureux ?

Le sacrifice est un vain mot dont le sens a vieilli. Tout martyr devient ganache avec l'humeur courante. Le devoir semble une duperie, l'abnégation une ironie amère. Nous manquons de grands exemples. Le succès facile, immoral, l'aventure devenue la vie commune, l'incroyable réalisé chaque jour, les craquements successifs de la machine sociale, les spectacles écœurants, la névrose universelle, tout a exacerbé, détraqué les cervelles et déformé les caractères.

On se prend à regarder avec stupeur cette grande ville ruisselante de luxe et de lumière, et à hocher la tête. Ce caravansérail immense ne se contente plus de sentir la poudre à l'iris : il pue le sang. — Un coup de vent pour dissiper l'odeur — l'odeur qui vous prend à la gorge, un coup de vent, fût-ce un vent d'orage !

Et le *Bâtard* ? Voilà où *Antony* nous mène. J'ai dit que la pièce de M. Touroude était excessivement bien jouée. C'était la première fois qu'on voyait les deux Berton, le père et le fils, entrer ensemble sur la scène. Cela n'a pas nui au succès de la pièce, ces deux frères représentés ainsi. Berton père a trouvé là un de ses meilleurs rôles. Nul ne joue comme lui ces personnages faits de révolte et d'ironie. Il est, dans Armand, à la hauteur de ses créations supérieures, de d'Estrigaud, de Villemer et de l'*Abîme*. Insolent et superbe aux premiers actes, il a eu des accents d'une vraie douleur et poignante au dénouement.

Pierre Berton est, dirait-on, mieux à sa place à l'Odéon qu'au Gymnase. Il a plus d'air. Il représente Robert avec beaucoup de flamme et de jeunesse, une réelle émotion, et son succès, je le répète, a été très-complet, très-grand.

L'Odéon, en un mot, a inauguré son année théâtrale par un succès vrai et le meilleur des succès, celui qui révèle au public un auteur nouveau, un talent vigoureux, plein de sève, promis à demain et inconnu hier.

XIV

GYMNASE : *Froufrou*, comédie en cinq actes, de MM. H. Meilhac et Ludovic Halévy.

1ᵉʳ novembre 1869.

Je ne connais rien, dans le théâtre contemporain, de supérieur aux trois premiers actes de *Froufrou*, la pièce nouvelle de MM. Meilhac et Halévy, dont le Gymnase vient de donner la première représentation. D'autres ont fait plus violent, plus fort, plus nerveux, plus amer ou plus mâle, nul n'a fait plus distingué et plus exquis. La femme mondaine d'aujourd'hui, la folle sans amour, la capricieuse et la fébrile créature qu'ont pétrie dans un certain milieu les mœurs nouvelles, est peinte là avec toutes ses fantaisies d'enfant gâtée et inoccupée.

Froufrou a épousé, sans savoir pourquoi, un brave et loyal garçon, un galant homme qu'elle n'aime pas, qu'elle rend malheureux, qu'elle va tromper. Elle a une sœur, Louise, qui aime profondément, noblement cet homme martyrisé par la pauvre et inconsciente Froufrou. Jalouse de sa sœur, Froufrou qui n'est ni épouse, ni fille, ni mère, s'imagine qu'elle adore un monsieur qui joue avec elle *Indiana et Charlemagne* sur les théâtres de société. Elle quitte son mari, son enfant, son foyer et part pour Venise avec le blondin.

Le mari tombe malade, malade à en mourir, puis une fois guéri, il part pour Venise et tue en duel l'amant de sa femme qui, repentante, vient mourir chez elle, demander pardon à l'homme outragé, et embrasser son enfant avant de mourir.

On va beaucoup discuter *Froufrou*. Il y a deux pièces

bien distinctes dans cette œuvre : la première, en trois actes, étonnante de verve, d'acuité, de désinvolture, de grâce parisienne et moderne; l'autre, larmoyante et un peu banale. Celle-ci a refroidi le succès de la première représentation, qui allait être fort grand. Elle fera peut-être le succès des représentations suivantes, car je n'ai pas vu une femme ne point pleurer à la mort de Froufrou. On rira pendant trois actes et on tirera son mouchoir au dénouement.

Elle est pourtant peu digne de tant d'émotion, cette femme qui brise son bonheur, compromet son honneur, et force deux braves gens à s'entre-tuer simplement parce qu'elle a une crise de nerfs et qu'elle se croit malheureuse. Mais elle est vrai et vivante. Ces trois premiers actes ont l'intensité de l'existence parisienne même avec je ne sais quoi de fin et de tout particulier. La rivalité des deux sœurs est étudiée et analysée avec cette délicatesse de main qui m'avait charmé pour ma part dans *Fabienne*. Que ces trois actes sont jolis, le second surtout!

Et comme, sans avoir l'air d'y toucher, ils enfoncent le scalpel dans le membre gangréné! Nos mœurs faciles sont là ironiquement peintes. L'ironie est une arme terrible. Un jour, c'était vers 1848, le directeur d'un journal socialiste demande à M. Léon Gozlan un roman où fussent traités les problèmes qu'on agitait alors et qu'on agite encore aujourd'hui.

— Le voulez-vous sérieux ou gai? dit Gozlan.

— A votre aise!

Gozlan le fit terriblement gai. Il écrivit *Aristide Froissart* où, tout en plaisantant, il montre la décomposition sociale, et traite la question du mariage indissoluble, du divorce et de la famille. On pourrait dire que MM. Meilhac et Halévy, dans *Froufrou*, ont fait comme Léon Gozlan. Quelle attaque plus terrible contre la famille, telle que nous l'ont faite les mœurs, que ce portrait de vieux viveur si bien joué par Ravel? Point de dignité, partant point de respect.

— Je m'en vais en Bohême, dit-il à sa fille.

Et la fille, qui songe à la vie dissipée de ce père prodigue, fait un jeu de mots et se met à rire.

Le père accompagne à Prague une danseuse sifflée à Paris. Il revient pour faire répéter *Indiana et Charlemagne* à sa fille, qui jouera en débardeur. Avec quel art toutes ces scènes, cruelles au fond, sont traitées, enlevées par les auteurs de *Froufrou*.

C'est plaisir de voir tant de délicatesse au théâtre. Notez que rien ne s'évapore de cet esprit un peu subtil. Tout est arome, mais tout passe la rampe. Les travers de la femme actuelle sont fustigés d'une main légère mais qui ne fait point grâce. Ce qui me plaît là, c'est que les auteurs, qui n'ont pas l'air d'y toucher, sont vraiment des moralistes. Ce pastel d'un monde plus léger que leur crayon et qui tombera plus vite en poussière, a le ton de la causerie et la force de la satire. Leur œuvre est un fer rouge, trempé dans la poudre de riz. Il sent bon, mais il cautérise. Et MM. Meilhac et Halévy ne s'attachent ni à l'épiderme ni au costume, comme l'auteur de la *Famille Benoiton*. Ils sont moins nerveux, mais plus humains, moins brillants, mais plus distingués et plus simples. La simplicité, la vertu rare! Il était même assez curieux d'entendre hier établir ces différences dans les couloirs du théâtre.

Voilà donc un grand succès pour les auteurs de *Fanny Lear*. C'est un succès plus grand encore pour mademoiselle Desclée. Elle a été l'esprit et la grâce mêmes. On n'est à la fois ni plus artiste ni plus femme. Elle ne joue point la comédie : elle la vit, dirait-on. La diction est charmante; tout est simple (c'est aussi une de ses qualités), et vrai. A cette séduction se joint l'énergie, à cet esprit joignez la vaillance. Dans la scène entre les deux sœurs, mademoiselle Desclée a eu un superbe : *Garde tout !*

Madame Fromentin est tout à fait remarquable dans ce rôle de sœur honnête et résignée. Elle a ce charme triste qui plaît, absolument comme mademoiselle Pierson; avec sa bonne grâce, son esprit, cet entrain qu'elle a de plus en plus, elle s'impose par un talent fait de sympathie.

Ravel est très-amusant et Pujol prend chaque jour plus d'autorité sur le public. Il est vrai dans chacun de ses rôles et varié dans des personnages de maris trompés ou courroucés qui se ressemblent un peu tous.

On reviendra souvent sur cette comédie inutilement tournée au drame, une des œuvres les plus curieuses, les plus délicates et les plus attirantes qu'on nous ait données depuis longtemps.

Après le drame, l'éclat de rire. Frétillon, je veux dire mademoiselle Déjazet, reparaît de temps à autre sur la scène de ce petit théâtre qui porte son nom. Ces soirs-là, la pluie des bouquets tombe. L'actrice, de sa voix toujours fraîche, chante doucement ces jolis airs du bon vieux temps qui attendrissent et qui charment. Pour moi, je les vais écouter avec une curiosité qui n'est point lassée. On n'a pas plus d'esprit que cette comédienne dont le nom est déjà quasi légendaire, et surtout on n'a pas d'esprit plus fin, plus élégant et plus délicat.

Comme la façon dont Déjazet nuance le couplet, détache ou souligne le mot, aiguise le trait sans appuyer et d'un air léger, comme cette grâce et cette désinvolture sont loin de la méthode actuelle, de cette brutalité, de cette grossièreté dans le comique qui fait tout le prix de la *cascade* en question. La plaisanterie du jour consiste à donner un double sens à des mots qui n'ont aucun sens; l'art de Déjazet, au contraire, consiste à rendre acceptable et piquante la facétie, même libertine, et à escamoter tout ce qui peut la rendre graveleuse. Il semble que cette femme, demeurée alerte et pimpante, ait conservé la tradition tout entière d'un siècle élégant et pomponné.

Les gentillesses à la Boucher, l'allure de porcelaine de Saxe du dix-huitième siècle, tout ce qui fut la séduction d'une époque, semble revivre, animé, dans cette Déjazet qui dit si bien les airs de Grétry ou de Rameau. Elle est Parisienne, la comédienne exquise, dans le sens le plus mordant et le plus raffiné du mot. Une Parisienne des salons où Voltaire, en talons rouges, saluait le séduisant maréchal de Richelieu.

Elle joue *Vert-Vert* à cette heure; hier, elle jouait *Monsieur Garat*. Sous le costume gris argenté du chanteur du Directoire, le cou enfoncé dans la cravate haute, empesée, zézayant, fredonnant, avec ses attitudes de muscadin artiste, on l'eût prise pour un croquis de Debucourt, agissant et parlant. La voici vêtue de l'habit de soie verte et des culottes roses du petit Vert-Vert, le perroquet jaseur des Visitandines de Nevers. Comme elle rend acceptable, passable — que dis-je? — comme elle rend amusant et aimable le vaudeville vieilli de M. de Leuven. La médiocre pièce, grâce à elle, semble avoir toute la valeur du fin poëme de Gresset. Et la chanson court sur les lèvres de l'artiste comme les verselets sous la plume du poëte :

> Il était beau, brillant, leste et volage,
> Aimable et franc comme on l'est au bel âge,
> Né tendre et vif, mais encore innocent ;
> Bref, digne oiseau d'une si sainte cage
> Par son caquet digne d'être au couvent.

Déjazet! Une de celles encore qu'on ne remplacera pas!

XV

COMÉDIE-FRANÇAISE : *Lions et Renards*, comédie en cinq actes, de M. Émile Augier.

13 décembre 1869.

Nous assistons depuis quelques années au spectale d'un désarroi qui vraiment paraîtrait divertissant, s'il n'apportait avec lui tant de tristesses ironiques. Le bon sens, cette vertu qui s'accordait si bien avec l'enthousiasme dans notre généreux tempérament français, le bon sens, et avec lui la justice, ou plutôt la justesse dans les appréciations et les jugements, tout cela est dédaigné et paraît superflu. On ne procède plus que par dénigrements ou par engouements. Aucune mesure. On est absolument digne du Capitole, ou seulement bon à jeter aux gémonies. Un coup d'audace vous enlève au sommet, comme une vague soulevée y envoie son écume, puis vous retombez brutalement, précipitamment au fond du gouffre. C'est surtout aujourd'hui que de la popularité au dédain il n'y a qu'un pas.

Je ne veux point dire, Dieu merci, que l'auteur de *Lions et Renards* ne soit pas toujours aussi populaire, mais je tiens à constater qu'on a, dans ces rapides sentences du lendemain qui sont maintenant à la mode, jugé sa dernière œuvre avec une sévérité qui tient de bien près à l'ingratitude. Avec qui, m'objectera-t-on, serez-vous sincère et même brutal, si ce n'est avec ces hauts barons du théâtre qui tiennent en leurs mains l'art dramatique et sa fortune? Faut-il, sous prétexte qu'ils sont mieux préparés à l'entendre, leur ménager la vérité?

Je ne demande pas que la critique fasse patte de velours et murmure ce qu'elle doit crier tout haut. Mais je voudrais, et ce n'est point la première fois que je réclame une telle façon d'agir, je souhaiterais qu'elle accordât aux recherches sincères, aux tentatives hardies, aux intentions profondes, quelqu'une de ces circonstances atténuantes qu'elle prodigue aux pasquinades et aux folies courantes.

Ne serions-nous donc vraiment plus indulgents que pour ce qui nous chatouille et nous émoustille, pour cet art de titillations et de mousse de Champagne où se peignent si bien nos mœurs faciles? Il est vraiment triste, et presque honteux de voir, à deux ou trois jours de distance, une bouffonnerie nouvelle exaltée outre mesure, et une comédie, fût-elle incomplète et manquée, traitée comme vient de l'être, par la critique du lendemain, la pièce de M. Emile Augier.

Ce n'est pas que ces cinq actes, *Lions et Renards*, soient sans défauts. Les trois derniers, à la première représentation, ont paru confus et bâtis sur une impossibilité, ou du moins sur une puérilité. Mais il a suffi à l'auteur, le lendemain, d'enlever quatre mots et d'en ajouter quatre autres, pour que rien ne choquât et que tout parût clair. Le théâtre a de ces surprises.

La pièce est une œuvre de combat. A ce titre, elle nous intéresse et nous attire plus particulièrement. M. Augier n'est pas de ceux qui caressent un vice, il est de ceux qui le châtient.

Voilà bien pourquoi son talent robuste nous est particulièrement sympathique. Il a voulu cette fois ajouter une touche nouvelle au tableau de la corruption contemporaine, et à l'esquisse de la vie des cléricaux mondains qu'il avait tracés dans la *Contagion* et dans le *Fils de Giboyer*. Le baron d'Estrigaud, c'est-à-dire la vilenie hautaine, la félonie élégante, la *canaillerie* en gants gris perle rencontrant M. de Sainte-Agathe, c'est-à-dire l'hypocrisie religieuse et le jésuitisme féroce, et ces deux types, ces deux forces, l'épée du duelliste et le goupillon du sacristain faisant alliance et s'imposant au monde, telle est la donnée — l'équation, comme le disait, l'autre jour, M. Augier lui-même — de cette comédie courageuse dans son sujet, virile, irritée, mais dont l'exécution a paru faible, je dirai pourquoi.

M. Augier a fait graviter ces deux personnages, et d'autres avec eux, autour de Mlle de Birague, une nouvelle Mlle de Cardoville, une jeune fille romanesque, riche à neuf millions et qui, à aucun prix, ne veut se marier. Harpagon parlait des doux yeux de sa cassette; Mlle de Birague sent bien que c'est à sa cassette qu'on fait les yeux doux. Pour faire tomber dans le coffre fort de quelque maison-mère les millions de l'héritière, M. de Sainte-Agathe lance habilement du côté de Mlle de Birague un cousin de la jeune fille, M. de Valtravers, élève doux et soumis des pères de la Compagnie, Eliacin tout prêt à devenir don Juan, et qu'on expédie sur Paris avec une robe d'innocence qu'il ne trouve vraiment plus mettable. La mauvaise étoile de M. de Sainte-Agathe veut que Valtravers soit un honnête garçon. Il fait, dès le début, sa profession de foi à sa cousine.

S'il est venu à Paris, ce n'est point pour l'épouser, mais

pour vivre librement de la vie moderne. Il étouffait ou plutôt il grelotait, avec ses vingt-cinq ans inutiles, au fond du manoir pieux de ses pères. Ici, il se sent *jeune, vaillant et hardi*, comme les combattants de la chanson populaire. La chrysalide est brisée, et le papillon, battant des ailes pour en faire tomber la poussière cléricale, veut se lancer, en frissonnant, dans l'espace.

Rappelez-vous la figure longue et émaciée du comte d'Outreville, ce gentilhomme-bedeau que nous montra M. Augier dans le *Fils de Giboyer*. On eût dit un chérubin du Giotto, revu et corrigé par Daumier. Le vicomte de Valtravers, de *Lions et Renards*, c'est le comte d'Outreville émancipé, qui lit son livre de messe à l'envers, et chante les cantiques sur un air d'Offenbach.

A côté de M. de Valtravers, le baron d'Estrigaud rôde, en fin renard qu'il est, autour des millions de Mlle de Birague.

C'est ce même baron, tripoteur d'affaires et spadassin, ce politique de boudoir, qui jouait dans la *Contagion* son rôle de Scapin épique. Il s'est rangé, il a payé ses dettes, il a reconquis, il a crocheté l'estime du monde. Aussi vient-il au-devant de Mlle de Birague tout souriant et tête haute. Trop réellement fort pour risquer cette brutale demande en mariage que repousse inévitablement Mlle de Birague, il compte sur un autre moyen pour obtenir cette femme et cette fortune. Ce moyen-là, c'est la séduction.

Il y a du Lovelace dans ce drôle élégant, Mercadet de *high life*, qui tranche du Richelieu. Mais d'Estrigaud, comme tous les corrompus, oublie l'irrésistible force de l'humble honnêteté. Toutes ses batteries sont inutiles, et Machiavel a trouvé son maître. Mlle de Birague est romanesque, mais sa tête exaltée écoute avant tout son cœur loyal. Il y a fort heureusement en ce monde une franc-maçonnerie instinctive des honnêtes gens. Mlle de Birague a deviné, d'un coup d'œil, ce maître-fourbe et elle le congédie sans pitié.

Elle n'aime donc personne, Mlle de Birague? — Non, mais cette âme fière ne demande qu'à être conquise. Elle le sera tout à l'heure par Pierre Champlion, un voyageur, un explorateur, un pionnier de trente ans, qui va se jeter en pleine Afrique, à la tête d'une poignée d'hommes, pour aller délivrer un ami demeuré là-bas, prisonnier de quelque roi barbare. Pierre Champlion ouvre une souscription nationale pour cette œuvre de progrès qui sera en même temps une source de fortune, car le voyageur conduira l'expédition jusqu'à une mine d'or qu'il connaît, et que nul là-bas n'exploite. Ce n'est point la mine d'or qui éblouit, Mlle de Birague, mais l'éloquence, la générosité, l'abnégation de Pierre Champlion qui la conquièrent.

La scène où Champlion, interrogé et sans voir Mlle de Birague, conte, d'une voix émue, ses aventures, les combats qu'il a livrés, les dangers qu'il a courus avec son ami, la dernière goutte d'eau-de-vie dans la gourde qui tout à l'heure sera vide, l'isolement dans le désert, la mort qui vient, tous les désespoirs du chercheur, de l'aventurier de l'idée, cette scène très-neuve, très-mâle, très-moderne, est une des meilleures inspirations de M. Augier. Artistiquement, elle est, comme on dit en terme de métier, admirablement bâtie; moralement, elle est d'une portée haute. Voilà le théâtre tel qu'on le comprend lorsqu'on pense! Ce n'est pas seulement Pierre Champlion que nous avons alors devant nous, ce sont tous les voyageurs résolus, tous les laborieux et tous les patients; tous ceux qui sacrifient leur vie à la patrie pour lui donner un monde. Les noms de M. Gustave Lambert, de Barker, de Livingstone, venaient sur toutes les lèvres.

Lorsque Pierre Champlion a parlé, Mlle de Birague se lève et va droit à lui :

Il vous faut quatre cent mille francs pour cette œuvre, monsieur; permettez-moi de vous les offrir, de vous avancer cette somme, car le pays, j'espère, ne me laissera pas l'honneur de vous avoir seule compris.

Le deuxième acte de *Lions et Renards* finit sur cette scène réellement saisissante. La comédie de M. Émile

Augier, un peu longue peut-être, n'avait rencontré jusque-là que des sympathies. On avait particulièrement applaudi, la scène si bien enlevée, si spirituelle, pleine de mots, entre Mlle Catherine de Birague et son cousin M. de Valtravers. A partir du troisième acte, tout s'est gâté. Mlle de Birague a semblé bien prompte à s'éprendre de Pierre Champlion. Le jeune voyageur, qui, pour défendre la jeune fille, provoque M. d'Estrigaud chez Mlle de Birague elle-même, le duel en partie réglé par les témoins devant Catherine, tout cela a décontenancé, a paru trop précipité et invraisemblable. Au dernier acte, une sorte de malentendu du public a compromis tout à fait le succès.

Voici ce dont il s'agissait. D'Estrigaud, qui voit la passion de Mlle de Birague pour Champlion croître et détruire ses espérances, d'Estrigaud, acculé, poussé d'ailleurs par Sainte-Agathe, veut déshonorer le jeune homme. Un petit journal, le *Moustique,* a scandaleusement publié une nouvelle à la main qui dit clairement au public : la maîtresse de M. d'Estrigaud, Mlle Rosa, se fait donner une partie de son attelage, un cheval noir, par le baron et un cheval blanc par un inconnu. « Je voudrais bien savoir le nom de cet inconnu-là, dit d'Estrigaud.

— Lui chercheriez-vous donc querelle?

— Non, mais je ne serais pas fâché de connaître mes obligés ! »

Il ne connaît pas celui-ci, mais il court aux bureaux du *Moustique,* et le lendemain le petit journal insinue que le donneur du cheval blanc, l'homme qui comme d'Estrigaud *alimente cette danseuse,* pourrait bien être M. Pierre Champlion, le voyageur célèbre. En lisant le journal, Champlion pâlit. Il est publiquement soufflété, dégradé. Il n'a plus qu'à mourir. Ici, le public a trouvé les scrupules du jeune homme singulièrement exagérés, exagérés jusqu'à l'invraisemblance.

— Quoi! Mlle de Birague refusera d'épouser Champlion, parce que Champlion a mis le pied chez Mlle Rosa! Et il se brûlera la cervelle, ce Champlion, parce qu'un chroniqueur l'aura accusé d'offrir à une danseuse une moitié d'attelage! Les petits journaux ont-ils vraiment cette influence dans les familles? C'est impossible, s'est dit le public. M. Augier n'y voit plus clair! et son Champlion est un puritain du temps d'Antony!

J'avoue que la situation n'était pas assez claire et qu'on a pu s'y tromper. Mais, avec une phrase, M. Augier a tout expliqué, et, à la seconde représentation, il n'était plus possible de prendre le change. Champlion n'est pas une hermine qui veut mourir parce qu'on l'accuse d'avoir une tache. C'est un honnête garçon, très-pauvre, qu'on soupçonne d'une infamie et qui ne peut supporter ce soupçon.

— Songez donc, s'écrie-t-il, la mine d'or que j'exploite, c'est la crédulité de mes souscripteurs!

Ce seul cri, ajouté par M. Augier au lendemain de la première représentation, explique nettement le désespoir de Pierre Champlion et sa résolution de suicide. Quelle étrange chose que le théâtre! Deux ou trois mots enlevés, quelques mots de surcharge, une légère explication, un point lumineux piqué ici ou là, et tout change et le tableau prend un autre aspect et le public se sent bien vite à son aise et ne demande plus en quelle chambre obscure on l'a conduit.

La première représentation de *Lions et Renards* avait été — pourquoi ne pas dire le mot? — une défaite, la seconde représentation aura été quelque chose comme une revanche. Affaire de courants électriques, de je ne sais quel magnétisme spécial à ces soirées où l'effluve, car je ne saurais mieux définir l'inconnu de ces batailles, joue un rôle si grand qu'il est irrésistible.

Je n'ai parlé jusqu'ici que de la partie romanesque de l'œuvre. La partie critique et de polémique m'a beaucoup moins satisfait. M. Augier est de ceux qui n'entendent pas demeurer neutres dans le combat des idées; mais je l'ai vu plus nerveux, plus agressif, plus mordant qu'en sa dernière œuvre. Il n'a pas désarmé, certes, mais ses armes sont moins meurtrières. Le cléricalisme était moins nettement mis en scène, mais plus résolûment attaqué dans le *Fils de Giboyer*. Est-ce parce que Berton lui donnait une autre attitude, plus incisive et plus cruelle? Mais dans la *Contagion*, d'Estrigaud était autrement effrayant et haïssable. Je sais bien qu'ici il se fait ermite, et commence à dissimuler le frac noir de l'aventurier mondain sous la robe courte du jésuite, n'importe! D'Estrigaud s'est empâté et s'est amendé en vieillissant.

On a déjà comparé Sainte-Agathe à Rodin. Ce n'était pas un mince créateur de types que cet Eugène Suë qui écrivait à la diable, composait des romans tant bien que mal, mais donnait à ses personnages un relief, une couleur, une vigueur admirables. Rodin, ce nom que le conteur avait emprunté au marquis de Sade, est demeuré populaire. Il est inoubliable. Il semble qu'on l'ait connu. Son radis noir reste dans l'imagination, comme la béquille de Sixte-Quint. La scène du quatrième acte de *Lions et Renards*, entre Sainte-Agathe et d'Estrigaud, a le défaut de rappeler, en l'affaiblissant, la lutte entre Rodin et d'Aigrigny. Rodin disant à son *socius* :

— Ce qui fait ma force, c'est que je suis laid, méprisé, sordide, je suis demeuré sans autre passion que la soif du pouvoir, solitaire, laborieux, patient et chaste!

C'est Sainte-Agathe répondant à d'Estrigaud :

— J'ai plus de jouissances que vous lorsque je ressens, jusqu'au fond des os, la joie du pouvoir immense. *Vous n'êtes qu'un viveur, moi je vis.*

Le malheur est qu'en transportant cette scène et cette sorte de duel entre la force et la ruse, entre la beauté et la laideur en pleine Comédie-Française, M. Émile Augier a été, malgré lui, malgré son humeur qui n'a rien de timide, forcé de l'affaiblir.

La langue est autrement maniée que par Eugène Suë, tout le dialogue a une autre valeur, mais l'antithèse est moins marquée, et les deux personnages ont moins d'accent, moins de force et je dirai — car Eugène Sue n'est point le premier venu — moins de grandeur.

Et pourtant, encore un coup, il faut louer M. Augier de

nous avoir montré la corruption s'unissant ainsi à l'obscurantisme pour combattre tout ce qui est libre et beau. Qu'on vienne lui dire : — Mais d'où sortez-vous? Mais en vérité quelle mouche vous pique d'entrer ainsi en bataille contre des fantômes? Existe-t-il encore des Rodin et des Sainte-Agathe? Le jésuitisme n'est-il pas chose perdue, et que vous sert-il de vous faire le Cuvier en même temps que le Juvénal des races disparues?

M. Augier pourra répondre que ces morts dont on parle se portent assez bien. Ils font et continuent leur œuvre; ils donnent sourdement ou publiquement le mot d'ordre de la réaction. Revêtus de leurs robes noires ou couverts de leurs habits pontificaux dans l'humble chaire de la petite église ou dans la salle magnifique du Concile œcuménique, ils essayent d'enrayer le mouvement qui emporte le monde vers le progrès. Ils combattent en désespérés; ils sont à la fois terribles et comiques. Ils donnent ce spectacle étonnant d'une poignée d'hommes anathématisant, en plein dix-neuvième siècle, tout ce qui est l'héritage des siècles de lutte et de sacrifice.

En vérité, M. Augier y pense-t-il? — Certes! Et qui ne penserait à tailler des comédies dans ces pages d'histoire que nous lisons, stupéfaits? Quel faiseur de revues de fin d'année nous représentera le concile déclarant que la guerre est sainte et que l'égalité est impie, célébrant la douleur, la misère, l'aumône et foudroyant de son tonnerre impuissant les doctrines qui feront l'humanité meilleure et qui la feront libre.

Un écrivain, que je ne connais pas, vient de publier sur ce sujet un fort beau, un très-remarquable livre, *les Confessions d'un prêtre par lui-même*, livre anonyme, écrit par un prêtre peut-être et qui s'indigne de l'audace cléricale. Mais tout en s'indignant, il faut rire. Et voilà pourquoi je loue M. Augier de s'être égayé aux dépens des Sainte-Agathe et des d'Estrigaud.

On m'a conté, à propos de l'héritage de mademoiselle de Birague, cette histoire. Un poëte de grand talent — à peu près inconnu, par conséquent — Charles Reynaud, se sentant malade au retour de Bade, appela près de lui Ponsard, son ami, ce Ponsard dont il s'était fait le séide en colportant, en faisant recevoir sa *Lucréce*.

« Mon cher, lui dit Reynaud, je vais mourir. J'ai deux « millions de fortune à peu près. Si je meurs, ils retour-« nent à ma mère qui elle-même est riche, de plus dé-« vote : elle donnerait le tout aux couvents. Voici donc « mon testament. Je lègue ma fortune à quatre d'entre « vous, quatre amis vrais et sûrs. Et tu seras, toi, en « même temps qu'un des légataires, mon exécuteur testa-« mentaire. » Allons donc, dit Ponsard, es-tu fou? Tu n'es point malade ! Tu crois que je vais accepter ! » Il prit le testament et le jeta au feu. « Eh bien, dit Ch. Reynaud, j'en serai quitte pour le recommencer. »

Ch. Reynaud ne recommença point son testament. Il mourut dans la nuit qui suivit l'entretien, et sa fortune alla grossir, léguée par sa mère, les richesses des couvents de son pays, comme il l'avait prévu. Si je m'en souviens bien, et si l'on m'a bien renseigné, trois des quatre héritiers du poëte Charles Reynaud étaient Ponsard, Michel Lévy et M. Emile Augier.

M. Augier a donc le droit de trouver que les Sainte-Agathe tournent vraiment un peu trop autour des héritages.

Il y a de forts jolis mots dans *Lions et Renards*. Cette pièce incomplète, si bien commencée, et qui tourne si brusquement, fourmille de ces mots bien frappés que M. Augier lance en plein visage à l'adversaire. Un des plus jolis, des plus comiques, est celui de ce mari qui répond à sa femme, laquelle s'écrie, parlant à l'ombre de son premier mari : Édouard, si tu pouvais m'entendre.

— Je vous défends, madame, de le tutoyer devant moi.

Le rôle tout entier de Valtravers, si bien joué par Coquelin, est plein de rencontres heureuses. J'ai entendu dire de M. Augier, ces jours derniers, qu'il n'était plus, — c'est le mot courant — *dans le mouvement*. Suprême condamnation ! Mais la peste soit du mouvement, s'il nous amène ce que nous voyons aujourd'hui ! M. Augier est, au contraire, dans le mouvement en protestant contre le triomphant argot, et le « va comme je te pousse » à l'ordre du jour. Partout, au surplus, c'est cette langue gauloise et forte que personne ne parle dans le théâtre contemporain comme M. Augier. Mais, au théâtre, faut-il le répéter encore, ces qualités du style, qui nous charment, importent peu au public avide d'action.

Toutes les perles du monde valent moins pour lui qu'une situation forte fortement traitée, ou une émouvante scène jouée d'une façon émue. L'auteur dramatique, cette fois, n'est pas venu au secours du polémiste. M. Augier, comptant sur la virilité de sa thèse et sur la cause qu'il défendait, ne s'est pas assez mis en frais d'imagination.

« Que me font l'intrigue et le roman que je traite, se dit-on, lorsqu'on ne voit que le but utile et social qu'on poursuit au théâtre. J'aurai fait acte de politique, sinon de dramaturge ! »

Et l'on va, et l'on s'exalte, et l'on perd de vue la pièce, comédie ou drame pour ne plus voir que son idée. C'est une faute. Surtout avec le public actuel, qui ne fait guère crédit qu'aux turlupins. Mais, en fin de compte, il est certaines résistances, et parfois certaines chutes qui sont de beaucoup plus honorables que certains succès.

Avec M. Augier, on se sent en compagnie d'un auteur qui comprend son rôle ; on est toujours assuré de la sincérité et de conscience. Il peut se tromper, et je reconnais que sa pièce nouvelle est une erreur. Mais ses erreurs mêmes sont généreuses et hardies.

Quel que soit le sort définitif d'une œuvre qui va être doublement controversée et par la critique littéraire et par l'esprit de parti, la renommée de l'auteur des *Effrontés* demeurera intacte. Il fait preuve de résolution et de virilité en rentrant dans le combat, et c'est ce qu'ont oublié ceux qui vont chercher au théâtre autre chose que des œuvres de lutte, les seules que nous aimons.

On me dit que, dégoûté du résultat dernier, M. Augier

déclarait l'autre jour qu'il quittait la partie et n'entendait plus exposer aux attaques sa renommée légitimement acquise. Cela n'est point possible. En pleine maturité, en pleine autorité, M. Augier ne doit pas abandonner le champ de bataille. Combat aujourd'hui, victoire demain. Rien de plus facile que le succès banal, vulgaire, malsain ou lâche. Ce ne sont point ces succès-là que M. Augier ambitionne. Ceux qu'il aime, on ne les emporte qu'à la baïonnette. Aux armes donc! comme dit Julien Sorel de Stendhal, et à l'œuvre!

La pièce est admirablement jouée. Coquelin s'est surpassé dans Valtravers. On n'a ni plus d'enjouement, ni plus d'esprit. Got, un peu sombre le premier soir, donne à Sainte-Agathe un air sinistre, à la fois lugubre et bouffon. C'est une merveille qu'une telle physionomie. Bressant est un peu bien bon enfant pour d'Estrigaud, et il rend le personnage plus sympathique qu'odieux. Delaunay a conté, avec des frémissements superbes, sa campagne africaine. Le rôle de mademoiselle de Birague n'est peut-être pas assez passionné pour mademoiselle Favart; la comédienne le rend superbe avec une grâce hautaine et charmante.

XVI

PALAIS-ROYAL : *Le Plus heureux des trois*, comédie en trois actes, de MM. Labiche et Gondinet.

17 janvier 1870.

MM. Eugène Labiche et Ed. Gondinet viennent de faire représenter au théâtre du Palais-Royal une fort jolie comédie, du genre bouffon, dont on eût beaucoup parlé, cette semaine, si l'attention publique ne se fût reportée tout entière vers le drame d'Auteuil (mort de V. Noir). Mais le *Plus heureux des trois* n'en est pas moins un succès du meilleur aloi et qui certainement sera durable. M. Labiche a retrouvé là cette veine excellente, d'une gaîté entraînante et saine, des beaux jours de *Célimare le Bien-Aimé* et du *Voyage de M. Perrichon*, et M. Gondinet a apporté dans la collaboration ses qualités aimables tout à fait distinguées, et pourtant sans façons.

Voilà, d'ailleurs, une collaboration qui ne pouvait manquer d'être excellente. — M. Labiche et M. Gondinet sont, en quelque sorte, deux tempéraments littéraires de même race : heureux, gais, et d'une tournure d'esprit, d'une ironie sans haine et sans fiel. Il faut, à mon avis, de ces parentés intellectuelles pour produire une œuvre de quelque valeur. Mais cet art du théâtre est chose si difficile et si dangereuse, qu'on ne doit pas s'imaginer qu'il suffise à deux hommes d'esprit de s'associer pour mener à bonne fin une pièce spirituelle.

Je rencontrais parfois, cet été, M. Gondinet, qui travaillait avec M. Labiche à cette comédie représentée il y a quelques jours. L'auteur de *Gavaut, Minard et Cie* était comme stupéfait du soin presque minutieux, de l'attention, du zèle incessant qu'apportait M. Labiche, ce maître devenu son collaborateur, à la confection de cette pièce.

— Il faut travailler et retravailler, faire et refaire le plan, démolir un acte après l'avoir construit, puis le reconstruire encore. Quelle patience ! quel courage ! quel travail !

Ainsi, ce comique si franc, si vrai, qui jaillit largement d'une situation et part comme une fusée, cette verve et cette gaîté sont, comme toutes les choses du monde, le fruit de la culture et de l'étude. Labiche analyse encore lorsqu'on supposerait qu'il s'abandonne aux expansions de sa nature.

Il étudie, il cherche, il combine, lorsque devant ces comédies qui semblent composées d'un seul trait, on croirait, en vérité, qu'il laisse courir sur le papier sa plume, la bride sur le cou, et bravement fait du théâtre en s'amusant.

Ceci en revient à prouver que rien ne se fait de soi-même et que l'artiste sincère toujours travaille et toujours en demeure au *recommencement*.

Chaque œuvre nouvelle entreprise est une bataille qu'on livre et qu'on peut perdre. Les irréfléchis seuls n'en ont jamais, je ne dirai point l'appréhension, encore moins la peur, mais les angoisses. Et c'est au théâtre surtout que le soin et le souci de son œuvre sont d'indispensables qualités. Les plus aguerris dans ce métier, qui est une continuelle lutte, vous diront qu'un seul mot, je dis un seul, laissé par mégarde, peut compromettre et a souvent compromis une pièce entière.

Songez à toutes les précautions à prendre, au travail incessant, à la révision lente et sûre, et vous vous ferez une idée encore affaiblie du labeur de l'auteur dramatique qui vous apporte, toute pimpante de gaîté, une comédie qu'on dirait trouvée et écrite comme en se jouant.

MM. Labiche et Gondinet n'ont point d'ailleurs perdu leur temps. *Le plus heureux des trois* est, à coup sûr, une des pièces les plus amusantes de ce répertoire comique du Palais-Royal, comédies poussées à la charge qui sont, de toutes les façons, cent fois plus drôles que les opérettes, et cela simplement parce qu'elles sont des comédies.

« Le plus heureux des trois, » on le devine dès qu'on songe à cette trinité : la femme, le mari et l'amant, qui emplit et éternellement emplira les romans et les pièces de théâtre, le plus heureux des trois, est-il besoin de le dire, c'est le mari. Il est non-seulement le plus heureux de par la morale, parce que, respecté, on l'envie, et trompé, on le plaint; il l'est aussi de fait et MM. Labiche et Gondinet ont tenu à nous le prouver.

L'idée n'est pas absolument nouvelle, nous avons déjà vu plus d'une fois des amants transis, effarés, ahuris, qui priaient le ciel de leur fournir l'occasion d'échanger leur sort contre celui du malheureux mari. Mais on n'a pas, je crois, plus comiquement, plus vivement, en indiquant avec plus de discrétion les situations risquées, mis en scène cette idée très-juste sous son air paradoxal que ne l'ont fait les auteurs de *Le plus heureux des trois*.

Tant qu'on écrira des pièces de théâtre (c'est-à-dire tant que le monde sera monde), on traitera de deux façons ce gros mot et cette triste chose, l'adultère. On le montrera avec toutes ses douleurs les plus poignantes, les larmes du mari auprès du foyer désert, les doutes navrants du père qui tient entre ses bras un enfant et qui songe : S'il n'était pas à moi ! — ou bien on nous le fera voir, à la façon de Molière et de Gavarni, ridicule et bouffon. Mais c'est de Sganarelle que se moque surtout Molière, et quant à Gavarni, il vous le dit lui-même : Les maris me font toujours rire.

Cette fois, M. Labiche et M. Gondinet ont voulu rire et nous faire rire de l'amant. Ils y ont réussi.

Marjavel est un mari gai, bien portant, riche, heureux, et qui a une jolie femme. Marjavel a aussi un ami, Ernest Jovelin, le plus heureux des trois en apparence, le plus malheureux en réalité. Il est l'esclave blanc de Marjavel, il est le commissionnaire de Marjavel, il trompe le mari d'un air effaré, il tremble en glissant, entre deux portes, un mot timide à Mme Marjavel, qui frissonne de crainte d'être surprise.

Le pauvre Jovelin a des battements de cœur perpétuels. Il ne vit plus, il ne respire plus, il a peur. Il lui faut grimper le long des gouttières pour apercevoir Mme Marjavel ; il lui faut se cacher dans des fiacres, faire le guet et courir le guilledou, se déguiser en jardinier, se mettre à la discrétion des cochers, des commissionnaires, des domestiques, et cela, pour arriver, lorsque l'heure du rendez-vous sonne, à se cogner contre Mme Marjavel, qui s'inquiète et contre M. Marjavel, indigéré par le melon, et qui dit au pauvre Ernest :

— Mon cher ami, remuez-moi donc, je vous prie, ce cataplasme.

Toutes ces complications sont fort comiques, et les auteurs ont varié, à force de détails, des situations fatalement identiques : deux êtres tremblants de crainte, et au milieu d'eux un Sganarelle gros et gras, qu'on trompe, qui l'ignore, et qui laisse gaîment s'épanouir son bonheur.

Le ridicule, à coup sûr, n'est pas de son côté, et voilà la très-gaie moralité d'une pièce très-franche, et tout à fait réussie.

Il est évident que ce mari choyé par sa femme qui redouble de câlineries pour détourner les soupçons, choyé par l'amant qui cirerait les bottes de Marjavel par dévouement pour Mme Marjavel, est le plus heureux de cette trinité. La situation n'est pas sans quelque rapport avec celle du fameux *Tragaldabas*, tout fier et tout enchanté d'avoir pour défendre ses jours menacés, sa chère existence à lui, Tragaldabas, — qui ? l'amant de sa femme.

Encore une fois, le paradoxe a du vrai et il est ici absolument divertissant. Il est aussi, je le répète, moral. Le plus joli de la pièce et le mot qui la résume tout entière est celui de Jovelin las du boulet qu'il traîne et qui, lorsqu'il entrevoit la possibilité d'un mariage futur, à la perspective d'un foyer à lui, d'une femme à lui, du vrai bonheur, du bonheur en pantoufles, auprès de la cheminée joyeuse ou de la table où fume la tasse de thé, s'écrie (amant heureux et forçat de l'amour) :

— Enfin ! enfin ! je vais être mari à mon tour !

Cela est charmant, cela est de l'excellente comédie. Toute la pièce est ainsi traitée. Elle a des élans de gaité vraie qui sont entraînants et des habiletés (je pense à la lettre du dénouement) qui me paraissent des tours de force. On a déjà fort justement comparé la situation principale — la plus hardiment abordée et la plus heureusement sauvée par les auteurs — à la scène capitale de *Fanny*.

M. Ernest Feydeau avait, en effet, la même idée que Labiche et Gondinet en écrivant son livre, mais il l'avait traitée selon son tempérament. Où l'analyste avait trouvé le prétexte à deux cents pages d'un roman passionné, les auteurs dramatiques ont rencontré la donnée de trois actes d'une venue très-nette et très-mordante.

Il était peut-être inutile d'introduire dans la maison Marjavel certain ménage alsacien, qui ne vient pas directement se relier à l'action principale. Il semble ainsi qu'il y ait deux pièces dans cette comédie. Mais l'important est qu'elles soient (comme elles le sont) toutes les deux amusantes.

Ces trois actes, d'ailleurs, sont si bien joués! Comment a-t-on pu penser à acclimater l'opérette au Palais-Royal, lorsqu'on avait des comédiens de cette valeur pour interpréter ce genre de comédies bouffonnes, hardies, où la verve des satiriques s'en donne à cœur joie, comme *les Jocrisses de l'amour*, *Célimare*, *la Poudre aux yeux*, comédies plus rapprochées à coup sûr de la vraie, de la grande comédie, que la plupart des œuvres représentées au Théâtre-Français? Geoffroy est excellent dans Marjayel: le front heureux, le teint frais, un bon sourire aux lèvres, il regarde narquoisement l'humanité. Il éclate de bonheur. Il méprise Jovelin qui le trompe, il l'appelle ce *pauvre garçon*, et il a raison.

On n'a ni plus d'esprit ni plus d'imprévu que Gil Pérès dans ces rôles d'amoureux toujous prêts à dire comme le compère de Robert Macaire : *Je voudrais bien m'en aller*. Qu'il était charmant, avec son comique froid, distingué, anglais en quelque sorte, dans les *Diables roses!* Il a interprété aussi gaiement ce rôle de Jovelin, l'amant déplorablement heureux. L'Héritier et Brasseur sont superbes, et Mme Elisa Deschamps a sauvé avec beaucoup de délicatesse, de grâce vraie et de distinction, un rôle de femme terriblement difficile à tenir.

Je suis enchanté, pour ma part, de ce succès de MM. Labiche et Gondinet. Il n'est donc pas vrai que la comédie gaie soit décidément morte, et il suffit au public de lui donner des œuvres amusantes, mais pensées, mais réfléchies, pour qu'il s'amuse à d'autres spectacles qu'aux balivernes des turlupins et aux charges de cafés-concerts.

XVII

Odéon : L'*Autre*, drame en cinq actes, de George Sand.— Menus-Plaisirs : *Malheur aux vaincus*, drame en cinq actes, de M. Théodore Barrière.

28 février 1870.

George Sand a défini elle-même, dans la préface générale de ses œuvres dramatiques, la façon dont elle entend le théâtre. Elle a éloquemment précisé le rôle de l'auteur qui aborde la scène, et qui, peu soucieux du succès facile ou fructueux, s'en tient tout d'abord à l'approbation, à la satisfaction de sa conscience littéraire. C'est bien ainsi que tout honnête écrivain doit traiter son art, et pourtant cette probité artistique est assez rare pour qu'on la doive remarquer et saluer même chez un écrivain de génie.

Le public, d'ailleurs, n'est pas si ingrat qu'on le veut bien dire, et si indifférent à ce que j'appellerai les vertus littéraires. Il sait gré à l'auteur de le respecter, et il lui rend en confiance et en applaudissements ce que le littérateur lui donne, je le répète, en probité. C'est ainsi qu'avant même le lever du rideau, l'autre soir, cette salle de l'Odéon était persuadée qu'elle allait assister à la représentation d'une de ces œuvres qui dépassent, non-seulement par la conception, mais par l'exécution, notre art dramatique si fort abaissé, abaissé surtout, dirai-je, par ses plus grands succès.

Elle savait que ce n'était point là, cette fois, une de ces œuvres légères et faciles, brillantes peut-être, mais sans fond et qui, interrogées, analysées, ne laissent jamais au fond du creuset la moindre parcelle de cette *humanité* sans laquelle il n'y a point d'art vivant et durable. C'est, en effet, par la somme d'humanité qu'il dépense que vaut l'auteur dramatique. Il aura beau faire des prodiges d'habileté scénique, dépenser des trésors d'esprit, d'ingéniosité ou de finesse, il sera le plus habile et le plus applaudi peut-être, il ne sera rien s'il n'est pas le plus humain. Je veux dire il ne sera point vraiment grand et fort. Cette humanité dans la conception philosophique de son œuvre, et dans la manière d'entendre le théâtre, on les retrouve dans toutes les œuvres de George Sand les plus célébrées et les plus discutées. On se sent là chez un penseur et on en sort à la fois charmé par la grâce musicale du style et réconforté par l'accent viril et fier de la pensée.

Sans doute, il y a des défauts. Les héros de George Sand ont un peu le vice des héros babillards d'Homère : ils parlent trop. Leur enthousiasme, leur souffrance, leur terreur ou leur joie s'échappe volontiers en tirades. Mais qui s'en plaindrait devant tant d'éloquence? Au théâtre, je l'avoue, il faut agir, agir sans cesse ; mais, en vérité, si l'on ne peut s'attarder à écouter quelque vérité vaillamment proclamée, quelque confession doucement murmurée, si tout doit être dans le geste et dans le muscle, ramenez-moi aux pantomimes primitives dont les plaisanteries gymnastiques sont plus amusantes encore et moins prétentieuses que votre théâtre mouvementé.

Que de pages de notre histoire dramatique il faudrait effacer si les longues déductions, les monologues et les plaidoiries étaient à jamais bannies du théâtre! Longueurs, soit: le *to be or not to be* d'Hamlet, la discussion entre Auguste, Maxime et Cinna, le monologue de Charles-Quint sont autant de longueurs; mais que restera-t-il si on défend au poëte de s'arrêter aux pensées hautes, aux rêveries, voire aux chimères, à tout ce qui est notre consolation ou notre affermissement, et si on ne nous présente que le squelette des choses, des prodiges de mécanisme et des chefs-d'œuvre agencés comme des merveilles d'ébénisterie ? — Vivent les longueurs qui font penser, soupirer ou sourire!

« Pour l'artiste sérieux, dit George Sand, le succès n'existe pas s'il n'a produit que l'étonnement, et s'il n'a rien fait pénétrer dans les hautes régions de l'âme. »

La dernière comédie de George Sand, comme ses précédentes œuvres, nous aura conduits vers ces régions peu connues des *faiseurs* ordinaires. C'est une comédie de sentiment et de passion, de discussion aussi, où l'adultère inévitable des drames modernes est étudié dans ce que j'appellerai son avenir. L'*Autre*, c'est en effet le lendemain de l'adultère.

Le docteur Maxwell a rencontré, en Écosse, une jeune femme, Elsie Wilmore, mariée à un Français qui la trompe. Il l'a aimée, il en a une fille, et quand il propose à Elsie de l'emmener, de l'arracher à M. de Mérangis, celui-ci se dresse entre les deux amants, enlève Hélène, la fille d'Elsie, et loge une balle dans la tête de Maxwell qu'il laisse étendu saignant sur la neige. C'est là le prologue.

Quatorze ans après, nous retrouvons Hélène chez la vieille comtesse de Mérangis, en Provence, au bord de la Méditerranée, dont la brise entre, caressante, dans le salon où doucement agonise la pauvre sainte femme. Hélène a dix-huit ans et elle va épouser, par dévouement, par raison (et, sans qu'elle se l'avoue, par amour), son cousin Marcus, un jeune homme froid, irrésolu, charmant d'ailleurs et honnête homme. Le mariage est décidé; madame de Mérangis, la grand'mère, accorde à Marcus la main d'Hélène, et l'on n'a plus qu'à demander le consentement du père, de M. de Mérangis, lorsque le docteur Maxwell annonce que M. de Mérangis vient de mourir en Irlande.

— Mort? qui est mort? demande, sortant de cette espèce de léthargie enfantine où l'âge l'a plongée, la vieille comtesse de Mérangis.

— Personne, lui dit-on, personne.

Et la vieille dame continue à dicter la lettre qu'elle adresse à ce fils, qui ne la recevra jamais.

Rien n'est touchant et saisissant dans la simplicité de sa douleur comme cette scène doucement traitée, où l'émotion la plus poignante garde encore je ne sais quelle retenue et quelle grâce. Point de crispations, un sanglot plutôt et qui ressemble à un soupir. George Sand traite ici la mort comme les Grecs, ces inimitables artistes et ces poëtes nés, qui la rendaient souriante encore et comme séduisante jusque sur les inscriptions funéraires des tombeaux.

Une scène adorable encore, c'est la proposition de mariage faite par Hélène à Marcus. Ce duo à la fois raisonnable et charmant a ravi la salle. C'est jeune, frais, naturel et entraînant. On sent une passion vraie et une profonde estime dans cette union qui semble faite de raisonnement et de mutuelles concessions. Avec quel art madame Sand traite de telles situations! Il faut ici réellement, comme pour certaines broderies délicates, une main de femme.

Le drame de l'*Autre* commence avec l'entrée de Maxwell chez madame de Mérangis. Devant la vieille femme tombée en syncope et qu'on croit morte, Maxwell a laissé échapper son secret. En baisant au front cette sainte qu'il croit devenue cadavre, il lui a demandé pardon de ce crime involontairement commis, la mort d'Elsie, dont il est un peu la cause, et la naissance d'Hélène, qui n'est point la fille de M. de Mérangis. La vieille dame a tout entendu, mais elle a tout pardonné: le baiser filial de Maxwell a touché le cœur de la comtesse, et Maxwell est à présent de la famille. Elle n'en dit rien, la chère femme, mais elle passe dans le logis, effeuillant des roses en souvenir des morts, comme une Ophélie septuagénaire, et elle n'a pour Maxwell, le coupable, que le sourire indulgent du pardon.

Il n'en est pas de même de Marcus. Marcus est jaloux de Maxwell. Il est jaloux de l'ascendant que le docteur a pris sur Hélène. Il est jaloux de l'affection instinctive de la jeune fille pour cet étranger, pour cet Écossais entré là il ne sait dans quel but. Ces deux hommes ont, au surplus, de mutuels soupçons et une mutuelle défiance. Maxwell a peur que ce Marcus, ruiné, *décavé*, comme dit la langue pittoresque du jour, n'épouse Hélène que pour son argent. Il remarque avec une certaine crainte des symptômes de froideur et d'égoïsme chez Marcus, qui, en effet, devant lui, par une fierté toute naturelle, ne se livre pas.

Lorsque ces deux hommes enfin se trouvent face à face, lorsqu'ils peuvent tout à leur aise s'étudier, s'insulter ou s'abandonner l'un à l'autre, alors leur haine se change en respect et en affection. Maxwell voit enfin que ce qui agite le cœur de Marcus, ce n'est point l'appétit de la fortune, mais la jalousie d'un amour ardent, profond, sincère ; alors, devant ce jeune homme qui aime sa fille, qui lui doit et lui donnera le bonheur, il se démasque, il se fait connaître à celui qu'il menaçait tout à l'heure, il dit tout dans un grand cri de joie douloureuse : J'ai le droit de l'aimer — et vous avez raison de le croire — je l'aime, Je suis son père!

Et ce cri réunit à jamais ces deux hommes.

Le troisième acte finit sur cette scène vraiment supérieure, éloquente et soudaine. Au quatrième acte, l'idée du drame s'épanouit, Hélène sait qu'elle n'est point la fille du comte de Mérangis et qu'elle est la fille de l'*autre*. Cet autre, elle le hait, elle le repousse d'instinct. Quelle jolie chose, en passant, que la conversation d'Hélène avec le bon et timide Césaire, qui, lui aussi, est le fils d'un *autre*, d'un homme qui ne l'a point reconnu, qu'il appelle tout simplement son oncle, mais qu'il chérit et qu'il vénère ! Que cela est touchant, et charmant et discret ! Hélène, elle, ne peut aimer ainsi ! « Ne le nommez jamais, celui-là, » a-t-elle dit à Maxwell en appuyant sa tête blonde sur le cœur de cet homme qui est son père, et Maxwell a senti son cœur se briser à cette parole. C'est le châtiment du passé.

Il souffre d'abord, ce père ainsi méconnu, renié, et il semble s'incliner. Puis, bientôt, sa fierté paternelle se relève, ou plutôt sa bonté et sa soif instinctive de justice. Il réclame tout haut le droit au pardon respectueux qu'ont les pères, et devant cette douleur et ces larmes, Hélène comprend tout. La vieille grand'mère avait pardonné, la jeune fille se jette au cou de Maxwell et lui fait oublier, dans un embrassement filial, toutes les cruautés dont elle l'a fait souffrir tout à l'heure.

Voilà le drame. Il est simple, poignant, ému. Il célèbre, avec une éloquence souveraine, cette grande et suprême vertu, la vertu moderne, *la pitié*. « De la pitié! dit Maxwell au dénoûment, pour tous ceux qui ont failli ! » De la pitié, c'est la moralité de cette œuvre qui traite ces douloureuses questions de la paternité, de l'adultère, de la famille, par la méthode la plus sûre : l'amour, le dévouement et le pardon. Je regrette que George Sand ait cru devoir donner à ces mâles, à ces humaines vertus, un caractère inattendu de spiritualisme divin. Tout cela est de notre domaine; nous n'avons que faire, pour pardonner et pour aimer, de nous inspirer des doctrines catholiques. La pitié, qui sauvera le monde, est née, non de la religion, mais de la philosophie, de la science même de la vie moderne.

Les artistes ont interprété d'une façon supérieure cette œuvre supérieure. Berton le père et Pierre Berton ont eu un égal succès. Ils ont la flamme, la passion, un même accent entraînant et nerveux dans ces scènes où ils font, entre eux, jaillir le dialogue comme des étincelles. Pierre Berton s'affirme et prend de plus en plus une des premières situations du théâtre.

Je n'ai rien dit du style, de cette langue superbe qu'on entend si rarement au théâtre, de ce grand et majestueux langage qui a la grâce aussi et le trait. De telles œuvres gagnent à être relues au coin du feu après avoir été applaudies à la lumière de la rampe. Elles sont comme les pages d'un livre, animées soudain par une volonté créatrice. On pourrait caractériser ainsi l'*Autre*, et avec l'*Autre* le théâtre de George Sand : C'est du Sedaine ailé et agrandi.

C'est en 1866 que fut interdite la comédie de M. Théodore Barrière, *Malheur aux vaincus*. La pièce allait être représentée sur le théâtre de l'Odéon lorsque, tout à coup, la commission d'examen montra quelques scrupules. Elle s'effraya d'un premier acte où l'auteur nous montrait les abords de la Malmaison, dans la nuit du 29 juin 1815. Napoléon vaincu se préparait à partir. Des laquais, laquais de généraux ou de sénateurs, les yeux fixés sur les fenêtres du château, discutaient les événements de la veille et gaiement faisaient des mots sur la débâcle de l'Empire :

« Mon maître a grimpé jusqu'au fronton de son hôtel et a gratté de ses mains les abeilles de pierre. — Le mien a fait mieux : il a brûlé un aigle vivant. — C'était hardi ! — Oh ! il était dans sa cage ! — Je le reconnais, ajoutait un dernier laquais, vos maîtres ont prouvé leur zèle; mais M. de Feuilles, mon maître à moi, a prouvé le sien avant tous : il a trahi le premier ! »

C'était un peu, c'était tout à fait la fameuse chanson de Béranger, *les Deux grenadiers :*

> A notre poste on nous oublie,
> Richard, minuit sonne au château.

Et le premier acte de la pièce mettait en scène ce tableau de la lâcheté sénatoriale :

> Tous, dégalonnant leur costume,
> Vont au nouveau chef de l'État
> De l'aigle mort vendre les plumes.

La censure y vit une atteinte directe aux grands corps de l'Empire, ou peut-être craignit-elle que le public n'accueillît par quelque ironie les enthousiasmes et les attendrissements rétrospectifs de M. Barrière. Toujours est-il qu'à l'étonnement de tous, la représentation de la pièce fut interdite. Il y a quelques mois, la censure rendait la comédie, et M. Barrière la portait au théâtre des Menus-Plaisirs. On m'a dit qu'il voulait, avant tout, la faire représenter pour en avoir le dernier mot, et qu'il ne comptait pas sur un grand succès.

La pièce a cependant des parties tout à fait remarquables et de premier ordre, le début, d'abord, si hautain et si ironique. Le dénouement ensuite où le général Forestier, sur le point de signer un acte qui le déshonore, au moment de souiller sa vieille honnêteté par quelques gouttes d'encre, écrase sa plume sur le papier et se rejette courageusement vers la misère dont il avait peur, non pour lui, mais pour sa fille.

Ce sont là des morceaux excellents. Mais le reste est plus romanesque que vraiment saisissant. On s'intéresse peu à ce général Forestier, ce brigand de la Loire vaincu et qui se débat contre la mauvaise fortune. Ce sont là des douleurs qui nous importent peu. Le grognard sans souliers nous semble moins à plaindre que l'ouvrier sans pain.

La comédie de M. Barrière a ce grand tort de ne pas être essentiellement moderne, contemporaine. C'est un croquis d'après Charlet, ce n'est pas un de ces tableaux vigoureux si personnels et si étonnants auxquels nous a habitués l'auteur des *Faux Bonhommes* et des *Parisiens*. Telle qu'elle est, la pièce vaut la peine d'être vue, et, en plus d'un endroit, applaudie. Elle est remarquablement jouée par M. et madame Gaspari, par Aurèle et Stuart. Dans un rôle de chanteuse des rues, mademoiselle Dambricourt est tout à fait attendrissante. Quant à Frédéric Lemaître, brisé et cassé, il est encore incomparable. Quelle grandeur dans le geste! quelle majesté et quelle vérité! A son entrée, lorsqu'il arrive, poudreux, soldat vaincu, les applaudissements l'ont empêché longtemps de parler.

Il a joué avec une émotion superbe la scène d'ivresse au café du Palais-Royal. Et cette petite salle des Menus-Plaisirs, dangereuse parfois pour le drame, permet de suivre sur la physionomie de l'acteur les moindres signes comme elle permet de voir de près ses gestes si justes et si vrais.

XVIII

Fernande, pièce en quatre actes, par M. Victorien Sardou.

14 mars 1870.

M. Victorien Sardou, en transportant dans notre dix-neuvième siècle l'histoire de madame de la Pommeraye et du marquis des Arcis que nous a contée Diderot, vient d'obtenir un grand succès de plus. On n'a guère discuté sa pièce, on l'a applaudie. Il en est un peu déjà des œuvres presque indiscutées de M. Sardou, comme des produits de certaines fabrications qu'on trouve succulents par avance et sur la simple marque de confection. L'estampille fait passer la chose.

Il faut reconnaître que M. Sardou n'a jamais été mieux inspiré, et qu'il n'a jamais tiré meilleur parti de l'inspiration. On devait être certain, au surplus, que son esprit habile, ingénieux, point timide sur plus d'un point, allait tirer un excellent parti d'une nouvelle qui est un chef-d'œuvre. Ce n'est pas peu de chose que le récit de Diderot d'où Ancelot tira sa *Léontine*, et où M. Sardou a trouvé sa *Fernande*. Peu de gens connaissent Diderot. Beaucoup seraient tentés de croire que c'est lui faire un grand honneur que d'accepter sa collaboration. La vérité est que l'*Histoire du marquis des Arcis* est une œuvre d'art d'une délicatesse, d'une vigueur, d'une émotion admirables. Parmi les études les plus profondes de l'amour et du cœur humain, parmi ces romans éternels qu'on relira tant qu'il y aura des cœurs épris et torturés au monde, les pages de Diderot, bien supérieures à *Manon Lescaut*, la lutte de madame de la Pommeraye et de M. des Arcis, leurs amours doublées de haine, tiendront le premier rang.

Il va avoir, cette semaine, et pour quelques jours, ce Denis Diderot, un regain de popularité. Quel dommage qu'un tel génie ne se soit point personnifié dans une œuvre immortelle, indiscutable et connue de tous! Il est le type des prodigues de lettres qui se dépensent et jettent au vent de l'improvisation les trésors de leur esprit et de leur âme. Il a éparpillé à travers le monde plus de pensées, de poésie, de science, de sentiment qu'il n'en faudrait pour faire la gloire de dix grands hommes. Une lettre de Diderot vaut un livre d'un autre. Y a-t-il rien de comparable à sa correspondance frémissante, passionnée, étincelante avec mademoiselle Voland? Que d'articles étonnants enfouis dans cette *Encyclopédie*, qui a fait sa tâche et qu'on n'ouvre plus!

Quel journaliste que cet homme, le premier des journalistes à coup sûr et qui eût été, s'il eût vécu trente ans plus tard, le plus grand des journalistes de la Révolution comme il eût été le plus éloquent des tribuns, un Danton ou un Mirabeau. C'est une admiration profonde que j'ai pour Diderot. Il est le plus vivant, le plus séduisant des hommes de son siècle. Il est de ceux qui laissent tomber de leur table des miettes d'érudition. Il est surtout, et voilà pour nous sa qualité maîtresse, il est le plus *contemporain* des hommes du dix-huitième siècle. *Ceci n'est pas un conte*, semble écrit de la veille, d'hier, de ce matin, et le *Neveu de Rameau*, cet aïeul de Giboyer, paraît absolument l'œuvre d'un homme de notre temps, la création, l'invention d'un Balzac.

En revanche, le marquis des Arcis et la marquise de la Pommeraye sont bien de leur temps. Ils sont fils de ce dix-huitième siècle qui traitait spirituellement la passion, et se guérissait de l'amour comme d'une migraine. L'amour n'avait pas alors le sérieux et je dirai la dignité qu'il a aujourd'hui. Je me suis servi d'un mot déplacé, la passion. Le dix-huitième siècle ne connaît que le caprice. Parmi toutes ces femmes, plus ou moins galantes, du siècle passé, et dont les aventures, les liaisons, les scandales emplissent les Mémoires du temps, une seule prend l'amour au sérieux et meurt, mademoiselle de Lespinasse. Il y a bien aussi la petite Aïssé, mais cette fleur un peu sauvage de Circassie paraît singulièrement déplacée parmi ces gens frivoles et charmants.

Au dix-huitième siècle, on pouvait aimer son mari, comme madame de Choiseul qui adorait le sien, mais on ne prenait pas son amant au tragique. On se rencontrait par hasard, on se liait par goût, on se séparait par lassitude, on se gardait mutuellement, par raison, un peu d'amitié au fond du cœur. La passion est, à cette époque, comme les tableaux de Boucher, quelque chose d'appétissant et de gai, de leste, d'amusant, mais sans valeur bien grande et bien durable. On se plaisait hier, on se déplaît aujourd'hui. Au premier bâillement, comme on est poli, on se quitte. L'une essuie peut-être une larme furtive au coin de l'œil, mais elle l'essuie de son mouchoir brodé, joue de l'éventail et oublie. L'autre baise élégamment, du bout des lèvres, les ongles roses qu'on lui tend, pirouette lestement sur ses talons rouges et disparaît, cherchant de nouveaux caprices.

Lorsque madame de la Pommeraye, qui feint de n'aimer plus le marquis des Arcis pour savoir, comme dans *Fernande*, si le marquis l'aime encore, lui dit : « Mais, marquis, qu'allons-nous devenir ? »

— Bah ! répond-il. Vous recouvrerez toute votre liberté, vous me rendrez la mienne; nous voyagerons dans le monde, *je serai le confident de vos conquêtes;* je ne vous célerai rien des miennes, si j'en fais quelques-unes, ce dont je doute fort, car vous m'avez rendu difficile. Cela sera délicieux.

« Après cette conversation, ajoute Diderot, ils se mirent à causer sur l'inconstance du cœur humain, sur la frivolité des serments, sur les liens du mariage. »

On le voit, rien de bien douloureux. Point de larmes et de torticolis dramatique. Deux scepticismes causant entre eux, deux fantaisies, lassées l'une de l'autre et se souhaitant bon voyage. C'est ainsi que se passaient les choses. Que si madame de la Pommeraye s'emporte et rêve la vengeance, c'est qu'elle est de la race des Lespinasse, et n'est pas de son siècle. L'auteur nous le dit dès le début.

Le marquis des Arcis avait trouvé une femme *assez bizarre pour lui tenir rigueur.* « Elle s'appelait madame de la Pommeraye. C'était une veuve qui avait des mœurs, de la méfiance, de la fortune et de la hauteur. » Nous avons affaire à une exception.

Cette façon de rompre les liaisons qui ont assez duré, toute naturelle au temps de Diderot, a paru légèrement brutale dans *Fernande*. Le marquis des Arcis de M. Sardou manque un peu des talons rouges du marquis des Arcis de Diderot. Ce détachement impertinent, et cette façon de traiter, d'un ton sceptique, les choses graves, ne sont pas de notre époque, tout aussi égoïste que le dix-huitième siècle, mais plus polie ou du moins plus formaliste, plus hypocrite si l'on veut. Plus d'un a trouvé brutal le personnage mis en scène par M. Sardou. Mais il faut bien avouer que rien n'est plus brutal qu'un homme qui n'aime plus. Il a pour celle qu'il adorait jadis des férocités inconscientes, et laisse échapper, en souriant, des mots qui sont pour la pauvre femme comme autant de coups de poignard. Rien n'égale la soumission et la faiblesse d'un homme épris si ce n'est la cruauté de l'homme désillusionné.

A ce compte, le marquis des Arcis du Gymnase, disant à madame de la Roseraie, en lui contant ses amours avec Fernande : Je n'ai jamais été si heureux ! serait (et il l'est en effet) profondément humain. L'homme, dans tout son égoïsme, reparaît alors sous l'homme du monde. Où je trouve, par exemple, qu'il manque un peu de bienséance et qu'il pousse les confidences un peu loin, c'est quand il raconte, avec d'amples détails, à la malheureuse femme comment il a été séduit par une jeune fille rencontrée un soir dans une loge du théâtre de Montmartre, comment il l'a revue descendant les marches de Notre-Dame-de-Lorette, comment il l'a suivie, comment il l'a perdue, comment, pour la retrouver, il est allé s'enfermer, huit soirées de suite, dans le petit théâtre, les yeux fixés sur la loge où il l'avait vue et espérant qu'elle reparaîtrait ; comment enfin, pour être plus libre de se mettre à l'affût de cette jeune fille, il a prétexté un voyage en Touraine et il a demeuré à Paris sans venir rendre visite à madame de la Roseraie.

Oui, en vérité, là M. des Arcis va trop loin et passe les bornes que tout galant homme ne doit point franchir. Diderot le fait aussi détaché, aussi consolé, aussi las de madame la comtesse, aussi peu amoureux que possible, mais il lui laisse cette fleur de politesse et cette amabilité souriante que tout homme de cœur ou seulement de race garde devant une maîtresse qu'il a aimée et surtout qui l'a aimé. « Je doute fort que je fasse des conquêtes nouvelles, dit-il, *car vous m'avez rendu difficile.* » L'autre, au contraire, celui du Gymnase, étale avec affectation sa nouvelle conquête, et raconte par le menu son roman d'amour. On éprouverait pour un outrage moindre le désir de se venger.

Madame de la Roseraie se venge comme madame de la Pommeraye. Elle a ramassé, recueilli dans une table d'hôte borgne, dans un tripot de la rue des Acacias, une fille perdue, mais perdue comme celles qui veulent à tout prix se sauver et se réhabiliter; elle la présente au marquis, c'est justement celle-là qu'il aime; elle pousse à ce mariage, et lorsque M. des Arcis reviendra de la mairie, tout à l'heure, elle lui jettera au visage cette atroce vérité : Marquis, vous avez épousé la maîtresse d'un autre !

M. Sardou a traité en auteur dramatique rompu à toutes les ressources du théâtre cette donnée traitée par Diderot au point de vue purement philosophique et humain. Où Diderot n'avait vu qu'une vérité à mettre en lumière, une émotion à exprimer et à faire naître, il a vu tout un drame avec ses complications et ses accessoires. Les pattes de mouche ont leur rôle dans cette lutte entre le marquis et la marquise, et j'y reviendrai tout à l'heure, elles ont un trop grand rôle. M. Sardou conclut une situation par un moyen banal, tandis que Diderot en sortait par un mouvement tout moral et tout de passion.

Ce qui est remarquable, et à un degré supérieur, dans *Fernande*, c'est la mise en scène de cette donnée difficile à faire accepter au théâtre. Le premier acte, en ce sens, est un chef-d'œuvre absolu d'agencement, un tableau très-saisissant d'un monde plus qu'interlope. La table d'hôte de madame Sénéchal, avec ses habitués tarés et malsains, ses filles en déveine, ses tripoteurs de cartes, ses brésiliens biseautés, ses chevaliers d'industrie et ses joueurs blanchis et pâlis devant le tapis vert, cette *purée de vicieux*, comme l'appelle Pomerol, est un acte tout à fait réussi et hardi, qui du moins appartient en propre à M. Sardou. C'est le salon de la baronne d'Ange, réduit aux proportions d'un mauvais lieu. Pomerol y joue le rôle d'un Olivier de Jalin du quart de monde. Il repêche dans cette boue les petits jeunes gens de famille qui viennent s'y noyer ou s'y embourber, et les rend, sans souillure, à leur honnête destinée.

On a pu croire un moment que ce Pomerol avait laissé, lui aussi, son honnêteté au fond de ce tripot, mais pas du tout, il est avocat, marié, aimant sa femme, et il a des causes. On s'explique peu qu'il vienne là, à l'heure du baccarat ou du lansquenet, même pour y voir Fernande, la fille de la maison, une martyre du vice, qu'il protége et qu'il voudrait tirer de ce bourbier. On s'explique encore moins que, rencontrant sa cousine, madame de la Roserale, chez la Sénéchal, il n'emploie pas toute son éloquence pour lui dire de fuir d'un logis où elle peut laisser sa réputation, lorsque, tout à l'heure, il se mettait en frais d'exclamations pour convaincre le jeune M. de Civry qu'il devait partir.

Il y a là une invraisemblance évidente. Mais, sans elle, la pièce ne pourrait se nouer. Sans elle surtout, nous n'aurions pas la fort belle scène de la confession de la mère de Fernande.

Madame Chéri-Lesueur a joué cette scène d'une admirable façon, en grande artiste, très-simplement, avec une poignante émotion. D'abord étonnée et interdite devant une femme du monde, du vrai monde, dont l'équipage a failli écraser Fernande, et qui vient savoir des nouvelles de la jeune fille, la Sénéchal se remet peu à peu et, sur la pente des confidences, elle raconte sa vie à madame de la Roseraie. Elle a été honnête, mariée, heureuse ; puis, un jour, son mari l'ayant quittée, elle s'est trouvée seule, sans appui, avec la petite. Elle a travaillé, usé ses yeux, usé sa vie.

La maladie est venue, le besoin, la misère, la tentation. Elle a faibli. A la manière dont la vertu est récompensée, on a bien du courage à rester vertueuse. Et elle est tombée. Tombée, on est une femme perdue, « mais au « moins on se chauffe, au moins on dort, au moins on « mange? » Tout cela est fort bien dit et très-éloquemment par l'auteur. C'est peut-être ce qu'il a écrit de plus vrai et de plus émouvant. Il n'est plus là auteur dramatique, cherchant l'étonnement ou la curiosité, il est humain. La Sénéchal explique alors comment elle a pris cette table d'hôte, comment on y a joué et que, pour se garer contre la police, elle a accepté la protection d'un tas de parasites éhontés, Roqueville entre autres, qui vit chez elle sans payer, joue ou triche, mais empêche le commissaire de paraître et de tout saisir.

M. Sardou a crayonné ce type de Roqueville en quelques traits. Nertann l'a rendu saisissant, inoubliable. Lorsqu'il paraît, bellâtre ventru, avec son élégance effrontée et sa démarche de capitan du lansquenet, lorsque surtout il saisit Fernande par le bras et se collète avec Pomerol, il est superbe. Il a une façon de lever la main sur Pomerol qui sent le lutteur de barrière. Le voyou perce sous le boulevardier.

Cet homme est l'amant de Fernande. Un jour que la Sénéchal a été arrêtée, il lui a dit de choisir entre le déshonneur et la liberté de la misérable femme. Mais Fernande rougit de cette faute qu'elle ne se pardonne pas. Elle a assez de honte. C'est elle qui s'est jetée sous les roues du coupé de madame de la Roseraie. Elle veut mourir. Le contact de cet être dégradé lui répugne, et quand il lui dit tout bas : « Il faut que je vous parle, » elle le repousse, elle se révolte. Toute sa souffrance présente se change en cette fierté qu'elle n'a plus. Roqueville veut la contraindre. Pomerol bondit. Il étranglerait ce gros homme entre ses mains nerveuses.

— Je n'ai donc pas le droit de parler à ma maîtresse? dit Roqueville furieux.

La Sénéchal, affolée, chasse le drôle, chasse tout ce monde de joueurs, de joueuses, de filles et d'escrocs. Elle veut demeurer seule avec son enfant. Le premier acte finit sur ce coup de théâtre.

On le voit, cela est hardi. Il faut aujourd'hui de l'audace. Le seul danger à craindre à cette heure, lorsqu'on écrit pour la scène, est de paraître banal. Soyez audacieux, risquez des choses nouvelles, inventez, osez, voilà le succès. N'est-ce point par son audace intrépide, moins habile sans aucun doute, mais plus sincère que celle de M. Sardou, qu'a réussi M. Alfred Touroude? La *Fernande* de Sardou n'a jamais paru lasser l'attention pendant ces quatre actes, que lorsqu'elle avait l'air de devenir timide. Tout ce qui y est violent et enlevé avec crânerie a séduit.

Ainsi, lorsque madame de la Roseraie, causant avec Pomerol pendant que M. des Arcis épouse Fernande au troisième acte, lui conte qu'elle tient dans sa main sa vengeance, qu'elle va remettre au marquis, lorsqu'il rentrera, la lettre que lui a écrite Fernande, et qu'elle lui avoue son passé (lettre que le marquis n'a point reçue et que madame de la Roseraie a confisquée); ce long dialogue paraissait tourner au bavardage. Mais c'est là que l'habileté de l'auteur nous attendait. Il commençait *piano* pour finir par un éclatant *forte*. A la fin de la scène, Pomerol arrache la lettre des mains de madame de la Roseraie, et comme le marquis et Fernande, devenue marquise, montent l'escalier, il pousse madame de la Roseraie dans son appartement, et referme la porte sur elle. Quand elle pourra sortir, les époux seront en wagon sur la route d'Italie.

Coup de théâtre. M. Sardou procède ainsi par ce que j'appellerais des points d'orgue ou, si on me passe le mot, des coups de poings. Il y a quatre ou cinq de ces coups dans chacune de ses pièces, et qui n'ont jamais manqué leur effet. Brutalités ou hardiesses, comme on voudra. Leur vrai nom serait plutôt escamotage. Dans *Maison-Neuve*, il s'agissait d'escamoter un cadavre. Dans *Fernande*, c'est une vivante qu'on escamote. Étant donnés trois personnages dont deux ne doivent point se rencontrer, les faire séparer par un quatrième. Le plus joli tour est celui de *Nos Intimes*. L'amant est sur le balcon, le mari entre dans la chambre. Le docteur veut prévenir l'amant qu'il faut sauter par dessus le balcon si l'on ne veut pas être pris. Mais, devant le mari, comment le prévenir? Le docteur prend un flacon bouché à l'émeri, et comme le bouchon a l'air de ne pas vouloir partir :

— Saute, mais saute donc, lui dit-il. Saute donc, animal !

L'amant entend et profite du conseil.

Tout cela est prodigieux d'adresse et de vivacité. Mais M. Sardou abuse de ces moyens, de ces lettres perdues et retrouvées. C'est ainsi que le dénouement du drame de *Fernande*, si large, si grand, si beau dans Diderot parce que l'auteur ne met en présence que ces deux êtres : le mari trompé, pris entre son honneur, son amour et sa pitié, et la femme perdue, écrasée sous son infamie, mais forte de son repentir et de sa rougeur, est diminué au Gymnase. C'est par la passion, c'est par un simple cri sorti des entrailles humaines que Diderot dénoue le drame poignant. M. des Arcis ne se demande pas si sa femme lui a écrit ou non une lettre avant le mariage, si elle l'a oui ou non trompé, si elle a menti, si elle est la complice odieuse de la vengeance de madame de la Pommeraye, il lui pardonne simplement parce qu'il a dans l'âme de l'amour et de la pitié.

Cette femme agenouillée, inconsciente, repentie, il l'aime et il la plaint. Voilà pourquoi il fait taire et son orgueil et sa colère. Il lui dit du fond de l'âme et après un court mais poignant entretien avec sa conscience : Relevez-vous, madame la marquise, parce qu'il ne se reconnaît pas le droit d'être implacable, parce qu'une larme présente, si elle est sincère, lui fait plus que toutes les lettres passées. Il pardonne encore une fois, comme Don Juan donna son aumône au pauvre, par *humanité*.

Le marquis des Arcis de M. Sardou a besoin, au contraire, qu'on lui lise la lettre écrite par Fernande le matin du mariage. Il a besoin que Pomerol lui souffle ce pardon et lui donne en quelque sorte comme un coup de clairon, la fanfare de la hardiesse. « Regarde donc le monde en face, et, fort de ta conscience, fais-lui baisser les yeux! Qui te blâmera donc? Ceux qui ont failli : les drôlesses et les adultères! » Mais sans la lettre, M. des Arcis n'entendrait rien. Cette lettre, Pomerol la tire de sa poche. Il en commence la lecture, Fernande l'achève. Et des Arcis, devant ces larmes, cette grâce et cette jeunesse, s'attendrit enfin : Relevez-vous, lui dit-il, *madame la marquise!* — Et à la bonne heure, dit Pomerol, un cri du cœur vaut tous les raisonnements de la terre.

Sans doute, et tout cela est fort bien, mais précisément ce cri du cœur je ne l'ai pas entendu! Cette lettre sent l'accessoire de théâtre. J'aurais voulu que des Arcis relevât Fernande de son propre mouvement, bravement, fièrement, noblement comme dans Diderot. Le des Arcis de Diderot pardonne à la pauvre fille avec la complète bienveillance, avec l'assurance d'un homme qui se sent assez fort pour imposer au monde celle à qui il a donné son nom. Le des Arcis de M. Sardou pardonne simplement à Fernande, comme un amant trahi pardonne à une maîtresse. Il n'y a pas dans son geste, dans sa voix, dans sa résolution suprême cette mansuétude écrasante du héros de Diderot.

On sent que celui-ci sera fort contre ce monde qui nous réclame tous les sacrifices sans nous donner aucune compensation, et à l'hypocrisie duquel on immole parfois bêtement son bonheur et ses joies.

Le théâtre, il est vrai, a des nécessités que n'a point le livre. Diderot lui-même, qui n'avait pas fait écrire de lettre à son héroïne, reconnaît, l'histoire une fois contée, que, pour être intéressante, la petite avait besoin d'ignorer l'intrigue où on la mêlait.

« Notre hôtesse, dit Jacques le Fataliste, vous narrez
« assez bien, mais vous n'êtes pas assez profonde dans
« l'art dramatique. Si vous vouliez que cette jeune fille
« intéressât, il fallait lui donner de la franchise et nous la
« montrer victime innocente et forcée de sa mère et de
« la Pommeraye. »

Lorsque M. Alphonse Royer apporta à Gustave Vaez
l'idée de cet opéra qui devait être la *Favorite*, et qui ressemble fort à l'histoire de la Pommeraye et à *Fernande*,
Gustave Vaez lui dit :

— Tout cela est excellent, mais la Favorite doit avertir
Fernand de ce qu'elle est, sous peine de paraître une
coquine aux yeux du public.

— Soit. Elle l'avertira. Mais comment?

— En lui écrivant, et le roi fera disparaître la lettre.

C'est un peu, c'est tout à fait la situation de *Fernande*.
Les auteurs dramatiques ont un amour tout particulier
pour les lettres qu'on écrit, qu'on intercepte, qu'on recherche ou qu'on brûle. Je le répète, le dénouement de
Fernande eût été plus franc et plus fier si l'auteur l'eût
cherché dans l'âme même, dans l'émotion, dans la passion de ses personnages mis en présence, et n'eût pas
amené cette inévitable lettre qui joue ici le rôle de *Deus
ex machinâ*.

Mais ne m'a-t-on pas dit que, primitivement, M. Sardou
faisait se suicider Fernande? Elle ouvrait une fenêtre et
se jetait sur le pavé. La lettre en question n'était trouvée
et lue qu'après la mort de la pauvre fille. M. Sardou a
bien fait de modifier ce dénouement. Il eût frappé à mort
la pièce; il n'y avait pas d'autre façon de conclure ce
drame. Le dernier mot était le mot de Diderot : Madame
la marquise, relevez-vous !

Nous n'avons point parlé d'Ancelot qui, lui aussi, a
traité ce sujet dans *Léontine*; mais timidement, sans accent, sans vigueur. Ce n'est plus Diderot et ce n'est pas
Sardou. C'est le vaudeville sentimental d'autrefois dont
les situations poignantes tournent au couplet et qui finit
ses tirades sur un tremolo. Cela est honnête et remarqua-

ble d'ailleurs, car on ne retouche pas à un tel sujet sans y rencontrer une source d'émotion toujours nouvelle et qui n'est point tarie depuis le jour où Diderot l'a fait jaillir.

XIX

ODÉON : *la Contagion*, comédie en cinq actes, par M. Émile Augier.

24 mars 1870.

Un jour (on m'a conté l'histoire qui date de quelque vingt ans) deux jeunes gens parfaitement inconnus allèrent frapper à la porte du directeur de l'Ambigu-Comique. Ce directeur — il se nommait Dutertre, mais on disait *le père Dutertre* comme on disait *le père Bugeaud* — était un ancien soldat d'humeur assez rude, un original : au demeurant le meilleur *fils* du monde. Il accueillit les jeunes gens sans trop les faire attendre.

— Eh bien ! que me voulez-vous, mes enfants ?

L'un d'eux tenait à la main un manuscrit.

— Ah ! dit le père Dutertre, c'est donc une pièce ?

— Un drame, répondit le jeune homme.

— Et son titre ?

— *La Conquête de Naples par Charles VIII.*

— Voyons cela, fit le directeur.

Un des auteurs, qui savait parler, lut la pièce; l'autre, qui savait écrire, écoutait. Le drame lu jusqu'au bout, le père Dutertre le refusa tout net. Voilà deux dramaturges qui sortent navrés, tête basse. Adieu les rêves !

— Tout compte fait, dit le *lecteur*, je renonce au théâtre, je reprends la robe, je rentre dans le barreau. Et toi ?

— Moi, répliqua l'*auditeur* en relevant le front, je vais écrire une autre pièce !

Celui qui parlait ainsi était M. Émile Augier; son collaborateur, M. Nogent Saint-Laurens.

La pièce que M. Émile Augier allait écrire avait pour titre : la *Ciguë*. Une fois achevée, il la porte tout droit au Théâtre-Français. On la refuse ; il la donne à l'Odéon. Ce petit acte fait fureur, et voilà un homme lancé.

On ne trouve pas toujours du premier coup sa voie, et M. Augier débutait dans un temps troublé. La flottille romantique faisait eau de toutes parts. Le mouvement de 1830 tournait au spasme. Le public, las des spasmes, des épilepsies des disciples et aussi, pour un moment, des chefs-d'œuvre imposants du maître, avait une telle soif d'œuvres calmes et reposées qu'il avait préféré, dans son horreur de la nouveauté — qu'il appelait une excentricité — une œuvre pure et froide comme *Lucrèce* à un chef-d'œuvre superbe, étonnant, comme les *Burgraves*. On eût alors donné toutes les cathédrales gothiques et tous les burgs du Rhin pour le moindre fronton du plus petit temple grec se profilant sur un ciel bleu. Le même mouvement de réaction allait se produire en peinture quelques années plus tard, et l'on devait voir un jour l'école pompéienne succéder à l'école du moyen âge.

La *Ciguë* — et le *Joueur de flûte* que M. Augier écrivit quelques années après — appartiennent à l'école pompéienne de la littérature. M. Émile Augier s'était enivré d'antiquité. Peut-être avait-il contemplé la Grèce à travers les rimes de Chénier, mais quoi ! la grâce de la jeune Tarentine valait mieux que l'érudition du jeune Anacharsis. En ce temps-là, Émile Augier prenait M. Ponsard pour modèle, et lui adressait des épîtres qui commençaient ainsi :

> Jeune homme fortuné, pour qui la Muse antique
> N'a pas de corps secret ni de voile pudique,
> Dis-moi près de quel bois, au bord de quel ruisseau
> Tu l'as surprise baignant ses pieds polis dans l'eau...

M. Augier demeurait d'ailleurs Parisien, contemporain — Gaulois plutôt — jusque dans ces vaudevilles athéniens. Il partait pour Corinthe et voulait écouter la flûte thessalienne de Chalcidias ; mais en chemin il se souvenaît de son grand-père et la verve haute en couleur de Pigault-Lebrun venait s'ébattre sur le pavé de mosaïque de Laïs. Gustave Planche, qui n'était point doux, reprochait alors à M. Augier son ignorance des passions contemporaines et renvoyait ce jeune homme à l'école de la vie. Mais Planche ne voyait pas que le poëte cherchait, interrogeait, attendait. Sous les vêtements grecs de ses gens d'Athènes, sous les pourpoints de soie de ses Padouans (l'*Aventurière*), M. Augier les faisait vivre déjà, ses contemporains. Il entrevoyait Olympe mariée dans cette Clorinde qui emporte d'assaut le cœur et la maison du vieux Mucarade. Il avait essayé déjà de la comédie actuelle. L'*Homme de bien* n'avait réussi qu'à moitié ; mais *Gabrielle* bientôt allait être un succès, et quel succès ! Il était dit que ce manieur de fer rouge devait essayer avant tout de guérir les plaies avec des compresses mouillées de larmes. L'opération ne réussissant pas, plus tard il a amputé.

Lorsque M. Émile Augier entra à l'Académie française, il ne s'était pas d'ailleurs affirmé comme chirurgien. Le coup de pistolet final du *Mariage d'Olympe* avait tué la pièce en même temps que l'héroïne. C'était une partie à recommencer. Un autre ne l'eût pas essayé peut-être, et se fût endormi sur ses palmes vertes comme sur des lauriers. Mais il y a du lutteur dans M. Augier. Il tint bon, et dès la première année de sa réception, il donna à la fois la *Jeunesse*, une pièce hardie, et les *Lionnes pauvres*, une pièce audacieuse. Dès lors, ce fut une chose dite. M. Augier était entré tout à fait en puissance de son talent et de son public. Son style s'était singulièrement enrichi — grossi des scories pittoresques de la conversation du jour — et fortifié comme un soldat qui vient de faire campagne. L'auteur de *Philiberte* plongea, cette fois, à fond dans la vie moderne, rapportant dans sa main des joyaux et de la vase, comme tous les plongeurs, comme tous les sondeurs des mers et des âmes. Depuis, ses succès se comptent par ses pièces. Les *Effrontés*, le *Fils de Giboyer*, *Maître Guérin* — aujourd'hui encore cette *Conta-*

gion que nous avons applaudie — une série d'œuvres vivantes et hardies qui ont affirmé la comédie sociale et inauguré la comédie politique.

Dans ce nouveau théâtre de M. Émile Augier, le *malade moderne* — j'entends la société contemporaine — est secouée durement, sévèrement. Voilà les plaies mises à jour. Les *cas* sont exposés avec cruauté, avec crudité. Le mot tombe, brûlant comme du vitriol, ou siffle et part comme un javelot et cloue au poteau quelque vice ou quelque ridicule. C'est une colère saine, robuste, avec plus de muscles que de nerfs, une colère rouge. Point de tirades, des traits. Une exaspération d'honnête homme toute prête à devenir le rire d'un gai compagnon. D'ailleurs, des veines de sentiment sans fadeur, des échappées de poésie, des coins de ciel, des lis sur des fumiers, comme dirait Giboyer ou Vautrin; et, par-dessus tout, dans ce monde mêlé — choc de passions héroïques ou malsaines — des figures que nul ne dessine avec plus d'amour que M. Augier, des jeunes filles qui sont de braves filles, cœurs dévoués, âmes calmes, avec l'intelligence de toutes choses — excepté du mal.

M. Émile Augier a quarante-six ans aujourd'hui. Il était, je crois, avant l'arrivée de M. Prévost-Paradol, le plus jeune des académiciens. C'est un homme de haute taille, la poitrine large, fort et marchant dans la vie d'un pas solide. Il observe et sourit à la fois. On sent l'analyste et le railleur. Le regard très-franc interroge, mais rien d'implacable, un certain air de bonté. Le nez est long, la barbe noire; le front, solide et bien coupé, se dégarnit un peu. Il y a du Béarnais dans cette nature ferme et mâle, et ce n'est pas la première fois que l'on compare M. Émile Augier à Henri IV. Il est fort recherché et ne se prodigue pas. A peine, de loin en loin, le voit-on au théâtre, lorsqu'il faut applaudir un ami. Il assistait à la première représentation du *Lion amoureux*, fier du succès de M. Ponsard, lui offrant son bras après l'avoir applaudi de ses mains.

L'été, M. Augier habite en face de Bougival, là-bas,

loin dans la verdure, une maison qui blanchit à travers les arbres. Il en sort très-peu, lit et travaille. Mais ce n'est pas à ses œuvres qu'on reprochera de sentir la lampe. Elles semblent coulées d'un jet, écrites de verve, jaillies. C'est que M. Augier, je crois, est de ces lecteurs pour qui le véritable Livre, c'est l'Homme.

Contagion!... Je quitte Paris tous les ans, comme tout le monde. Au bal, il arrive une heure où la nuit durerait encore qu'on ne pourrait plus danser. On est las, las d'harmonie et de parfums, de regards mystérieux et d'épaules blanches, las de ces couleurs qui chatouillent les yeux, de ces ruissellements de soie qui caressent les oreilles, de ces odeurs qui grisent et qui brûlent. On ne respire plus. Mais dès qu'on s'échappe, la première bouffée de vent frais qui vous vient aux tempes dissipe l'ivresse et calme le sang. Il fallait aux poumons un air moins chaud, et, soudain élargis, ils aspirent, avides, la brise qui passe. Et de même, le moment vient où ces petites fièvres de la vie parisienne, accumulées, produiraient comme une congestion, si on ne les chassait soudain par un bain d'air libre, si l'on ne combattait l'odeur de la poudre de riz par l'odeur du foin, et si, fatigué de les traîner sur la moquette ou les parquets cirés, on n'enfonçait ses talons dans la neige pure des Alpes. Elle a cela de bon, la maladie parisienne, qu'on en guérit vite. Il est vrai qu'elle a des rechutes. Vous n'avez pas fait dix lieues hors des fortifications que, la portière du wagon ouverte, plongeant les yeux sur ces champs qui filent comme emportés aux deux côtés de la route, sur ces villages essaimés le long des bois, et dont la fumée monte lentement, paisiblement sur le ciel clair, l'envie vous prend de vous arrêter, de demeurer là, à mi-chemin du but, sans achever le voyage sous ces arbres, dans cette ferme, auprès de ce ruisseau si bleu... Le vent de la campagne aussi bien vous enivre. Et c'est surtout quand vient le soir, lorsque le soleil se couche rouge derrière les coteaux, lorsque dans la rivière se reflétent les arbres immobiles, quand défilent les troupeaux qui rentrent, quand il n'y a plus de bruit, plus d'oiseaux, plus rien que le grillon qui regarde se lever l'étoile, c'est alors que ce calme vous enlace, vous séduit, vous conseille tout bas de faire halte... Rien, non, rien ne vous importe alors de vos soucis, de vos affaires, de votre passé, de votre avenir. La vie se résume toute entière dans cette soif de repos, dans cette nostalgie de calme, dans ce besoin de léthargie; c'est *la contagion!*

Il y a la contagion du sommeil comme il y a la contagion de la fièvre. La campagne et la ville ont leurs épidémies. Mais supposez, au contraire, un de ces habitants de la petite ville où — vous dites-vous — on doit si bien dormir, supposez un jeune homme qui part un matin pour Paris. Il a fait depuis huit jours sa malle. Sa place est retenue dans la voiture jaune qui le conduira à trois ou quatre lieues de là, où passe le chemin de fer. Il a serré la main de ses amis, il a pleuré en embrassant sa mère. Pour compagnon de route, il a pris quelqu'un des vieux livres de la bibliothèque paternelle, Corneille ou Montaigne. Ce n'est pas sa faute; on l'a élevé avec ces gens-là. Quarante-huit heures après, notre provincial est à Paris. Si les monuments l'étonnent, vous le concevez. Pourtant il les connaît, il les a vus sur le papier. Mais le bruit de la rue, le tumulte de la foule, ce qu'il entend, plus encore que ce qu'il voit, le surprend. Il ne sait s'il rêve. Il se présente chez des amis, sans doute des compatriotes devenus parisiens. On le reçoit, quoique à bras ouverts, d'un air pressé, et il se sent gauche. On parle; il ne comprend pas tout. Il lit des journaux, des petits journaux. A côté de lui, il voit rire des gens et ne rit pas. Il se tâte. Est-ce qu'il y aurait une autre vie au monde que celle qu'il a menée, une autre que la tâche régulièrement remplie, les lectures qui sont des *relectures*, les conversations, le soir, ou les parties d'échecs avec le médecin, qui est voltairien, ou le greffier, qui fait des couplets comme Béranger? Oui. Il paraît. On peut ou boire la vie à petites gorgées, ou l'avaler brusquement avec délire. Cette dernière méthode même a son charme, il le reconnaît. Notre homme voulait tout d'abord partir, regagner sa chambre bleue où il a oublié le portrait de sa cousine; bah! maintenant, il veut rester. Le boulevard l'a conquis; le gaz lui monte à la tête; il s'est fait au bruit, aux cris, aux *mots*, à l'engrenage des *scies*. Il voit que Balzac a raison, ce Balzac, dont il n'avait jamais pu lire un livre jusqu'au bout, et qu'il trouvait « faux. » Point de danger qu'il rouvre les vieux livres qu'il a apportés. Chimène ne vaut pas la Torpille, et le Cid — qui lui apparaît maintenant avec une tunique abricot, pourquoi? — n'a pas de *mots de la fin*. Quand il écrit au pays et qu'on reçoit là-bas ses lettres, car il n'a pas toujours le temps de les mettre à la poste, on ne le comprend plus. Est-il changé? Au dedans, non. Mais au dehors! Il est plus leste, plus vif, plus maigre, plus affiné, plus fin et plus fou. C'est *la contagion*.

André Lagarde, le héros de M. Émile Augier, est un peu cet homme-là. Pauvre et orphelin, il a résolu d'élever et de doter sa sœur; il se fait chauffeur au sortir de l'école polytechnique, moins pour gagner sa vie que pour apprendre tout à fait son état. Il veut avoir porté la giberne avant de tenir le bâton de maréchal. André a d'ailleurs l'idée d'une entreprise superbe: il s'agit de creuser un canal qui isolerait et par conséquent anéantirait Gibraltar. Le gouvernement espagnol lui a donné la concession de l'entreprise. Ce n'est pas à Cadix que Lagarde trouvera des capitalistes. Il vient à Paris. L'honnête homme va naturellement droit aux *faiseurs*, comme la mouche irait au *formica-leo*. Qui ne se ressemble pas s'assemble. Au surplus, un agioteur *galantuomo*, le baron d'Estrigaud, flaire déjà une proie dans André — une proie future tout au moins — lorsque, ruiné par un coup de bourse subit, il se décide à entamer le provincial qu'il gardait pour la soif. Il lui propose pour sa concession 1,500,000 francs. André refuse; il sait que d'Estrigaud la revendra le double ou le triple; mais ce n'est point cela qui l'arrête; l'acheteur (voilà ce qui fait repousser à Lagarde les offres de d'Estrigaud) est un agent anglais chargé de faire avorter l'affaire : — Et que vous importe? dit le baron. Ceci se passe chez Navarette, une actrice du demi-monde qui fait jouer à la Bourse le jour, et qui joue le soir le rôle de Médée dans une fantaisie mythologique, *les Argonautes*. On y boit, on y rit, on y aime, chez cette Navarette, et toutes ces ivresses montent au cerveau du pauvre Lagarde. « Plus d'un million qu'il tient là! » Et n'a-t-il point sa sœur à doter! Le malheureux, ce n'est pas à elle, c'est à Valentine qu'il songe, aux beaux yeux d'une fille qu'il ne connaissait pas il y a deux heures, et pour laquelle déjà il sacrifierait toutes ses honnêtetés, qu'il appelle maintenant des *chauvinismes*. Le hasard — il y a plus de hasard qu'on ne croit dans ces chutes et dans ces rédemptions — fait heureusement qu'une de ces femmes qui sont là lit tout haut une lettre qu'elle a trouvée, une lettre d'amour adressée à une femme qui s'appelle Aline. C'est le nom de la sœur d'André Lagarde. André saute sur la lettre, regarde... Elle est adressée à sa mère, qui s'appelait Aline aussi et qui est morte. La contagion s'arrête alors soudain; il secoue ce choléra moral qu'il aspirait par tous les pores, il jette à la face de ces gens tarés et de ces filles perdues les malédictions qui grondaient en lui, étouffées: « Prenez garde, dit-il, il y a des jours où les vérités bafouées s'affirment par des coups de tonnerre! » Et il sort. J'ai cru voir un autre Humbert révolté tout à coup contre les muscadins de son temps et écrivant à la porte de ce boudoir quelque *Mané Thécel Pharés*.

Telle est — j'oublie le dénoûment où Lagarde est puni d'avoir douté de sa mère par celui qu'il a soupçonné — la pièce en quelques mots. Ce sont les détails, les mots hardis, les cruautés et les crudités qui feront sa force aux yeux de bien des gens, sa faiblesse aux yeux de quelques autres.

C'est, cette *Contagion*, une galerie de portraits peints ou crayonnés de main de maître: Mercadets élégants, pleins d'esprit et de séduction, vivant de hasard, barons menant train de prince, s'étourdissant eux-mêmes en se répétant qu'à l'heure du désastre on se fait sauter la cervelle, et qui, l'heure venue, n'hésitent pas entre la mort et l'infamie (ils choisissent l'infamie); actrices aspirant à se classer, tandis que les grandes dames se déclassent; bourgeoises toutes prêtes à jeter leur chapeau de Laure par dessus les moulins; jeunes gens raillant eux-mêmes leur enthousiasme et leur jeunesse; boursiers sans foi; gens sans honneur, dont les moins coupables sont ceux qui sacrifient les sentiments vieillis et bourgeois, patrie, amour, dévoûment, non à la négation, mais à la *blague*. Tout y est flagellé, durement parfois, bravement toujours, et les modes et le langage; c'est, en un mot, et comme on l'avait annoncé, quelque chose comme la *Famille Benoiton*. Mais la *Famille Benoiton* fait, comparée à *la Contagion*, l'effet d'un article de petit journal mis à côté d'un article — j'entends d'un bon article — de revue. Les artistes ont bien mérité de l'auteur : Berton est charmant d'impertinent entrain et d'assurance; c'est Robert Macaire gentleman. Got réunit au degré supérieur ces deux qualités qui, en littérature, ont fait Shakspeare et Molière : le rire et les larmes. Cette fois pourtant, c'est madame Doche qui a du talent et mademoiselle Thuillier qui a des robes.

Le premier soir, la pièce a semblé un peu longue. Le public était impatient ou impatienté, c'est ce que je ne saurais dire. Mais, en dépit de tout, *la Contagion* aura sa place et une bonne place dans le théâtre de M. Augier. C'est une protestation plus encore qu'une attestation. M. Émile Augier est décidément un apôtre du fer rouge.

XX

Porte-Saint-Martin : *Michel Pauper*, drame en cinq actes, de M. Henri Becque. — Mort de Charles Dickens.

20 juin 1870.

Michel Pauper n'est pas un succès incontesté, mais c'est un succès. L'auteur a pris rang; on comptera avec lui, et, mieux que cela, on comptera sur lui. Les qualités et les défauts de son drame n'ont rien de vulgaire, et on sent là un dramaturge de tempérament en même temps qu'un écrivain de talent.

M. Henri Becque est un nouveau venu qui, après avoir donné sa mesure dans le rire, veut nous montrer jusqu'où il peut aller dans la vigueur et dans l'émotion. Le rire était large et sain, le drame est violent et hardi. Ce qui nous avait plu dans l'*Enfant prodigue*, que le Vaudeville joua il y a deux ans, c'était la bonne humeur facile, la gaîté communicative et franche, point forcée, toute en dehors, l'ironie curieuse et une originalité toute particulière de forme dans un sujet un peu banal. Ce qui nous plaît dans *Michel Pauper*, c'est la décision, la fermeté, la sève du style et la netteté de la pensée. Nous dirons tout à l'heure ce qui nous déplaît.

Le drame, en somme, est assez simple. Un homme du peuple, Michel Pauper, sorte d'ingénieur marron, ancien élève des Arts-et-Métiers, cette école polytechnique de l'ouvrier, invente des produits qu'exploite un certain M. de la Roseraie, agioteur, banquier, tripoteur d'affaires et faussaire à l'occasion. Ce la Roseraie a une fille, et Pauper l'aime. La Roseraie, compromis dans un tas de vilenies fangeuses, se brûle la cervelle. Pauper fait aller la maison, épouse la fille, et, lorsqu'il se croit le plus heureux et le plus aimé des hommes, il apprend que Mlle de la Roseraie a eu un amant. Sa fureur éclate. Il injurie, il menace, il va frapper, le couteau lui tombe des mains et il s'enfuit.

Alors Michel Pauper retombe de la hauteur où l'avait placé le travail dans la boue où le traînait d'abord son vice d'habitude. Il boit. Il demande à l'absinthe le remède à l'amour. On le voit tituber et rouler dans le ruisseau, tandis que le galant M. de Rivailles emmène la femme dont il a fait sa maîtresse. Et adieu les projets de gloire! Pauper poursuivait cette pierre philosophale des chercheurs modernes : la cristallisation du carbone; le charbon transformé en diamant! Maintenant sa pauvre tête oscillante peu à peu se vide et sa pensée le fuit. Il meurt lentement, il meurt sans reconnaître la femme coupable qui revient au logis; il meurt au moment où des cristallisations lumineuses éclatent dans l'amas de charbon sur lequel il fait depuis tant de jours, depuis tant de nuits, ses expériences.

Telle est cette pièce de *Michel Pauper*. Son principal défaut, c'est le manque d'unité : elle est toute de détails et de scènes bien faites. Mais le drame lui-même, le nœud manque. Je ne le vois guère que dans ce superbe quatrième acte, si magistralement joué par Taillade : la nuit de noces. Autrement, tantôt on croit que l'auteur veut nous conter l'histoire du génie exploité par l'habileté, tantôt la lutte de l'inventeur contre la sottise, tantôt les douleurs atroces de l'honnête homme outragé, et qui, loin de se taire, comme le voulait Molière, crie, tempête et menace.

Pour l'inventeur, laissons-le de côté. C'est là un caractère bien difficile à mettre au théâtre.

Le drame de l'inventeur a été fait et refait, et il sera refait encore. Je ne sais rien de plus navrant et de plus touchant, de mieux fait pour donner à la fois une haute idée de l'intelligence et de la sottise humaine, ce que l'Hamlet de Shakespeare appelle :

La lutte du génie et du vulgaire épais.

Génie méconnu, génie dont il rit, crâne qui contient un monde où le prochain cherche en raillant une fêlure. Tous les vrais créateurs, les chercheurs ont voulu écrire ce drame qui n'a pas été écrit; Balzac avec *Quinola*, Augier avec *Maître Guérin*. Balzac seul a traité comme il faut un tel sujet, mais dans un roman, dans un livre, et le plus beau peut-être de ses livres, la *Recherche de l'Absolu*. Son Balthazar Claes a la grandeur, l'égoïsme colossal des gens atrocement épris d'une seule idée, et qui brûlent leurs meubles, comme Palissy, et brûleraient leurs enfants pour faire cuire une faïence dont ils auraient inventé la composition.

Mais cette passion de l'inventeur, cette fièvre de l'homme qui poursuit ou que hante l'idée fixe n'est pas précisément une idée théâtrale. Elle est d'un ordre trop intime, toute de tempêtes intérieures, de souffrances du cœur ou de l'esprit; elle ne se répand pas, elle se concentre; elle ne rayonne pas, elle converge. L'inventeur et la passion de l'inventeur appartiennent, non pas au dramaturge, mais à l'analyste. Balthazar Claes, à la scène, paraîtrait ennuyeux peut-être; dans le livre, il est attachant et s'empare de vous.

Je lisais hier un roman de M. Hector Malot, *Une bonne affaire*. Il s'agit encore d'un inventeur, et le récit est poignant, saisissant. Mais c'est un récit, c'est un livre, c'est une analyse. Je n'ai vu qu'un drame vraiment dramatique sur l'*invention*, c'était l'*Imagier de Harlem*, de Méry et Gérard de Nerval. Encore était-ce bien plutôt un drame fantastique et philosophique où l'inventeur et l'invention tenaient peu de place.

J'ai lu pourtant une pièce allemande, fort curieuse, où se trouvait une situation née de ce drame de l'inventeur, qui pourrait fournir un acte superbe. C'est dans un drame intitulé *Guttemberg*. M. Fournier nous a donné le *Guttemberg* historique. L'auteur allemand nous présente une sorte de *Guttemberg* légendaire, qui n'est point sans intérêt.

Il y a surtout une chose admirable dans cette œuvre, c'est celle-ci : Guttemberg est l'ami de Faust. Faust est fou. un misérable lui a dérobé ses presses, et, de douleur, le pauvre Faust a perdu la raison. Il s'est échappé de son logis, il erre, parlant comme un possédé, le long du Rhin, et demandant le bien qu'on lui a volé, la vie qu'on lui a dérobée. Son voleur le suit.

Il a cru qu'en emportant la machine, il emporterait aussi le moyen de la faire agir. Il s'est trompé. Il n'a entre les mains que des morceaux de bois aux formes bizarres, des caractères singuliers, des débris inutiles. Il n'a point le secret de les arranger, de les mettre en œuvre, de les faire agir. Faust seul a le secret, l'inventeur Faust, et, ce secret, le voleur l'implore.

Il parle, il prie, il supplie. Faust le regarde et ne comprend pas. Il montre à Faust les caractères, le bois, la machine. Faust prend ces objets dans ses mains, les tourne, les retourne et se met à rire.

— Qu'est-ce que cela?

Faust n'y voit plus rien. Rien de tout cela ne représente une idée pour l'inventeur devenu fou. Et le voleur, qui croyait tenir la fortune, se tord les mains devant ces morceaux de bois d'où il espérait tirer de l'or, et qui ne sont pour lui que ce qu'ils sont pour le vulgaire : du bois!

La lutte est superbe entre la bêtise criminelle et le génie dévoyé. La pensée rebelle ne veut plus venir en aide à la matière stupide. L'invention gît inutile entre Faust devenu fou et le voleur niais.

Voilà une situation très-belle et très-dramatique, née d'un tel sujet et, encore un coup, du drame même de l'*inventeur*. Mais on n'en peut guère trouver qu'une. Toutes les autres seront fatalement semblables et monotones.

M. Henri Becque n'a eu garde de donner dans ce défaut. Son Michel Pauper est un ingénieur, un inventeur, soit, mais c'est aussi un être humain, souffrant et saignant,

 Et pour être inventeur on n'en est pas moins homme.

Par là, il appartient au drame et il fait le drame. Le malheur est que, de cette façon, la situation n'est pas bien nouvelle. Un homme trompé qui se jette à l'ivresse, qui demande à l'alcool l'abrutissement et l'oubli, un homme qui devient fou, tandis que sa femme court le guilledou et l'aventure. Nous avons vu cela plus d'une fois, et tout récemment encore, à l'Ambigu, M. Alfred Touroude, dans sa *Charmeuse*, nous présentait vigoureusement, cruellement, d'une façon saisissante et forte, un tel tableau.

Je veux bien que M. Becque y ait mis son coup de pouce artistique et cette franchise qui est et qui sera sa marque de fabrique. Mais ce qui est plus nouveau dans *Michel Pauper* que la situation, ce sont les caractères. M. Becque nous a montré là une jeune fille lasse de la vie régulière, romanesque, secouée par le désir de liberté et les convoitises du luxe, étouffant dans le milieu bourgeois où elle est enfermée, demandant l'affranchissement au premier venu, type vraiment nouveau, peu sympathique au public, j'en conviens, mais véritablement moderne : une mademoiselle Benoiton qui a lu *Lélia* au lieu de lire la *Vie Parisienne*.

En face d'elle, l'amant. Il a offusqué bien des gens. Celui-là de pied en cap est vrai, et M. Becque a mis en scène un personnage que les hasards de la vie nous font coudoyer dix fois par jour. C'est le gentilhomme d'aventure, traînant, au nom de son passé, une existence inutile, une vie «qui coûtera plus de larmes que sa mort,» se croyant brave parce qu'il laverait toute injure dans le sang, et parce qu'il affronte sans sourciller une batterie, d'ailleurs sans moralité et sans dignité, passant son temps entre Antonia qu'il fouaille et sa jument qu'il caresse, et commettant le plus froidement et le plus simplement du monde les petites infamies courantes; un Don Juan soudard, un Lovelace sans esprit.

Ces deux types, M. Becque les a singulièrement réussis, et voilà qui est bien à lui et tout à lui. Sa pièce en cela est une pièce sociale, d'une vigueur qu'on ne saurait nier. A côté du vieux monde qui s'écroule, les Rivailles et les La Roseraie, noblesse de l'épée ou noblesse de l'aune;— le monde qui s'élève, Pauper, le monde de l'intelligence, de la volonté et du travail. Pauper relève la maison que La Roseraie laissait s'écrouler. Pauper épouse la femme que Rivailles avait déshonorée. Tout est là! Le travailleur répare les infamies du fripon et celles de l'inutile.

J'aurais voulu que l'auteur, poussant jusqu'au bout son idée, au lieu de faire tomber dans une volontaire dégradation Michel Pauper, lui donnât assez de courage pour oublier le misérable et la misérable, et pour s'imposer à cette société corrompue par la puissance de l'honnêteté et du labeur. A mon avis il y avait là une idée—idée sociale, puisque M. Becque la poursuit,—plus haute que cet écrasement de l'inventeur, cet affaissement du lutteur, cette déchéance, spectacle que nous avons vu au théâtre et dans le livre, bien des fois.

M. Becque me semble, de parti pris, exagérer sa note et tendre toujours son arc, quitte à le briser. Il y a çà et là dans *Michel Pauper* des choses plutôt *voulues* que réellement senties. Il est de mode d'affirmer aujourd'hui qu'on réussit surtout par ses défauts. Cela n'est pas tout à fait vrai. Si les défauts sont naturels à l'homme, c'est fort bien et chacun les doit bien accepter. Je ne demanderai pas au cul-de-jatte Scarron de me danser un menuet, mais, si ces défauts, l'auteur se les inocule volontairement, c'est autre chose.

L'objectif de M. Becque, on n'a pas longtemps à l'écouter pour le voir, c'est la *force*. Le talent de M. Becque est nerveux, jeune, hardi. M. Becque veut encore exagérer cette hardiesse, cette jeunesse et cette vigueur. Il est beaucoup plus remarquable pourtant lorsqu'il ne force point la note, et lorsque la virilité chez lui ne consiste pas dans le mot plus ou moins violent, mais dans la solidité de la pensée et dans la netteté de l'expression. Qu'il médite le fameux *rien de trop*.

Cette aisance, au surplus, M. Becque la possède. On le sent, on le voit à la grâce de certains détails de son œuvre, à cette chose charmante, le commencement de la nuit de noces, à ses trouvailles de délicatesse et de style. Il m'a beaucoup plu, le style de *Michel Pauper*, il est net, souvent élégant et presque toujours juste. C'est du français et du vrai français (qualité rare du théâtre) que parlent ces personnages. En somme, que tout cela est supérieur au théâtre courant, à la comédie et au drame de pacotille, et qu'il est triste de voir un jeune homme forcé de présenter lui-même au public et seul, réduit à ses propres ressources, une pièce de cette valeur! Je n'en ai pas caché les défauts, mais il y a là une somme de qualités qui valait d'être mieux appréciée.

Taillade est superbe dans Michel Pauper. Il est à la fois énergique et comique, en ouvrier, au premier acte. Dans la grande scène de furie, au quatrième acte, il a soulevé la salle. Rien de plus tragique, de plus puissant et de plus terrible. Je ne l'ai jamais vu supérieur, ni même égal à cela. Au dénouement, il est effrayant de lassitude et d'écroulement. C'est bien le génie qui se meurt. Clément-Just a composé avec une sympathique bonhomie, et non sans majesté, un rôle de vieux savant, élève de Laplace et ami d'Arago, un inventeur qui s'est ruiné dans la chimie, un baron hollandais, car, depuis le Balthazar Claes de Balzac, tous les inventeurs sont Hollandais ou Flamands.

XXI

Une question à l'ordre du jour.

11 juillet 1870.

Je vais aborder, puisque les théâtres nous font des loisirs, une question grave. Elle est à l'ordre du jour. Le comité de la Société des gens de lettres et la Commission des auteurs dramatiques s'en occupent activement, et M. de Gramont offrait, il n'y a pas un mois, à une députation de littérateurs, de convoquer pour traiter un sujet aussi brûlant un congrès international.

Je vous entends. De quelle question s'agit-il donc? Du conflit hispano-prussien? Des intrigues de M. de Bismark et du maréchal Prim? De la guerre possible? Point du tout. C'est de la reproduction illégale des œuvres de littérature, de la contrefaçon et de l'*adaptation* de nos ouvrages à l'étranger dont je veux vous parler.

Je ne suis pas de ceux qui font de la littérature une marchandise comme une autre, et qui entendent qu'on débite des idées au plus juste prix. Lorsqu'un journaliste, par exemple, exprime son opinion, fait non-seulement acte d'homme de lettres, mais, en quelque sorte, d'homme de parti et de citoyen, il n'a pas à se plaindre lorsqu'on reproduit son article, lorsqu'on lui donne une publicité plus grande, lorsqu'un journal voisin lui prête son concours et lui ouvre ses colonnes. Non-seulement il n'a rien à réclamer, mais il doit, ce semble, une certaine reconnaissance au journal reproducteur. Tout article de doctrine appartient à tous. Nul ne peut sans abus imposer un droit de douane sur les opinions et sur les idées.

Mais lorsqu'il s'agit d'une œuvre d'art, d'un roman, d'un drame, d'une œuvre littéraire dans laquelle, tout en mettant beaucoup de son âme et de ce que Proudhon, l'ennemi des majorats littéraires, eût appelé les idées ambiantes, l'auteur a mis beaucoup de sa forme propre, de son talent d'artiste, de son habileté d'homme de métier, il me semble tout naturel que cette œuvre, roman ou drame, constitue pour lui une propriété, au moins temporaire. Il n'y a pas à discuter longtemps, il faut s'en tenir en une telle matière à l'axiome très-simple et très-concluant d'Alphonse Karr :

« *La propriété littéraire est une propriété.* »

Propriété d'autant plus morale, d'autant moins aliénable qu'elle est née du travail personnel, produite par le propriétaire lui-même ouvrier de sa propre fortune. C'est cette propriété-là que tous les jours les contrefacteurs atteignent. C'est elle que les imitations, les traductions, les remaniements, les plagiats, les adaptations réduisent à néant.

Passe pour les traductions. Lorsqu'on traduit un livre à l'usage d'un public qui, ne connaissant pas votre langue, ne lirait jamais votre ouvrage, non-seulement, à mon avis, on ne vous cause aucun dommage, mais — comme dans le cas de tout à l'heure — on vous rend un véritable service. On popularise votre œuvre, on vous paye en gloire — mettons en réputation, c'est la monnaie de la gloire — ce qu'on vous emprunte. Et, en dépit des éternels appétits, c'est quelque chose que la renommée !

Beaucoup ne l'entendent pas ainsi. Balzac, par exemple, toute sa vie durant combattit à outrance les traducteurs et les imitateurs de toutes sortes. Il poussait si loin sa haine de la contrefaçon, qu'il prétendait sérieusement que le gouvernement de Louis-Philippe devait déclarer la guerre à la Belgique pour mettre à la raison tous les contrefacteurs.

Un jour Balzac, au Palais-Royal, *bouquinant* à la devanture d'un libraire, saisit brusquement un volume quelconque, le met sous son bras et s'éloigne avec gravité. Au bout de quelques pas, il est rejoint par le commis :

— Eh bien ! monsieur, que faites-vous là, lui dit celui-ci ; vous prenez ce livre et partez sans payer ?

— Oui, monsieur, répond Balzac, je vous vole, ni plus ni moins.

— Vous me volez ?

— Parfaitement ; mais entre confrères...

Et Balzac revenant à la boutique :

— Mais, dit-il, vous ne faites pas autre chose, vous ! Qu'est-ce donc que ce livre que vous mettez en vente si ce n'est un vol commis à mon préjudice et dont vous vous rendez complice ?

Il avait pris, parmi les volumes en vente, un roman qu'il avait remarqué tout à l'heure, un roman de lui, *Séraphita-Séraphitus*, contrefaçon belge, et il ajouta, le montrant au libraire confus :

— Je suis M. de Balzac. En vous volant je ne vous rendais que la pareille.

Ces colères de Balzac contre les imitateurs, on les retrouve tout entières dans un écrit de lui, qui ne figure pas encore dans ses *Œuvres complètes* et que je lis dans la *Revue de Paris* du 2 novembre 1834. C'est une *Lettre adressée aux écrivains français du XIX° siècle*, véritable déclaration de guerre à tout ce qui vit de contrefaçon, d'imitation et de plagiat. Balzac, dans ce factum, n'y va point de main-morte dans sa revendication armée de la propriété littéraire :

« Parlons argent, dit-il. Matérialisons, chiffrons la pensée dans un siècle qui s'enorgueillit d'être le siècle des idées positives ! L'écrivain n'arrive à rien sans des études immenses qui représentent un capital de temps ou d'argent; le temps vaut l'argent; il l'engendre. Son savoir est donc une *chose* avant d'être une *formule*; son drame est une *coûteuse entreprise* avant d'être une *émotion* publique. Ses créations sont un trésor, le plus grand de tous; il produit sans cesse; il rapporte des jouissances et met en œuvre des capitaux; il fait tourner des usines. Ceci est méconnu. »

Il y aurait peut-être beaucoup à dire sur cette matérialisation du talent et sur cette façon de chiffrer l'inspiration. Mais Balzac, excessif dans la forme, est vrai dans le fond. Il continue :

« Un marchand envoie-t-il une balle de coton du Havre à Saint-Pétersbourg, si quelque mendiant monté sur une barque y touche, ce mendiant est pendu. Pour obtenir un libre passage en tout pays à ce ballot, à ce sucre, à ce papier blanc, à ce vin, l'Europe entière a créé un droit commun. Ses vaisseaux, ses canons, sa marine, ses marins, toutes ses forces sont aux ordres du ballot... Mais un livre paraît-il, oh! ce livre est traité comme on traite le pirate; on court sus au livre; il est avidement recherché; il est saisi dans ses langes, dans ses épreuves; il est plus tôt contrefait qu'il n'est fait..... L'Allemagne, l'Italie, l'Angleterre, la France, avancent une main avide sur le livre; car cette baraterie étant générale, la France a été obligée d'imiter les autres pays. Ainsi, pour le difficile produit de l'intelligence, le droit commun est suspendu en Europe, comme en France le Code est suspendu pour l'auteur. »

La France, en effet, était alors (ne l'est-elle pas encore?) une autre Belgique et contrefaisait pour l'Amérique du Sud, par exemple, tous les ouvrages espagnols. Mais, résultat singulier, tandis que les libraires de Belgique gagnaient fort peu de chose, en somme, à pratiquer ce que Balzac appelle de la *baraterie*, les libraires de France s'enrichissaient dans ce petit commerce et les contrefaçons françaises de Cervantes, de Moratin, de Lara, de Zorilla, de Martinez de la Rosa, emplissaient la Havane, le Mexique et toutes les contrées qui parlent castillan.

J'engage fort ceux de nos députés qui veulent parler sur cette question mise à l'étude d'un traité littéraire international, à lire, s'ils peuvent se le procurer, le travail de Balzac daté de 1834. Il est presque tout entier encore d'actualité. Balzac, parlant de toutes les façons de contrefaire, n'a garde, comme on pense, d'oublier le théâtre, l'auteur dramatique qui emprunte l'idée d'un livre pour en faire une pièce. Contre cette autre piraterie, Balzac encore s'insurge et tonne.

« Un homme d'honneur, incapable de prendre chez vous les pincettes pour attiser votre feu, vous prend sans scrupule le bien le plus cher; il n'a pas la conscience plus troublée que s'il vous avait pris votre femme; mais l'amant prendra une femme consentante, tandis que le sigisbé dramatique viole votre idée. Aussi cet adultère est-il sans excuse.

« Nous publions un livre pour qu'on le lise, et non pour le voir *lithochromisé* en drame ou tamisé en vaudeville. Il existe là une question à faire juger. *La prise* d'une idée, d'un livre, d'un sujet, sans le consentement de l'auteur, eût soulevé l'indignation générale du dix-huitième siècle qui, à notre honte, poussait jusqu'à la plus exquise politesse le sentiment des convenances littéraires. L'auteur dramatique n'ignore pas qu'un livre, après vous avoir coûté de grands labeurs, après avoir exigé la patiente sculpture du style (et le style est tout un homme, ce sont ses impressions et sa substance), ne se paye pas 1,500 fr., tandis que la pièce faite avec ce livre donne trois fois le prix du livre, quand la pièce tombe, et donne la contribution foncière d'un village, quand elle réussit. En un mot, La Fontaine nous disait notre fait avec *Bertrand et Raton.* »

Et Balzac ajoute ironiquement :

« Pourquoi n'aurions-nous pas de loi littérairement municipale, qui dise, à propos des beaux livres : — *Il est défendu de déposer ici des pièces de théâtre!* »

A coup sûr, on sent dans ces pages la rancune de l'homme qui a *fait* du théâtre et qui a échoué, ou qui rêve d'en *faire*, et qui en redoute les difficultés; mais Balzac a raison de proclamer ainsi le droit, en quelque sorte personnel, du créateur sur son œuvre. Seulement j'y reviens, il parle trop d'argent!

En vérité, cette éternelle préoccupation fatigue! Eh! laissez donc les auteurs dramatiques s'enrichir à vos dépens! Que récolteront-ils à emprunter ainsi, à piller, à imiter, à contrefaire? La notoriété, la popularité vulgaire? Gardez la gloire, gardez l'admiration raisonnée, réfléchie, intime et profonde. Voilà ce que n'aura jamais le millionnaire Scribe et ce que gardera le *piocheur* et le créateur Balzac.

Que j'aime mieux Jules Janin allant, dans un article que je parcourais naguère, jusqu'à regretter la contrefaçon belge, parce qu'elle popularisait davantage l'écrivain. « Oh! quelle joie et quelle fête, et quelle admirable combinaison lorsqu'une contrefaçon de la première contrefaçon venait ajouter 10,000 volumes déjà contrefaits! » L'exclamation n'est point d'un commerçant, mais elle est d'un véritable homme de lettres, insouciant de toutes choses, excepté de la renommée. D'ailleurs, la renommée peut être *dorée*, et Dickens n'est point rapetissé à mes yeux parce qu'il a gagné une fortune avec ses livres. Pour en revenir donc à la contrefaçon, il est temps qu'on y mette bon ordre. Elle envahit, elle menace, elle ruinera la librairie française, si l'on n'y prend garde.

Rien n'égale la rapidité et la dextérité avec laquelle les libraires étrangers contrefont nos livres. Il faut n'avoir pas voyagé sur la ligne du Rhin pour ne point connaître ces petits in-32 fabriqués à Manhein, à Mayence ou à Leipzig, et qui sont la reproduction intégrale de nos romans, de nos feuilletons. Livres de poche à couvertures bleues, dont la collection atteint peut-être, à cette heure, le chiffre de 1,000 ou 1,200 volumes. Tout ce qui a obtenu depuis dix ou douze ans quelque succès chez nous est reproduit là et contrefait.

Chose curieuse, les ouvrages français, ainsi publiés, reviennent plus cher à l'acheteur que s'il se les procurait chez l'éditeur véritable. L'édition française est, comme on dit, à meilleur marché que l'édition allemande. Mais les éditeurs allemands ont sur les nôtres un avantage considérable. Ils impriment en volume tel ou tel roman à mesure que le roman paraît découpé en feuilleton dans un journal. Comme leurs volumes sont assez minces, de quatre ou cinq feuilles tout au plus, ils en ont bien vite trouvé la matière. Dix ou douze feuilletons suffisent. Ainsi il n'est pas rare que le premier volume d'un roman en cours de publication à Paris soit mis en vente dans les gares de chemins de fer allemands, et cela bien avant que l'éditeur parisien ait donné la première page de son livre à l'imprimeur.

Les romans judiciaires de Gaboriau, pour ne citer qu'un exemple, sont imprimés à Leipzig au fur et à mesure de leur publication dans le *Petit Journal*, et Dentu peut lire l'édition allemande avant d'avoir *mis en train* l'édition française.

Or, il faut se rendre compte de l'état actuel de la librairie en France. Il est déplorable. Le journal fait au livre une concurrence terrible et on pourrait dire, jusqu'à un certain point, que *ceci a tué cela*. La librairie végète. Il n'est plus qu'une sorte de livres qui réellement se vendent, affirmait l'autre jour M. Michel Lévy, ce sont les livres de bibliothèques, les éditions de prix ou de luxe. On compte encore des bibliophiles, des amateurs de beaux ouvrages, on en compterait, je crois même, plus qu'autrefois, mais de public, de véritable *public*, il n'en est plus.

La Bibliothèque des Chemins de fer, si florissante il y a dix ans, semble abandonnée, ruinée. Tout le monde achète des journaux; personne ne songe aux livres. On ne lit plus, pour tout dire, ou du moins on ne lit que les menus faits, les renseignements, les cancans et les reportages des feuilles à nouvelles.

Il en résulte que si notre librairie n'avait pas le public étranger pour remplacer le public français qui lui manque, elle serait définitivement frappée. Le livre, en un mot, n'existerait plus. Fort heureusement, à l'heure où nous semblons n'avoir plus besoin que de renseignements, les étrangers tiennent encore à la recherche des idées. Ce sont eux qui achètent et qui lisent nos travaux d'érudition et de littérature.

La librairie française, qu'on songe à ce résultat qui est grave, est devenue un article d'exportation.

L'écrivain français doit compter, pour vivre, sur le seul lecteur étranger.

Un éditeur expert me disait tout dernièrement, qu'à aucun prix il ne publierait un livre qui s'adresserait, par exemple, au seul public parisien. Le public parisien, en librairie, ne se compose point de plus de trois cents personnes. Ce n'est réellement pas assez. Il faut mettre en vente des ouvrages d'un intérêt en quelque sorte général pour que l'éditeur y trouve son compte.

Donc, prenons garde à ce danger de la contrefaçon, qui enlèverait à notre librairie le seul marché sur lequel elle puisse opérer, c'est-à-dire le marché étranger. L'Allemagne est encombrée de ces contrefaçons assez mal faites, sortes d'éditions Tauchnitz plus médiocres. La Société des gens de lettres pouvait plaider, poursuivre. Ah! le bon billet à La Châtre! Les procès eussent été interminables. A Vienne, grâce à M. de Gramont, il fut plus facile de s'entendre. On arriva, s'il m'en souvient bien, à une transaction.

Mais en Prusse, mais en Angleterre, mais en Amérique, quel pillage! On ne peut se faire une idée des maquignonnages littéraires qui s'y pratiquent. Les œuvres de littérature, pièces de théâtres, romans, livres d'histoire, y sont imités, contrefaits, traduits, revus, diminués, augmentés, débaptisés, découpés de la plus odieuse façon. Il n'est pas cinq pièces de celles qu'on représente, à cette heure, sur les théâtres de Londres, qui ne soient des pièces françaises traduites, ou, pour me servir du mot juste, *adaptées*.

L'adaptation est un singulier pseudonyme de la piraterie. Étant donné un livre ou un drame, il suffit d'y changer une page ou une scène, et moins que cela, quelques mots, pour l'*adapter*. Quelle chose charmante que l'adaptation! Traduction? non certes! Contrefaçon? fi donc! non. Adaptation, c'est-à-dire travail personnel sur un travail personnel, labeur glorieux qui vous donne, sans craindre une poursuite, le droit de substituer sur l'affiche votre nom d'adaptateur au nom du créateur.

Et c'est ainsi qu'avec le plus grand succès et le plus gros bénéfice on *adaptait* naguère *Frou-Frou* sur un théâtre anglais, sans que MM. Meilhac et Halévy eussent le moins du monde le droit de protester, l'adaptation étant une sorte de tangente légale par laquelle s'échappent tous les contrefacteurs, qui se moquent bien de l'inutile convention du 3 novembre 1851.

Je me rappelle toujours avec quel étonnement je vis représenter, au Princess'-Theater, un drame de MM. Brisebarre et Nus, les *Pauvres de Paris*, sous ce titre : *The Streets of London* (les rues de Londres). Même intrigue, mêmes incidents. Mais les noms des personnages étaient devenus anglais, mais on avait changé la place de la Concorde en Charing-Cross et les auteurs français n'avaient rien à dire! — Adaptation.

En Italie, même façon ou même sans-façon d'agir. Le *Supplice d'une Femme*, de M. de Girardin, y devient *la Povera*, et tout est terminé. L'adaptation est parfaite. Un jour, Donizetti met en musique le livret d'un opéra intitulé *Lucrezia Borgia*. M. Victor Hugo se fâche. Il réclame. Il est dans son droit. Qu'à cela ne tienne. *Lucrezia Borgia* deviendra subitement *Renegata*, et la scène se passera, non pas à Ferrare, mais en Turquie. D'ailleurs, simple substitution de noms. La pièce demeure identiquement la même. Adaptation. Mais M. Victor Hugo n'aura plus rien à dire. *Renegata* n'est pas une contrefaçon, c'est — différence énorme! — une adaptation. A cela rien à répondre. — Adaptation, c'est la réponse stéréotypée, le *tarte à la crème* des contrefacteurs.

Rien n'est amusant au surplus comme cette mascarade dramatique inventée par les librettistes italiens, le *Roi s'amuse* devenant *Rigoletto*, la *Grâce de Dieu*, *Linda di Chamounix* et la *Dame aux Camélias*, la *Traviata*. Rien ne démontre mieux combien il est facile de passer à travers les articles d'une convention comme à travers les mailles d'un filet et de quelle adroite et immorale manière les auteurs sont pillés, bernés, dépouillés et joués de toutes les façons.

Et les choses se passent de même en Amérique, et la contrefaçon, encore un coup, est pratiquée en Prusse sur une échelle autrement grande. C'est à n'y plus rien connaître. Un littérateur fort connu pour ses traductions d'ouvrages anglais se présente un jour chez Dentu en apportant la traduction d'un roman américain qu'il vient d'achever.

— Publiez cela, dit-il, c'est excellent, dramatique au possible, très-curieux, très-mouvementé et d'un auteur inconnu qui ne peut manquer de devenir célèbre.

— Il suffit que vous jugiez ainsi son œuvre, répondit l'éditeur. C'est fort bien.

Et il envoie droit le manuscrit de la traduction à l'imprimerie.

Mais, à mesure qu'on imprime, qu'on relit les épreuves, l'éditeur s'étonne. Il a comme un vague soupçon d'avoir déjà lu cela quelque part. Oui, à n'en pas douter, ces aventures lui sont connues. Qui les lui a contées? Où les a-t-il apprises? Peut-être en rêve. On a de ces ressouvenirs bizarres et comme fantastiques. Mais, non, ce n'était pas en rêve que Dentu avait fait connaissance avec ce roman.

Le traducteur lisant un livre américain avait été frappé par le mérite de l'ouvrage, et il s'était mis à le traduire, seulement, ô stupéfaction, le roman américain n'était lui-même que la traduction littérale d'un roman de Paul Féval qui figure justement sur le catalogue de Dentu.

Le traducteur américain avait simplement modifié, changé le titre de l'ouvrage français. Il avait *adapté* la couverture.

Voilà les dangers signalés, les ruses connues, les exemples donnés. Que les Sociétés de gens de lettres et des auteurs dramatiques agissent, travaillent, présentent bientôt à qui de droit leurs doléances, nous verrons ce qu'en pensera le Corps législatif, et si la propriété littéraire ne peut être enfin garantie par une solide et définitive convention internationale.

XXII

Gymnase : Une *Visite de Noces*, comédie en un acte, par M. Alexandre Dumas fils.

16 octobre 1871.

J'ai été tout à fait, je ne dirai pas séduit, — le mot implique une sorte de grâce que n'a point l'œuvre dont je parle, — mais conquis par la dernière pièce de M. Dumas fils. Je sais peu au théâtre d'œuvres aussi hardies, aussi nettes et aussi cruelles. Dans un cadre restreint, dans le court espace d'une heure, en quelques scènes qui sont bien plutôt des conversations philosophiques que des dialogues dramatiques, le moraliste a fait tenir plus de vérités et d'observations qu'on n'en rencontrerait dans mainte comédie plus étendue. Cette *Visite de noces* ressemble à certains flacons exotiques qui, dans une fiole étroite et petite, contiennent de capiteuses et énergiques essences. On ne saurait dire plus de choses et les mieux dire, sans feinte hypocrisie, en moins de temps.

Le sujet, c'est l'éternelle donnée de toute comédie française, l'inévitable, le fatal adultère. Le théâtre contemporain, depuis dix ans, vit grassement de ce produit que M. Dumas, en chimiste psychologue, appelle sans plus de façon une mixture. Mais, cette fois, la mixture est supérieurement décomposée et passée au filtre par une main expérimentée. Après une telle épreuve, bien entêté et aveuglément tenace qui couvrirait du pseudonyme de la passion une réalité pareille. Les lendemains de l'amour, le fond de la coupe et le reliquat vaseux de la bouteille où l'on puisa l'ivresse, tout est montré, virilement montré, sous les couleurs, et je dirais volontiers, sous les odeurs vraies.

Anatomistes et physiologistes, je vous retrouve partout, disait Sainte-Beuve un jour qu'il avait analysé une ou deux des œuvres les plus importantes du roman contemporain. Ces analystes, aujourd'hui, ne se contentent plus du livre, et la physiologie prend le théâtre d'assaut. « O cœur humain! ô corps humain! » s'écrie un des personnages de M. Dumas fils, et toutes les préoccupations de l'auteur d'une *Visite de Noces* tiennent dans ces deux mots. M. Dumas s'est en effet constitué en une sorte de chirurgien moral un peu brutal, comme Dupuytren, pratiquant volontiers la saignée, comme Broussais, mais aussi bon praticien et d'une main aussi légère que les plus habiles. D'un esprit trop sérieux et trop vivement sollicité par les questions qui agitent une époque troublée entre toutes, après avoir écrit des œuvres d'observation passionnée ou passionnelle, il se lassa bientôt des combinaisons du théâtre agréable, des peintures de mœurs sans sanction et sans but précis, et, après avoir ému ou amusé son temps, il prit peu à peu le soin de l'instruire. De là date la transformation singulière du talent de M. Dumas fils, et ce que j'appellerais volontiers, si l'on n'avait abusé du terme, sa seconde manière.

Indifférent au début de sa vie, à la plupart des préoccupations sociales, qui pourtant se faisaient jour dans maints écrits, sans compter l'avertissement des faits, M. Dumas devait sentir bientôt qu'un homme ne vaut que par la somme d'efforts qu'il apporte dans la lutte livrée par ses contemporains à la recherche du bonheur, du repos, de la liberté, de tout ce qui est le but et trop souvent la chimère de l'homme. Il se convainquit assez rapidement que tout n'est pas pour le mieux, lorsqu'on a diverti quinze cents ou deux mille personnes assemblées dans un théâtre, et lorsqu'on a empoché dix ou douze pour cent sur la recette. Il voulut plus et mieux. « Le poëte a charge d'âmes, a-t-on dit. » Sans croire tout à fait à ce mot d'ordre un peu ambitieux, Dumas fils voulut cependant prouver que l'auteur dramatique, sous peine d'être un amuseur d'un rang plus élevé que les bateleurs ordinaires, devait se préoccuper d'avoir un but, une haine, une foi.

Aussi bien, assez brusquement il changea de méthode. Il brûla sans faiblesse, dans ses préfaces devenues célèbres, ce qu'il avait adoré autrefois. Il avait jadis idéalisé la courtisane, il ne célébra plus désormais que la ménagère, et arracha à Marguerite Gautier son bouquet de camélias. Dès lors, son idéal nouveau fut celui-ci : démontrer, par des vérités cruelles jusqu'à l'âpreté, que tout ce que l'homme et la femme décorent du nom de poésie, de passion, d'affection éthérée, n'est que la satisfaction brutale, presque vile, d'appétits déguisés ; ôter à l'adultère son masque, à l'amour faux ses paillons, à la fantaisie son auréole, et ramener la vie aux réalités les plus dures, les moins enivrantes et les plus sévères.

Est-ce bien là, comme on l'a dit, arracher à la vie tout ce qui fait son prix et son charme, volatiliser tout parfum, couper les ailes au papillon et ne garder que la chenille? Je ne sais. Ou plutôt, non ; je sais que cela n'enlève à la vie rien que ses séductions de passage, et que cela lui laisse ses tendresses éternelles. Le moraliste assez misanthrope substitue avec soin, ne l'oublions pas, une joie à une autre, mais une joie durable et saine à une félicité de rencontre et de hasard. Dans une *Visite de Noces*, nous l'avons dit, c'est à l'adultère qu'il s'en prend. Mais, s'il travaille à nous en montrer les ressorts cachés ou plutôt, pour lui emprunter sa comparaison chimique, les éléments qui le composent, ne met-il pas en regard, formant une paisible et charmante antithèse, le bonheur tranquille, sans fièvre, sans secousse que donne un mariage heureux, l'enfant qui naît, la mère rouge de plaisir, donnant le sein au nouveau-né qu'elle allaite? C'est dire que l'idéal de M. Dumas fils réside en cette vérité toute simple, mais qui n'est plus banale, tant elle est dédaignée, que la vie pondérée constitue seule pour l'homme la santé morale et que l'être psychologique doit redouter la fièvre autant au moins que l'être physique.

Je vois venir les objections. La belle découverte que c'est là! Comment, M. Dumas fils a inventé tout cela! Il a trouvé que deux et deux font quatre? Il a brisé l'œuf de Colomb et il l'a fait tenir debout? — Eh, oui! Il a osé dire comme il la voyait la vérité, et c'est là sa force. Il n'a pas craint d'être banal ou vulgaire en étant sincère. Il a su, d'ailleurs, donner à ces vérités les séductions de haut goût du paradoxe, et arrivant, par exemple, aux mêmes conclusions que M. Feuillet, qui, lui non plus, n'admet pas l'adultère, mais qui le corrige avec mignardise, il s'est montré singulièrement nouveau et personnel en proclamant le *deux et deux font quatre* en question.

Quel est le but de cette comédie en un acte, la *Visite de Noces*? Il est double. Pour M. Dumas fils, il s'agit d'abord de prouver que l'adultère a de tels lendemains, qu'il vaut mieux cent fois qu'il n'ait jamais de présent. « Voilà donc « comment cela finit, dit un des acteurs du petit drame, « par la haine chez la femme et le mépris chez l'homme. « *Alors à quoi bon?* » Le point d'interrogation contient toute la pièce. A quoi bon? répondront les libertins, mais à passer des heures agréables, à caresser la sensation et à prendre le plaisir où on le trouve. Soit. Mais, en ce cas, appelez donc l'adultère par son nom qui est débauche. Ne le voilez pas sous une appellation faussement gracieuse. Montrez-le et pratiquez-le tel qu'il est. Voilà ce que dit crûment M. Dumas fils. Et il a raison.

— L'adultère, nous disait-il un jour, je veux le *démonter* publiquement, lui ouvrir le ventre et montrer, par exemple, que c'est une seule raison d'économie, qui fait qu'on prend la femme d'autrui.

Il n'en est pas encore arrivé à montrer cela, mais, dans la *Visite de noces*, l'adultère est déjà suffisamment *démonté*. M. de Cigneroy a eu pour maîtresse, pendant deux ans, la comtesse de Morancé. Un beau jour il l'a quittée pour se marier. La pauvre femme est tombée de toute sa hauteur, à demi foudroyée. Lui a bien eu cinq minutes de remords, puis il est parti; il a épousé sa femme, et le voilà, un matin, faisant à madame de Morancé la visite de noces obligatoire, accompagné de sa femme suivie d'une nourrice qui porte M. de Cigneroy fils, âgé de trois mois. A peine Cigneroy est-il entré chez la comtesse, qu'il apprend, par un ami de la maison, Lebonnard, un philosophe pratique, que madame de Morancé, jadis, au temps où lui, Cigneroy, se croyait le seul homme qu'elle aimait, avait pour amant un certain Espagnol du nom de don Alphonse, sans compter Lebonnard lui-même, et que depuis que Cigneroy l'a quittée, elle se console parfaitement les yeux et le cœur secs, avec un vieux et ridicule membre du Parlement anglais. Cette révélation foudroyante produit sur Cigneroy l'effet paradoxal qu'on peut attendre. Au lieu de se sentir le cœur plein de colère méprisante pour madame de Morancé, cet homme, véritablement homme jusqu'aux moelles, se reprend tout à coup d'une sorte de désir ardent. Il entrevoit tout ce qu'il a perdu de beauté, de caresses, d'amour, de plaisir en délaissant sa maîtresse.

Et c'est ici que se place la seconde vérité qu'avait en vue Dumas fils : « L'homme se croit jaloux par amour, quand il est amoureux par jalousie. » Hélas, oui, voilà qui est à la fois très-triste, très-vif et très-humain. Tel qui ne ressent plus aucun amour pour une femme, sent se réveiller en lui tout ce qu'il nomme sa passion, s'il apprend que cette même femme, dédaignée par lui, s'est donnée à un autre. La nostalgie des voluptés passées le reprend et le secoue. Sans doute, une âme fière étouffera ce sentiment, et remplacera bien vite le désir par le mépris. Mais Molière aussi était une âme fière, et, cette âme, il l'abaissait pourtant, rougissant, devant l'infidèle Bejart.

Ce triste retour de l'homme vers le paradis — ou l'enfer — qu'il a abandonné et qui lui paraît seulement le paradis perdu depuis qu'un autre s'assied sous le pommier, M. Augier l'avait déjà montré dans ce *Paul Forestier*, dont le principal défaut était d'être écrit en vers. Mais la verve vigoureuse d'Émile Augier est bien dépassée par la netteté acérée de Dumas fils. Celui-ci est implacable, impassible. Ce n'est pas un peintre, c'est un prosecteur. Il taille, coupe, sonde, ampute. Nous allons voir bientôt où il veut en venir.

A peine M. de Cigneroy est-il instruit des trahisons de madame de Morancé, qu'il court à elle, et, après lui avoir jeté au visage les reproches d'infamie, il écoute la justification sinistre de cette femme.

Elle a pris un premier amant parce qu'elle s'ennuyait, un troisième parce qu'il était l'ami du second, un dernier parce qu'il était bon et riche, ce qui ne gâte rien. Elle avoue tout cela avec une candeur audacieuse, s'arrêtant parfois au souvenir attristé d'un vrai bonheur, sincère, profond et perdu. Lui écoute haletant la confession de la malheureuse, et, quand elle a fini, ce parfum de vice lui monte au cerveau et le grise, et il propose, il offre, le misérable fou, à madame de Morancé de fuir avec elle, de retrouver la volupté passée, de vider ce flacon dont l'absinthe n'est point tarie...

Elle feint d'accepter. Il sort, et quand il est parti, un *ah! pouah!* écœuré et furieux sort des lèvres de la comtesse. Elle a menti. En se salissant ainsi aux yeux de cet homme, elle mentait. Tout à l'heure elle l'aimait encore. Faible cœur, elle redoutait sa venue ; maintenant elle le méprise à jamais : « Oh! dit-elle à Lebonnard, qui lui a dicté son rôle, je n'aurais jamais cru qu'on pût en arriver à tant haïr ce qu'on avait tant aimé! »

C'est ce *pouah!* c'est ce dégoût que M. Dumas fils voulait faire toucher du doigt au spectateur. La leçon est farouche. Elle frappe droit. La scène, d'ailleurs, au point de vue strictement dramatique, est singulièrement forte, enlevée avec audace par l'auteur, interprétée victorieusement par l'actrice. Toute la salle est partie d'un élan, applaudissant, étonnée et domptée. Voilà vraiment qui est d'un maître.

A partir de ce moment, la pièce, un peu brusque en début, est terminée. Pourtant M. Dumas fils s'amuse encore à faire sauter cette marionnette humaine qu'il tient par un fil au bout de sa plume, et qui n'est certes pas un pantin de coulisses, mais une créature faible, faite de chair et d'os, de sang et de nerfs. On n'en voit pas souvent au théâtre. M. de Cigneroy, apprenant que madame de Morancé est une honnête femme, sent aussitôt baisser sa passion. « Mais quoi ! si elle est honnête, je n'en ai pas besoin, j'ai ma femme. » Et, lui parti, Lebonnard offre le bras à madame de Morancé, et l'on va déjeuner en recommandant au sommelier de ne point agiter le vin pour éviter la lie au fond du verre.

Ce Lebonnard, on le voit, n'est autre que l'*ami des femmes*, ce type déjà choyé par M. Dumas fils, mais un ami des femmes réduit aux proportions d'un causeur de salon. Il tourne bien aussi la thèse, il tient bien des conversations ironiques, où Brantôme coudoie Romulus, et Plaute se retrouve avec Jean-Paul Marat. Pour un peu il citerait du latin comme le Coconnas paternel, mais à tout prendre il est meilleur garçon et moins sceptique que son aîné M. de Ryons. Non pas qu'il soit crédule, s'il est croyant. Ce Lebonnard, un moment, se livre même avec le nourrisson de madame de Cigneroy à des propos qui, dits sur le ton badin, n'en sont pas moins aussi sombres qu'une nuit d'Young ou un conte de Poë. « Ton papa est fâché
« parce que je lui ai dit la vérité, murmure Lebonnard au
« nourrisson ; les hommes n'aiment pas la vérité. Toi non
« plus tu ne l'aimeras pas, et tu auras un jour des enfants
« qui ne l'aimeront pas davantage. Et d'enfants en enfants
« ce sera ainsi jusqu'à la fin du monde. — Aussi bien,
« reprend Lebonnard, suis-je enchanté d'avoir pris l'ex-
« cellente détermination de laisser finir ma race avec
« moi. »

C'est fort bien, et j'accorde que cela est vrai. Mais alors la conséquence logique des doctrines de Lebonnard, c'est la désespérance et le pistolet. A quoi bon durer ? Et que sert-il de traîner le boulet, si la conviction suprême est que la vie est un trop funeste cadeau pour la communiquer à d'autres sans remords ? Je me rappelle cet article où M. Ernest Renan nous prédisait un avenir où chacun se demanderait s'il vaut bien la peine de vivre? *An vivere tanti est?* Lebonnard raisonne ici comme Renan. Il abdique. Il est loin de la théorie nouvelle, de la *lutte pour l'existence*, de Darwin. Que si le monde l'écoutait, le monde finirait vite. On a reproché à M. Dumas fils de manquer d'émotion; on a même dit de cœur dans ses ouvrages. M. Dumas a dû sourire. Il n'est pas de ceux qui confondent l'émotion virile avec le sentimentalisme, et il tient à n'être point la dupe d'une pleurnicherie. Il a raison. Mais, à leur tour, ils ont raison ceux qui reprochent à Lebonnard son pessimisme. Eh bien: oui! je crois au progrès, à l'avenir meilleur, à la refonte et à l'amélioration de l'homme. Je crois que M. de Cigneroy fils écoutera peut-être plus facilement la vérité que M. de Cigneroy père, et s'en trouvera certainement plus heureux. Tudieu! si nous en étions là que l'humanité ne fût plus qu'une fourmilière entre les mains d'une fatalité, comme les sots ou les fous ne sont que des *pupazzi* entre les doigts des auteurs comiques, la parole désespérée et fausse de M. Renan serait une vérité à pratiquer, et cette terre finirait par un vaste suicide.

Mais nous n'en sommes pas là, et Dumas lui-même nous engage à vivre, mais en ordonnant notre vie. Moins de passions, plus de devoirs. Et quant à l'adultère, économie chez l'homme, prostitution gratuite et souvent vénale (les *Lionnes pauvres*) chez la femme, voilà le dessous du masque. Qu'en diriez-vous, Lélia, Indiana, Valentine, toutes les passionnées et les exaltées des lendemains de 1830? Ce qu'elles en diraient, demandez à George Sand elle-même, à George Sand assagée et ramenée au vrai par l'expérience de la vie. Ah! certes, les coups d'audace et de crudité pareils à ceux que nous lance bravement Dumas fils sont autrement moraux que toutes les chimères romantiques et romanesques. C'est de l'art et de la vérité en acier : cela est poli, brillant, perçant comme une lame de fine trempe.

Cette *Visite de Noces* ne me paraît d'ailleurs qu'un essai. Cet acte inaugure victorieusement le théâtre plaidant et probant que veut désormais donner Dumas fils. Il en avait essayé déjà dans l'*Ami des femmes*, mais alors il semblait qu'il eût perdu le sens, le tact dramatique. La thèse tenait trop de place dans cette comédie audacieuse, la plus étonnante peut-être de son *Théâtre complet*. Cette fois il est maître de ses planches. Il joue du public comme les jongleurs, et il le force en outre à écouter des vérités souvent dures, qu'il n'a jamais entendues sur la scène. Le succès de la *Visite de Noces* nous en promet un autre pour la pièce en trois actes qui doit lui succéder dans le répertoire de Dumas et qui a pour titre : la *Princesse Georges*.

Rendons aux interprètes cette justice, qu'ils ont été aussi excellents que possible. Mademoiselle Desclée joue madame de Morancé avec un goût et une émotion infinis. Elle est parfaite. L'explosion qui coupe la scène en deux, le cri de la femme indignée, sa colère, son mépris, elle a rendu tout cela en comédienne éminente. Je la voudrais voir justement dans l'*Ami des Femmes*. Elle y retrouverait ces mêmes applaudissements. Landrol passe avec habileté par toutes les sensations de cette girouette humaine qui s'appelle M. de Cigneroy, et Raynard a donné, avec succès, sa physionomie spirituelle et narquoisement bonne à Lebonnard, dont il adoucit la malice et l'âpreté. Mademoiselle Kelly n'a qu'un bout de rôle, celui de la jeune mère, madame de Cigneroy. Elle le joue bien, mais j'ai peur qu'elle ne se soit un peu trop pressée de quitter, pour le Gymnase, le théâtre de Cluny où elle était mieux en sa place et où elle achevait, en quelque sorte, son apprentissage.

Pour résumer mon jugement sur cette pièce, qui est bel et bien une œuvre, c'est évidemment la tentative la plus hardie qui se soit produite sur le théâtre depuis de longues années ; c'est un chef-d'œuvre d'observation cruelle, exacte, un essai de moralisation par le dégoût, l'adultère personnifié dans l'ilote ivre ; c'est la plaie de ce temps découverte brusquement, scientifiquement étudiée et traînée toute vive et saignante sur ce vieux théâtre de Madame, tout étonné de se voir transformé en clinique par un de ces physiologistes dont Sainte-Beuve, en les rencontrant sur son chemin, saluait l'avénement.

XXIII

Odéon : La *Baronne*, drame en quatre actes, par MM. Édouard
Foussier et Charles Edmond.

27 novembre 1871.

MM. Edouard Foussier et Charles Edmond viennent de rencontrer dans un sujet, déjà traité par M. Emile Augier, un succès très-réel et très-vif. Il en est de certaines données dramatiques comme de certains paysages, que plusieurs peintres à la fois peuvent transporter sur la toile en imprimant au site étudié leur caractère propre et leur cachet personnel. Le sujet du *Mariage d'Olympe* est de ces tableaux-là.

La courtisane s'implantant au foyer de la famille, la femme perdue prenant la place de l'honnête femme, le nom honoré traîné dans la boue par celle qui s'en est fait une marque de rachat, les fiers souvenirs du passé, odieusement flétris par la vilenie du présent ; puis, le courroux de la vertu blessée, la colère de l'honnêteté ridiculisée, la révolte de la dupe, voilà le drame. Il n'en est pas, à coup sûr, de plus simples, de plus vrais et de plus poignants !

Lorsque M. Emile Augier entreprit d'écrire le *Mariage d'Olympe*, il voulut réagir contre l'invasion du théâtre par la courtisane poétisée et pardonnée. La femme perdue tenait, en effet, le haut du pavé, un pavé vaseux. Elle était partout — et toute-puissante. Elle s'imposait et prenait dans le monde de l'art, et aussi dans la vie, ses grandes entrées. L'auteur de l'*Aventurière* voulut les lui fermer d'un coup sec. Il fit tuer sans pitié la courtisane Olympe d'un coup de pistolet, comme on abattrait un chien pris de rage. Quel scandale ! Le public était encore peu habitué à de telles audaces. Il se fâcha. Le *Mariage d'Olympe*, œuvre mâle et forte, n'eut, dès l'abord, qu'un succès d'étonnement et de révolte.

« Le coup de pistolet seul en fut cause, me disait un jour Dumas fils. A la place d'Augier, j'aurais simplement terminé mon drame non pas en retirant Olympe du monde des vivants, mais en la rejetant dans le monde des viveurs. Au moment où le vieux gentilhomme va la tuer, j'aurais chargé l'acteur Félix de venir lui dire : « Ne vous donnez pas cette peine, monsieur le marquis, cette femme n'est qu'une courtisane cotée et tarifée ; elle n'a point de nom ; elle n'a qu'un numéro d'écrou. Elle ne vaut pas que vous donniez votre vie pour avoir le droit de la frapper à mort. La police lui défend d'être épouse ; elle n'est donc pas mariée à votre fils, ayant renoncé au droit d'avoir une famille pour être une machine à plaisir. »

Le dénouement de Dumas fils, dans tous les cas, égalait bien celui d'Augier en brutalité sévère. Il était même plus cruel peut-être — plus crû si vous voulez — avec sa modération apparente : je ne le cite d'ailleurs que pour prouver, comme je le disais, que la même idée, la même donnée peut inspirer, et bien inspirer, différents cerveaux. C'est ainsi que les auteurs de la *Baronne* viennent de renouveler à la fois le *Mariage d'Olympe*, et aussi cette comédie de MM. Meilhac et Halévy, qui s'appelait *Fanny Lear*. Le sujet de leur drame, c'est encore la courtisane mariée, ou plutôt cette fois, l'aventurière, la femme du monde tombée — tombée jusqu'au vice et prête à rouler jusqu'au crime. — La baronne Vanberg est une de ces déclassées appartenant au monde par leur nom, au demi-monde par leurs mœurs, vivant de hasards et d'aventures, en quête à la fois d'un amant qui les aime ou d'un mari qui les paye, affamées de luxe et condamnées à cette misère hypocrite et tarée, plus lourde que la pauvreté, d'ailleurs prêtes à tout, décidées à saisir l'occasion pour sortir de ce faux luxe pesant et à reconquérir une large place à ce soleil en forme de louis d'or qui est celui de la fortune, fallût-il, pour y parvenir, tuer le mandarin dont parlait Rousseau, et ce mandarin même fût-il à Paris, au lieu d'être en Chine. Dès la première scène du drame, le personnage est bien posé par les auteurs. La conversation intime de la baronne avec sa femme de chambre nous met au courant des mœurs de l'aventurière. La scène est à Wiesbaden, dans ce milieu international et interlope où se coudoient les flâneurs de haute et de basse vie, les moucherons de l'été, diplomates de rencontre, majors de table d'hôte, gentilshommes de fabrique nouvelle, littérateurs de roulette, jeunes misses audacieuses comme des horseguards, veuves étranges que les auteurs de la *Baronne* ont baptisées de ce nom : les *Ondines*. Nous savons, dès le lever du rideau, en quel monde nous mettons le pied. Nous essuierons nos talons en sortant.

Cette baronne Vanberg est la maîtresse d'un certain docteur Yarley, jeune, savant, ambitieux, troublé, avide de parvenir, impatient et furieux des obstacles, fort épris de cette femme qui sera son mauvais génie, mais ne détestant en même temps ni la richesse ni les honneurs. Il est bien tracé, ce caractère louche qui deviendrait si facilement odieux, et qu'une dernière flamme d'honnêteté éclairera d'un jour presque sympathique. Pour le moment et au début de la pièce, le jeune docteur est en quête de quarante mille écus qu'il lui faut trouver pour affermer je ne sais quelle source d'eaux minérales que ses prospectus se chargeront de mettre à la mode. Mais où trouver ces quarante mille écus? où déterrer ce premier enjeu du duel avec la fortune? C'est la baronne qui se chargera de les demander au comte de Savenay, un vieux gentilhomme en ce moment à Wiesbaden avec sa fille, et qui se sent pris pour madame Vanberg de cet amour dévorant et profond des vieillards.

Au moment même où la baronne va adresser à M. de Savenay une demande d'argent, faite au nom du docteur, le comte se risque justement à offrir à cette femme son nom, sa fortune, sa main. Quelle tentation ! Cette couronne de comte, cette colossale fortune de M. de Savenay, cette triomphale rentrée dans un monde dont elle ne connaît plus que la lisière ou la marge, tout cela est effroyablement grisant pour la baronne. Elle accepterait volontiers du premier bond, mordant aux pommes d'or, en fille d'Eve qui sait le poids du jeûne, si elle n'aimait point réellement le docteur Yarley, si elle ne l'aimait de cet amour entier, fauve et bestial des femmes perdues. Mais Yarley lui-même, sans le vouloir et sans le savoir, pousse la baronne à ce mariage avec le comte. Il laisse échapper devant elle ce secret qu'il connaît, lui médecin : le comte, miné par une hypertrophie du cœur, n'a pas six mois à vivre. C'est un condamné à mort, une sorte de cadavre ambulant. Dans six mois, tout sera dit, et il aura disparu.

C'en est assez pour que la baronne Vanberg se décide aussitôt à l'épouser. La perspective de l'héritage du vieillard l'attire invinciblement et triomphe de sa résistance. Et puis, quoi ! c'est pour Yarley aussi qu'elle épouse. Veuve de nouveau, n'apportera-t-elle pas au jeune savant une fortune inespérée et autant d'amour inassouvi que par le passé ? Au second acte, nous sommes à Paris, chez M. de Savenay. La baronne est devenue comtesse. Elle triomphe. Elle baigne son regard dans le ruissellement des rubis et des cabochons. Elle se soucie aussi peu d'ailleurs de son nouveau mari que de feu le baron Vanberg, qui s'est jadis tué à la chasse, peut-être à cause d'elle, et elle laisse traîner sur les tapis l'alliance qu'elle vient de recevoir et qu'elle a déjà laissé glisser de son doigt, sans la chercher, sans la regretter. Dès le premier jour, elle a fait enlever du grand salon le portrait de la première femme du comte, et l'a relégué dans la chambre de mademoiselle de Savenay. L'aventurière prend possession avec une âpreté altière, par droit de conquête, de cette noble maison patriarcale et paisible. M. de Savenay veut, il est vrai, que toutes les volontés plient devant un caprice de la comtesse. C'est un abandon absolu de tout son être qu'il fait à cette femme ; et il est heureux de sa faiblesse, savourant cette joie inespérée d'un amour nouveau, réchauffant sa vieillesse sévère et chaste à l'électricité capiteuse de cette créature, lorsque tout à coup, dans son salon, un homme paraît, affolé, égaré. C'est le docteur Yarley qui, à la fois poussé par la jalousie et par un reste d'honneur, et croyant que le mariage n'a pas eu lieu, accourt de Munich et vient s'écrier : « N'épousez pas la baronne Vanberg, elle n'est pas de celles que les comtes de Savenay épousent. Elle est ma maîtresse ! » Impassible et retranché dans son incrédulité, M. de Savenay va chasser Yarley avec colère, lorsque la baronne entre brusquement. Le comte se retourne vers elle : « Entendez-vous ce que dit cet homme, madame ? Il prétend qu'il est votre amant ! » La fureur concentrée du vieillard doit, à ce moment, faire bondir son cœur à le rompre. « Si vous avouez, dit tout bas Yarley à la baronne, vous le tuez ! » Alors, froidement, résolument, comme elle le frapperait d'un couteau, la baronne s'agenouille avec lenteur devant le comte en signe d'aveu.

Le troisième acte a décidé du succès de la pièce. Le comte a pris son parti : il va marier sa fille au fiancé qu'elle aime, et que la baronne avait essayé déjà de faire congédier. Il réalisera tous ses biens, vendra ses terres pour les convertir en valeurs au porteur ; puis, emmenant l'ex-baronne Vanberg dans un voyage, il s'en séparera au premier relais, la laissant libre de retourner à sa vie passée, et il rentrera dans le monde, en se disant veuf une nouvelle fois. Mais avant peu, ces projets vont s'écrouler. La présence de Yarley dans le château, le soupçon que cet homme et cette femme ont pu se revoir sous son toit, la colère de l'époux trahi et de l'homme souffleté dans son honneur arrachent M. de Savenay à sa résignation et à sa sévérité froidement calculée. Il se sent pris d'une fureur soudaine. Il se redresse, il menace : « La poussière que je suis redevient l'homme que j'ai été ! » Et, devant sa fille et le fiancé de mademoiselle de Savenay, devant les gens de loi appelés pour le contrat, devant Yarley, devant un médecin aliéniste de ses amis, le vieillard s'emporte, s'égare jusqu'au point de lever une chaise sur la tête de la baronne et de menacer de mort cette femme. Puis, la crise de colère passée, il s'évanouit sur un canapé, étouffant, pleurant de rage, — et la baronne, pâle et silencieuse jusque-là, répond alors en faisant constater publiquement que M. de Saveuay vient d'être pris d'un accès d'aliénation mentale.

Il est évident que le drame tout entier a été conçu et écrit pour amener la dernière scène de l'œuvre. On la devine. Le comte de Savenay, jeté dans un cabanon de fous, interdit, *aliéné* (puisque le mot légal est encore celui qui rend le mieux, avec je ne sais quelle poésie, quelle précision lugubre, l'état du malheureux pris de folie), le comte, bien et dûment, et de par la loi, séparé du reste des vivants, délié de la responsabilité de ses actes, s'échappe de l'asile où on l'a enfermé, arrive chez la femme qu'il a épousée et qui l'a jeté, lui, dans ce bagne de Charenton, puis, calme comme un justicier implacable, effrayant, l'étrangle en lui disant: « N'ai-je pas le droit de commettre ce meurtre? et ne suis-je pas fou ! »

Il devrait, du moins, l'étouffer en lui parlant ainsi : *Ne suis-je pas fou ?* Toute la pièce est là. Malheureusement, à cette heure sinistre, le comte de Savenay parle trop, et le drame y perd en puissance concentrée: le mutisme seul était vraiment formidable. Ce n'en est pas moins là un dénoûment vigoureux et d'une admirable couleur tragique. C'est le dénoûment du *Mariage d'Olympe* avec quelque chose de plus théâtral et de plus saisissant. Dans la pièce de M. Augier, le vieux gentilhomme tuait Olympe avec la froideur du bourreau qui exécute : dans le principe même, et la version première, qui ne fut pas mise à la scène, il la tuait, puis se brûlait la cervelle, tandis que la vieille comtesse, sa femme, à genoux sur le devant du théâtre, récitait la prière des agonisants. Dans la *Baronne*, M. de Savenay, sous son impassibilité d'exécuteur, cache encore la morsure de l'amant bafoué : il y a de la jalousie dans le geste farouche qui lui met ses doigts crispés autour du cou de cette femme. Il l'étrangle comme Othello étouffe Desdémone.

Tel est, dans sa netteté nerveuse, ce drame puissant, attachant et grave. Mais à côté du drame même, il y a ici une sorte de thèse qui n'empiète pas sur l'action, et qui fait cependant réfléchir le spectateur. MM. Foussier et Charles Edmond ont voulu protester aussi contre ces séquestrations arbitraires, qui font, souvent, des maisons de fous autant de bastilles, et mettent la liberté de l'individu à la merci des gens de science, médecins donnant parfois des consultations comme ils décerneraient des mandats d'amener. C'est une chose terriblement étrange que la folie, le plus ironique problème que pose le destin à la faiblesse humaine. Et qui dira où elle commence, où elle finit ? Les aliénistes enragés la voient partout, ils ont pour la découvrir un flair de limier qui éventerait tout le monde à la fois, de peur de se tromper. Leur prunelle a des regards inquiétants lorsqu'elle se fixe sur les yeux des simples mortels. Un tic, le moindre tic nerveux surpris sur un visage, leur suffit pour déclarer que la folie de l'individu est nettement constatée. Et vite, voilà un homme exposé à séjourner parmi les aliénés.

On se demande avec effroi ce que peut devenir, dans le milieu morbide où il est alors jeté, un être humain dont l'originalité ou l'excentricité, la violence ou la passion peuvent, aux yeux prévenus d'un aliéniste, passer pour de la folie. Quelle raison, fût-elle dix fois trempée, demeurerait solide dans ce monde épouvantable, où toutes les actions humaines, les sentiments, les espoirs, les ambitions, les chimères de ce bas monde sont exagérées, parodiées, ridiculisées par ces satiriques en action, les plus cruels de tous, les plus atroces, — les fous ? Comment tout ce qui est la clarté, la lumière, la vie de l'intelligence ne s'éteindrait-il point, peu à peu, comme une lumière dans le vide, au milieu de ces cerveaux pleins de ténèbres ? On ne voit de supplice comparable à celui d'un être raisonnable précipité parmi les fous que ce châtiment antique qui accouplait dans son horreur un vivant à un cadavre.

Le drame moderne, au surplus, n'a pas de sujet plus palpitant que celui-là. Il est pris dans le vif même des mœurs actuelles et des iniquités de la loi. Les exemples ne sont pas rares de ces séquestrations qui révoltent :

Sandon, M. de Puyparlier, mademoiselle Hersilie Rouy, autant de romans incroyables et navrants. Cet admirable Molière, dans une scène de la raillerie la plus acérée, glissée justement dans la plus bouffonne de ses farces, avait déjà, avant tous, montré au théâtre l'effroi d'un malheureux homme accusé et convaincu de folie par des docteurs plus fous que lui : c'est dans *Monsieur de Pourceaugnac*. Assis entre deux spectres au bonnet de médecin, le malheureux frissonne et se débat vainement contre ces deux tortionnaires, aussi redoutables que des familiers du Saint-Office : « Est-ce que nous jouons ici une comédie ? — Non, Monsieur, nous ne jouons point. — Que voulez-vous donc avec vos sottises ? — Bon ! *dire des injures, voilà un diagnostic qui nous manquait pour la confirmation de son mal !* »

Ce que Molière nous présentait sous des couleurs ironiques, le théâtre contemporain, qui ne sait plus rire, le fait voir sous des teintes plus sombres. La *Baronne*, parmi ces études acérées et attristées, peut être regardée comme une œuvre véritable. Écrite d'un style très-ferme aux moments tragiques, un peu trop quintessencié, en revanche, lorsque les personnages font de l'esprit, la pièce révèle le talent et la conscience de deux hommes qui prennent leur art au sérieux, et qui osent risquer une chute pour arriver au but proposé. Cette conscience a, cette fois, assuré leur succès, qui sera durable. M. Foussier avec les *Lionnes pauvres* et le *Beau Mariage*, M. Ch. Edmond avec la *Florentine* et l'*Aïeule* nous avaient d'ailleurs habitués à cette audace sans fracas, mais virile, qui est en littérature ce que la probité est dans la vie.

Ils ont, au surplus, trouvé dans Geffroy un interprète hors de pair. Ce rôle de Savenay, choisi par l'éminent comédien après cinq ou six années de retraite, restera comme une de ses créations les plus saisissantes. Nul ne rend comme Geffroy ces physionomies altières, où la passion concentrée frissonne comme un feu intérieur allumé dans un marbre. Il était hautain, dédaigneux et fier dans ce personnage sculptural d'Alceste, et personne n'a joué depuis lui comme il le jouait, le *Misanthrope*. Il avait été le Chatterton de Vigny, il fut le Galilée de Ponsard, et comme il s'était montré à la hauteur du rêve du poëte jeune, il communiqua une flamme inattendue aux longues tirades du poëte mourant. *Galilée* ne fut un succès que pour lui, mais ce fut un triomphe. Depuis, Geffroy se consolait du théâtre abandonné en gravant des types de comédiens d'autrefois, en reprenant son pinceau et son burin. Il rentre magistralement dans la *Baronne*. Un peu gêné, eût-on dit, au premier acte, il a eu des accents d'une douleur, d'une énergie superbes au troisième acte. De pied en cap il est bien l'homme de ce rôle, et son pâle visage, au dénouement, a l'impassible et glacial aspect d'une statue du Commandeur étreignant un Don Juan femelle.

XXIV

GYMNASE : La *Princesse Georges*, trois actes
de M. Alexandre Dumas fils.

4 décembre 1871.

Après son étude sévère et cruellement acérée de l'adultère, après la *Visite de noces*, ce petit acte si plein, si touffu, avec ses hardiesses hautement dites et ses sous-entendus nettement indiqués, M. Dumas fils a voulu pousser plus avant sa dissection du mariage et de la trahison dans le mariage. Il nous en montrait hier les dégoûts et comme le fond bourbeux, il nous veut indiquer aujourd'hui un de ses dangers, un de ses aspects nouveaux, un de ses côtés inétudiés.

Il pourrait y avoir deux façons de faire la critique de la *Princesse Georges*. On peut l'analyser au point de vue dramatique seul, en artiste, et rechercher de quelle façon nouvelle M. Dumas entend dorénavant traiter le théâtre. On peut aussi rechercher dans cette œuvre et en dégager la thèse, la considérer seulement en philosophe, et jusqu'à un certain point en légiste. La thèse en question est celle-ci : l'adultère étant par la loi considéré comme un crime chez la femme, que devient-il lorsqu'il est commis par l'homme? — Un crime égal. En ce cas, la femme n'a-t-elle pas le droit de tuer le mari qui la trahit, absolument comme le mari a le droit d'assassiner la femme qui le trompe? M. Dumas répond oui, ou, pour parler plus vrai, la *Princesse Georges*, mise en scène par M. Dumas, répond oui.

M. Dumas fils tient à se faire adorer du sexe opprimé, dans lequel il a vu tant de fois le sexe oppresseur. Son *Ami des femmes* n'était qu'un terrible ausculteur de consciences et de cœurs féminins; le véritable « ami des femmes, » à partir d'aujourd'hui, c'est M. Dumas. Je ne sais pas, à dire vrai, si la conclusion de sa thèse est rigoureusement exacte et si l'adultère chez le mari est aussi coupable que chez la femme; je n'en crois rien. Ce sont là des questions délicates, pleines de controverses, et qui demanderaient un certain développement : mais, au courant de la plume, on peut cependant affirmer qu'il n'y a nullement parité entre les deux fautes, ou, si vous le voulez, entre les deux crimes. La famille, par exemple, et le foyer sont, à coup sûr, moins compromis par l'adultère de l'homme que par celui de la femme. Une maison où le mari est adultère est triste peut-être, — malheureuse ; une demeure où l'adultère entre par la femme est maudite et perdue. L'adultère masculin, puisqu'il faut disserter là-dessus, c'est, passez-moi le mot, une lézarde, une pierre qui tombe : l'adultère féminin, c'est absolument la ruine.

Sans aborder même le côté social de la question, les deux fautes ne sont pas identiques. Un mari peut fort bien ne chercher dans le coup de canif que le plaisir de le donner, la femme lui demandera l'affection, la passion, et par conséquent le déchirement même du lien conjugal. M. Dumas et son héroïne me diront sans doute que je raisonne là en homme et au masculin, et que je suis orfèvre comme M. Josse. Certes la princesse Georges a ses motifs pour penser autrement : elle souffre, elle s'irrite, elle est trompée; elle trouve la trahison de son mari aussi coupable que le serait sa trahison à elle; mais quelle que soit sa souffrance féminine, elle n'égale point, je le répète, celle d'un honnête homme bafoué dans son honneur. Et quand il n'y aurait que ce ridicule stupide qui s'attache au mari trompé, cela ne suffirait-il pas à rendre plus épouvantable et plus dangereuse la chute volontaire de la femme?

D'ailleurs, j'admets un moment que, sur ce point, les choses se valent. M. Dumas a bien présenté sa thèse, et, grâce à son admirable talent, le public l'a parfaitement acceptée. Il s'est mis tout entier du côté de la femme trompée; et lorsqu'elle s'écrie : « Eh bien! maintenant n'ai-je pas le droit de le punir comme je l'entends, comme il me châtierait moi-même? » le public, pour un peu, eût répondu : « Certes, vous avez assez souffert et assez bien plaidé votre cause pour conquérir ce droit. » Or, que fait alors M. Dumas? Il va justement contre sa propre idée, ou plutôt il l'abandonne en chemin; il la laisse tomber, il la rejette au bon moment, au moment même où il était maître de ses auditeurs et capable de tout leur faire entendre.

Voici la pièce; jugez-en :

La princesse Georges de Birac — ou la princesse Georges, comme on l'appelle familièrement dans le monde qui l'aime et la respecte — est mariée depuis un an. Elle a donné à son mari — et elle tient assez à le répéter — son être tout entier, ses espérances, sa beauté, ses pensées secrètes, ses pudeurs. Elle s'est abandonnée avec joie à cet homme qu'elle aime, qu'elle a juré d'aimer. Lui, après avoir prêté le même serment, s'est empressé de ne le point tenir. Il a une maîtresse, une sorte de statue adorable et glacée, blonde, pâle, avec des lèvres de goule, impassible et superbe, tout l'opposé de sa femme, nerveuse, elle, fiévreuse, brune, emportée, et qui a, nous dit-elle (ici la physiologie remonte un peu haut), du sang abyssin dans les veines. Ce prince de Birac appartient corps et âme à sa maîtresse. Elle l'enlace, elle le ruine. Il est marié avec la princesse Georges sous le régime de la communauté, et voilà qu'il ira jusqu'à emprunter deux millions à la fortune de sa femme pour fuir, éperdu, avec madame Sylvanie de Terremonde.

La princesse Georges sait tout, elle apprend brusquement cette trahison, elle est affolée et torturée. Cependant elle essaye encore de se tromper elle-même, de croire aux mensonges de son mari, qui lui jure que certain rendez-vous surpris n'était qu'un dernier rendez-vous, qu'il n'a jamais aimé Sylvanie, qu'il ne l'aime plus et ne la reverra de sa vie, après cette soirée toutefois où la maîtresse invitée doit se rendre chez l'épouse. La princesse ne demande qu'à se convaincre que Georges de Birac dit vrai, puis, lorsqu'elle voit, à n'en point douter, que son mari mentait, lorsqu'elle tient la preuve que le prince va fuir avec Sylvanie, elle chasse honteusement cette femme en lui crachant au visage, face à face, tout bas, les yeux dans les yeux. La scène est superbe, hors de pair, et moins belle encore que celle qui va suivre.

A peine madame de Terremonde est-elle partie, hautaine et glaciale, que M. de Terremonde entre, cherchant sa femme. C'est un homme violent, ce mari, roux, trapu, solide. Tout à l'heure, dans le coin des dames, on disait de lui : C'est un bœuf; on eût pu dire un taureau. Il va, dans la vie, le front baissé, comme pour enfoncer les obstacles. Ce Sganarelle sanguin est un Othello fauve et vigoureux. « Où est ma femme? »

— Votre femme, répond la princesse Georges, je l'ai chassée!

— Chassée?

— Je ne reçois pas chez moi les femmes qui ont un amant!

— Elle? un amant! Vous mentez! Un amant! Et qui donc?

— Cherchez.

Le second acte finit sur ce magnifique coup de tonnerre. C'est bref, c'est franc, c'est saisissant, c'est vraiment beau. Et comme l'actrice joue tout cela! Jusqu'à présent le drame a d'ailleurs tenu le premier rang dans l'œuvre nouvelle. La situation, bravement exposée dès le lever du rideau, apparaît éclatante de netteté, et fait songer, par la manière franche et nette dont elle est montrée, à ce chef-d'œuvre de rapidité dramatique et puissante qui s'appelle le *Supplice d'une femme*. A partir du troisième acte, la thèse apparaît. Mais nul ne s'en plaint, croyez-le. Toute la salle, encore un coup, pactisait volontiers avec la princesse Georges et acceptait son paradoxe, ou sa vérité, comme on l'entendra. Ainsi trahie, tombée brutalement du haut de son rêve, madame de Birac cherche autour d'elle un appui, un sauveur. Ce salut, elle le demande au vieux notaire de sa famille, M. Galanson, puis à sa mère, madame de Périgny. Le notaire répond que la loi est inflexible et que ce qui est enchaîné est bien enchaîné. On ne tranche pas ces nœuds gordiens, on les détend par des procès en séparation — qu'on ne gagne pas toujours. Ainsi répond la loi. Que répond la famille? « Ma foi, je regrette de t'avoir donné ce mari-là, mais je ne le connaissais pas, je ne savais pas, je me suis mariée deux fois, et j'ai été parfaitement heureuse; l'important est qu'il ne dévore pas toute ta fortune avec cette femme. Bonsoir! » Et la femme trahie reste seule, accablée.

Ici, M. Dumas prend la parole par les lèvres de son héroïne : « C'est ainsi que la société et le Code, que les hommes qui ont fait la loi traitent celles qui sont leurs mères, leurs femmes, leurs filles, leurs sœurs. » Soit! Une femme résoudra donc seule ce problème, pour lequel la famille et la loi n'ont pas trouvé de solution : « Je suis le juge de cet homme, dit la princesse Georges. » Revenez demain, notaire; la princesse aura découvert ce que vous n'avez pas su trouver. Eh! parbleu, cela est trouvé, c'est le divorce. M. Dumas, je vous en avertis, fera tout, dès à présent, pour arriver à démontrer la nécessité du divorce. Cette fois, il voulait y arriver

en faisant tuer le mari coupable par la femme trompée.
Lady Othello. Pourquoi pas?

Hélas, au dernier moment, il a hésité. Quoi! lui? Il avait conduit sa pièce à cette situation virile : la princesse Georges savait que M. de Terremonde, ignorant le nom de l'amant de sa femme, attendait cet amant au bas de la fenêtre, un pistolet à la main, décidé à tuer à tout hasard. Que ferait la princesse Georges, s'arrogeant le droit de vie et de mort sur son époux adultère? La justicière jetterait-elle son mari aux coups de l'exécuteur? Les deux personnages sont là, la femme implorant un mot d'amour afin de faire grâce au coupable, le mari n'ayant de parole affectueuse ou passionnée que pour l'*autre!* Alors la princesse Georges : « Partez, dit-elle, pour moi, vous êtes mort! » Mais dès qu'il va franchir la porte derrière laquelle est le meurtre, elle se précipite au cou du prince : « Ne pars pas, reste, il te tuerait! » Un coup de pistolet retentit en effet. C'est M. de Terremonde qui vient de tuer un certain M. de Fondette, sorte de chérubin enamouré, qui obtenait, ce soir-là, un premier rendez-vous de Sylvanie de Terremonde.

— Et je tuerai ainsi tous ses amants, ajoute le furieux en rentrant.

A quoi un valet du logis réplique :

— Il est enragé. Je vais le faire arrêter!

Ce dénouement a surpris, décontenancé tout le monde. Son moindre défaut est de ne rien terminer. La femme, le mari et la maîtresse demeurent toujours en présence, et si le prince de Birac est du tempérament de M. de Cigneroy, de la *Visite de Noces*, si l'amour s'éveille, comme le dit M. Dumas, a   a jalousie, son héros aimera d'autant plus Sylvanie qu'il vient d'apprendre qu'elle était mieux dotée d'amants. En outre la thèse dont nous parlions est exposée et point prouvée. La princesse Georges nous promet des solutions qu'elle ne mène pas jusqu'au bout et des châtiments qu'elle n'ose appliquer. Ce mari coupable, cet époux adultère, dans la pensée première de l'auteur, c'était un condamné à mort. Il voulait le frapper comme M. de Lys frappe Diane. La princesse Georges, dans la pensée primitive de l'auteur, tenait parole. C'est le dénouement logique, inévitable, fatal de la situation. Ici l'amnistie, excellente ailleurs, n'était point possible. Le revolver était chargé, il fallait s'en servir, mais contre le vrai coupable. Que si la balle de pistolet de M. de Terremonde fait ricochet et frappe au cœur un petit monsieur qui soupire, toute la pièce s'écroule, et tant de passion, d'esprit, de vigueur, de puissance dramatique, de talent, n'est mis en œuvre que pour aboutir à une déception. Quel dommage!

Pourquoi M. Dumas, qui a la force, a-t-il voulu avoir l'adresse? Ce coup de pistolet du mari, qui jette à terre un comparse, me fait souvenir du coup de fusil de ce mari de *Nos Intimes*, qui *descendait* au dénouement un renard. Mais quand on a la franchise et la décision, quand on a pour humeur particulière le dédain des escamotages, ne doit-on pas laisser l'habileté à d'autres? Les deux premiers actes avaient obtenu un des plus vifs succès que j'aie vus au théâtre. Ils sont tour à tour et charmants et vigoureux. J'y relèverais bien, çà et là, des fausses notes, par exemple, longueurs dans les caquets des mondaines; au second acte, une étrange habitude d'amalgamer des noms propres bizarres, madame du Barry et Bomarsund, mais qu'est cela? Ces deux beaux actes sont réellement de premier ordre, et la fin du second est magistrale.

Mais ce maudit dénouement! Mieux eût valu cent fois que la princesse Georges, affolée, tuât son mari de ses propres mains, avec le couteau à papier rouge encore du sang d'Iza Clémenceau, que de faire assassiner à la place du prince ce pauvre mouton de M. de Fondette. La pièce en eût certainement moins souffert.

Mademoiselle Aimée Desclée a trouvé, dans la *Princesse Georges*, son plus grand triomphe. On ira l'applaudir dans ce rôle fait à sa taille, et où elle déploie toutes ses qualités de passion, de vérité, de simplicité saisissante. L'admirable comédienne s'est surpassée, et son succès est devenu une ovation : on n'est certes pas plus complète. Mademoiselle Pierson n'a qu'une scène, mais elle la joue supérieurement. Croirait-on que ce sympathique visage puisse devenir quasi-terrible? Avec ses cheveux d'un blond tendre, ses yeux froids, ses blanches épaules sortant de sa toilette noire, avec ce ruissellement de diamants, froide, impérieuse, elle ressemble à une sorte d'Ophélie sinistre. Mademoiselle Massin apparaît et disparaît : elle est jolie au point qu'on dirait volontiers qu'elle l'est trop.

Quant aux acteurs, sauf Raynard et Landrol, qui sont excellents, ils ont paru quelque peu effacés. Pujol jouait mieux autrefois ces rôles de maris passionnés. J'oubliais injustement Francès, qui remplit fort bien son rôle de notaire psychologue.

XXV

Les deux Dumas. — Une préface d'Alexandre Dumas fils. — Représentation extraordinaire au bénéfice de la souscription pour le monument de Dumas père.

15 décembre 1871.

La semaine littéraire a été remplie de ce nom, *Alexandre Dumas*, qui rappelle depuis longtemps une double gloire. Un véritable ami de l'art dramatique, tout entier à sa tâche qui consiste à populariser à la fois les chefs-d'œuvre anciens et nouveaux, M. Ballande, célèbre aujourd'hui, dans une représentation extraordinaire, la mémoire d'Alexandre Dumas père ; et M. Dumas fils publiait hier une préface à sa dernière pièce, qui nous fournit l'occasion de revenir un moment sur la *Princesse Georges*.

Je regrette que, pour fêter tout à fait dignement Alexandre Dumas père, M. Ballande n'ait pas choisi des œuvres moins connues de la génération actuelle et peut-être plus remarquables que celles qu'il a offertes au public. Sans doute *Antony*, ce merveilleux accès de fièvre chaude, tout embrasé encore et tout fumant des feux d'une sorte de passion sauvage; sans doute *Charles VII et ses grands vassaux* où retentit, à travers le palais d'un roi, le rugissement du noir Yakoub; sans doute ces drames ont leur profond intérêt, et gardent encore après trente ans une puissance véritable, mais ils ne feront pas connaître dans toute la splendeur de son génie dramatique ce créateur étonnant qui fut, on peut le dire, et de pied en cap, dans sa vie privée comme dans ses livres, le théâtre personnifié.

M. Ballande avait eu d'abord une idée excellente. Il voulait donner cinq actes divers de Dumas, un acte pris à cinq de ses drames les plus remarquables. Pourquoi ne l'a-t-il pas fait? Assurément, la nécessité d'une représentation improvisée l'a voulu ainsi; et M. Ballande, dans sa sympathique ferveur d'impresario, doit regretter, par exemple, de n'avoir pu montrer au public de 1870 ce *prologue* de la tragédie de *Caligula*, prologue qui frappa d'admiration le public de 1837. En effet, si les cinq actes de la tragédie ne tiennent point ce que promettait ce magistral début, et si le monument n'est pas, à beaucoup près, aussi réussi que le portique, il n'en est pas moins vrai que ce prologue de *Caligula* est une chose achevée, superbe, la plus éclatante mise en scène du monde romain de la décadence qu'on puisse concevoir.

Avec sa puissance de *résurrectionniste*, si je puis dire, Dumas, cet évocateur du passé, qui n'a d'égal, qui n'a de supérieur que Michelet, a fait venir dans une dizaine de scènes la quintessence des récits de Tacite ou de Suétone, et des satires virulentes de Juvénal. Oui, c'est du Juvénal en action que ce tableau de la corruption romaine s'étalant en plein Forum, ce fourmillement luxueux, séduisant et révoltant à la fois de jeunes débauchés sortant de chez le barbier pour aller s'ouvrir, en souriant, par ordre de l'empereur, les quatre veines chez le baigneur voisin. Voici la maison du consul Afranus, avec les deux haches pendues à la porte. Voici la voie Sacrée, et, tout à l'heure, le char d'ivoire et d'or qui porte César et sa débauche; tout à l'heure Messaline, sous son déguisement de Victoire ailée, passeront, triomphants, devant les temples de la Fortune et de Jupiter-Tonnant. Cependant, au fond du théâtre, apparaît comme un avertissement, comme une menace, la roche Tarpéienne, où vont tant de fois aboutir ces triomphateurs d'un moment et ces heureux d'un jour.

Voilà quel vivant spectacle Alexandre Dumas avait renfermé dans ce *Prologue*, une de ces œuvres les plus complètes et les plus surprenantes. Cet homme, peu versé dans l'étude de l'antiquité, l'avait, avec un sens prodigieux de divination, non pas *apprise*, mais réellement *vue* et *observée*. Tel de ses romans, *Acté*, où il met en scène Néron courant dans le cirque, est un récit achevé et érudit de la civilisation et de la dégradation gréco-romaine. Je regrette, encore une fois, que le directeur des représentations du dimanche, à la Gaîté, n'ait pu donner place à *Caligula* dans le programme de cette solennité littéraire. Mais je suis bien certain aussi qu'il le regrette plus encore que moi-même. Au lieu de ce Dumas magistral, nous aurions eu le Dumas magnifiquement forcené d'*Antony*, celui qui, en pleine dédicace de ce drame, s'écrie, dans ses vers à une femme aimée :

> Pour t'arracher à ton époux, je donnerais

(l'exclamation révèle toute une époque)

> Je donnerais ma vie
> Et mon âme, *si j'y croyais !*

Le produit de cette représentation de la Gaîté sera versé dans la caisse de la souscription pour élever un tombeau à Alexandre Dumas, souscription qu'ont entreprise les sociétés réunies des auteurs dramatiques et des gens de lettres, et à laquelle M. Ballande vient de prêter son concours. Ce ne sera point là, d'ailleurs, la seule représentation qu'on destinera à ce tombeau. On avait même parlé d'une statue. Ceux qui ont gardé du prodigieux conteur un souvenir reconnaissant voudront payer à sa mère ce juste tribut, et lui rendre cet hommage, que l'on refuse parfois aux vivants, que l'on accorde plus volontiers aux morts, et que le glorieux Dumas père, plus heureux que bien d'autres, aura rencontré à la fois pendant sa vie et après sa mort.

M. Alexandre Dumas fils, depuis l'an dernier, depuis le jour où l'auteur des *Mousquetaires* a été emporté, en pleine invasion et sans savoir, du moins, que son pays était en proie à l'étranger; depuis un an, M. Dumas fils est devenu, pour la critique et pour le public, *Dumas* tout court. Lui, continue « à ajouter à sa signature le nom de *fils*, dont il se fait encore un titre. C'était modestie jadis, c'est en quelque sorte piété aujourd'hui. Il veut rester, il restera *Dumas fils*, et ceux-là mêmes qui songeraient à opposer sa manière précise, laborieuse et achevée à l'allure ardente, improvisée et débordante de son père, ne le feront pas tant que, par ce nom de *fils*, il indiquera, de son propre mouvement, qu'il entend regarder toujours celui qu'il aima comme un maître qu'il respecte. C'est un maître aussi, cependant, et d'une puissance au moins égale, sous certains rapports, que l'auteur du *Demi-Monde* et de l'*Ami des Femmes*. Mais, tandis que Dumas père était, dans toute sa franchise, le poëte aventureux qui obéit à sa fantaisie, à son caprice et à sa passion, Dumas fils est le savant qui étudie sur lui-même, autant que sur les autres, les phénomènes de la vie, qui les modère, les dirige et souvent les dompte, lorsqu'ils présentent quelque apparence morbide.

Un savant est-il supérieur à un poëte? toute la question est là. On pourrait répondre, il est vrai, que la science, chez Darwin, touche à la poésie et que chez Goëthe la poésie devient de la science. Il y a, pour revenir à Dumas, longtemps que le parallèle a été étudié et qu'on a constaté que jamais deux natures ne furent plus dissemblables. Cette vérité en est même devenue banale. M. Dumas fils, aujourd'hui, fournit cependant à la critique le soin de remettre le parallèle à demi usé en circulation.

Alexandre Dumas, lorsqu'il donnait au théâtre ces grands drames bouillonnant de la jeunesse, les jetait, pour ainsi dire, au public, d'une main prodigue, ne répondant aux objections que par une œuvre nouvelle, et écrasant la discussion par une création inattendue. M. Dumas fils a plus d'affection pour ses nouveau-nés. Il ne passe d'une œuvre à une autre qu'après avoir tourné et retourné, montré sous toutes ses faces au public — qui lui en sait gré — qu'après avoir *démonté*, en quelque sorte, l'œuvre dernière. La préface vient alors en aide à la comédie et au drame, et le moraliste explique le dramaturge. Cette fois, M. Dumas, piqué, je ne sais pourquoi, par certains reproches de la critique, a voulu défendre devant le public cette *Princesse Georges* qui se défend fort bien toute seule, chaque soir, et par son propre succès. Il s'est adressé, négligeant les littérateurs et les gazetiers, tout droit à la foule, à ce *Monsieur tout le monde* dont parlait Voltaire, et que Luther appelait aussi *Herr Omnes* : Monsieur Tous. Il l'a arrêté au passage, il lui a offert un siège, comme Auguste à Cinna, et il lui a dit : *Causons*.

C'est une bonne fortune, pour un public comme pour un particulier, que de causer avec Alexandre Dumas fils, l'esprit le plus fin, le plus imprévu et le plus nerveux, des aperçus nouveaux, profonds, une étonnante science de la vie, de cette vie électrique qui fut la nôtre, un dégoût amer, quasi-misanthropique, pour tout ce qui corrompt, des fusées de mots et des gerbes d'idées : tout cela rapide, franc, sans façon, étincelant. On écoute, on est charmé. Et le public a écouté la *Préface* nouvelle.

Cette préface aborde plusieurs points en contestation. Elle traite de l'immoralité au théâtre, du sort de certaines pièces admirables qui manquèrent de sombrer à leur première audition, enfin du dénoûment de la *Princesse Georges*. Nous allons, à notre tour, aborder rapidement ces fameux motifs de causerie.

Et tout d'abord, M. Dumas fils déclare que le théâtre est forcément, est fatalement *immoral.* « Le théâtre étant, dit-il, la peinture ou la satire des passions et des mœurs, *il ne peut jamais qu'être immoral, les passions et les mœurs moyennes étant toujours immorales elles-mêmes.* » Je ne suis pas de cet avis et je trouve, pour ma part, cette affirmation singulièrement paradoxale. Quoi! les passions et les mœurs sont toujours immorales! « Parlez pour la France, » dira volontiers l'étranger qui nous écoute et qui nous montrera l'un Dickens, l'autre Schiller, un autre Manzoni, un quatrième Cervantes. Eh bien! non, non, toutes les passions ne sont pas immorales! Il y a des passions nobles et fières, de généreuses ardeurs, des mœurs vaillantes et pures, il y en a, même dans ce fumier qui est la société contemporaine, il y en a même dans ce monde parisien moderne, que je comparerais volontiers à la *sentine* dont parle Salluste à propos de Rome. Quoi! au lendemain des jours maudits où tant d'humbles et pauvres gens sont tombés, pourquoi? pour qui? pour un nom, pour une chimère, pour la patrie! après le spectacle offert, dans la débâcle générale, par tant de gens résolus qui sont devenus, tués à l'ennemi, des martyrs, et des martyrs sans phrase; après tant d'héroïsmes qui ne sont inconnus que parce que le talent néglige de les faire connaître, un homme de cœur, haut placé, comme M. Dumas fils, ne trouve rien à peindre, affirme qu'il n'y a rien à étudier que des *passions et des mœurs immorales.* Et il ajoute que le théâtre ne vit que de ces passions et de ces mœurs!

Le théâtre répond de lui-même. Et Corneille avec Horace, avec Chimène, avec Émilie? Et Racine avec Mithridate? Et Molière avec Alceste? Ne connaissaient-ils pas les tares et les plaies du cœur humain, ces médecins de l'âme? et n'ont-ils pas cependant ardemment jeté le : *En haut les cœurs!* le coup de clairon qui fait vibrer toutes les fibres supérieures de la nature humaine, le *sursum corda* éclatant qui vous prend aux entrailles et qui grandit, pour un moment, le plus humble jusqu'à en faire un héros? Certes, je n'aime pas, lorsqu'il s'agit d'art ou de littérature, les hypocrites d'honnêteté qui se voilent la face devant une vérité mise à nu. Je crois, au contraire, que l'artiste a le droit de tout peindre. Le moraliste a ses entrées partout, comme le médecin. Mais, s'il est autorisé à ouvrir une clinique ou un dispensaire pour les mœurs gangrenées, il ne s'ensuit pas qu'il doive proclamer que son ministère consiste seulement à vivre, et à vivre toujours, dans ce milieu malsain. Il y a d'autres endroits en ce monde que ces charniers. Il y a des oasis au milieu de l'infamie comme il y en a dans le désert. Ah! l'oasis, l'oasis, dès que M. Dumas fils nous le montre, il y glisse aussitôt, avec un malicieux plaisir, un reptile. Tous ses paradis terrestres ont une Ève de hasard et un serpent de fondation.

Chacun, il est vrai, et je le reconnais, étudie ce qui lui plaît. J'avais pour professeur d'histoire naturelle un éminent naturaliste, l'excellent M. Duméril, mort récemment, et qui, pris d'amour justement pour les reptiles, nous disait souvent d'un air attendri : « Quel dommage, messieurs, ces *pauvres serpents!* on les détruit tous! » M. Dumas fils, au contraire de M. Duméril, veut à coup sûr détruire les serpents féminins, et voilà bien pourquoi il les étudie de préférence. Mais il ne s'ensuit pas que le théâtre soit spécialement destiné à nous montrer des vipères comme la baronne d'Ange ou des boas froidement affamés comme madame de Terremonde. Les colombes, mon cher maître, et les humbles poules de basse-cour ont aussi leur place marquée dans le monde hospitalier de l'art. Et, certes! il serait temps de les y appeler, ces pauvres négligées, et de peindre non plus les mœurs moyennes, mais les passions hautes, puisque M. Dumas fils assure que les « mœurs moyennes » sont nécessairement immorales. Il serait temps de proclamer pour l'honnêteté le *droit au théâtre*, qui ne serait certes pas, on en conviendra, un droit subversif. Et qui le pourrait mieux faire que M. Dumas lui-même, en possession de la pleine autorité de son admirable talent, dans tout son développement maître complet de la scène et du public.

« Je ne suis pas entré au Gymnase, disait-il dernièrement avec son sourire, je ne suis pas entré dans la maison de M. Scribe pour continuer son commerce, mais pour l'exterminer. » Bravo! c'est fort bien, et nul plus que nous n'applaudit à cette *exécution* d'un genre faux, petit et mesquin, quoique séduisant par plus d'un côté. Mais si l'artiste énergique et fort, épris de vérité, audacieux, ferme, abat brusquement avec des œuvres telles que la *Visite de Noces* et la *Princesse Georges* tout le vieux théâtre démodé, en revanche, je demande au moraliste qu'il *extermine* aussi la société gangrenée dont il a étudié les plaies et que son théâtre porte des coups droits comme ses préfaces.

La *Princesse Georges*, dont j'ai énuméré les qualités superbes, la puissance dramatique, l'habileté au début, la vérité courageuse et les magnifiques effets jusqu'au troisième acte, a d'ailleurs, malgré son dénoûment, rencontré dans le public le succès le plus complet. M. Dumas fils, que les pauvres hères vont trouver bien exigeant, se plaint d'avoir vu mal accueillir, le premier soir, la dernière scène de la *Princesse Georges*. « C'est, dit-il, ce diable de *premier mouvement*. Rappelle-toi, malheureux, dit-il au public, que tu as sifflé *Phèdre*, le *Cid*, le *Mariage de Figaro*, *Guillaume Tell*, et le *Barbier de Séville*. » M. Dumas donne ici au public une volée de bois vert imméritée. Pour le *Barbier de Séville*, soit, et pour *Guillaume Tell*, je l'accorde; mais jamais y eut-il, au théâtre, vogue pareille à celle qui attendait le *Mariage de Figaro*? Ce *malheureux* public en fit le succès, malgré la vogue et malgré la cabale. Il n'avait d'ailleurs pas sifflé *Phèdre*, et si Mme de Sévigné, qui détestait *Bajazet*, et le duc de Nevers qui tenait pour la *Phèdre* de Pradon contre celle de Racine, ont attristé le tendre Racine à l'épiderme si sensible, cela ne regarde point le public. Le public non plus n'avait pas mal accueilli le *Cid*. M. Dumas fils oublie-t-il donc le vers devenu proverbial :

Tout Paris, pour Chimène, a les yeux de Rodrigue.

Et comment appelle-t-on, dès son aurore, la pièce de cet homme de trente ans, qui se nomme Corneille, la *Naissante merveille?* Corneille a dû sourire au *lundiste* qui a dit le mot. Un adversaire du poëte, l'auteur du *Jugement du Cid*, « par un bourgeois de Paris, marguillier de sa paroisse, » constate lui-même, tout en soupirant, ce grand succès. Le cardinal de Richelieu en pâlit de colère. Scudery adresse un pamphlet à l'Académie, qui se prononce pour Corneille. En vérité, beaucoup de gens se contenteraient d'être *sifflés* ainsi par le public.

Malgré toutes ces raisons, prises dans le présent et dans le passé, le dénoûment de la *Princesse Georges* n'est pas, quoi qu'en dise M. Dumas fils, dans la logique de la situation, si franchement établie par lui. Je suis, je l'avoue, de ces *tempéraments* et de ces *appétits* dont parle l'auteur dans sa Préface, et j'aurais désiré, j'attendais ce dénoûment *indigne de l'art.* M. Dumas fils assure que cette conclusion eût été grotesque. La logique ne peut pas être, n'est jamais grotesque. Comment! Mme de Birac prend la peine de nous avertir; elle nous annonce que, se substituant à la famille et à la loi, elle va trouver, elle, de sa propre autorité, une solution à l'adultère commis par le mari, et cette solution, c'est le pardon, c'est l'amour, c'est le commencement de cette affection qui, pourtant on l'avouera, chez une telle femme, ne peut plus refleurir dès que la tige en est brisée. Oui, plus l'âme de la princesse Georges est haute, plus son désespoir sera irrémédiable... De tels cœurs, une fois fermés, ne se rouvrent plus, ils se dessèchent. Mais M. Dumas nous le dit, il veut qu'*elle vive, qu'elle soit heureuse, qu'elle produise.* « J'ai besoin des enfants de cette mère. » Et Mme de Birac sera mère après avoir fait tuer, elle, cet enfant qui a une mère aussi, ce Chérubin d'amour à son premier rendez-vous, ce M. de Fondette qui n'avait rien à voir aux querelles du ménage de Birac, et qui, cependant, reçoit en plein cœur, lui innocent, la balle due à ce mari coupable! Et Mme de Birac sera heureuse après ce meurtre? Et elle ne tremblera pas que ce spectre d'adolescent vienne s'asseoir au chevet de ses amours reverdies? Non, encore une fois, cette femme est trop noble et trop fière pour accepter cette félicité tachée de sang. D'ailleurs, la goule est toujours là; Mme de Terremonde rôde autour du nid, et M. de Birac n'est point reparu. Si la *Visite de Noces* dit vrai, encore une fois l'amant inassouvi retournera à sa maîtresse et délaissera sa femme qui, cette fois, j'espère, ne fera plus tuer personne pour lui.

Je regrette d'avoir eu à souligner encore le jugement que je portais dernièrement sur la *Princesse Georges*. Mais M. Dumas fils est de ceux dont on ne peut laisser passer les mâles écrits sans en saluer les vérités, sans en redresser les quelques paradoxes qui s'y glissent comme des piments ajoutés à un mets savoureux. Je suis d'ailleurs satisfait d'avoir, en discutant la Préface, pu constater le succès grandissant du drame, de Mlle Desclée et de M. Dumas fils.

XXVI

COMÉDIE-FRANÇAISE : *Christiane*, pièce en quatre actes, de M. Edmond Gondinet.

21 décembre 1871.

M. Edmond Gondinet vient de franchir, en une soirée, cette distance souvent impossible à parcourir qui sépare l'auteur à succès de l'auteur en pleine autorité. Il avait rencontré déjà la vogue, il a trouvé cette fois les applaudissements complets et l'estime durable. C'est à la Comédie-Française qu'il apporta, si je ne me trompe, à son début, un petit acte, sa première pièce, dont le public de la rue Richelieu semblait, l'autre soir, avoir oublié la mémoire. Après ses alertes et charmantes comédies du Gymnase et du Palais-Royal, M. Gondinet a repris le chemin du Théâtre-Français; mais il n'y entre plus en débutant, et, depuis la première représentation de *Christiane*, on peut dire qu'il y rentre en maître.

Christiane est certainement une des pièces les plus intéressantes et les mieux conduites que nous ayons rencontrées au théâtre depuis longtemps. Discrète et sincère, l'émotion y est singulièrement juste, tendre, sans manière, et le rire a la franchise la plus vraie; l'esprit, le mordant le plus aiguisé et le moins amer. Avec un rare bonheur d'exécution, et sous une forme aimable et sympathique, M. Gondinet a renouvelé un sujet dramatique déjà bien vieux, souvent traité et bien traité, tantôt par la comédie, tantôt par le drame, et il a imprimé à ce sujet, non point banal, certes, mais cependant connu, son cachet individuel, il lui a donné son caractère propre, fait d'honnêteté et de franchise.

Ce sujet, c'est la lutte entre la nature et la loi, entre le père par le droit du sang et le père par le droit du Code, c'est encore une fois l'éternel adultère des œuvres d'art contemporaines, mais l'adultère étudié sous une de ses faces, ou plutôt de ses conséquences les plus poignantes. M. de Noja, ambassadeur au Pérou, riche, honoré, séduisant, revient du long exil auquel la diplomatie l'a condamné, avec une tristesse au cœur emportée au départ, rapportée au retour. Il est des passions qui emplissent toute une existence, fût-ce par le souvenir. Même coupables, elles s'épurent en prenant possession de certains êtres privilégiés du sentiment et de la douleur. L'amour que ressentait M. de Noja pour la femme du banquier Maubray était et est demeuré une de ces passions-là! Madame Maubray a ordonné à M. de Noja, son amant, de s'éloigner. M. de Noja est parti, et madame Maubray est morte. En rentrant en France, M. de Noja n'a conservé que l'accablement irréparable produit en lui par cette mort.

Bien décidé à ne jamais aimer de nouveau, il ne sait plus que se dévouer. Il dotera sa nièce, il vivra à Paris, entre ses amis, M. de Briac et le docteur Solem, aux côtés de sa belle-sœur. Il sera à quarante ans comme s'il en avait soixante. Sa vie est finie pour avoir mal commencé. Et voilà que brusquement, presque par hasard, il apprend par une confidence de sa nièce Adrienne et par un aveu de M. de Briac, que le banquier Maubray a une fille, Christiane, et que cette fille est sa fille, à lui, de Noja, la chair de sa chair, son sang même et sa propre vie. Tout en lui se réveille aussitôt de ce qui fut jadis son amour pour la mère, tout réapparaît, et ressuscité, transfiguré, sous la forme sacrée d'un amour paternel qui va jusqu'à l'abnégation et à l'absolu sacrifice.

Quelques-uns ont trouvé que cet homme, revenant après dix-sept ans de son ambassade péruvienne, s'éprenait bien vite de cette enfant, dont il ignorait la veille l'existence, et que la « voix du sang » poussait son cri un peu trop vite. J'ai répondu à l'objection en disant que l'amour ressenti par M. de Noja pour Christiane se double au premier moment du souvenir de la morte. La vision de la passion coupable se dresse, devenue chaste et attirante, devant ce père. Et, d'ailleurs, pourquoi n'y aurait-il point des *amours coup de foudre* pour le roi Lear comme pour Roméo ?

Retrouvant son enfant, ou, pour mieux dire, découvrant son existence, M. de Noja n'a d'autre souci, d'autre soin, que de la voir, de l'approcher, de lui parler. Ami de la maison Maubray, M. de Briac supplie M. de Noja de ne point se trahir, de dominer son émotion, de maîtriser cette joie inattendue. M. de Noja verra donc, et rencontrera Christiane dans une fête, où, l'invitant comme une étrangère, il pourra cependant lui parler comme un ami.

La première entrevue de la fille et du père a, dans la comédie de M. Gondinet, une grâce exquise et discrète qui séduit et émeut à la fois. C'est rapide, sans phrases, sans soupirs, ce n'est rien, et c'est parfait. Avec quel alerte bonheur le moindre cri mélodramatique est évité ! Et tout à l'heure, lorsque la situation tournera décidément au drame, comme l'auteur saura la maintenir dans le ton voulu, qui est le bon ton !

Cette dramatique situation, on la devine sans peine. Christiane a conçu pour le fils d'un vieux gentilhomme, M. de Kérouan, un amour profond. Élevée durement par le banquier Maubray, qui sait qu'elle n'est pas sa fille, elle aime, elle qu'on n'aime pas. M. de Noja, interrogé par le père de M. de Kérouan sur le degré d'honorabilité du banquier Maubray, répond que, certes, le fils d'un gentilhomme peut épouser la fille d'un homme d'affaires. M. de Noja a cependant entre les mains un dossier où se trouve singulièrement compromis un des agents de M. Maubray au Pérou. Mais il affirmera l'honneur de M. Maubray pour assurer le bonheur de Christiane. Il a raison, d'ailleurs, et la probité de M. Maubray est stricte ; le banquier ne s'acharne à accoler son nom au nom déshonoré de Senoncourt, son agent, que pour forcer M. de Noja, ambassadeur au Pérou, de déshonorer et de ruiner Christiane en clouant au pilori ce nom de Maubray.

Le mari trompé a gardé, depuis dix-sept ans, au flanc une plaie ouverte. Il hait d'une implacable haine ce M. de Noja, qui lui a arraché la joie de son foyer. C'est M. de Noja qu'il frappera dans Christiane. Elle aime M. de Kérouan ; il la contraindra d'épouser un jeune sot, M. Arthur de Beaubriand, dont la seule qualité est d'être le fils d'un ministre. Christiane, ainsi condamnée, en mourra peut-être. Peu importe! M. Maubray est son père, de par la loi, et, comme père, il ordonne. Alors M. de Noja se dresse devant lui, et la scène, longtemps attendue durant le deuxième et le troisième acte, éclate à la fin du quatrième acte. Elle a assuré le succès complet de l'ouvrage. Elle est réellement belle et émouvante.

Après avoir brûlé le dossier qui compromet Senoncourt et avec lui M. Maubray, après avoir assuré la fortune du banquier, sauvegardé sa réputation, préservé le nom de Maubray de toute souillure, M. de Noja supplie Maubray de donner M. de Kérouan à Christiane. Il demande, il prie, il va ordonner tout à l'heure. C'est, mais bien autrement traitée, la scène d'un drame de la Gaieté, le *Médecin des Enfants*, qui est aussi un succès éclatant. Les deux hommes, le mari et l'amant, se retrouvaient ainsi au chevet de la fille mourante. Maubray, inflexible, rendra M. de Noja affolé. « Mais vous tuez Christiane ! — Je vous défends, répond Maubray, d'appeler ainsi mademoiselle

Maubray devant moi! » Sur ce mot, de Noja recule, pousse un cri : « Ah! dit-il, vous savez que Christiane est ma fille. » Et, comme Maubray s'incline, terrible et froid : « Vous croyez donc, maintenant, que je vous la laisserai torturer ainsi! Je suis son père! — Dites-le-lui donc, réplique Maubray en apercevant Christiane, la voilà ! »

Ce choc, non de mots, mais de sentiments, est vraiment traité par M. Gondinet de la façon la plus remarquable. Rien de trop.

Tout cela est juste et profondément vrai, pénétrant. M. de Noja est écrasé par sa paternité même. Oserait-il nommer Christiane sa fille sans souiller à jamais la mémoire de la mère ? La paternité, pour s'imposer, doit être sans tache. C'est le châtiment de l'adultère qu'il puisse tout dérober à la loi, moins le droit. Devant Christiane, M. de Noja est forcé de se taire. Il baisse le front, et M. Maubray, qui a attendu si longtemps son heure, se venge en assurant, devant le vrai père impuissant à rien sauver, le bonheur de Christiane elle-même. Il retire sa parole à M. de Beaubriand stupéfait; il donne Christiane à M. de Kérouan, et il presse d'un mouvement brusque contre sa poitrine, il embrasse nerveusement Christiane, dont il reçoit les effusions devant M. de Noja, blessé au cœur.

— Il me la prend cette fois, murmure M. de Noja, et maintenant je serai seul !

Je ne saurais trop louer ce dénouement d'une sensibilité juste, point maniérée, poignante et saine. Il est gros de moralité autant que de larmes. Doucement, sans en avoir l'air, M. Gondinet fait aussi la leçon à l'adultère. Il ne cautérise pas, il ne maudit point, il murmure avec une éloquence contenue des vérités qui ne perdent rien pour être dites d'un ton attendri. Cette partie dramatique de *Christiane* tient tout entière, d'ailleurs, dans le premier et le dernier acte. Les deux autres sont remplis de ces détails amusants que l'auteur de la *Cravate blanche* et de *Gavaut, Minart et Compagnie* sait jeter dans l'action avec beaucoup d'adresse et d'art. Les personnages épisodiques sont tracés lestement, d'un crayon fin et discret. Ce M. de Beaubriand, reflet horriblement terne d'un père illustre et qui répond à ceux qui lui demandent de ses nouvelles : *Merci, mon père va bien*, est une silhouette des plus divertissantes et des mieux réussies.

Le docteur Solem est parfait, et je ne sais pas si, de tous les personnages de la pièce, je ne préférerais point ce M. de Briac, vieux garçon amoureux du célibat, spirituel et charmant, dupe dans sa jeunesse, détrompé à l'âge mûr, et arrivé sans secousse, comme il le dit lui-même, au moment de la vie où l'on n'est bien aimé que de soi-même.

Je retrouve en lui la caractéristique même du talent de M. Edmond Gondinet : de l'esprit, et du plus délicat, du plus franc, une certaine note attendrie, mais point larmoyante, du tact, de la finesse, un grand fonds de misanthropie souriante et de bonté. Avec cela un je ne sais quoi de loyal et de militaire, la poignée de main large et la parole honnête. Mais je m'aperçois que, pour un peu, je tracerais, à propos de l'œuvre, le portrait de l'auteur. Ce ne serait pas là tâche désagréable. Sans fracas, sans cette sorte d'habileté qui se fait à la fois jour sur les planches et dans la vie, en marchant droit devant lui, et en travaillant avec le soin de son art et le souci de son nom, M. Gondinet est arrivé, en quelques années, à ces applaudissements de *Christiane* qui lui assurent encore, j'en suis certain, des succès à venir. Il a réussi par sa propre nature, par cette honnêteté que subissent ceux-là mêmes qui la nient; et pour faire parler à ces personnages le simple langage de la probité courante, il n'a pas eu besoin d'interroger un autre quelqu'un que lui-même. C'est par ces qualités, rares partout et surtout au théâtre, qu'il a conquis, peu à peu, la sympathie du public. Il n'est point entré dans le succès par effraction, ne s'y est pas glissé par ruse, il y a pénétré toutes portes ouvertes : « Je suis ainsi, prenez-moi, ou ne me prenez point. » Et c'est pourquoi, une fois entré, il y restera.

Décidément, et quoi qu'on dise, il n'est rien de tel que cette droiture vaillante qui ne marche pas plus lentement d'ailleurs, il faut le répéter bien haut, pour marcher d'un pas plus ferme et plus sûr. Et le public subit plus facilement, par je ne sais quel magnétisme secret, l'influence de l'œuvre, lorsqu'il sait, lorsqu'il sent et devine que l'homme qui la lui présente l'a conçue et tracée dans sa loyauté cordiale et dans sa conviction absolue.

Christiane est jouée comme on joue à la Comédie-Française. Sous ce rapport, du moins, Paris peut servir toujours de modèle. L'ensemble est parfait. Delaunay, qui pour la première fois, dans le rôle de M. de Noja, abordait l'emploi des *pères*, y a déployé toute sa flamme et tout son talent. Il n'est point déplaisant de s'imaginer encore aussi ardent le père de Christiane. Son sacrifice y gagnera au dénouement en abnégation, et sa solitude s'en accroîtra. Delaunay a été tout à fait supérieur dans le dernier acte, où il a rencontré ses plus vifs applaudissements. Febvre donne au banquier Maubray une attitude raide et froide tout à fait remarquable. C'est l'homme d'argent qui n'a pu étouffer encore le mari meurtri, plein de douleur haineuse. Correct, impassible et sévère, il a partagé en toute justice le succès de Delaunay. Coquelin est tout à fait amusant dans ce rôle de M. de Beaubriand, le fils des œuvres paternelles. Adorablement costumé, il a poussé un peu à la charge son personnage, qui n'y a d'ailleurs rien perdu. Thiron est excellent, absolument bon, comédien parfait dans ce rôle difficile de M. de Briac, un confident, rien de plus, mais dont il fait un premier rôle. Prudhon et madame Ponsin traversent l'action et méritent qu'on ne les oublie pas. J'ai gardé pour la fin mesdemoiselles Reichemberg et Tholer, deux jeunes filles sorties le même jour du Conservatoire, et que *Christiane* met tout à fait en lumière. Mademoiselle Tholer, qui me paraissait jadis destinée aux rôles dramatiques, s'est tournée avec succès vers les rôles de coquettes ingénues. Elle est charmante dans *Christiane*, mais mademoiselle Reichemberg y a rencontré un vrai succès. On n'est, il faut l'avouer, ni plus délicatement charmante ni plus aimable. Cette fois, mademoiselle Reichemberg a pris réellement sa place, et une place au premier rang, à la Comédie-Française.

XXVII

VAUDEVILLE : *Rabagas*, comédie en cinq actes, de H. Victorien Sardou. — AMBIGU : *Lise Tavernier*, drame de M. Alphonse Daudet.

5 février 1872.

Je me suis demandé, avec une certaine inquiétude, l'autre soir, en sortant du Vaudeville, si le retour de l'ex-empereur était proche. Évidemment cette petite crainte était exagérée, mais M. Sardou venait de prendre le vent avec une telle habileté qu'on pouvait bien s'y laisser tromper. M. Sardou est, en effet, ce qu'on pourrait appeler un auteur dramatique barométrique. Il monte ou descend à tel ou tel degré selon le temps qu'il fait ou qu'il va faire. Toujours à l'affût et prompt à saisir l'actualité, il la pique avec prestesse et la cloue d'un petit coup d'épingle sur le carton qu'il a préparé. C'est sa *papillonne* à lui, et voilà bien pourquoi ses pièces, au bout d'un temps assez court, tombent en poudre et s'effeuillent comme les ailes desséchées d'un insecte. Son œuvre tout entière n'en pourrait pas moins servir à indiquer les variations et les modifications de l'esprit public. Tour à tour libéral et réactionnaire, selon que la liberté ou la réaction est en hausse et donne des profits à celui qui l'exploite, il chantera, par exemple, les démolitions de Paris dans les *Ganaches*, lorsque M. Haussmann sera au pinacle, et il les flétrira dans *Maison Neuve*, lorsque M. Haussmann approchera de sa chute. La plupart de ses pièces sont conçues et exécutées comme ces revues de fin d'année qui nous montrent un compère faisant défiler devant nos yeux les verres de la lanterne magique annuelle. Avec ce procédé, on peut à coup sûr être, sur le moment, amusant, piquant, très-mordant même, et faire illusion sur son mérite, mais on ne laisse derrière soi rien de durable et rien qui survive à l'actualité et à la minute. Ces plats du jour n'ont point de lendemain. Peu importe, il est vrai, à l'homme spirituellement pratique qui s'enrichit à les confectionner.

Pour cette fois, le malin écureuil, grimpé sur l'arbre de Scribe, a prétendu servir à la démocratie tout entière un mets de sa façon, une nerveuse pluie de coquilles de noix et de noisettes jetées comme à la volée au visage de gens qu'elles n'atteignent pas. Que si M. Sardou tenait à produire une pièce de plus sans se donner la peine de trouver une intrigue, de creuser des caractères, et d'agencer une action intéressante, il y a réussi en ramassant les lieux communs qui courent les journaux hostiles à la République, et en les faisant débiter par des acteurs de talent. Mais, à dire le vrai, ce n'est pas ainsi qu'on affirme, que l'on consolide sa réputation dramatique. Je ne rencontrerai pas de contradicteurs en affirmant que, même parmi les claqueurs du premier soir, nul n'eût supporté la ridicule intrigue qu'on nous présentait si les scènes aristophanesques ne fussent venues les étouffer et les faire oublier.

Aristophane! Être Aristophane! Telle est l'entreprise qui a tenté M. Sardou. Mais n'est pas Athénien qui veut.

Lorsque le railleur Aristophane attaquait d'ailleurs le démocrate Cléon, il y avait quelque danger à le faire, et si bien que, nul acteur n'osant se charger du personnage, l'auteur lui-même, on le sait, prit le masque et joua le rôle. Mais Aristophane du moins aiguisait-il sa haine jusqu'à la rendre fine et piquante comme le dard d'une abeille; la calomnie se faisait, avec lui, élégante et attique; son talent, sa verve, son esprit, sa poésie emportaient tout. « Les grâces, cherchant un sanctuaire indestructible, trouvèrent, disait Platon, l'âme d'Aristophane. » Certes, il pouvait railler la crédulité du peuple et l'audace des démagogues, car ceux-là mêmes qu'il attaquait étaient désarmés par sa bonne humeur et son génie. On est condamné — que M. Sardou le sache bien — à faire rire jusqu'aux gens qu'on écorche lorsqu'on écrit une comédie aristophanesque, et ce n'est pas précisément le résultat qu'a obtenu l'auteur de *Rabagas*. S'il n'eût irrité, il eût ennuyé. D'ailleurs Aristophane lui-même a sur la conscience un certain méfait qui montre le danger de ces railleries haineuses et publiques. Les *Babyloniens* et les *Chevaliers* attaquaient Cléon, les *Nuées* attaquaient Socrate. En voulant atteindre les sophistes, le satirique frappait un juste. La coupe que vida le philosophe n'était pas seulement pleine de poison, elle contenait aussi quelques gouttes du fiel d'Aristophane.

M. Sardou, je pense, ne demande ni la mort du pécheur ni la mort de Rabagas, ni celle de Socrate. Il veut battre monnaie avec les battus, et pour cela il daubera vaillamment sur ces misérables républicains du *Crapaud-Volant* qui empêchent Son Altesse le duc de Monaco de dormir. Il personnifiera, dans un assemblage hideux de mauvais drôles, de charlatans et de faquins, le parti républicain tout entier. « *Un banqueroutier, trois faillis, deux escrocs, un utopiste, sept imbéciles et huit ivrognes*, et vous aurez tout justement la composition du *Crapaud volant*, qui représente à Monaco le progrès, la lumière et la liberté. »

C'est là le style de la pièce. Il n'est, on le voit, ni bien relevé, ni bien tendre. Ainsi, chose convenue, le républicanisme est composé de ces hideurs. Cette crasse représente tout un parti. Cette lèpre est la République. Rabagas, cet odieux rhéteur, histrion à demi filou, à demi forçat, crocheteur de serrures au besoin, c'est le représentant de la démocratie française. « Je vais, dit-il au dénoûment, dans le seul pays où l'on apprécie les gens de ma trempe. — Où donc ? — En France ! » Et voilà qui est dit. Salue, France !

Mais, à côté de Rabagas, y a-t-il au moins dans l'œuvre nouvelle un type de républicain convaincu, patriote, honnête toujours et dupe parfois ? Non, pas un, absolument pas. M. Sardou n'en a point trouvé. Pour faire sa pièce « anti-révolutionnaire et monarchiste, » comme l'a qualifiée M. About, il a d'ailleurs usé d'un procédé bien simple : il a divisé le monde en deux camps : les honnêtes gens d'un côté et les gredins de l'autre. Les gredins sont tous démocrates; comme de juste les hommes de bien sont tous du parti de la cour.

Quelle cour, il est vrai? M. Sardou ne nous le dit point, mais il nous le laisse deviner. Ce ne peut pas être la cour de Henri V, certes; il nous a appris, dans une pièce célèbre, ce qu'il pensait des légitimistes : — Ce sont des *ganaches!* La cour des d'Orléans? M. Sardou a également persiflé l'orléanisme dans cette même pièce, si bien épluchée à sa date par Prévost-Paradol, et où il caractérisait ainsi les partis : la légitimité, c'est la chaise à porteurs; l'orléanisme, la patache; mais la locomotive et le progrès s'appelle (ceci était sous-entendu) le bonapartisme. Je prends l'idée de l'œuvre, non les mots. La censure impériale, sévère pour deux autres pièces de Sardou et autorisant en 1862 les *Ganaches*, en soulignait avec joie l'*excellent esprit*. Je le crois pardieu bien! La ganache de l'Empire, la seule et vraie ganache, comme eût dit Napoléon Ier, qui traitait de ce nom son beau-père, la ganache grognarde était soigneusement oubliée.

Voici donc la pièce posée. Étant donnés d'un côté un souverain humain, faible, charmant, et pourtant assez corrompu pour vouloir folâtrer avec les Américaines, de l'autre un hâbleur éternel, qui fait de la révolution sa carrière, M. Sardou nous montrera la lutte de ces deux principes, l'un odieux, l'autre adorable. A droite, Berquin et ses séductions, à gauche le citoyen de Sade et ses horreurs; l'orgeat au palais, la chope de Gambrinus à la brasserie. Et le duel commence.

C'est un grand malheur d'avoir des nerfs et de se laisser impatienter et emporter par les observations des voisins, et les coups de battoir, pareils aux coups de pied de l'âne, qui s'abattent sur la face de ce drôle de Rabagas. Le mieux n'était certes pas de s'émouvoir devant ces quolibets tintamaresques et ces plaisanteries caricaturales, c'eût été, au contraire, d'écouter avec attention cette pièce fade et son intrigue comiquement puérile qui forme un si étrange contraste avec les charges politiques placées à côté : une crème fouettée dans une cuvette de vinaigre.

Cet agréable mélange du *Trône d'Écosse* et du *Domino noir*, qui s'appelle *Rabagas*, méritait d'être pacifiquement dégusté. J'eusse aimé à regarder paisiblement se fondre la meringue des amours innocentes d'une princesse de Monaco avec son cousin Carle. C'est Daphnis et Chloé à l'Opéra-Comique. Pauvre petite princesse ! Cet affreux tyran de prince de Monaco la veut marier, s'il vous plaît, à quelque descendant de la famille royale. Il n'entend pas que le cousin Carle fasse plus longtemps les yeux doux à sa fille. Et qu'il est charmant, cependant, le cousin Carle ! Un habit bleu de Prusse, un gilet pourpre et la culotte de peau. Comment voulez-vous qu'une petite princesse n'ait point la tête tournée par ce cousin-là ? Ajoutez qu'ils ont été élevés ensemble et qu'il l'a tirée d'un bassin où elle se noyait étant enfant. L'infortunée princesse en est réduite, pour causer un peu avec son Carle, à donner des rendez-vous au bel officier. Rendez-vous séraphiques et purs, n'en doutez pas. On se parle doucement à travers des barreaux énormes. L'amour et la pudeur y trouvent leur compte, et si les misérables gazetiers et *démocsocs* du *Crapaud-Volant* ne se mêlaient pas de ce qui se passe au château, cette douce berquinade pourrait durer ainsi longtemps, à la grande joie de la petite princesse de Monaco et au grand ennui des spectateurs.

Fort heureusement, Rabagas est là. Il pérore, intrigue, complote, se grise de phrases et d'absinthe jusqu'au moment où, séduit par la maîtresse du prince, mistriss Blount, et passant la culotte réactionnaire, il ordonne des charges de cavalerie sur ses anciens amis et fait arrêter le *Crapaud-Volant*, et la rédaction de la *Carmagnole*. Ici se place le plus joli mot de la pièce, un des seuls jolis ; Rabagas, devenu ministre, est averti que l'émeute, dont il devait donner le signal, éclate sur la place :

— L'émeute, comment l'émeute ? dit-il en regardant sa

montre, mais il n'est pas l'heure : c'est commandé pour onze heures !

Au moins le trait est amusant. Les autres sont lourds, hargneux et insolents.

Mais en vérité, quelle mouche a donc piqué M. Sardou ? Sérieusement, je ne le savais pas si violemment déchaîné contre cette République, qu'il appelle avec tant de joie une République *provisoire*, et voilà le mot qui m'a surtout blessé. Après le 4 septembre, je l'ai rencontré fort satisfait et très-aimable. Je l'avais connu dantoniste, pour ma part, et promettant, à la révolution prochaine, asile à M. Darimon, qui pourtant portait culotte. Depuis cette époque, je ne me souviens pas que la République lui ait causé de bien grands dommages. Le 4 septembre, il est vrai, a retardé d'un an et plus la première représentation du *Roi Carotte*, mais si le 4 septembre avait été pour quelque chose dans ce résultat, ce serait un acte de critique littéraire dont tous les hommes de goût devraient le louer.

Est-ce donc là le crime que M. Sardou veut faire expier à cette malencontreuse République qui a, en outre, chassé un autre monarque non moins infortuné que le *Roi Carotte* ?

> Plaignons le sort de ce pauvre Holopherne
> Si méchamment mis à mort par Judith !

Tenez, je vais dire tout net mon opinion sur cette œuvre de *Rabagas*, qui, en même temps qu'elle est une hardie spéculation, est un véritable acte politique. Je concevrais le courroux d'un ennemi de toute démocratie, je concevrais M. Veuillot apportant à la scène son drame virulent, *le Lendemain de la victoire*, je concevrais un de ces Bonapartistes qui applaudissaient, jeudi dernier, venant faire de la polémique sur la scène. Resterait à savoir s'il convient de transformer le théâtre en réunion publique, dont le chef d'orchestre est le président et les musiciens sont les assesseurs, réunion publique où la réplique n'est point admise. Resterait à savoir si un homme, à quelque parti qu'il appartienne, s'assied dans sa stalle pour s'entendre injurier durant cinq heures, et s'il doit retrouver sur les planches les insultes qu'il évite — lorsqu'elles se produisent dans les journaux — en ne lisant point ces journaux. Encore une fois, ce serait là chose à discuter. Mais ce qui me navre, dans l'espèce, c'est cette attaque appelée *courageuse* par ceux qu'elle flatte, et que l'auteur dirige si étrangement contre des hommes tombés.

Qui est Rabagas, en effet? Lorsque M. Sardou dut, un moment, donner sa comédie au théâtre des Variétés, ce fut parce que l'acteur Grenier, portant toute sa barbe, ressemblait vaguement à l'homme que l'auteur voulait directement attaquer. Plus tard, ce type primitif se transforma prudemment, et M. Sardou en fit un démocrate relaps, s'écriant : *Nous serons la force*, après avoir dit : *Nous sommes la liberté!* Le troisième acte de *Rabagas* est la mise en scène assez funèbre de « l'empire libéral. » Mais, quel que soit celui que M. Sardou ait voulu peindre, il n'a frappé qu'à l'heure où il n'était plus dangereux de frapper. C'est sur un homme à terre que sont dirigés ses coups, s'il a voulu traîner M. Ollivier sur la claie, et *Rabagas* ne serait pas une mauvaise pièce qu'il resterait encore, au passif de l'auteur, cette mauvaise action.

Et c'est lui, sceptique par tempérament, artiste par curiosité, railleur par habitude, lui qui, certes, étant étudiant, a dû siffler la *Foire aux idées*, c'est lui qui réédite cette « foire aux injures », moins divertissante et plus prétentieuse que l'autre! M. Sardou nous répondra qu'il n'a pas voulu peindre la République, mais la Commune. Il nous dira encore que, dans *Rabagas* même, il a opposé à la démocratie française, représentée par Rabagas, Vuillard et Rapia, la démocratie américaine, personnifiée par mistress Blount. Mais nous savons ce que M. Sardou pense de la démocratie américaine. Il nous l'a dit encore dans ses *Femmes fortes* où il accable de ses brocards l'éducation ferme et civique des États-Unis. Ce n'est pas le seul point d'ailleurs sur lequel M. Sardou ne se trouve plus d'accord avec lui-même.

« L'Hôtel de Ville, dit son Rabagas, c'est *le débarcadère*

de l'émeute. » La définition a fait rire. Mais alors, logiquement, M. Sardou devrait applaudir à l'incendie de l'Hôtel de Ville par les fous furieux du mois de mai. Non, il n'applaudit pas, et il a raison. Il se souvient qu'il a donné jadis une autre définition de l'Hôtel de Ville. « L'Hôtel de Ville, s'écriait le Rysoor de *Patrie*, c'est la *maison commune, la maison du peuple*. Ici, nos pères ont fondé les lois que nous allons défendre. *A ces fenêtres, ils ont proclamé les libertés que nous allons reconquérir !* » Et voilà ce que je reproche surtout à M. Sardou, c'est, à l'heure où la nation épuisée a soif de calme, les esprits de repos, où l'on est las de la fièvre, où tous ont besoin de travail pour payer la rançon de la France, où l'Alsace, bras amputé de la patrie, se saigne encore pour donner son or au tronc dont on l'a séparée, à cette heure où tout honnête homme doit étouffer ses rancunes, ses espoirs, ses ambitions, devant le pays qu'il faut refaire; c'est d'avoir — lui que nous avons connu, autrefois, d'instinct généreux et d'esprit séduisant — attisé, ravivé les haines, provoqué la colère, spéculé sur le scandale, bafoué jusqu'à nos revers, jusqu'au fameux *plan* de la défense, et proclamé que la France était l'asile des drôles, cela devant les Prussiens qui nous demandent encore : la bourse ou la vie !

La seule haine que doive prêcher le théâtre aujourd'hui, c'est la haine de l'étranger. Une pièce sereine et vaillante comme *Patrie*, célébrant la lutte pour le sol, eût rencontré toutes les sympathies. Mais il n'en est pas de même de l'œuvre présente, qui ne flatte que des ambitions, ne ranime que des appétits de pouvoir. Je m'occupe beaucoup moins en effet de la question de savoir contre qui que de savoir pour qui elle est écrite, quels caractères elle flagelle, quels intérêts elle sert. Qu'on bafoue Catilina, soit, mais qu'on ne rappelle ou qu'on ne ramène point César! Les insurgés vaincus ne sont plus dangereux, les conspirateurs émérites le sont toujours. Pleine liberté pour le penseur et le dramaturge, certes, oui! Mais encore faut-il qu'il se rende bien compte de l'opportunité de sa satire et de ses dangers.

Apaisement, c'est le mot d'ordre : oubli, paix, labeur, reconstruction et reconnaissance. Et à ce programme, l'auteur de *Rabagas* oppose, à la grande joie des bonapartistes qui sont les révolutionnaires aujourd'hui, il oppose la haine, l'ironie, la raillerie enfiellée et la calomnie. Quelle chute, et que l'homme d'aujourd'hui est loin de l'homme d'autrefois! Grâce à lui, voilà qu'on a crié : Vive l'empereur! l'autre soir. Et qu'il ne dise point qu'il en est mécontent, la communication préventive de son manuscrit au journal l'*Ordre* et au *Gaulois*, ou du moins la publication immédiate des fragments choisis de sa pièce dans ces deux journaux, prouve qu'il est fort bien avec ceux qui demandent l'anéantissement de la République et traitent de communeux les conservateurs de l'ordre actuel. Communeux! Mais ce sont surtout les républicains convaincus qui doivent reprocher à la Commune ses folies et ses crimes; crimes et folies permettent que la mauvaise foi confonde les Rabagas de la Commune avec les hommes de la République. Les bonapartistes seuls peuvent avoir vu avec plaisir le mouvement communiste. Lebeau, le directeur du *Journal officiel*, nous apprenait, il y a deux jours, devant le conseil de guerre, qu'il avait reçu des offres de la part d'agents bonapartistes. La Commune, en effet, c'est le Césarisme en bas, comme l'empire est la Commune en haut.

Mais me voilà bien loin du Vaudeville, des théâtres et de *Rabagas!* C'est la faute de M. Sardou qui, lorsqu'il entame des polémiques, ne le fait point comme M. Alexandre Dumas fils, son maître, dans une brochure qu'on lit paisiblement, avec profit, au coin du feu, sans être exposé à s'irriter publiquement devant certaines phrases. De ces phrases, M. Sardou, reculant devant son audace, en a coupé un certain nombre après la première représentation ; il a fait grâce au public des *trois sommations* lugubres et des roulements de tambour. A-t-il aussi renoncé à faire promener le *faux cadavre* de Rapia ivre-mort, qui rappelait le cadavre beaucoup trop réel de ce pauvre grand diable insensé de Victor Noir? O les beaux souvenirs, et bien opportuns à ramener au théâtre ! Après tout, je le répète, qu'y aurait-il dans *Rabagas* si ces aimables choses n'y étaient pas ?

Une intrigue insignifiante, enfantine, une insipide berquinade, qui se liquéfie au dernier acte et tourne à la pantomime, un style de petit journaliste médiocre, rien de saillant, de nouveau, de vraiment fort dans la haine; nulle conviction ; en un mot, une charge pour une charge, un crayonnage grossier, de laides exceptions qu'on nous donne pour des individualités, un égout de Paris qu'on nous présente pour la Seine.

Je ne sais ce qui adviendra de cette œuvre et si elle aura cent représentations ou dix; mais, succès d'argent ou chute scandaleuse, triomphe ou échec, elle est déjà jugée et condamnée par les honnêtes gens, qui pensent que toute sédition est aujourd'hui antipatriotique. « *Rabagas* correspond à la *Foire aux idées*, disait hier un journal bonapartiste, *et il ne sera pas moins salutaire.* » La *Foire aux idées* a préparé le coup d'État de 51, c'est-à-dire l'avénement des Rabagas de boudoir, d'écurie et de prisons pour dettes. Dire que l'œuvre de M. Victorien Sardou pourrait avoir ce résultat, c'est déjà lui infliger le premier et le plus lourd des châtiments.

La pièce est jouée avec verve et avec talent par Grenier, qui se démène comme un beau démon. Lafont, dans le rôle du souverain sentimental qui hésite devant les *charges de cavalerie*, à cause des femmes et des enfants qu'on écrase (le digne homme !), s'est composé une physionomie avenante. Tous les souverains n'ont pas une telle élégance. On ne confondrait jamais le prince Lafont avec un de ses laquais. Mlle Antonine, distinguée sous ses toilettes déjà célèbres, est entrée avec succès dans l'emploi des jeunes veuves coquettes, qui lui convient mieux que celui des jeunes premières. Mlle Hébert est gentille et ne parvient à tirer aucun autre parti du rôle de cette infortunée princesse, qui ne peut même pas dire *papa* à son père, tant ces canailles de républicains s'en moqueraient. Pauvre enfant ! *Fripouille* de Rabagas ! (Le mot est de la pièce.)

Rabagas m'a entraîné beaucoup trop loin pour que je donne au drame de M. Alphonse Daudet la place que je voulais lui réserver. *Lise Tavernier* contraste un peu trop avec les récits délicats et charmants que nous nous sommes habitués à voir signés de ce nom. M. Alphonse Daudet a une grâce particulière pour conter ces historiettes, semi-souriantes, semi-attendrissantes, qu'il égrène chaque lundi, depuis tantôt un an, et qui s'appellent ou l'*Enfant espion*, ou l'*Entrée à Berlin*, ou le *Képi*. C'est exquis, la plupart du temps, c'est parfait, finement étudié, et d'une poésie ironique qui rappelle les humouristes les plus aimés. C'est un peu maladif aussi parfois, d'une tendresse un peu souffrante. On dirait que ce fin méridional a comme la nostalgie des couchers de soleil avignonnais ou nîmois.

Quel dommage que M. Daudet n'ait pas mis plus de sa personnalité, de son émotion propre, dans ce drame de *Lise Tavernier!* Il nous a donné là une histoire assez sombre, où le public, déconfenancé, ne rencontre pas une physionomie aimable à laquelle il puisse s'attacher. Lise Tavernier est une Ursuline défroquée, poursuivie par la malédiction de ses compatriotes et qui vit seule, avec une parente, qu'elle bat. Le vieux scélérat de Roure, un marchand d'objets de sainteté, se doute que la religieuse sait le secret du trésor des Ursulines qu'on n'a point retrouvé depuis 93. Pour le connaître, il veut d'abord faire épouser Lise à un coquin de neveu qu'il a, puis, Mme Roure mourant, il veut épouser Lise elle-même. Finalement, il poursuit la défroquée jusque dans le caveau où sont enfermés les saints ciboires, les ostensoirs et les calices du couvent; il la tue, et Lise Tavernier se venge en le noyant dans cette cave avec les trésors. Mme Marie Laurent et Clément-Just jouent ce drame avec beaucoup d'autorité. La comédienne a eu, plus d'une fois, des moments, des regards, des éclairs réellement superbes.

Mais je regrette, encore une fois, que M. Alphonse Daudet ait cru devoir sacrifier tant de ses qualités personnelles au mélodrame. Au lieu de son verre de fin muscat qu'il nous sert habituellement dans un cristal ciselé, il nous a versé une rasade de vin bleu. A votre vigne, ô poëte! à cette vigne dorée de rayons, située là-bas, au penchant du coteau, derrière les figuiers du moulin que regrettaient les *Lettres d'un absent*. Pourquoi jouer du couteau ébréché des *faiseurs*, quand on peut moduler de si douces et de si séduisantes choses? Pourquoi rugir, quand on sait chanter?

XXVIII

La rentrée de mademoiselle Schneider. — L'Opérette.

8 avril 1872.

Il ne faut jamais revoir, a-t-on dit, les pays visités à vingt ans et les femmes aimées au même âge. Tout retour vers le passé est une course à la déception. La petite auberge où l'on s'arrêta, un soir de fatigue, pour dévorer de grand appétit une omelette improvisée, et boire en riant un petit vin délicieusement aigrelet vous semble, à cette seconde visite, morne, froide et laide. L'illusion d'un premier voyage n'y est plus; le charme est rompu; la poésie ou la griserie du grand air s'est envolée : la réalité reste seule, la réalité triste. On regarde avec une certaine mélancolie ce qu'on admirait jadis avec une véritable fièvre, et bientôt on s'éloigne, le cœur gros de regrets et furieux contre la curiosité sotte qui vous a poussé à évoquer ainsi des séductions évanouies, évanouies à tout jamais.

Je songeais à ces mélancoliques retours, l'autre soir, en me rendant aux Variétés, où le nom de mademoiselle Schneider attirait encore les curieux. Mademoiselle Schneider, la diva des dernières années de l'opérette, la souveraine fantaisiste d'un théâtre tout particulier, capiteux et pétillant comme une coupe de champagne, un tempérament tout particulier et très-original d'artiste et de comédienne, la plus choyée et la plus applaudie, à coup sûr, des chanteuses de couplets, elle revenait au feu de la rampe! Elle réapparaissait devant le public, elle endossait, après deux ans qui comptent triple et quadruple, les mêmes costumes qu'autrefois! Son nom seul évoquait tout un monde de souvenirs enfouis, envolés, disparus, le temps où une *première* d'Offenbach pesait beaucoup plus dans la balance de la curiosité publique qu'un discours de M. Thiers à la Chambre, ou qu'un livre de Michelet ou de Renan. Cela date d'avant le déluge.

Quelle fièvre alors dans ce fameux *tout-Paris* se pressant aux bureaux de location, aux guichets des agences pour obtenir, à prix d'or, un bout de strapontin dans un couloir traversé des vents coulis! Comme on se précipitait à l'assaut d'un coupon! Comme il fallait, sous peine de passer pour un Welche, assister, à tout prix, à cette *première!* C'est que « tout le monde » y serait, depuis la pâle courtisane, qui se mourait dans sa baignoire, depuis la Barucci jusqu'à l'ambassadrice autrichienne, qui, du haut de son avant-scène, battait la mesure et marquait, du bout de son éventail, les temps de la valse nouvelle du *maestro*. Elle donnait le ton, madame de Metternich, et chacun suivait. Ce monde, préoccupé de bagatelles, avait élevé la parodie à la hauteur d'une institution; et lorsque le czar de toutes les Russies se dérangeait pour venir de l'Ermitage à Paris, il s'inquiétait avant tout de mademoiselle Schneider et de la *Grande-Duchesse*.

Ce passé date de cinq ans, de six ans à peine, et qu'il est loin! La tourmente est venue succédant à ces quadrilles. Elle a tout emporté, et je me demandais, avant d'aller revoir *Barbe-Bleue*, si mademoiselle Schneider ellemême n'avait pas été détrônée, et s'il ne fallait pas l'appeler, elle aussi, l'*ex-Schneider*, comme tant d'autres. Eh bien non, elle se fait toujours applaudir, et toujours fait salle comble. Elle a un peu grossi, un peu vieilli, sa voix a subi quelque peu « l'irréparable outrage » du temps, mais l'actrice n'en demeure pas moins fort spirituelle et agréable à voir, surtout après les imitatrices sans grâce véritable qui lui avaient succédé sans la remplacer.

Elle n'a pas retrouvé, pourtant, à mon avis, le même public qu'au temps jadis. Il est aussi nombreux, mais il n'est point le même. Je cherchais à l'analyser, l'autre soir. Beaucoup d'étrangers, de provinciaux, de bons bourgeois écoutant *Barbe-Bleue* comme ils écouteraient une féerie; des officiers, las de la *théorie* et se divertissant d'un refrain grivois, et puis, çà et là, comme un ressouvenir d'autrefois, des jeunes gens, de tout jeunes gens, avec la cravate blanche et le gilet largo ouvert, mais peu nombreux, à vrai dire, et faisant l'effet d'un anachronisme. D'ailleurs, plus *pratiques* que leurs aînés, et menant de front l'élégance et l'économie. L'un d'eux tenait à la main un sac de bonbons orné d'une faveur rose. A n'en pas douter, c'était pour l'offrir à quelqu'une de ces spectatrices des loges (les mêmes qu'au temps jadis). Mais, pas du tout : mon voisin ouvrit le sac lui-même, y prit du bout des doigts une ou deux pastilles gommeuses et, so penchant vers un ami : « Je soigne mon rhume, vous voyez. »

Petit symptôme de peu d'importance. Mais il prouve, après tout, que la nation se range. La race des Gramont-Caderousse est finie. Ce furent bien les derniers lions, capables de lutter à coups de canne contre un commissaire de police pour empêcher mademoiselle Pierson de danser un pas dans le *Cotillon*. On les vit, un jour, pour ce fait, en police correctionnelle. Ils gâchaient leur vie, mais largement, sans compter, en vrais prodigues d'existence et de fortune. Et — réflexion philosophique — celles pour qui ils gaspillaient et leur vigueur et leur nom et le trésor des leurs, les voilà qui leur survivent, et nous les retrouvons, un peu ridées, engraissées ou maigries, mais rieuses toujours, et ne se souciant guère de tous ces fantômes qui furent (souvenirs envolés!) leurs amants d'un jour ou d'une nuit.

Dites-moi pourquoi ces pensées, dignes des *Nuits* d'Young, me venaient, tandis que les plaisanteries de *Barbe-Bleue* se déroulaient sur la scène? Je n'en sais rien, mais invinciblement, en revoyant l'actrice toujours charmante qui chantait et riait devant moi, je me rappelais ces choses oubliées, ces propos éteints et d'un autre âge. Singulière physionomie et très-curieuse que celle de mademoiselle Schneider elle-même. Elle laissera un nom, moins exquis mais aussi tapageur que ces noms des comédiennes galantes d'autrefois. Elle aura son chapitre spécial dans l'histoire morale (c'est le mot, paraît-il) du second empire. Son sympathique filet de voix, cristallin et caressant, a fait autant de bruit que le tonnerre d'une tribune. En enlevant d'une telle époque le souvenir de la comédienne, le tableau ne serait pas complet.

Vraie destinée de fille de théâtre et d'enfant de la balle que la sienne : toute jeune et maigrelette, à quinze ans jouant *Michel et Christine* à l'Athénée de sa ville de Bordeaux, puis, d'un vieux professeur nommé maître Schaffner — comme un musicien de conte d'Hoffmann — recevant des leçons de chant et les mettant à profit au petit théâtre d'Agen, où, pendant trois ans, elle joua tous les rôles les plus modestes avec une sorte de passion et de rage de parvenir. Mais qui parviendrait à Agen? Elle quitta le petit théâtre et vint à Paris, où, tout près des Variétés, dans un hôtel secondaire de la rue Geoffroy-Marie, elle se loge, pour être plus rapprochée du théâtre où elle voudrait bien pénétrer.

Mademoiselle Schneider était alors une jeune fille mince et frêle de dix-huit ans, le corps aminci comme une des vierges folles sculptées par Erwin de Steinbach, le visage allongé, charmant, tendre, triste et souffrant, encadré par des cheveux d'un blond tirant sur le roux, l'air maladif, assez timide et presque douloureux. Elle se présenta aux Variétés et n'y put entrer; alors elle se rabattit sur ce petit théâtre des Bouffes-Parisiens, qui succédait alors (quelle antithèse!) au théâtre enfantin de Comte, et la voilà chantant de sa voix douce les premières opérettes, les chansonnettes d'Adolphe Adam avec les *Pantins* de Violette et les bouffonneries d'Offenbach avec le *Violoneux* et *Tromb-al-Cazar*. Elle n'était encore que l'ombre de ce qu'elle devait être plus tard, une promesse, si l'on veut, mais qui eût deviné l'étoile boulevardière dans cette fillette souffreteuse qui charmait, qu'on aimait, mais qu'on plaignait? — Une Mignon du quartier Bréda. Les années se passent. Elle entre enfin aux Variétés, son rêve, mais pour en partir bien vite et pour pénétrer, toutes portes ouvertes, au Palais-Royal. C'est là que l'attendait sa vogue première. On l'applaudit dans le *Punch Grassot*, dans cette burlesque *Mariée du Mardi-Gras*, dont elle menait, tambour battant, le cortége; dans les *Mémoires de Mimi-Bamboche* (que d'actualités défuntes aujourd'hui!) dans les *Diables roses*, vaudeville compromis à la première représentation, et dont elle fit un succès de par son entrain et sa verve. Sa réputation était désormais établie. Des scandales privés n'y nuisirent pas. Tous ont oublié, sans nul doute, certaine pièce où, comme mademoiselle Schneider venait de vendre publiquement ses diamants, les auteurs avaient trouvé charmant de faire débiter à la comédienne un couplet où elle disait tout net: « Je n'ai plus de diamants, je les ai mis aux enchères, mais je compte bien sur le public pour m'en offrir d'autres. »

Ah! ce fut un beau tapage à ce couplet! La salle se mit en courroux. On siffla. La chanteuse était interdite. Le couplet fût supprimé à la seconde représentation. C'était le temps où, dans une revue dont j'oublie le titre, mademoiselle Schneider remplissait agréablement le rôle — et surtout le costume — d'un petit pâtissier, vêtu de soie, la veste de satin blanc et le béret sur l'oreille. Elle était charmante, son visage pétillant d'esprit, la bouche rieuse et les yeux méchants. C'était l'heure de son succès, non pas encore celle de son triomphe. — Il ne data, à vrai dire, que des grandes opérettes des Variétés : la *Belle Hélène* et la *Grande-Duchesse de Gérolstein*.

Mademoiselle Schneider n'avait pas inventé l'opérette,

et bien avant elle une chanteuse, très-effacée depuis, mademoiselle Tautin, y avait trouvé des succès éclatants; mais la nouvelle venue donna à ce genre, à cette perpétuelle parodie, son cachet particulier et définitif. L'allure narquoise, le geste mordant, effronté, sauvant la grivoiserie par une certaine élégance sceptique, la voix railleuse tour à tour et passionnée, il y avait, certes, chez mademoiselle Schneider, un tempérament d'artiste original et entraînant. Mais à côté de ces qualités piquantes, quels défauts dont l'actrice pouvait aisément se corriger! Comme elle gâtait, comme elle gâte à plaisir sa verve franche, ironique, par une exagération de gestes et de charges qui ne font rire que les badauds!

Ce sont des tics bizarres, des façons singulières de tenir ses mains pendantes, ou de les rejeter de côté en crispant ses doigts, ce sont des pieds de nez vulgaires, des grimaces et des contorsions qu'il faudrait laisser aux imitatrices et aux parodistes.

On nous faisait remarquer, il est vrai, avec beaucoup de justesse, que ces défauts n'étaient jamais aussi accentués chez elle et mis en saillie que lorsque la comédienne revenait de donner des représentations à l'étranger.

Nous aimons, en effet, jusque dans ces bouffonneries, qu'on garde une mesure, un ton juste, une retenue qui ajoute parfois à la drôlerie même.

Les étrangers ne sont pas ainsi. Le goût leur manque, il faut bien qu'ils le reconnaissent. Ils nous reprochent, avec raison à mon sens, nos écarts, nos folies; mais ils devraient reconnaître que, lorsqu'ils nous les empruntent, ils les élèvent, en les exagérant, à la quatrième puissance. La *charge* avec eux devient contorsion, épilepsie. Mademoiselle Schneider est contrainte de doubler, en les alourdissant, ses effets pour les rendre visibles aux yeux des Anglais ou des Russes. Aussi bien, lorsqu'elle a fini un de ces voyages, nous semble-t-elle avoir perdu de sa grâce et de cette sorte de distinction relative qu'elle garde jusqu'en ses excentricités.

Les étrangers, qui ont d'ailleurs contribué largement,

à Paris même, au succès de l'opérette, aiment, en fait d'art, le gros pain, non le gruau. C'est ainsi qu'à Londres, sur un théâtre anglais, on avait, dans la représentation des *Brigands*, introduit cette innovation de danser le *cancan* après chaque morceau chanté par les acteurs. Les morceaux étaient généralement applaudis, mais le cancan était frénétiquement bissé. Point de mesure. Ils exagèrent tout. Ce qui est lascif ici devient hideux là-bas. Avez-vous vu, aux Folies-Bergère, certain quadrille féminin dansé par une miss Colonna et sa troupe? Jamais désossement et contorsions pareilles n'ont été possibles.

Ces femmes échevelées parodient étrangement les déhanchements des Clodoches. Elles se tordent, se cassent, essuient le parquet du bas de leur menton, lancent leurs cheveux et leur front en arrière, comme des Ménades ivres, rampent à terre comme des crabes en fureur. C'est le triomphe de la danse de Saint-Guy, et l'on réclamerait volontiers la camisole de force pour ces agitées et ces épileptiques. Et voilà ce que devient la caricature française entre ces mains anglaises : le dessin de Gavarni tourné à la charge farouche et sombre d'Hogarth.

Les étrangers n'ont sur nous qu'un seul avantage, mais il est énorme. Ils ne prennent jamais au sérieux ces fantaisies plus ou moins amusantes. Le répertoire d'Offenbach est aussi couru en Allemagne qu'à Paris; Hervé a fait fureur à Londres comme aux Folies-Dramatiques, mais la parodie, la charge — en un mot, *la blague* qui était devenue le fond même de notre humeur nationale — n'ont jamais là-bas pénétré dans les esprits aussi profondément que chez nous. J'ai assisté à la représentation de la *Grande-Duchesse de Gérolstein*, à Vienne. Les Viennois ne sont pas un peuple de puritains, mais ils gardent encore une naïveté que nous n'avons plus. Ils s'amusaient franchement, bravement, sans arrière-pensée, riant d'un bon gros rire à ce qu'ils appellent des *bêtises*. Chez nous, au contraire, les bêtises et les blagues sont — ou étaient — la grande préoccupation de tous.

Certes, le répertoire de Schneider n'est pas plus corrupteur qu'un autre, que celui de Déjazet, par exemple, mais il faut bien avouer qu'il manquait de contrepoids. Il était tout. Qu'un esprit lettré se divertisse au spectacle de l'antiquité raillée avec infiniment d'esprit par les auteurs de la *Belle-Hélène*, ou à la parodie du drame lestement enlevée comme dans *Barbe-Bleue*, rien de mieux. Mais ce sont les ignorants de tous les mondes, qui s'amusent de ces charges et s'habituent à tout mépriser, parce qu'ils voient tout railler, souvent fort agréablement, je l'avoue, lorsque c'est Meilhac ou Halévy qui raille.

Il en résulte que la parodie passe dans le langage, dans les mœurs et comme dans le sang. L'opérette devient l'encyclopédie de tout une génération. Combien ont vu vingt fois la *Grande-Duchesse*, qui n'ont pas écouté, une seule fois, le *Misanthrope*? Au fond, le public raisonne comme Jules Vallès : « Le vieil Homère aux Quinze Vingts! Et toi, cascade, Hortense, ma fille! » Vallès lui-même et les Vallès font de la parodie et de la *charge* jusqu'à ce qu'ils mettent leur « blague » en pratique, et que tout cela aboutisse, un beau jour, à quelque horrible fracas.

Non, en vérité, sans proscrire un genre qui amuse et des auteurs d'un talent absolu, je ne puis admettre que que tout un peuple prenne pour régime les primeurs et les acides de l'opérette. Il lui faut bien un peu, ce me semble, de viande noire. Or, c'est ce que ne négligent point les étrangers : ils doublent peut-être la dose du haschich que nous leur donnons après l'avoir goûté ; mais ils combattent ces excitants par un régime solide et viril. Et voilà pourquoi, sans doute, ce qui produit chez nous l'anémie ne débilite pas nos imitateurs, à la fois nos plagiaires et nos ennemis.

Les Prussiens, par exemple, ont beaucoup ri, mais beaucoup, à la *Grande-Duchesse de Gérolstein*. En ont-ils pour cela désappris la discipline? Non. Mais ils ont ri en se disant : « C'est pourtant cela, un état-major français! » Ils nous apercevaient, nous, sous les costumes allemands de nos acteurs. Souvent, d'ailleurs, ces costumes devenaient, chez eux, des uniformes français. Je m'étonne que l'Empire, si soupçonneux, ait laissé représenter cette satire, impossible sous une régence. Les scrupules de la censure furent désarmés par « les costumes grotesques de ce duché imaginaire. » La censure laissa dire et laissa passer. Il faut bien, d'ailleurs, que tout pouvoir ait un aveuglement spécial.

A Pétersbourg, dernièrement, sur un petit théâtre de la Perspective-Newski, mademoiselle Schneider jouait justement la *Grande-Duchesse*, aux applaudissements de tout le *high-life* militaire russe. Or, en sortant de son théâtre, la première image qu'apercevait la comédienne, c'était le monument de l'impératrice Catherine II, cette grande-duchesse de l'histoire : une grande duchesse, d'ailleurs, virile et supérieure. Aucun Russe n'y pensait. — Et comment vivraient les satiriques si leurs adversaires prévoyaient, devinaient et avaient trop d'esprit?

XXIX

Comédie-Française : Représentation de retraite de Régnier. — *Nany*, comédie en quatre actes, par MM. Henri Meilhac et Émile de Najac.

15 avril 1872.

La Comédie-Française nous a donné, cette semaine, à deux jours d'intervalles, deux soirées fort intéressantes. La représentation d'adieu de Régnier datera, entre toutes, dans les souvenirs du Théâtre-Français. Elle avait attiré tout un monde choisi d'amateurs, de vieux habitués de la rue de Richelieu, venus pour applaudir une dernière fois un comédien aimé, et de jeunes gens accourus pour voir, dans deux ou trois de ses meilleurs rôles, un maître en l'art de dire, et qu'on n'entendra plus maintenant.

Régnier a été acclamé et fêté. Certes, nul ne mérite la sympathie et l'estime plus que ce vaillant comédien, demeuré sur la brèche pendant plus de quarante ans, toujours actif, infatigable, dévoué à son art, aimant le théâtre à la folie, acteur comme Figaro était paresseux, avec délices, travaillant d'ailleurs et cherchant sans cesse, doublant ses qualités d'artiste par ses études d'érudition, et apportant dans son métier je ne sais quelle autorité nouvelle, née de sa réputation d'excellent homme et d'homme d'honneur. Aussi bien, lorsqu'il a reparu, l'autre soir, sous le costume de Figaro, la résille à la tête et la veste andalouse au dos, on l'a si fort applaudi, salué d'une telle façon qu'il est demeuré, un bon moment, fort ému et dans l'impossibilité de dire un mot à la comtesse Almaviva.

C'était précisément sous ce costume et dans ce rôle, qu'il y aura tantôt quarante et un ans, en novembre 1831, Régnier, sortant du Palais-Royal, avait débuté à la Comédie-Française. Leste, pimpant, la voix bien timbrée, avec un nasillement qui donnait une expression narquoise à chaque mot habilement détaché, il avait été du premier coup, et comme d'un bond, le Figaro de Beaumarchais, alerte et sur le qui-vive, prêt à tout, même à faire le bien, révolté et dévoué, amer et rieur à la fois, un des rôles les plus difficiles du théâtre et qui servent d'échelle à mesurer un artiste.

Ce ne fut cependant point dans *Figaro* que Régnier se révéla tout à fait au public. Il devait attendre deux ans encore, jusqu'au moment où, dans *Bertrand et Raton*, il fut chargé, à côté de Samson et de Duparay, du rôle épisodique du petit commis Jean. La façon dont on arrive à être connu en matière d'art ressemble parfois beaucoup à la manière dont on fait sauter un tonneau de poudre. Il suffit d'une étincelle pour déterminer l'explosion. Cette étincelle, pour Régnier, ce fut un cri, ce fut la façon dont, au milieu des intrigues politiques imaginées par Scribe dans sa comédie si fort compliquée, Régnier s'écria : *Vive Jean !* comme s'il eût crié : *Vive moi*. Ce fut charmant et d'un prodigieux effet. La salle partit, l'explosion eut lieu. Le lendemain, Régnier était célèbre. Le tonneau de poudre avait sauté. Et l'étincelle électrique, c'avait été ce cri de *vive Jean !* que n'ont jamais oublié les habitués de l'orchestre.

Régnier avait déjà cette nature nerveuse, pétulante et pétillante, toute de nerfs, très-vigoureuse sous sa frêle apparence qui est demeurée la même toujours, aussi vibrante que jamais, en dépit de l'âge. Il avait ce masque mobile, aux plis intelligents, à la fois aimable et sarcastique ; ce visage qui semble être d'un autre temps, car nous avons presque tous la physionomie d'une époque déterminée, et qui se rapproche des figures de la fin du dix-huitième siècle. On m'a même conté, à ce propos, une anecdote caractéristique. Lorsqu'au lendemain de 1830, deux auteurs, dont j'oublie les noms, apportèrent et firent recevoir à la Comédie-Française un drame en prose intitulé *Camille Desmoulins*, drame qui fut repris, en 1848, à la Porte-Saint-Martin, je crois, l'acteur Perrier, chargé dans cette pièce du rôle de Robespierre, cherchait la façon dont il devait interpréter son personnage. Il n'existait alors aucune tradition sur la manière dont parlait ou marchait Robespierre.

L'acteur Gobert devait, peu de temps après, rappeler le souvenir de Napoléon Ier à tous ceux qui l'avaient connu, par la seule façon dont il allait aspirer une prise de tabac, ou croiser les mains derrière son dos. Mais Robespierre n'avait point, que l'on sût, du moins, de *tic* connu, et le comédien Perrier était fort embarrassé.

— Parbleu, lui dit alors quelqu'un, que n'allez-vous donc rendre visite et demander des indications à Barère.

Le vieux Bertrand Barère vivait encore, en effet, et il habitait, près du marché Saint-Honoré, à cinq minutes du bâtiment où s'était tenu jadis le club des Jacobins, un appartement assez pauvre d'où, pressé par le besoin, presque par la misère, il adressait des lettres à M. Thiers pour obtenir la succession de Garat, et d'où il rimait aussi des alexandrins à la louange de Louis-Philippe. Barère y gagna d'avoir son portrait au musée de Versailles.

Ce fut chez l'ancien conventionnel que se rendit l'ac

teur Perrier. Mais il avait parlé de son projet et de sa visite future à la Comédie-Française. Régnier, curieux de voir de près un des hommes de la Révolution, demanda alors à Perrier de l'accompagner chez Barère. Ils partent ; ils sonnent chez l'ancien tribun, et ils le trouvent enfoncé dans un fauteuil et songeant. Perrier expose alors l'objet de sa démarche, demande quels gestes habituels, quel port, quel regard avait Robespierre. Barère ne répondait pas ; mais, les yeux fixes, dirigés sur Régnier, qui l'étudiait, de son côté, avidement, le vieillard semblait étonné et frappé, presque ému d'une ressemblance étonnante. Enfin, répondant à Perrier, il leva le bras, et montrant de son geste, autrefois menaçant, Regnier, bien surpris à son tour :

— Tenez, dit-il lentement, Robespierre, le voilà !

Je me suis surtout rappelé cette anecdote, lorsque Régnier jouait son rôle d'intendant dans *Mademoiselle de la Seiglière*. De noir vêtu, correct, tiré à quatre épingles dans son costume sombre, c'était bien là l'homme du tiers-état s'élevant implacable à côté de la noblesse des la Seiglière qui croulait. Comme ce rôle et tous ceux qui suivirent étaient composés par Régnier, étudiés, savamment et nettement mis à leur plan ! Dans *Une Chaîne*, dans *Gabrielle*, dans l'*Aventurière*, il allait rencontrer bientôt de véritables triomphes. Plus bourgeois, pour me servir d'un mot pris dans bien des sens, mais qui rend ici fort bien ma pensée, plus bourgeois que Samson, et d'une bonhomie moins ouverte que celle de Provost, il avait plus qu'eux une finesse particulière, stridente en quelque sorte, malicieuse, et surtout le don absolu de donner à chacun de ses personnages une physionomie toute nouvelle. Le drôle effronté de l'*Aventurière*, cet Annibal, bravache descendu de pied en cap d'une toile de Valentin, qu'il était différent, par exemple, du mari trompé et étouffant de sa douleur, du *Supplice d'une femme!* Régnier avait ainsi, à la fois, le rire et les larmes, la fantaisie absolue et le souci de la réalité la plus profonde. Nous ne l'avons guère applaudi que dans ses créations dernières, et nous n'avons pu, par exemple, le voir dans *Adrienne Lecouvreur*, où il était si poignant et si simple dans le rôle touchant de Michonnet. Mais, ce me semble, les rôles de sa maturité, ceux que nous lui avons vu interpréter, sont ceux où il a marqué le plus profondément, et où il a posé, si je puis dire, comme son cachet définitif.

Quel chef-d'œuvre de composition, par exemple, que ce rôle du vieux Noël dans *la Joie fait peur* ! Jamais comédien a-t-il dépassé, égalé l'irrésistible émotion que Régnier communique là à toute une salle? Quelle merveille de détail et d'ensemble ! C'est, pour comparer l'art dramatique à la peinture, — deux arts parallèles — délicat comme un Mieris et large comme un Rembrandt. La façon dont, tout en débitant le monologue du domestique Régnier époussète les meubles, range les livres, enlève une peluche du dos d'un fauteuil, est une chose achevée. C'est la vie même, et lorsque, tout à coup, le jeune maître qu'on croit mort revient dans le logis désolé, lorsqu'il se dresse devant le serviteur effaré, quel déchirement ! On voit l'acteur pâlir, perdre connaissance et, roide, tomber foudroyé, la tête en avant. C'est un des plus puissants effets, des plus simples et des plus saisissants que j'aie vus jamais au théâtre. Régnier anime, accentue ce long drame en un acte où l'émotion, à la fin, devient un peu factice, où la corde de la douleur est trop tendue, tendue à se casser, mais qu'il avait su rendre intéressant jusqu'au bout par la façon dont il jouait cela, et aussi par les conseils qu'il donna et l'aide qu'il apporta à l'auteur.

Régnier est un lettré, on le sait, en effet, et un auteur dramatique dont on a plus d'une fois applaudi le nom, et qui s'est modestement dissimulé dans plus d'un succès où il a mis la main. Dans *Mademoiselle de la Seiglière*, dont je parlais tout à l'heure, il avait collaboré avec M. Jules Sandeau comme dans *la Joie fait peur* avec madame de Girardin. La *Joconde*, *Delphine Gerbet*, le *Chemin retrouvé* portent sa signature, et combien d'articles encore d'érudition et de curiosité attirante n'a-t-il pas publiés, sur le théâtre, soit dans l'*Encyclopédie* de P. Leroux et

J. Reynaud, soit dans le *Magasin pittoresque!* Il avait commencé là une série d'études fort piquantes et d'un intérêt absolu, le *Molière des comédiens*, où il faisait connaître au public toutes les traditions laissées à la Comédie-Française par Molière et sa troupe, la façon dont chaque rôle était conçu et avait été joué tour à tour. Je ne sais pourquoi Régnier interrompit ce travail. Il est, à mon avis, tenu de le compléter, et surtout maintenant qu'il a pris des loisirs. Quel autre que lui écrirait maintenant un semblable livre?

Sur Molière, en effet, et sur le répertoire classique, Régnier est un renseignement vivant. Ses leçons du Conservatoire sont à la fois pratiques et théoriques. Il enseigne la littérature et démontre la façon dont on joue. Personne, dans le *Mariage forcé*, n'a interprété comme lui cette scène étourdissante du philosophe, disciple d'Aristote, qu'il avait justement choisie, l'autre soir, pour ses adieux. La physionomie courroucée, les gestes furieux, la loquacité féroce du philosophe, Régnier rendait tout cela avec une verve infinie. Les sourcils en accent circonflexe, sa bouche crispée en croissant de lune, ses prunelles chargées d'électricité, son poing fermé faisaient la plus complète bouffonnerie de cette colère pédantesque. Jamais Aristote n'a eu de plus fougueux disciple, et le *Mariage forcé* de plus heureux interprète. Régnier était bien étonnant encore dans le Sganarelle de *Don Juan*. Quelle verve et quel esprit! Et, en pleine vigueur de talent et de sève, Régnier disparaît, voulant coquettement nous laisser tous nos regrets. Il ne sera plus que professeur, conseiller, amateur, et je sais par expérience combien, avec quel art, quel soin, quel souci de l'œuvre, quel dévouement à l'art dramatique et à l'amitié, il enseigne et indique le ton, les défauts, les dangers. C'est le manuel vivant du parfait comédien.

On lui a payé, en une soirée, non pas certes tout ce qu'on lui devait d'émotion reconnaissante, mais une partie de cette dette en l'applaudissant une dernière fois. Toute cette salle choisie, où presque chaque spectateur portait, comme on dit, *un nom*, battait des mains et acclamait le comédien qu'elle ne doit plus, et qu'elle espère pourtant revoir. Le rideau est tombé comme tombaient aussi les fleurs et les couronnes. Et, la rampe baissée, tout a disparu de ce qui avait été, ce soir-là, comme pendant tant d'années, l'ironie avec Beaumarchais, le rire large et franc avec Molière, l'émotion puissante avec le drame moderne. Et tout cela disparaîtrait, s'envolerait en fumée, toute cette gloire du comédien n'aurait pas de lendemain! Que si fait. Sans doute, la destinée du comédien semble, au premier aspect, moins assurée, mais il reste à ces artistes, joie et plaisir de plusieurs générations, il reste, en somme, cette chose légère, fugitive, impondérable, volage souvent, mais aussi durable parfois, et plus durable peut-être que tant d'autres monuments humains : il reste le souvenir ! c'est-à-dire la gloire qui demeure dans la mémoire, dans les écrits et sur les lèvres des hommes. Aussi bien parlera-t-on de Régnier tant qu'il existera un art français, et tant que le théâtre, qui fut une de nos renommées, demeurera debout.

Madame Arnould-Plessy, qui débuta à la Comédie-Française peu après Régnier, toute jeune fille et déjà rivale de mademoiselle Mars, a salué une dernière fois l'éminent comédien à l'heure du départ. Elle était fort émue en disant ces huit vers piqués sur son éventail. Elle l'était moins, deux jours après, en jouant *Nany*. Ce rôle évidemment lui plaît. Célimène a revêtu avec coquetterie la robe noire, et coiffé le bonnet de paysanne auvergnate. Il ne déplaît pas à la Sylvia de Marivaux de patoiser la langue de M. Rouher. Elle a plié son élégance souveraine à ce réalisme, et elle a fait de ce rôle de mère, âpre et dure, une de ses créations les plus complètes, les plus parfaites.

Les auteurs de *Nany* doivent bien des remerciments à madame Plessy. Elle a animé, rendu possible, expliqué leur personnage. Ce caractère complexe de la paysanne d'Auvergne, elle l'a, pour ainsi dire, commenté avec passion devant le public. Ce n'était point chose facile. Nany, la Nany, comme on dit, Nany Bram est la veuve d'un petit tailleur mort à la peine, et qui a, par son travail, élevé son fils, un grand garçon devenu un peintre de talent. Elle est fière de lui comme un artiste l'est de son œuvre. Elle le dévore plus qu'elle ne l'adore. Elle le veut pour elle, et pour elle seule. Elle n'entend point qu'il se marie, qu'il aime une autre femme ou plutôt qu'il aime une femme réellement supérieure. Elle est jalouse ; elle lui passerait bien une épouse d'esprit inférieur, soumise et tremblante, une *brebis*, comme on dit dans la pièce, mais justement Pierre Bram aime une jeune fille résolue, franche, loyale et d'une intelligence tout à fait élevée.

Pour Nany, ce n'est point là la femme qui convient à son fils ; elle fait rompre le mariage en avertissant, par une lettre anonyme, une maîtresse de son fils qu'elle jette à la traverse de ces projets d'union, et quand elle s'aperçoit que cette méchante action a brisé le bonheur de son fils : — Soit, dit-elle, je consens à ce que tu te maries. Je te choisirai une autre femme...

Mais Pierre a repris sa volonté et sa force en perdant celle qu'il aimait. Il se redresse devant sa mère, il parle haut, il entend vivre seul et libre. La mère menace, il est inflexible. Après avoir chéri cette mère au-dessus de tout ce qui existait au monde, il lui déclare qu'il ne l'aime plus, et, à ce mot, la mère reparaît dans Nany et elle s'agenouille devant son fils pour lui demander pardon. La comédie alors finit, comme toutes les comédies, par un mariage, cela va sans dire.

On voit, par cette rapide analyse, le défaut capital de la pièce. Le drame est latent, il est tout psychologique, comme dirait un allemand ; il gronde dans l'âme de Nany, mais il ne se présente pas, clair, évident, aux yeux du public. Il y a toujours, du commencement à la fin, un sous-entendu et, puisque les auteurs ont inventé la *déclaration d'amour scientifique*, il y a, dirai-je, dans leur problème un X qu'on ne trouve pas. Cette Nany est-elle une paysanne rapace, redoutant de voir s'en aller, avec son fils, la fortune qu'il a gagnée ? Alors sa conduite est explicable, c'est Agrippine doublée d'Harpagon, nous savons à qui nous avons affaire. N'est-elle, au contraire, qu'une mère égoïste, enivrée de la gloire de son enfant et voulant, au besoin, porter son ruban de la Légion d'honneur? Tout s'explique encore, quoique moins clairement.

Mais les auteurs nous disent nettement au quatrième acte de leur œuvre que Nany, toute illettrée qu'elle est, a le culte du talent de son fils, et qu'elle le veut grand, illustre, immortel. En ce cas, je ne comprends plus. Que si c'est surtout le talent de son enfant qui la préoccupe, elle voudra, ce me semble, assurer son avenir, et ne l'empêchera pas d'épouser qui bon lui semblera, surtout pour l'encourager à conserver des maîtresses qui peuvent l'entraîner fort loin. Il faut au théâtre des types nettement tracés, des caractères entiers, d'un bloc et d'une pièce.

Les finesses de l'analyse, les replis moraux appartiennent au roman. C'est un sujet de Balzac que cette comédie de *Nany*, et il fallait le livre pour le bien expliquer et le bien traiter; au théâtre, comme Nany ne peut tout dire, bien des points demeurent obscurs. Il n'y a point de drame, point de choc, voilà le principal défaut des quatre actes de MM. Meilhac et de Najac.

J'aurais compris que la lutte s'engageât entre Jeanne, la jeune fille, et Nany, la mère; chacune forte de son amour, de sa conviction, et plaidant sa cause; mais c'est l'ami La Bastide qui, dans la pièce, prend la place de la jeune fille. Le drame y perd singulièrement. Au lieu d'avoir la victime, on n'a que son avocat, c'est trop peu. Et quel dommage! car c'était là un sujet poignant et nouveau. Je regrette tout le talent dépensé dans *Nany*, car il y en a eu beaucoup; il y a là un soin, une étude, un souci de la peinture des caractères qu'on ne saurait trop louer. L'œuvre en elle-même est excellente, c'est « l'effet » qu'elle n'atteint pas. Encore un coup, elle est trop concentrée. L'émotion ne jaillit pas, ne sort pas de cette situation pourtant très-douloureuse et très-nouvelle au théâtre.

Pour tout dire, les auteurs ont voulu trop mettre de

choses dans Nany. Ils ont compliqué le personnage au lieu
de le simplifier. C'est évidemment l'esprit chercheur,
analyste, observateur de M. Meilhac, qui a renchéri sur
la donnée si bien vue par M. de Najac. Il en est résulté
que Nany n'est ni une mère jalouse, ni une mère avare ;
c'est un composé de sentiments disparates, une Agrippine
tournant à l'Égérie : une mère des Gracques ici, une mère
Major là. Ce caractère étrange va d'ailleurs, je pense, être
fort discuté, et je ne réponds point de n'y pas revenir
pour étudier, à mon tour, ces cas spéciaux de l'amour
maternel.

Nany nous en laissera le temps, car ce sera un succès,
je l'espère encore, grâce surtout à madame Plessy, dont
je ne saurais trop louer le talent. Coquelin, Delaunay et
mademoiselle Croizette la secondent fort bien dans des
rôles effacés par cette envahissante et inquiétante figure
de Nany, type nouveau dans tous les cas, et que MM. Meilhac et de Najac auront eu l'honneur de produire les premiers au théâtre. Ce n'est pas là un mince mérite.

XXX

COMÉDIE-FRANÇAISE : *Hélène*, drame en trois actes, de M. Édouard
Pailleron. — VARIÉTÉS : *Les Sonnettes*, un acte, de MM. Meilhac
et Halévy.

18 novembre 1872.

J'ai été amené, cette semaine, à relire une vieille mais
très-célèbre pièce de Kotzebue, *Misanthropie et Repentir*.
Le sujet est toujours cette éternelle question autour de
laquelle tournent, depuis des années, les dramaturges
contemporains. Le principal personnage du drame est encore l'*Adultère*, et l'intérêt s'attache à l'infaillible dilemme :
Faut-il tuer ? Faut-il pardonner ? On remarquera d'ailleurs
que, lorsque pareille question est posée, au théâtre ou
dans les thèses journalières, c'est toujours l'homme qui

la pose. Il serait, paraît-il, tout à fait ridicule et mal parlé que ce fût une épouse qui se dît à elle-même : *Tue-le!* Kotzebue, comme M. d'Ideville lorsqu'il écrivait ici même l'article qui donna lieu à la réponse de M. Dumas fils et à ces innombrables réponses littéraires qui ont, cet été, encombré nos librairies, Kotzebue est absolument de l'école du pardon. Depuis lui, les dramaturges ont écrit bien des drames, mais la question n'a point fait un pas. On se trouve toujours au même endroit et on y demeurera sans doute jusqu'à la solution inévitable ou du moins logique : le rétablissement du divorce.

Cependant, et à vrai dire, il me semble que l'esprit public et le sentiment de la foule se rangent plus volontiers du côté de cette doctrine du pardon. Le *Tue-la!* n'a pas empêché M. Dubourg, lors de son procès, d'inspirer une parfaite horreur. Plus nous allons et plus toute espèce de violence nous choque et nous irrite. Il se fait involontairement dans les âmes — et en dépit des affreuses catastrophes traversées — un mouvement marqué vers la clémence et la douceur. Me trompé-je? Les effroyables événements de ces deux dernières années, ces réveils de massacres et de barbaries, semblent-ils me donner tort? Non, et, à coup sûr, les réflexions du lendemain, les retours de la conscience vers la justice, les revanches de l'humanité sur la hideuse tuerie me donneraient raison. Les récentes œuvres produites, œuvres puisées dans le sentiment public, appuient d'ailleurs, à leur tour, l'idée que j'émets ici.

M. Édouard Pailleron a voulu, à son tour, apporter dans ce procès toujours pendant l'autorité de son talent et de sa conviction. Il avait, dans sa dernière œuvre ou plutôt dans son avant-dernière, dans *les Faux Ménages*, plaidé la cause de la famille en retraçant le tableau ironique ou cruel des unions de hasard; dans son nouveau drame, dans cette pièce, *Hélène*, qu'il avait d'abord, comme Schiller écrivant *Intrigue et Amour*, appelée une *tragédie bourgeoise*, M. Pailleron traite une idée parallèle, et conclut encore au respect du foyer.

La sympathie littéraire que j'ai pour M. Pailleron date de son premier volume de vers, de ses *Parasites*, vrai bouquet de fleurs fraîches, toutes parfumées de jeunesse et, çà et là, brillantes de ces larmes de la vingtième année qui sont comme la rosée du premier amour. En attendant qu'il appelât un nouveau volume de vers : *Amours et Haines*, le poëte, alors à ses débuts, avait donné à son premier volume le nom de sa première pièce, *le Parasite*, cet alerte tableau antique, rimé par un Parisien qui avait évidemment fait, avec Horace, l'école buissonnière. Puis vint une comédie toute moderne, d'une gaieté pleine de verdeur, le *Mur mitoyen*, une plaisanterie où pourtant la mélancolie laissait doucement percer sa pointe attendrie.

Et le cœur d'un timide est un coffre d'avare !

Je me rappelle comme ce vers fut applaudi par ce jeune public de l'Odéon, si dévoué alors à la génération nouvelle, aimant à saluer tout nouveau venu, qu'il s'appelât Amédée Rolland, du Boys ou Pailleron ! L'auteur du *Mur mitoyen* devait bientôt passer la rive et, parti de l'Odéon, frapper à la porte de la rue Richelieu. On lui ouvrit sans peine. Le *Dernier Quartier* réussit haut la main et, sauf cet élégant croquis de la vie parisienne, le *Monde où l'on s'amuse*, représenté au Gymnase, M. Pailleron ne devait plus rien donner à un autre théâtre qu'à la Comédie-Française. Après son grand succès des *Faux Ménages*, nous n'avions eu à écouter de lui que l'*Autre Motif*, cette agréable et leste causerie, d'un tour si pimpant et si gai. L'*Autre Motif* n'était qu'un entr'acte pour M. Pailleron entre sa grande comédie et ce qu'il appelait, à bon droit, son drame. Il voulait frapper un coup décisif et, avec une foi profonde et un soin que l'on ne rencontre plus souvent parmi ceux qui se vouent au théâtre, il travaillait et polissait son œuvre, qu'il voulait âpre, nette et forte.

On pourra reprocher à ce drame *Hélène* ses procédés hardis et son audace ; on ne lui reprochera pas, du moins, de manquer de courage. M. Pailleron a abordé de front son sujet et l'a traité avec une vigueur singulière, dont le public s'est un moment montré surpris, mais qui, en somme, constitue le mérite et fera la durée de la pièce.

Hélène Duprat est une jeune orpheline ignorante, élevée, comme par secours, dans la maison de sa tante, madame de Rive, et qui grandit en même temps que deux jeunes gens, ses cousins, dont l'un, René, — un misérable, à coup sûr, — abuse de la crédulité, de la *stupidité*, comme dit Hélène elle-même, de l'enfant devenue jeune fille et en fait sa maîtresse. Puis il part. Hélène, demeurée avec ce secret qui la tue, se demande si mieux ne vaudrait point mourir, lorsque, blessée, désolée, malade, elle se prend cependant à aimer, à aimer de son amour entier et, en vérité, de son premier amour, un médecin, Jean Duprat, qui la soigne et qui la sauve.

Duprat veut l'épouser. Hélène consent ; elle consent parce qu'elle aime, et la voilà qui vit, ou qui revit, presque heureuse. Espérant que le passé est oublié, mort, elle se refait un bonheur aux côtés de cet homme honnête et bon dont elle entend faire respecter le nom. Tout ce drame est déjà comme endormi dans le souvenir lorsque l'action commence. Hélène, penchée à sa fenêtre, a cru voir, dans l'ombre du jardin, s'agiter une silhouette inquiétante :

> Je me trompais. — Pourtant il m'avait semblé voir,
> En bas, dans le jardin, une ombre se mouvoir.....
> Décidément je me trompais... Oh ! cette idée
> Qui s'impose et me suit, et me tient obsédée !...

Et tout à coup, comme un caillou enveloppé d'un papier et lancé du dehors tombe dans la chambre, Hélène pousse un cri :

> Ah ! je le savais bien... Encor lui ! Toujours lui !

C'est René, en effet, c'est le cousin et c'est l'amant d'Hélène qui passe là, qui attend et qui espère qu'on va le recevoir et peut-être l'aimer encore. Jean trouve à sa fenêtre Hélène, encore malade. Il l'exhorte à se mieux soigner, il l'entoure lui-même de ses tendresses et la protége de sa science. C'est un brave homme que ce docteur, et en même temps c'est un homme. Il a lutté, pioché, souffert; il s'est bâti, jour par jour, effort par effort, sa fortune et son indépendance; il a élevé seul sa sœur Blanche, orpheline comme lui, et qu'il regarde comme sa véritable fille. Il va la marier à un homme d'honneur qui aime d'un amour profond et assuré cette enfant. Jean est donc arrivé à cette heure de la vie où, après avoir creusé durement le sillon, on va recueillir enfin et se reposer. Les bonheurs des honnêtes gens ne durent pas longtemps, au théâtre comme dans la vie.

René est là, René que n'a pas voulu revoir Hélène. Elle a prétexté une maladie pour ne pas lui être présentée de nouveau. Lui, à son tour, feindra un départ au moment où tout à l'heure Jean Duprat va prendre le train de Paris pour y aller soigner un malade, et entrant, en vrai marin et en amoureux passionné, par la fenêtre, il se présentera presque menaçant devant Hélène effarée. Cette scène, comme tout le premier acte, est singulièrement poignante et hardie. L'amant, évoquant ce qu'il appelle ses droits passés, supplie tour à tour et menace; la maîtresse, devenue épouse, se révolte contre tant d'audace ou supplie devant tant de dangers. Laroche et mademoiselle Favart ont d'ailleurs joué tout ce tragique *duo* avec une véritable fièvre; mais la comédienne surtout s'est montrée remarquable, mieux que cela : tout à fait admirable de courroux, de haine et de mépris.

Mais que me voulez-vous, à la fin?
RENÉ.
Le coupable
Veut son pardon. Je veux mon pardon.
HÉLÈNE.
Misérable!
Ah! misérable! Eh! bien, vrai, je ne croyais point,
Si déloyal qu'on soit, qu'on le fût à ce point!

La scène tout entière est écrite sur ce ton bref, ardent, d'une cruauté et d'une vérité saisissantes. J'ai rarement entendu, au théâtre, un cri plus émouvant que celui de cette femme, misérablement traquée jusque dans son bonheur, insultée dans sa vie nouvelle au nom de sa vie passée, et se redressant pour jeter cette réponse à la face de cet indigne amant qu'elle n'a pas même aimé :

Eh bien ! cela c'est lâche ! Oui ! lâche ! lâche ! lâche !

Tout à coup, au moment où Hélène chasse devant elle René, dont le front rougit enfin, elle recule éperdue. On monte dans l'escalier. Quelqu'un est là. C'est Jean, peut-être. *Voilà la honte !* René, heureusement, a un mouvement de remords, qui ne lui servira guère. Il escalade le balcon et se précipite par la fenêtre.

C'est en effet Jean qui revient. Son malade parisien est mort. Jean Duprat embrasse Hélène, qu'il retrouve pâle, tremblante. Et voilà qu'un grand bruit se fait sous la fenêtre. La voix de madame de Rive, la mère de René, se fait entendre, poussant des cris. On a ramassé René, la tête fendue, sous le balcon d'Hélène. Des domestiques le rapportent maintenant, évanoui et le front saignant.

Aussitôt Jean comprend tout, et, avec lui, le fiancé de Blanche, qui regarde tour à tour René étendu sur le canapé et Hélène fléchissant sous le regard de son mari. Jean marche déjà sur Hélène, la menace aux lèvres et le bras levé, lorsque, Blanche accourant, le malheureux s'arrête net et murmure : *Ma sœur !* Ainsi, le caractère de cet homme se trouve déjà tout tracé. Ce seul mouvement le peint de pied en cap et va donner la clef même de son caractère et de son cœur.

Jean, tombant ainsi brusquement du haut de ses rêves, découvrant que l'amour de cette Hélène, amour sur lequel il s'appuyait, confiant, était un mensonge odieux, une trahison, Jean n'aurait certes qu'une pensée maintenant, celle de se venger, s'il ne se traçait à lui-même un devoir plus haut, plus sacré, mais plus dur. Il faut que sa sœur Blanche, innocente de la faute d'Hélène, soit heureuse et, comme elle aime le comte Paul, il faut qu'elle l'épouse. Paul, assez indulgent en toutes choses, sauf sur la question d'honneur, refuserait d'entrer dans une famille marquée par quelque scandale public ou quelque tache cachée. Jean le sait bien. Il faut donc étouffer en lui toute colère, effacer du front d'Hélène tout remords. Le comte Paul doit tout ignorer. Et, devant les questions de Paul, Jean Duprat n'hésitera point, pour assurer le bonheur de Blanche, à jurer que rien ne s'est passé dans la famille depuis le jour des fiançailles.

Mais quand il sera certain que Blanche épousera Paul, au moins le mari pourra-t-il satisfaire son désir de vengeance? Oui, cent fois oui. Il a déjà pris rendez-vous avec René. On se rendra à Berne. On se rencontrera là; enfin le mari tient sa vengeance : la vie de René maintenant appartient à Jean. Eh bien! non, Jean Duprat ne pourra pas même se venger ainsi. Madame de Rive a deux fils, tous deux marins. Elles les aime, mieux que cela : elle les adore, et voilà que, brusquement, la nouvelle de la mort du frère de René arrive à cette mère, tout à l'heure confiante et heureuse. Jean les voit couler, ces larmes de la pauvre femme; il les entend, les sanglots qu'elle pousse. Et, maintenant, aura-t-il le courage de frapper le seul enfant qui reste à madame de Rive? Pourra-t-il jamais se faire justice et se venger de René?

A Berne, dans huit jours, monsieur,

dit René. Et Jean, avec un éclat douloureux :

Allez-vous-en,
Vous! Est-ce que je peux vous tuer à présent?

Puis, demeuré seul, accablé : *Ainsi tout m'échappe!* — En effet, qui frapper? Le malheureux est condamné au pardon, et, devant Hélène, qui veut se tuer, qui va se tuer, il sent fondre peu à peu sa dernière colère; il est désarmé, ses larmes coulent :

> Oui, je pleure, je pleure !
> Soyez fière ! ma vie est perdue à jamais...
> Oh ! malheureuse !... Enfin, pourquoi ?...
> — Je vous aimais ?

On sent déjà que le pardon absolu est entré, avec ce mot d'Hélène, dans l'âme de Jean Duprat. Il pardonnera en effet. Il aime, il aime encore cette femme qui a été toute sa vie, toute son espérance. Ce n'est point faiblesse, c'est bonté, et il laisse tomber enfin le mot de l'*homme qui pardonne*, et on devine que dans cette âme austère rien du passé ne reviendra en amertumes ou en souvenirs.

J'ai fait connaître, en l'analysant, la pièce de M. Édouard Pailleron, qui n'a pas, à mon avis, reçu du public de la première représentation l'accueil qu'elle méritait. Le public a ses jours de bouderie comme les jolies femmes. *Hélène* est, à mon sens, une œuvre supérieure, par exemple, à telle pièce favorablement accueillie, il n'y a pas longtemps, au même théâtre, et même — je remonte plus haut — au *Supplice d'une femme*, qu'on a si justement applaudi. Il y a dans la pièce de M. Pailleron une élévation de ton et à la fois une tendresse de sentiment, des délicatesses de sensation tout à fait réelles et senties, qui m'ont particulièrement touché. Que de traits saisis au passage et qui sont d'un poëte attendri, en même temps que d'un penseur aimable et de ton juste :

> Le bonheur, paraît-il, n'aime pas qu'on soit vieille !

Jean, parlant à Paul en lui parlant de Blanche :

> Et, quant à son bonheur,
> Consultez la tendresse encor plus que l'honneur !

Puis, lorsqu'il parle encore de cette enfant, sa sœur, avec quelle exquise sensibilité il l'appelle un de ces *doux fardeaux* :

> Légers quand on les porte et lourds quand on les pose.

Et cette jolie définition du hasard, qui rappelle justement un mot de Théophile Gautier :

Le hasard, mais c'est Dieu qui garde l'anonyme.

Voilà ce qui fait le prix de cette pièce ; voilà ce qui, en dépit des résistances d'une partie du public, en dépit même de certaines longueurs du dialogue, assure la destinée littéraire de cette œuvre où l'auteur des *Faux Ménages* a résolûment, volontairement, fait taire son esprit si alerte et si aiguisé, pour ne laisser parler que son cœur et sa conviction. *Il n'y a pas là le moindre Coquelin pour rire*, disait-il lui-même la veille de la représentation. Mais il y a des choses discrètes, charmantes, qui amènent aux lèvres un sourire attendri. Je ne sais point si cela ne vaut pas mieux. En ce sens, la scène des aveux entre Paul et Blanche, tandis que la jeune fille dévide de la laine, est une chose tout à fait aimable et réussie. M. Pailleron reviendra quand il voudra à ce rire gai et franc qui est le sien ; aujourd'hui, il s'est jeté droit dans le drame, dans une de ces tragédies de tous les jours où se débat « ce pauvre cœur humain. » Il y a trouvé trois actes émouvants, ce qui est bien, et une pièce qu'on pourra relire avec plaisir après l'avoir écoutée avec émotion, ce qui est mieux.

Quand donc nous déshabituerons-nous de traiter les études sincères et loyales avec le sans-façon que nous donnons aux petites œuvres courantes, et même au besoin avec moins d'attention ou de respect ?

Les applaudissements n'ont pas été épargnés à Delaunay, le soir de la première représentation. Il les méritait complétement. Cette création de Jean Duprat, qui n'est pas tout à fait dans sa nature physique, est un de ses meilleurs rôles. Il a eu des douleurs contenues et des expressions admirables. A ses côtés, mademoiselle Favart a trouvé encore un triomphe. Je voudrais cependant lui donner le conseil de ne point broyer les vers aussi vite. Elle s'est, au deuxième acte, privée d'une salve unanime de bravos, parce qu'on n'a pas entendu, au moins au balcon où j'étais placé, son monologue. Le geste, l'expression étaient superbes; mais les mots ne nous arrivaient pas. C'est là un conseil, ce n'est pas une critique. Ce rôle d'Hélène, mademoiselle Favart l'a créé avec sa puissance et son ardeur ordinaires. Quelle vraie et grande comédienne! Febvre est fort remarquable dans le personnage difficile à tenir du comte Paul, et mademoiselle Nathalie a exprimé avec beaucoup de justesse et de sentiment la douleur de madame de Rive. Quant à mademoiselle Reichemberg, gracieuse, vraiment jeune, avec ses élans et ses sourires, elle est tout à fait charmante. Ce n'est pas une actrice, c'est une jeune fille.

Les Variétés ont aussi renouvelé leur affiche. Sur les deux pièces en un acte représentées le même soir, l'une a particulièrement réussi : c'est la pièce de MM. Henri Meilhac et Ludovic Halévy, *les Sonnettes*. L'esprit y fait rage et court au bout de chaque phrase avec une vivacité charmante. Figurez-vous un proverbe d'Octave Feuillet joué, au cinquième étage, par une femme de chambre et un valet de pied, mais du Feuillet vivant, sans morgue et sans phrases, du Feuillet parisien et endiablé. Augustine et Joseph sont en querelle. « Nos gens » se disputent sous les toits tout comme M. le marquis et madame la marquise au premier étage. Augustine reproche surtout à Joseph la fameuse *scène de la berline*. C'est tout un poëme. Il y a là une aventure amoureuse avec une institutrice anglaise, contée de la façon la plus plaisante du monde et que madame Chaumont détaille avec une verve infinie. Cependant les scènes de ménage de *nos gens* sont interrompues par les coups de sonnette nerveux, saccadés, de la marquise et du marquis. Il faut descendre, remonter, descendre encore, et les reproches, les dents qu'on montre, les griffes qu'on rentre, les soupirs, les larmes, tout va son train, dans ces mansardes en révolution.

A la fin, cela va sans dire, on se raccommode, on se tend patte blanche, lèvres roses, et tout finit, non par des chansons, mais par un baiser. C'est le plus amusant et le plus spirituel des actes que ces quelques scènes si lestement troussées. Je parlais tout à l'heure de Feuillet. On dirait plutôt du Marivaux en livrée, du Marivaux point guindé, décravaté, libre de ton, libre d'allures, et qui aurait lu Musset et la *Vie parisienne*.

Dupuis et madame Chaumont jouent *les Sonnettes* d'une façon supérieure. Dupuis, en costume de laquais, le visage enfoncé dans ses fourrures, a bien la plus drôle de figure qu'il se soit composée depuis longtemps. Il faut le voir encore, dépouillant ses vêtements de cérémonie et ses *mollets de gala*. Peut-être prend-il trop de *temps*, comme on dit au théâtre, en débitant son rôle, mais il est tout à fait amusant et bon comédien. Madame Chaumont est absolument charmante, elle aussi. Tous ses récits sont dits et mimés dans la perfection et par le menu. Les moindres gestes, les moindres signes ont une signification et une valeur. C'est une Déjazet d'aujourd'hui, un croquis de Grévin agissant et parlant. On a fort applaudi les acteurs et les noms des deux auteurs décidément habitués aux succès les plus vifs, ceux qui amusent la foule et qui contentent les délicats.

XXXI

GYMNASE : La *Femme de Claude*, pièce en trois actes, de M. Alexandre Dumas fils. — *L'Anniversaire de Molière*.

20 janvier 1873.

Discutons en toute franchise la *Femme de Claude* et M. Dumas fils. Il est de ces talents qu'on honore en leur disant la vérité.

Le public de la première représentation de la *Femme de Claude* a écouté avec une évidente émotion frapper les trois coups et regardé dans un respectueux silence se lever lentement la toile sur l'œuvre nouvelle de M. Alexandre Dumas fils. On sentait dès l'abord, dès la première minute, que les spectateurs s'attendaient, avec raison, à une œuvre particulièrement pensée, travaillée et sentie. La *Femme de Claude* était, en effet, la première pièce conçue d'après certaines idées nouvelles que l'auteur du *Demi-Monde* donnât au théâtre. La *Visite de Noces*, cette âpre et nerveuse étude, cette sorte d'anatomie rapide de l'*adultère*, n'avait été qu'une sorte d'appât jeté au public, et la *Princesse Georges* paraissait marquer un genre de transition dans ce qu'on a déjà appelé *la seconde manière* d'Alexandre Dumas fils. Il y avait, en effet, dans cette comédie autant de *drame* que de *philosophie*, et ce n'était décidément que dans la *Femme de Claude* que les préoccupations actuelles, les obsessions de moraliste de l'écrivain devaient absolument se faire jour.

Elles ne datent cependant pas d'hier, ces préoccupations louables et élevées, et nous nous rappelions justement, tout en écoutant la *Femme de Claude*, une conversation que nous eûmes avec l'auteur au lendemain de la publication des premières *Préfaces* de son *Théâtre*. M. Dumas fils était déjà, alors comme aujourd'hui, préoccupé de l'idée d'un théâtre nouveau à créer, à inventer ou plutôt à *imposer* au public. Profondément convaincu que l'auteur dramatique sérieux qui réunit deux mille personnes à la fois par soirée devant son œuvre a autre chose à faire qu'à leur conter, après tant d'autres, les amourettes de Colin et de Colette, M. Dumas fils voulait faire de la scène une école, une chaire, une tribune, bref un engin de moralisation et d'enseignement. C'était là son but, c'était son rêve, c'était sa pensée constante.

« J'ai fait, nous disait-il, cette réflexion que le public patiente et s'ennuie durant des heures entières pour attendre un décor *à effet*, une apothéose, un *décor*, des *glaces*, un tour de physique ou d'optique, et qu'on peut fort bien lui demander la même somme de patience et d'attention devant des idées, des réflexions et des discussions. C'est notre droit de lui parler de la sorte, et je dirai que c'est notre devoir. »

On trouvera dans l'état d'esprit, dans la série de réflexions où les *Préfaces* de son *Théâtre* jetaient Dumas fils, le secret du théâtre particulier qu'il veut, non pas inaugurer, — il l'a déjà tenté, — mais acclimater avec la *Femme de Claude*. A vrai dire, l'*Ami des femmes* appartenait déjà à ce genre de théâtre où la physiologie joue autant de rôle que la psychologie, et où les livres du docteur Trélat et de Darwin tiennent une plus grande place, dans la volonté de l'auteur, que les comédies de Molière. Les rudes événements que nous avons traversés, depuis deux ou trois ans, n'étaient pas faits d'ailleurs, on en conviendra, pour arracher M. Dumas à ses pensées sérieuses ; ils n'ont fait, au contraire, qu'accentuer davantage son humeur de réformateur. Le théâtre étant momentanément impraticable, — durant la guerre et le lendemain de la guerre, — M. Dumas s'était fait *brochurier*, et il avait dû même éprouver une certaine joie à pouvoir tout dire, tout exprimer, tout imprimer, sans subir cette gêne particulière des coulisses, de l'optique scénique, de l'acteur qui interprète et du public qui écoute. L'espèce de fièvre qui se mêle ou survit à toute polémique s'en étant mêlée, M. Dumas fils s'est donc trouvé, en ces derniers temps, jeté — non sans plaisir pour lui et pour nous — hors de sa voie première, et hanté, pour ainsi dire, d'un monde tout nouveau d'idées, de réflexions et d'observations. Peut-être, en gagnant là une véritable science du langage philosophique, a-t-il perdu aussi, dans ces travaux inattendus, ce sens spécial du théâtre que ne possèdent pas toujours les plus hauts génies, qui s'émousse si facilement, et que l'auteur de la *Dame aux Camélias* et de *Diane de Lys* portait en lui à un degré si étonnant.

L'*Homme-Femme*, d'où procède la *Femme de Claude*, est une œuvre née, non pas fortuitement et du cas spécial de M. Dubourg, commenté par M. d'Ideville, mais de ces réflexions constantes dont je parlais tout à l'heure et de ce besoin très-noble de moraliser, d'instruire et de *sauver* qui s'est emparé de M. Dumas fils depuis quelques années.

Avant d'avoir écrit l'*Homme-Femme*, M. Dumas avait écrit l'*Affaire Clémenceau*, et c'est de ce roman, je dois le dire, que nous espérions voir tirer, un jour, un drame. Le drame est tout indiqué, en effet, dans *Clémenceau*; il n'est embarrassé ni de longues théories sur la fabrication des projectiles, ni de dissertations sur l'origine des espérances; il est pris dans le vif même de la douleur humaine. Clémenceau est un homme, et non un saint; Iza est une femme, et non une infanticide. Ce sont des créatures humaines, faites de chair et d'os, qui s'agitent à travers les pages de ce livre entraînant; ce ne sont pas des équations algébriques qui se combattent et se heurtent.

Je vois bien ce qui est arrivé à M. Dumas fils, et je ne saurais, pour ma part, le trop louer d'une aventure où sa préoccupation supérieure a été la recherche ardente de l'idéal. Il a voulu *sublimer*, si je puis dire, son fameux : *Tue-la !* Il a voulu du moins l'expliquer en le mettant en action. Les deux principaux personnages de sa pièce, il les avait caractérisés dès l'apparition de sa brochure : « *Il s'agit d'un Claude moderne, conscient, chrétien... Quant à la femme, c'est l'éternelle Messaline, après comme avant le Christ.* » Comment maintenant amener cet homme à tuer cette femme? C'était là le problème. Ou plutôt le problème était celui-ci : cet homme peut-il tuer cette femme ?

La réponse, expliquée par le drame, était encore contenue dans l'*Homme-Femme*, et M. Dumas a voulu faire bien comprendre qu'il entendait que l'homme se fît seulement exécuteur dans le cas où la femme « *le limiterait dans son mouvement humain, l'arrêterait dans son action divine.* » L'action divine, pour la définir, c'est le rôle *supérieur* que peut, que doit essayer de jouer toute créature humaine, et M. Dumas veut que ce rôle soit entravé pour que l'homme s'arroge le droit de tuer. Il serait, en effet, assez sauvage d'immoler une femme dans un instant de colère, de jalousie, de folie furieuse, simplement parce qu'elle est coupable, et sans se donner le temps d'examiner les circonstances atténuantes ou aggravantes. La loi primordiale : *Ne occides! Tu ne tueras point!* qui est la loi naturelle, semble dominer toutes les lois humaines.

Antony tue Adèle d'Hervey pour sauver l'honneur même de cette femme; le marquis de M. Augier tue Olympe pour préserver de la bave de la fille perdue le renom sans tache d'une famille et la pureté d'une enfant innocente. Voilà des cas où le public est parfaitement d'accord avec l'auteur. Le public même admet qu'Othello étouffe Desdémone calomniée parce que la fureur et l'amour fougueux d'Othello, surexcités par les infamies d'Iago, expliquent et excusent, pour ainsi dire, cet horrible meurtre. Enfin, Clémenceau a le droit de frapper Iza de son couteau d'ivoire, car cette créature a brisé le bonheur, perdu la vie d'un honnête homme. Mais M. Dumas a craint sans doute qu'on ne l'accusât de demander la mort de la pécheresse et qu'on ne prît au mot son ordre de procureur moraliste : *Tue-la!* Il a donc voulu circonscrire sa thèse; il a choisi, dans la ménagerie féminine, un véritable monstre, la fameuse *guenon du pays de Nad*, la *femelle de Caïn* dont il nous avait parlé, et, après nous avoir montré, durant trois actes, ses hideurs morales, il nous a contraints d'être volontairement sans scrupules complices de l'exécution de cette femme par la main de son mari.

Eh bien, voilà l'erreur; l'auteur dramatique s'est trop défié, à mon sens, du public. Il a redouté que le coup de fusil du dénouement ne parût trop brutal et, pour le faire passer sans encombre, il a pris trop de précautions, les unes physiques, les autres morales. Au premier acte, nous sommes dans le cabinet de travail de Claude Ripper et de son élève Antonin. Claude est un ingénieur, un inventeur, qui a trouvé un bijou de canon capable d'émietter en trois heures les fortifications de Mayence ou celles de Coblentz. De son côté, Antonin a fabriqué un fusil à deux coups se chargeant ensemble par un système intérieur. C'est précisément ce fusil inédit qui, au troisième acte, étendra roide morte Césarine. Pour nous habituer à sa détonation, on essaye donc cet engin dès le premier acte.

Les coups de feu retentissent, et Césarine frissonne et se bouche les oreilles, comme secouée et effrayée par des pressentiments. Ce ne serait là, d'ailleurs, qu'une précaution bien légitime de dramaturge qui connaît toutes les susceptibilités du public et qui s'en gare. Mais ce qui est plus grave au point de vue de la thèse morale, c'est que M. Dumas a volontairement noirci la femme coupable, pour que toute la salle à la fois fût d'humeur *à lui jeter la première pierre*.

Césarine n'est pas seulement la *femme adultère*, elle est la *mère coupable*, l'*infanticide*, et enfin la *voleuse*, sans compter qu'elle est un peu Bavaroise, — nous dit tout bas l'auteur, — ce qui doit la rendre définitivement antipathique à un public français. Elle était mère avant d'avoir épousé Claude, et elle a laissé mourir son enfant sans l'aller voir; elle s'est enfuie au bras d'un amant, et à cet amant elle a soutiré 200,000 francs qu'elle prétend tenir de sa grand'mère; devenue enceinte une seconde fois, elle a commis un crime pour se débarrasser du petit être né de ses *entrailles maudites*, comme elle dit; enfin, vendue à l'agent secret d'un gouvernement ennemi de la France, elle s'offre et se donne à Antonin, le disciple chéri de Claude et le confident de ses pensées, pour qu'Antonin lui livre à son tour le secret de la fabrication du canon que Claude a inventé et que le comité d'artillerie vient d'expérimenter.

En vérité, c'est là trop d'ulcères rassemblés, et personne ne s'étonnera et ne poussera les hauts cris si un homme tel que Claude — un grand homme — tue comme une chienne malfaisante une femme comme Césarine. Elle a dix fois mérité d'être *supprimée*, *exterminée*, selon le mot de Claude, et en parlant d'elle, ce n'est point : *Tue-la!* qu'il faut dire, c'est *Exécute-la!* Mais alors que devient la thèse même de l'auteur? Que deviennent les conseils d'une éloquence *vécue*, que donne, dans l'*Homme-Femme*, l'auteur à son fils idéal? Pour qu'une règle de vie soit bonne à suivre, encore faut-il qu'elle ne s'applique pas seulement aux exceptions, aux orages improbables, mais à ce qui est de tous les jours, de toutes les heures. Qui s'est avisé de plaider autrement que devant la cour d'assises la cause de la femme empoisonneuse, de la femme infanticide, de la femme meurtrière? Un monstre est un monstre, on le sait. Ce qu'il s'agissait de démontrer, c'est que l'honnête homme trompé, — je ne dis pas l'homme de talent limité dans sa fonction, l'homme de génie arrêté dans sa mission, je dis l'homme, le premier ou le dernier venu, Sganarelle, Georges Dandin, Claude épicier et non inventeur, — a le droit de tuer la femme qui l'a déshonoré.

Eh bien, non, il n'a pas ce droit, vous le voyez bien; vous le lui contestez vous-même, puisque vous faites de sa femme, non pas seulement une passionnée, non pas seulement une débauchée ou une femme vénale, mais encore une criminelle, une criminelle en bonne forme, digne d'être dénoncée au procureur du *gouvernement qui nous régit actuellement*, comme dit M. Dumas avec une affectation d'ironie absolument inutile ici, il l'avouera lui-même. En donnant des traits si affreux à Césarine, l'auteur se prononce donc lui-même contre cette peine de mort qu'il ne maintient dans son drame que parce qu'elle frappe une scélérate. Cela est si vrai que, lorsque la pièce commence, Claude a déjà pardonné la première faute de Césarine. « Vous avez *pardonné?* lui dit-on. — J'ai *effacé*, » répond-il. Et le mot est, autant que le sentiment, absolument beau. Claude ne frappe, ne tue, que lorsque la *faute* devient *crime*.

Encore quelle veillée du mont des Oliviers passe ce chrétien avant de faire justice; quelle sueur d'angoisse et d'agonie l'inonde au moment où, l'œil sur la nature immobile, endormie, baignée des clartés de la lune, il se demande, dans un fort beau monologue, quel est son pouvoir et quel est son droit! Je suis même certain que Claude ne tuerait point si l'idée supérieure de patrie ne venait s'ajouter à ses douleurs intimes et si Césarine n'allait pas livrer, vendre à l'ennemi, le secret qu'elle vient de voler à Antonin.

Ainsi, que de précautions prises! Quelles accumulations d'infamies sur la tête de cette femme! La dernière pièce de M. Dumas fils était évidemment conçue, peut-être à demi écrite, avant la guerre, et ce sont les sanglants événements de 1870-71 qui ont amené l'auteur à mêler à une intrigue privée le souvenir des malheurs publics. Je le remercierai volontiers de ce grand sentiment de patriotisme, de souffrance véritable, de ces élans virils, filiaux, vers la France vaincue; ils témoignent assez que l'auteur a pensé, songé, que son cœur a saigné comme d'une blessure reçue et que, chargé de parler à une foule assemblée, il a tenu à lui faire connaître son cri de ralliement et son devoir.

Malheureusement, cette préoccupation nouvelle a entraîné M. Dumas un peu loin; elle lui a fait introduire dans son œuvre un personnage hybride, le faux Gascon Cantagnac, qui disparaît sans qu'on sache de lui autre chose que ceci: il est l'agent d'une société dont le but est d'asservir à elle le monde entier, cela par la force. Il se présente à Claude Ripper en pleurant un fils, ce Cantagnac, « un fils qu'*ils* m'ont *tué;* » et, peu après, nous apprenons que ce Cantagnac n'est lui-même qu'un de *ceux* qui tuaient nos frères de France. Ainsi apparaît tout à coup, dans le logis austère de Claude, le spectre bouffi de l'Allemagne. Ce Cantagnac n'est qu'un Rodin de Germanie recevant son mot d'ordre de Berlin, comme le Rodin d'Eugène Sue recevait son mot d'ordre de Rome. Nous tombons aussitôt dans je ne sais quelles complications policières, dans les replis d'un espionnage répugnant. Et, chose à noter, le public devient aussitôt incrédule, et il a raison. Hélas! ce n'est pas parce que la Prusse nous a volé le secret de nos canons que nous avons été vaincus, c'est parce que notre sottise, notre infatuation et l'entêtement des gouvernants nous ont empêchés d'adopter les leurs!

On voit assez, par ces lignes, dans quelles séries de réflexions la *Femme de Claude* entraîne involontairement le spectateur. La pièce et l'analyse de la pièce semblent disparaître pour laisser place à des digressions et à des discussions philosophiques ou politiques. Le système présent de

M. Dumas fils me paraît donc antithéâtral, ou du moins incompatible avec l'humeur actuelle du public. C'est un compromis entre le drame et la conférence. L'écrivain n'a rien perdu de lui-même, au contraire, je dirai absolument qu'il a gagné en profondeur, en pensées, en vues originales, parfois excentriques, en apparence, mais tournées toujours vers un horizon élargi et illuminé d'une lumière nouvelle. Le mal est que, — selon le mot de son Claude, qui est un mot volontairement puisé chez Louis Veuillot, M. Dumas a *jeté l'ancre en haut*. Or, le théâtre est essentiellement une œuvre d'*en bas*, et je n'entends pas dire — comprenez-moi bien — une œuvre inférieure ; le théâtre est une œuvre humaine, palpitante, saignante. La contemplation, le rêve, la philosophie, ces forces et ces vertus y doivent tenir moins de place encore que la vie. *Agir*, c'est la consigne de tout personnage de drame ; le *mouvement*, c'est sa raison d'être. Je sais bien qu'Hamlet pense, doute, hésite et même discourt avant de frapper ; mais la vie d'Hamlet est toute cérébrale. Il y a du fou dans ce prince de Danemark, et ce n'est point un cas de pathologie mentale que M. Dumas a voulu nous montrer en nous créant ce Claude « conscient et chrétien. » Nous aurons d'ailleurs à revenir certainement sur une telle œuvre, car il n'y a pas à douter qu'elle ne soulève dans la critique des polémiques curieuses. Nous développerons alors peut-être quelques-uns des points de discussion que nous indiquons ici. Il est probable aussi que M. Dumas se mêlera au procès, car on ne lance pas une *œuvre de combat* pour ne point la soutenir la plume à la main.

J'ai dit ma pensée sur l'œuvre nouvelle, en dépit d'un vif sentiment d'estime que j'ai pour ce talent rare et magistral. Les véritables sympathies consistent plus encore à montrer la pierre d'achoppement à l'artiste qui chemine qu'à lui jeter au front les roses du chemin. M. Dumas, encore un coup, a eu grand tort de ne point traiter la *Femme de Claude* comme il avait traité l'*Affaire Clémenceau*, cherchant à émouvoir parce qu'il était ému, à toucher parce qu'il avait souffert. L'*Affaire Clémenceau* est — et voilà ce qui fait son prix — une histoire de tous les jours. La *Femme de Claude* est une exception et un *cas*. Vite, alors, au commissaire ou au Musée pathologique !

Je sais bien que M. Dumas nous répondra : « Un *cas*, « vous avez dit le mot, et je n'ai pas voulu peindre autre « chose ! Je vous ai montré une créature infâme, bestiale, « féroce, vile, toute d'instinct (Voyez *Trélat*, p. 41, ch. II, « je vous le dis moi-même); je vous l'ai montrée tuant, « cariant dans leur âme, dans leur cœur, et *jusque dans « leurs os*, les créatures humaines placées sur sa route; « je vous l'ai montrée fille ingrate, amante dégradée, « épouse parjure, mère sans entrailles, féconde dans le « vice et stérile dans l'amour; je vous l'ai montrée volant « et violant le secret de l'homme qu'elle pouvait tuer et « qu'elle a involontairement rendu grand parce qu'il a « puisé dans sa douleur une force nouvelle pour le tra- « vail; — je vous l'ai expliquée, analysée, disséquée mo- « ralement avant de la frapper; je lui ai fait crier : *Est-ce « que je suis Française?* à cette femme qui avait déjà dit : « *Est-ce que je suis mère?* — puis je l'ai fait tuer d'un « coup de feu comme une voleuse de nuit et une meur- « trière ! Je ne voulais pas faire autre chose, pas montrer « autre chose, pas prouver autre chose. Que vous me « compreniez ou ne me compreniez pas, peu m'importe ! « J'ai dit. »

Ici, je serai de l'avis de M. Dumas fils, et je ne suivrai pas la critique lorsqu'elle déclare repoussante, indigne du théâtre, immorale, cette Césarine Ripper, la Messaline bourgeoise, jamais rassasiée, et morte déjà dans son corps et dans ses sens lorsque Claude la tue. Je trouve que, de pied en cap, la misérable est peinte de main de maître. Elle a des grâces félines, des hypocrisies d'enfant, des caprices de folle, des colères de fauve; elle est nerveuse, emportée, puis rampante, lâche et peureuse. Elle brave Claude du regard, et, pour un peu, se courberait devant lui, tête basse. La perversité moderne n'a jamais été mieux caractérisée, je crois, et personnifiée que dans cette créature sans amour et sur laquelle glisserait sans la purifier toute l'eau des rédemptions passées et futures. Quel portrait, ou plutôt quelle statue animée, électrisée du vice! Je regrette que, poussé par l'antithèse, M. Dumas ait mis en regard de cette *épouse de la vie matérielle* de Claude cette fiancée *de la vie spirituelle*, la petite juive Rébecca, dont le mysticisme n'a pas produit l'effet que l'auteur en attendait. La véritable antithèse de Césarine, ce n'est pas la Mignon de Gœthe aspirant au ciel, c'est la compagne souriante, aimable, bonne, sans phrases et sans façons, la ménagère, la Charlotte adorable et honnête de cet insensé de Werther.

Ai-je jugé la *Femme de Claude?* Non. L'œuvre est trop complexe et mérite une bien autre attention. Ses défauts n'ont rien de banal, rien de bas. On ne sent là aucune idée de spéculation, rien qu'un désir profond de refonte morale, qu'une soif de mieux, qu'un besoin de nouveauté, que la recherche d'un idéal. L'esprit mordant de Dumas fils y apparaît, çà et là, comme un coup de clairon gaulois interrompant des propos scientifiques ou bibliques. Des scènes vivantes et puissantes, entre autres l'admirable scène entre Claude et Césarine au second acte, sont là pour prouver que le dramaturge n'a point failli. Quant à l'écrivain, il a mis dans ces trois actes de ces choses concises et nettes qui ne sont qu'à lui (— *Je garde Césarine chez moi*, dit Claude; *de cette façon, elle me ridiculise un peu plus, mais elle me salit un peu moins*), et aussi de ces accents réfléchis et pensifs qu'on relit lorsqu'on les rencontre dans un livre, et qui valent qu'on retourne les écouter lorsqu'on les entend au théâtre. Combien de ces détails pourrions-nous extraire de ce drame, et que nous donnerions parfois pour de gros volumes. Le *Va travailler!* de la dernière scène est en ce sens superbe. « Une seule « petite phrase où il y a des vues et de l'imagination, « disait le prince de Ligne, est préférable à la *Bibliothèque* « *des savants.* »

Mademoiselle Desclée a trouvé un succès incontesté, éclatant dans ce rôle de Césarine. Elle y est superbe; ce n'est pas une actrice, c'est une femme. L'art est ici poussé jusqu'au naturel absolu. Avec quelle fièvre elle va, vient, s'assied au piano, le referme, supplie, menace, froisse les papiers, frappe les planches à épures, relève la tête pour regarder en face Claude, qui la menace de mort! Mademoiselle Desclée est une Rose Chéri possédée du démon. Elle a les nerfs, les accents, les folies voulues pour rendre de façon irrésistible les belles inconscientes du drame contemporain. Elle est, si l'on veut, dans la *Femme de Claude,* quelque chose comme la Dorval du vice : — une créature de chair et d'os plutôt qu'une comédienne, c'est-à-dire la comédienne la plus hardie et la plus étonnante de l'heure actuelle.

Landrol est absolument excellent dans le personnage de Claude. Il y a dix ans que Landrol joue de façon supérieure tous les rôles qu'on lui fait jouer. Il les joue si bien qu'on ne s'aperçoit pas que c'est un comédien de premier ordre, et partout, et toujours. Il se rend trop utile, et on ne s'aperçoit pas assez qu'il est nécessaire. Il y a des caractères de cet ordre, moins distingués que lui, mais qui ont un peu de sa destinée : M. Munié, M. Laute, par exemple. Ce sont moins des acteurs que des gens instruits et qui comprennent tout. On ne leur en sait pas assez gré.

Pujol est très-bien en Israélite épris de l'idée de reconstruire Jérusalem, comme jadis le voulait Maurice de Saxe. Pradeau a rendu possible le sire de Cantagnac, et Villeray est vraiment trop fougueux et trop fatal dans son rôle d'Antonin. Il a des façons si brusques de serrer les papiers précieux, qu'on jurerait qu'il les jette au feu. Mademoiselle Pierson s'est trompée, cette fois : elle blonde et élégante, elle a exagéré sa blondeur; blanche, elle s'est faite diaphane. C'est trop, beaucoup trop. Elle a voulu ne pas frôler la terre, ressembler à un Raphaël, mais elle a dépassé le but et elle s'est faite *préraphaéliste.* Cette vierge du temps des *Primitifs* a, d'ailleurs — ce n'est qu'un détail — le tort de laisser un peu de son teint blanc sur l'habit de son père lorsqu'elle l'embrasse. Voilà l'inconvénient de tant de poésie. En revanche, si la figure est manquée, l'actrice a dit avec beaucoup de charme et de grâce les adieux mystiques de cette Muse juive. Mademoiselle Vannoy est tout à fait dramatique et excellente dans le rôle d'une soubrette complice de la femme de Claude et prise enfin de repentir.

XXXII

Odéon : L'*Aïeule*, drame en cinq actes, de MM. Ad. d'Ennery et Ch. Edmond (reprise). — Folies-Dramatiques : *La Fille de Madame Angot*, de MM. Siraudin, Clairville et Koning.

24 février 1873.

Les théâtres ont donné maintenant ce qu'on pourrait appeler les *grandes nouveautés* de la saison. Il ne leur reste plus qu'à épuiser leurs succès ou à gagner, tant bien que mal, la fin du Carême. En attendant, il faut nous contenter des reprises. Depuis le Théâtre-Déjazet, qui reprenait naguère *les Femmes qui font des scènes*, de Charles Monselet, jusqu'au Théâtre-Français, nous rencontrons donc des rééditions d'œuvres connues, et nous ne nous en plaignons pas toujours.

L'Odéon devait, par exemple, représenter un drame tiré par madame George Sand de son roman *Mademoiselle de la Quintinie*. Le drame s'est vu doublement arrêté, et par la maladie de Berton, le père, et par une sorte d'interdiction tacite. L'Odéon a dû chercher autre part son salut, et, après avoir hésité, il l'a trouvé, je crois, dans une pièce dont la réputation n'est plus à faire et qui est depuis longtemps célèbre.

L'Odéon a repris l'*Aïeule*, de MM. d'Ennery et Charles Edmond, un drame qui devint plus que centenaire au théâtre de l'Ambigu. Il y a, en vérité, peu de situations dramatiques aussi profondément saisissantes que celle du quatrième acte de cette pièce. On sait que le sujet du drame est celui-ci : dans une maison composée d'un mari, de sa femme, de sa fille, d'une autre fille d'un premier lit, et d'une vieille aïeule paralytique, un assassinat est commis, une jeune fille est lentement empoisonnée et comme jour par jour. Une main invisible, insaisissable, verse le toxique dans les potions de la malade. Où est le coupable? qui est le coupable? C'est là que gît le drame. On soupçonnera tour à tour la mère rivale de sa fille, la sœur même de la victime, une femme de chambre, un vieux paysan, ami des sortilèges, et qui rôde autour du logis; on soupçonnera tout le monde, excepté la vraie coupable, l'aïeule, la paralytique, la vieille douairière, qui, pour assurer toute la fortune à sa petite-fille, feint de ne plus se mouvoir, et se relève la nuit pour empoisonner la fille de celle qu'on nomme l'*étrangère*.

Il y a, je le répète, peu de données aussi émouvantes et aussi puissantes dans le théâtre contemporain. Il y a peu de scènes qui produisent un effet de terreur semblable à celui qui a encore glacé d'effroi, l'autre soir, les spectateurs de l'Odéon, lorsque, silencieuse, terrible, éclairée par un rayon lunaire, l'aïeule se glisse, comme une goule, dans la chambre où dort la pauvre enfant qu'elle tue jour par jour, goutte à goutte. Cette *trouvaille* dramatique est de celles qui datent et qui font la fortune d'une œuvre. J'y reconnais l'invention mâle et hardie de cet esprit chercheur, curieux et profond à la fois, qui s'appelle Charles Edmond. C'est évidemment lui, avec ses préoccupations shakespeariennes, son goût pour l'originalité forte qui a trouvé de pied en cap ce personnage, ce type effrayant de l'aïeule.

On rencontre dans le roman contemporain un autre type de paralytique — de vrai paralytique, cette fois — c'est celui du vieux Noirtier, dans le *Comte de Monte-Cristo*. M. Zola a tracé aussi, dans *Thérèse Raquin*, une physionomie de mère paralysée et qui entend, sans pouvoir crier, les meurtriers de son fils se vanter de leur crime. Mais ces paralytiques (singulier reproche, on l'avouera) *n'agis-*

sent pas, ou plutôt Alexandre Dumas avait trouvé le moyen de faire agir *à côté* M. Noirtier, tandis que dans l'*Aïeule* la paralytique est l'héroïne même du drame et la dure cheville ouvrière de l'action. Je le redis encore, je sais peu de pièces de théâtre aussi neuves, aussi curieuses, aussi viriles.

Les acteurs de l'Odéon ont eu, depuis le premier jour jusqu'au dernier, le grand tort de jouer le drame de MM. d'Ennery et Charles Edmond comme ils eussent joué du répertoire. M. Pierre Berton lui-même, qui est charmant, absolument élégant et spirituel dans le rôle du Commandeur, semble se croire dans une comédie de Marivaux. Il s'est montré pourtant excellent de jeunesse et de grâce dans la jolie scène du second acte où il jure de n'aimer personne et où sa cousine Jeanne le force à dire : *Je vous aime*. Mademoiselle Broisat est fort bien aussi, avec cette voix harmonieuse, caressante, musicale, qui est son grand charme. Elle a eu de très-bons et même de très-beaux mouvements dramatiques. Mais comme elle est déjà maniérée ! Comme elle tend avec affectation ses mains en avant en les arrangeant, comme si le sculpteur était là et les allait mouler ! Mademoiselle Broisat est une artiste très-sympathique et, encore une fois, elle a joué avec talent ce rôle de Jeanne; mais les éloges de la critique lui auraient-ils déjà tourné la tête? C'est ce qui arrive d'ordinaire, et c'est ce qui perd la plupart des débutantes.

M. Georges Richard a donné une physionomie très-curieuse, un peu farouche peut-être, mais tout à fait remarquable au personnage de Biassou, un des derniers succès de l'excellent Boutin. Nous n'étonnerons personne en disant combien M. Richard, l'auteur des *Enfants*, est un comédien intelligent et soigneux. Mademoiselle Baretta est absolument gentille et touchante dans le rôle de la jeune fille qu'empoisonne l'aïeule. Mais l'artiste qui domine tout le drame, c'est madame Marie Laurent. Elle jouait la duchesse autrefois à l'Ambigu; elle joue la douairière aujourd'hui, et on ne peut imaginer un visage plus terrible, mieux empreint d'implacable volonté, avec des yeux plus ardents et plus magnétiques que les siens.

Madame Marie Laurent vient, depuis deux mois, de faire preuve, à l'Odéon, d'un rare talent et d'une rare puissance. Elle a tour à tour joué, d'une façon fort remarquable, trois rôles des plus différents, celui de Clytemnestre, celui de Phèdre et celui de l'Aïeule. Elle a exprimé les fureurs horribles du drame antique, les douleurs de la tragédie racinienne et les terreurs du drame moderne. Quand on a ce don de création et d'*avatar*, on est une comédienne hors de pair. Madame Marie Laurent semble d'ailleurs se trouver dans son élément avec ces personnages élevés, car, encore un coup, le type de l'Aïeule n'a rien de vulgaire et dépasse la portée des drames ordinaires. Madame Laurent est vraiment tragique sous la perruque poudrée et les vêtements à fleurs de la paralytique. On songe, lorsqu'elle apparaît étendue dans son fauteuil, à cette pâle et sévère figure de la reine Élisabeth mourante, que peignit un jour Paul Delaroche. Toute la salle l'a rappelée au dénouement, et c'était justice.

L'*Aïeule*, ainsi remontée et retrouvée, consolera, je l'espère et j'en suis sûr, l'Odéon du dommage que lui aura apporté l'ajournement de *Mademoiselle de la Quintinie*. Le drame a retrouvé sur la rive gauche son succès de l'Ambigu.

Je ne parlerai de l'amusant et curieux vaudeville joué aux Folies-Dramatiques, la *Fille de Madame Angot*, que pour évoquer ce type divertissant de madame Angot qui égaya toute une génération, celle de nos grands-pères. O puissance de certaines créations littéraires! Ce qui fit le rire d'autrefois va faire encore la gaîté d'aujourd'hui.

Madame Angot est, comme tous les types devenus populaires, comme Chauvin, comme Robert-Macaire, comme Prudhomme, une amusante personnification d'une époque. Cette grosse mère, réjouie, moustachue et dodue, résume drôlatiquement la période qui va de la chute de la royauté à la chute de l'Empire, l'heure bénie des enrichis et des parvenus, où les fournisseurs et les *riz-pain-sel* forment une ronde avec accompagnement de sons de pièces d'or.

Madame Angot est une sorte d'Ouvrard femelle qui s'étale dans sa corpulence parmi les fêtes du Directoire et les éblouissements de l'Empire. On la voit partout; on la rencontre partout, dans ces temps de fièvres, de luttes, de spéculation, de batailles, de grandeur, de folie. Le théâtre chante ses prouesses comiques sur tous les tons, la brochure raconte ses exploits, la caricature lègue ses aventures à la postérité. Une seule pièce, payée 500 francs à l'auteur, un pauvre diable nommé Labanelle-Corsse, donne au théâtre de la Gaîté, en 1797, plus de 200,000 francs. C'est *Madame Angot, ou la Poissarde parvenue*. Avant tout, en effet, dans l'ordre des types — inventés par les hommes et plus vivants parfois que des êtres humains, — madame Angot est une femme de la halle, grosse, grossière, forte en gueule comme une servante de Molière, le cou charnu, enguirlandé d'une lourde chaîne de montre, ses doigts énormes alourdis de bagues plus larges que celles des chevaliers romains, le bonnet sur l'oreille et le tablier rouge au ventre. Madame Angot a ses libres allures toujours et ses libres entrées presque partout. Elle se présente comme un ouragan; elle va, vient, brise, parle haut, étonne, détonne et jargonne. Elle a, dans l'ordre réel, une sorte de représentation très-fidèle ; c'est la première femme de Janot, ou plutôt encore c'est la légendaire duchesse de Dantzig, celle qui, arrêtée par un huissier à la porte des Tuileries, répond :

— Annonce la maréchale Lefebvre.

Et, comme l'huissier demeure interdit :

— *Eh bien, quoi? Ça te la coupe, mon fiston?*

Madame Angot est bien vraiment la femme et la bonne femme de ces généraux improvisés, de ces héroïques palefreniers devenus colonels, de ces soldats qui enlevaient leurs épaulettes à la pointe de leur sabre, et comme à la force du poignet. Elle a été tour à tour vivandière et harengère, et maintenant elle est, comme on dit, *femme de la nouvelle France*, millionnaire, le poing sur la hanche et le cœur sur la main. Les parvenues du premier Empire et celles des dernières années de la République devraient plus ou moins se reconnaître dans ce personnage bruyant, ridicule et bon enfant.

Chaque époque a, de cette sorte, une personnification dans l'ordre littéraire, et tant pis pour les générations qui ne peuvent pas prêter à la caricature ! Cela prouve qu'elles n'ont ni angles ni physionomies. Les médailles effacées sont sans valeur. *Chauvin*, le patriote absolu et entêté, naît au lendemain de Waterloo, comme le malin petit bossu *Mayeux*, irrité et barricadeur, voit le jour en 1830. *M. Prudhomme* est la personnification même du régime du juste milieu et — je vais dire une énormité — la personnification de la France. Il en a les préjugés, les sottises, les ignorances, les majestés et, à tout prendre aussi, l'honnêteté. Je ne voudrais pas pousser trop loin ma comparaison ; mais ne retrouve-t-on point partout, et même très-haut, ce profil curieux de Prudhomme, que Monnier a copié sur sa propre face ? Le second empire ne s'incarne dans aucun type : un moment, on a pu croire que la physionomie du *gandin* (Chabannais — cette variété de Mayeux — sot, querelleur, farceur, débauché) demeurerait populaire. Elle a été vite oubliée. En revanche, *Robert-Macaire* est resté, et ce *faiseur* illustre me semble dater plus encore de 1855 que de 1835. L'agio forcené devait se couler en statue sous la forme de ce merveilleux aventurier. Peut-être le drôle sera-t-il la vivante, l'éternelle personnification d'un siècle voué à l'intérêt et, au-dessus de nos ruines et de nos douleurs, l'avenir apercevra-t-il, debout et triomphant,

  Robert-Macaire avec ses bottes éculées.

Bref, pour en revenir à madame Angot, elle a subi bien des aventures théâtrales avant le vaudeville du théâtre des Folies-Dramatiques. La première œuvre où elle figurait date de 1797. Le théâtre de la Gaîté donnait alors la *Nouvelle Parvenue*. C'était madame Angot. Deux ans après apparaît *Madame Angot, ou la Poissarde parvenue*. En 1799, voici venir *le Repentir de madame Angot, ou le Mariage de Nicolas*. En 1803, on représente *les Dernières Folies de ma-*

dame Angot. Enfin le chevalier Jean Aude, — chevalier de Malte, s'il vous plaît, et cependant simple vaudevilliste,— le vaudevilliste Aude, l'auteur de *Cadet-Roussel barbier* et de *Cadet-Roussel misanthrope*, s'empare de ce type amusant et bouffon de madame Angot et le couvre encore de sa popularité d'auteur dramatique applaudi. Il fait jouer cette pièce célèbre, qui fut donnée plus de deux cents fois de suite, nombre énorme pour le temps, *Madame Angot au Sérail de Constantinople*, trois actes de grosse gaîté et de pure folie qu'on utilisa un peu plus tard, lorsqu'on écrivit *Mademoiselle Déjazet au Sérail*.

Et ce ne fut pas tout. Aude donna encore *Madame Angot dans son ballon*; on représenta *Madame Angot au Malabar*; on imprima l'*Histoire populaire de madame Angot, reine des Halles*; on mit à la mode un jeu nouveau qui s'appela le *Jeu de madame Angot* : c'était une rage, une passion, un délire. Vadé avait chanté madame Angot; mais ce n'étaient pas seulement les *bouchons* de la Râpée, c'étaient encore les salons de la Chaussée-d'Antin qui retentissaient de la gloire de cette femme illustre.

Madame Angot, s'il faut en croire son historien, avait, en effet, une fille, qu'elle maria à un certain Fanfan, négociant marseillais. La mère et la fille furent donc, ajoute la chronique, prises par des corsaires barbaresques et vendues comme esclaves à Tunis. Ce n'est point là la tradition qu'ont suivie les auteurs de *la Fille de madame Angot*. Cette fille, la petite Clairette, est l'enfant de la halle et de la balle. Elle a été élevée sur le carreau du marché des Innocents. Elle a pour camarade de pension mademoiselle Lange, la maîtresse de Barras. On va la marier au perruquier Pomponnet, qu'elle n'aime pas; et, pour fuir ce mari, elle chante publiquement une chanson réactionnaire qui la conduit droit en prison.

Ces couplets, que mademoiselle Paola Marié enlève avec un entrain charmant, ont failli diviser la salle en deux camps. Ils ont pour refrain ces deux vers :

> C'était pas la peine, assurément,
> De changer de gouvernement!

— Comment diable la censure a-t-elle laissé passer ce refrain-là? se sont écriés quelques-uns. Elle tient donc à ce qu'on fasse tout haut l'éloge du gouvernement déchu et à ce qu'on raille publiquement le gouvernement existant?

J'avoue que, pour moi, je ne vois pas tant de périls dans une chanson. Il est bien évident — comme les censeurs eux-mêmes s'en expliquaient volontiers, en causant au foyer — que les couplets de Clairette sont le sujet absolu de la pièce, et qu'il était impossible de les supprimer sans supprimer du même coup les actes qui les suivent. Or, je suis loin de demander des suppressions et des interdictions, et j'ai trouvé qu'on pouvait bien laisser jouer l'*Oncle Sam*, sans danger pour la République américaine et même pour la République française. Loin de me plaindre qu'on ait laissé passer cette alerte satire du Directoire, je demanderais, au contraire, qu'on laissât tout dire et qu'on ne supprimât rien du tout. Ce n'est point parce que *Rabagas* attaque la République qu'il me déplaît, c'est parce que sous la République on ne laisserait point se produire le contraire de *Rabagas* qu'on est en droit de s'étonner et de se plaindre. Que l'on chansonne les folies du Directoire, rien de mieux; mais qu'on laisse aussi chansonner la Royauté, ce ne sera que justice. Or, je doute que la censure permette cette dernière licence, — et c'est là qu'elle prête le flanc et qu'elle se donne tort. Elle a peut-être raison, après tout, et elle évite ainsi ou du scandale ou du désordre. En attendant, on s'amuse de la République, et la République, qui a bon dos, n'y perd rien. Elle a demandé la liberté : elle donne la liberté de se moquer d'elle. Ce n'est pas un rondeau qui la jettera bas. D'ailleurs, les couplets ont raison aussi, et, devant certaines injustices, lorsqu'on remet en place des Leverriers de toute sorte, on fredonnerait volontiers, comme la fille de la mère Angot :

> C'était pas la peine, assurément,
> De changer de gouvernement!

Ainsi, tout le monde est d'accord, et j'applaudissais les couplets que chante mademoiselle Paola Marié absolument comme eût pu le faire le rural le plus endurci. La chanson est gaie, bien en situation, et, comme toute la pièce, elle a une vive allure, la vraie couleur du temps et le brio endiablé de cette fin du dix-huitième siècle. La mise en scène, fort soignée, nous montre ces *muscadins* aux collets noirs et aux gants verts que Debucourt nous représente, et dont les soldats *ras-tondus* d'Augereau coupaient si bien, dans les rues, les cadenettes prétentieuses.

Les auteurs de la *Fille de madame Angot* ont introduit dans leur action — outre le célèbre docteur Trénitz — un personnage fort curieux dans l'histoire, ce fameux Ange Pitou que Dumas a tiré de l'oubli et qui fut vraiment un des héros de troisième ordre de la Révolution française.

Ange Pitou était un chanteur des rues qui s'en allait, râclant de son violon, sur le Pont-Neuf et dans les carrefours, et qui, monté sur une chaise, jetait au vent des couplets fort royalistes. On a publié le recueil de ses chansons, recueil assez rare dont les frères de Goncourt citent quelques extraits dans leurs études sur les mœurs au temps de la Révolution. Ange Pitou avait aussi été libraire, rue Chabannais, puis rue Croix-des-Petits-Champs. Un des coups de vent de la Révolution devait enlever Ange Pitou de Paris et le jeter en exil, à la Guyane. Ses souvenirs de Cayenne sont des plus curieux, et nous donnent sur le séjour là-bas de Billaud-Varennes et de Collot-d'Herbois des renseignements importants. Pitou devait échapper au climat de Cayenne. Il revint en France. On le retrouve protégé par le sénateur Garat; puis, sous la Restauration, demandant une indemnité au roi, et répétant partout qu'il avait reçu de Louis XVI et de Marie-Antoinette la mission de servir leur cause. L'auteur de *l'Analyse de nos malheurs* et de *l'Almanach des chanteurs parisiens*, l'ancien chansonnier Ange Pitou, devait mourir à Paris dans un âge avancé, après 1840. La date est difficile à fixer. Un de nos amis, membre éloigné de sa famille, et qui porte le même nom que lui, se propose de restituer un jour la physionomie intéressante de ce comparse du grand drame.

XXXIII

Variétés : *Toto chez Tata*, un acte, par MM. Meilhac et Ludovic Halévy. — Gymnase : *Un Beau-Frère*, drame de M. Adolphe Belot, tiré du roman de M. Hector Malot.

1ᵉʳ septembre 1873.

C'est surtout au théâtre et aux auteurs dramatiques qu'on peut appliquer ce mot célèbre : « En France, rien ne réussit comme le succès. » Dès qu'on est accepté, applaudi et classé, on peut tout se permettre. Les planches, ce terrain si dangereux pour ceux qui s'y essayent, deviennent tout à la fois très-solides et très-fertiles. Les bravos engendrent les bravos, la vogue s'en mêle et l'on peut impunément risquer les choses les plus hardies. C'est ainsi que MM. Henri Meilhac et Ludovic Halévy viennent de faire, avec le plus vif succès, du journalisme au théâtre. Ils ont écrit en collaboration un de ces articles enjoués et mordants pareils à ceux qu'ils ont donnés tour à tour, l'un et l'autre, à la *Vie parisienne*; puis, au lieu de l'envoyer au journal de Marcelin, ils l'ont apporté à une comédienne excellente et l'ont chargée de réciter cet article devant le public. Se figure-t-on M. Émile de Girardin traitant la question de la paternité et arrangeant sous forme de monologue dramatique une de ses réponses à M. Dumas fils? C'est un peu cela pourtant qu'ont fait MM. Meilhac et Halévy. D'une plume acérée et délicate, toute parisienne et douée à un degré infini (combien de fois l'avons-nous dit déjà?) d'un accent de *contemporanéité* vraiment séduisant, ils ont écrit un feuilleton de journal, une nouvelle dialoguée, ce qu'on voudra, et ils ont donné à cette piquante esquisse le nom de comédie. Ils en avaient usé déjà de même à propos d'un autre monologue joué par cette même madame Chaumont, *Madame attend Monsieur*. Je suis loin de me plaindre de ces façons d'amuser le public et loin surtout de déprécier ces alertes études, absolument vivantes et d'une saveur toute particulière. Le croquis est un art, une chose parfaitement remarquable et qui donne souvent, même qui rend mieux que l'œuvre plus considérable ou le tableau achevé, la manière, le tempérament personnel du peintre.

Madame attend Monsieur et *Toto chez Tata*, aussi bien que les *Sonnettes* ou *le Roi Candaule*, caractérisent le talent essentiellement moderne et actuel des auteurs de *Frou-Frou*. Tout cela est absolument signé et daté. C'est la comédie vive, preste et pressée, hâtive, fébrile, nerveuse, lestement troussée et retroussée, qui rend le mieux la tournure, les tics et les élégances, élégances charmantes ou vicieuses, de ce temps-ci. Je suis certain que les auteurs de ces jolies choses ne s'arrêteront pas à la surface et iront un jour ou l'autre plus profond que l'épiderme. Ne trouverait-on pas dans leur œuvre commune des hardiesses, en apparence inattendues, et qui trahissent la préoccupation, la recherche du drame poignant et de la comédie vigoureuse? *Fanny Lear* et aussi *les Moulins à vent*, que signèrent les deux collaborateurs, *le Petit-Fils de Mascarille*, *la Vertu de Célimène*, *Fabienne*, *Nany*, que donna Meilhac seul ou avec M. de Najac, contiennent des situations d'un intérêt capital et d'une rare nouveauté. Chose curieuse, ce ne sont point là les plus grands succès remportés par les auteurs; il semble que le public les ait plus volontiers applaudis lorsqu'ils mêlent à la vérité, qui fait le fond des œuvres que je viens de citer, un grain de fantaisie et de caprice. Leur théâtre fantaisiste a toujours été plus chaudement accueilli (j'en excepte *Frou-Frou*) que leur théâtre réaliste.

Quand je dis *réaliste*, je me sers d'un mot qui n'est pas tout à fait juste. Le réalisme de Meilhac et Halévy est loin de rappeler ce qu'on a entendu longtemps par réalisme en littérature et en art, les romans de Champfleury, par exemple, ou les tableaux de Courbet. C'est un réalisme élégant, à la Musset ou à la Stendhal. Henri Beyle, il est vrai, aimait les vérités plus âpres, et Musset les goûtait plus amères. Malgré tout, on rencontrerait facilement l'influence de ces deux hommes dans les œuvres de Meilhac et Halévy, et, pour les comparer à des peintres, ils me rappellent, je suppose, Debucourt, beaucoup plus que Chardin ou les petits Flamands.

Les croquis des deux auteurs à la mode resteront, n'en doutons point, pour bien caractériser un certain coin du monde où nous avons vécu. Les *Sonnettes*, le *Roi Candaule*, *Toto chez Tata*, ont une qualité essentielle, primordiale, qui est *la vie*. La jument de Roland a beau avoir toutes les vertus du palefroi superbe; elle n'en a aucune, en réalité, puisqu'elle est morte. Les œuvres de Halévy et de Meilhac vivent et, je le répète, c'est là leur charme et leur force. Elles vivent sans doute de cette vie toute de névrose qui est la vie moderne; elles ont plus de nerfs que de muscles; elles gardent toutes, quoi qu'elles en aient, ce maudit petit ver de la corruption parisienne qui se glisse dans les plus beaux fruits; mais, encore un coup, elles ont le mouvement et la vie, et le diable au corps, et la séduction et la beauté du démon, qui laissent bien loin derrière elles, surtout au théâtre, tous les attraits angéliques.

Toto chez Tata a donc la grâce et l'entrain de ses aînées. On prend plaisir à écouter ce ravissant monologue; mais ce plaisir, d'ailleurs, ne va point sans regrets, lorsqu'on songe que cet articulet, ainsi récité, débité et mimé, tient la place d'une jolie comédie que MM. Meilhac et Halévy eussent pu trouver le temps de combiner. Il n'en est pas moins vrai que ces causeries au théâtre sont loin de déplaire au public. On l'a bien vu lorsqu'il s'est enthousiasmé pour un dialogue en vers, comme le *Passant*, et même pour un simple récit, comme la *Grève des forgerons* ou le *Benedicite*. Encore une fois, ces succès ne sont point de vrais succès dramatiques; mais il suffit, après tout, que ce soient des succès littéraires. Leur mode, au surplus, ne date pas d'hier, et l'on a vu Déjazet, en son temps, conquérir plus d'une fois son public avec un monologue. On se souvient de *Sous clef*, cette amusante causerie qu'elle débitait si bien.

Toto chez Tata pourrait aussi prendre pour titre : *Sous clef*. C'est l'aventure d'un jeune collégien, mis au cachot pour être allé rendre visite à une dame galante, aventure racontée par le captif lui-même. Le surveillant des arrêts n'apparaît, de temps à autre, que pour permettre au principal personnage de respirer un peu.

Toto est un collégien moraliste qui, en visitant l'Exposition des chiens, en compagnie de camarades, a aspergé d'eau le chien rose d'une personne à la mode, Tata Bourguignon. Tata est intervenue ; elle a giflé quelques-uns des collégiens, et a traité de *crapauds* toute la bande. L'étude tout entière a résolu de donner à Tata une leçon de politesse. Il s'agit de se rendre chez elle pour lui dire tout net que l'étude la méprise; mais comme, pour arriver jusqu'à ces filles, il faut *de l'or, beaucoup d'or* (et avec quel art Céline Chaumont prononce ces mots!), on a ouvert une souscription et l'on a recueilli vingt-sept francs cinquante dans toute la classe. Les vingt-sept francs sont enfermés dans un sac à billes, et le sort désigne Toto pour aller les porter, avec le mépris de la collectivité, à Tata Bourguignon.

Toto hésiterait à remplir ce devoir s'il ne savait que cette Tata est justement la maîtresse de son *correspondant*, le marquis ***, et que la marquise, sa *correspondante*, en souffre profondément et en pleure même quelquefois. Les pleurs de la marquise donnent du courage à Toto. Il entre, le képi sur l'oreille et plus fier que Bragance, chez Tata Bourguignon. D'abord un peu troublé par la jolie fille, dont le pied mutin joue railleusement d'une babouche alléchante, Toto aperçoit dans un coin la canne de son *correspondant*, et cette vue lui donne de l'audace. Il crie, il pérore, il moralise, il menace, ce petit Desgenais en
'unique, et il en viendrait à frapper Tata de la canne de

son *correspondant*, lorsque le correspondant lui-même apparaît, et entraîne ou emporte Toto, tandis que Tata, furieuse, crie au gamin du haut de l'escalier : « Toi, je te *repincerai* dans quatre ou cinq ans! »

Toute la pièce est dans ce récit, plein d'esprit, plein de traits, mené bride abattue. Le récit fini, la pièce est terminée. On voit bien encore le maître des arrêts apporter à Toto du madère de la part de la marquise et se mettre à écrire lui-même avec trois plumes à la fois le pensum de l'élève aux arrêts. Mais la pièce est finie; je dis la pièce ou la comédie, pour parler comme l'affiche.

Eh bien! en somme, l'affiche a raison. La comédie existe, et c'est madame Céline Chaumont qui nous la donne, par ses gestes, par la façon étonnante dont elle a saisi les manières, les tics, l'accent du collégien. Elle a une manière de refaire le nœud dérangé de sa cravate, de reboutonner son gilet, d'écouter si sa montre n'est point cassée, de boucler et déboucler son ceinturon, de le plier en deux, de le faire claquer, de dresser ses épaules avec menaces en bravant le geôlier qui surveille le cachot; elle a des façons d'aller, de venir, de plier son mouchoir aux quatre coins pour en faire un bonnet, de tracer sur le mur une circonférence pour servir de cible à des boulettes, des airs de réciter, sur le ton de la mélopée classique, des vers de Virgile, qui sont pris vraiment sur le vif. N'était le képi un peu trop luisant aux galons et qui dénote le travesti lorsque la comédienne le pose sur sa tête, on croirait vraiment avoir affaire à un collégien qui se plaint et se révolte.

Les étonnantes qualités de finesse, de mordant, l'esprit endiablé de Céline Chaumont, et ses défauts mêmes, n'auront jamais été mieux placés que dans ce curieux monologue. Ce n'est plus la fine mouche des *Sonnettes*, c'est un chérubin qui se fait justicier avec une sorte de rage adolescente. Ici, le ver éternel, c'est le cri charmant de Tata : « Je te *repincerai* ! » Voilà, en effet, ce que deviendra Toto : il retrouvera Tata plus ridée et plus maquillée, mais toujours à la mode, passée dans la *vieille garde*, mais toujours saluée militairement, et Toto payera cher ses velléités de moraliste. Au *correspondant* de Toto auront succédé bien d'autres marquis et bien d'autres personnages dont Toto connaît les noms pour les avoir lus dans son *Histoire de France*. La phrase est charmante et profonde, et Toto viendra après eux, apporter sa jeunesse, sa foi, sa vigueur, sa puberté à la courtisane vieillie.

« La voilà donc, cette Laïs : la paresse et l'ivrognerie en personne ! dit le Grec Épicrate dans son *Antilaïs*. Elle ne songe quotidiennement qu'à son boire et à son manger..... Au temps de sa jeunesse et de sa fraîcheur, elle s'autorisait de sa cour de satrapes pour avoir l'abord farouche; tu te serais fait plus vite ouvrir la porte de Pharnabaze que la sienne. Mais maintenant qu'elle a déjà couru tant d'années et qu'elle approche du but, maintenant que l'harmonieux ensemble de son corps se dénoue et se relâche, il est plus facile de la voir, et qui veut peut cracher sur elle. Elle fait la chasse aux soupers dans tous les coins d'Athènes; elle aborde sans choix les jeunes et les vieux, elle s'est apprivoisée au point de venir manger l'argent dans le creux de la main. »

Prenez le contraire de la boutade, et vous aurez la vérité actuelle. Nos Laïs à leurs débuts font le métier de l'Athénienne vieillie, et nos courtisanes usées ont, dans leur décrépitude, tout le succès qu'on refusait à leur fraîcheur. Ce qui était exact du temps d'Épicrate ne l'est pas du temps de Meilhac et Halévy, et l'âge ne donne que plus de piment aux courtisanes parisiennes. Toto sera donc la proie de la vieille Tata. Pauvre Toto ! Et pauvre jeunesse aussi ! Nous avons connu un temps où les collégiens avaient d'autres rêves que d'aller chez Tata Bourguignon lui dire, en se brûlant à la chandelle, qu'on la méprisait. Je veux même croire que les lycéens d'aujourd'hui ont d'autres préoccupations que celle qui pousse Toto chez Tata, par amour de la *correspondante*. A tous les camarades de Toto assis sur les bancs du collége, je souhaite, dans tous les cas, un autre idéal, et j'espère qu'on leur donnera à entendre qu'il y a de par le monde un autre but.

Mais prenons Toto comme il est aux Variétés. Il est charmant. Je disais que madame Céline Chaumont lui avait donné une physionomie tout à fait hardie et amusante. Elle a de l'esprit et de la grâce jusqu'au bout des ongles, cette élève de Déjazet qui semble avoir dépassé Déjazet. Elle aussi, Déjazet, avait joué un rôle de lycéen, Léon, dans la *Petite Sœur*. Avait-elle ce pimpant singulier de Chaumont? Elle était plus gracieuse sans doute, ou plutôt elle était d'une autre époque. Elle personnifiait, dans ses plus séduisantes élégances, et ses perversions capiteuses, le galant dix-huitième siècle. Céline Chaumont, c'est, au contraire, notre époque même et sa façon de plaisanter, de railler, de *faire poser*. Dans ce petit art grivois, Céline Chaumont dispute le succès à madame Judic; elle est autrement comédienne et elle dit cent fois mieux, si elle est loin de chanter aussi bien. Leur *manière* est d'ailleurs bien différente. Madame Judic a l'air de ne pas comprendre les sous-entendus qu'elle débite; elle les dit, les laisse tomber, d'un air innocent, avec de grands yeux étonnés; Chaumont les souligne d'un coup d'œil ou d'un geste. On a dit (c'est Paul de Saint-Victor) que Judic prenait une feuille de vigne pour s'en faire un éventail; j'ajoute que, cette feuille de vigne, Chaumont la dissèque, la mordille, l'égratigne, la met en morceaux. Il ne faudrait même pas qu'elle allât trop loin et mît trop d'*intentions* à toutes choses. Pour le moment, elle est dans la plénitude de son succès et du talent le plus parisien qui soit à Paris. *Toto chez Tata* n'avait pas besoin d'une telle interprète pour être une petite chose exquise; mais, avec Chaumont, le croquis double de prix, et l'article, écrit pour une feuille volante, devient comme une fantaisie bibliographique à laquelle cette sorte de reliure ajoute une valeur toute nouvelle.

Le Gymnase a donné, hier, une comédie dramatique tirée par M. Ad. Belot d'un roman de M. Hector Malot, qui obtint un réel succès, il y a six ans environ, et qui en est arrivé à sa cinquième édition. La pièce et le roman ont pour titre : *Un Beau-Frère*.

M. Hector Malot s'est conservé, dans la littérature contemporaine, une place à part. A l'heure où les nécessités de la lutte quotidienne autant que les ardeurs des tempéraments entraînent la majorité d'entre nous de tous les côtés à la fois, il s'est volontairement contenté d'être et de demeurer romancier. Il n'a pas cru le roman étouffé par la politique ou distancé par le théâtre, et il a eu raison. M. Malot, d'ailleurs, tout en y gardant sa place personnelle, est loin de s'être désintéressé du mouvement contemporain. Il n'est pas et n'a jamais été neutre. Son talent mâle et fort, où jamais la sobriété du fond n'est sacrifiée à l'éclat de la forme, a toujours été au service des idées politiques généreuses ou des idées scientifiques nouvelles. Aussi bien, en quatorze ans, de 1859, date de l'apparition de son premier roman, *les Victimes d'amour*, à 1873, où il vient d'achever une série d'études sur la dernière guerre et sur l'Empire, *Un Blessé*, *Un Mariage sous le second empire*, Hector Malot a conquis une autorité réelle dans ce genre particulier qui sera la forme particulière à notre temps, comme le pamphlet l'a été au dernier siècle, et le théâtre au temps de Louis XIV.

C'est, en effet, dans le roman que peuvent le mieux se faire jour les qualités d'analyse et ce besoin de tout disséquer, de tout étudier par le menu, qui font notre humeur moderne; le roman se plie à toutes les combinaisons, à toutes les recherches. Il est purement amoureux si l'on veut, il devient satirique si on l'exige, philosophique pour peu qu'on y tienne. Le roman est le véritable genre qui convienne tout à fait à une littérature affranchie.

Mais, dans le roman, M. Hector Malot n'a eu garde de choisir le genre spécial des aventures, des récits de cape et d'épée. Outre que ces sortes de contes ont vieilli, il s'est trouvé, pour en écrire, des maîtres difficiles à égaler. L'observation patiente et savante, l'étude sévère de la vie moderne, ont attiré, tout d'abord, l'auteur des *Victimes d'amour*, qui n'a point dévoyé de son chemin et qui est constamment demeuré fidèle à son inspiration première. Hector Malot a donc bien vite rencontré, dans le cercle d'abord restreint des lettrés et des connaisseurs, une sympathie très-vive; puis, dans le public, un réel succès, qui ne peut que s'accroître. Il y a vraiment, dans cette trilogie des *Victimes d'amour*, dont l'auteur conte tour à tour les souffrances, en partant des *amants* pour arriver aux *enfants* en passant par les *époux*, — il y a des pages d'un dramatique achevé et d'un ton pénétrant. Le paysage, nettement peint, par des touches vigoureuses, sans longueurs, encadre avec un grand art les personnages que l'auteur fait vivre d'une vie réelle, sans passions surhumaines, à la Byron, mais sans vulgarités écœurantes.

C'est là même la marque distinctive du talent de Malot. Il se tient à égale distance de l'exagération du sentimentalisme et de l'affectation du réalisme. Il aime le vrai, non pour ses laideurs, mais pour ses accents pénétrants. La poésie, pourvu qu'elle soit d'un ton juste, ne déplaît pas à l'auteur des *Amours de Jacques*. Un beau lever de soleil, un crépuscule touchant, une nuit étoilée, le parfum des fleurs, la nature, en un mot, joue son rôle dans les romans de Malot; mais elle n'y écrase point les personnages et elle sert à faire comprendre leurs sentiments par leurs sensations.

Depuis quelques années, M. Hector Malot (et on l'en a blâmé bien à tort) cherche à donner à ses romans un but déterminé, et il y réussit. *Un Beau-Frère*, c'est la loi même, la loi sur les aliénés, qu'il attaque et dont il fait mesurer la portée odieuse, toucher le danger et l'injustice. Dans *Un Miracle*, c'est le cléricalisme même qu'il combat; dans *le Roman d'une conscience*; c'est à la fois la guerre et l'Empire. Hector Malot est de ceux qui ne pensent pas que l'art se dégrade parce qu'il se fait militant. Le métier de joueur de flûte ne convient pas à tout le monde. Quoi qu'on dise, d'ailleurs, le meilleur moyen de vivifier l'art, de lui conserver sa vigueur et sa puissance, c'est de l'intéresser à tout ce qui agite notre temps. A cette seule condition, nous léguerons quelques pages, imprégnées de nos larmes ou brûlantes de nos espoirs, à ceux qui nous suivront.

Hector Malot l'a compris, et cette fidélité au programme de sa jeunesse a fait son succès et a donné de l'autorité à son nom. Sollicité depuis quelques années par le théâtre, M. Malot a cependant délégué à un autre le soin de transporter *Un Beau-Frère* à la scène. M. Malot a tâté toutefois du théâtre, si j'en crois Vapereau, qui assure que l'auteur de *Madame Obernin* a « collaboré à quelques drames joués au boulevard. » M. Vapereau dit encore que M. Malot écrivit « des brochures politiques pour un sénateur. » Et quel sénateur? Quelles brochures? Quels drames? Ce sont là des questions sans réponse, et M. Malot lui-même pourrait seul nous renseigner. Toujours est-il que ses collaborations dramatiques ne comptent point, jusqu'ici, pour la critique, et que M. Malot reste jusqu'ici un romancier, et j'ajoute un des premiers romanciers de notre temps.

Le drame du Gymnase suit pas à pas le roman de M. Malot, jusqu'au dénouement, qu'il a gâté en le rendant *heureux*. Drame et roman mettent en scène un de ces terribles cas de séquestration, pour cause de folie, que rend possibles l'application de la loi de 1838. M. Garsonnet a protesté contre cette loi, dont il a subi les atteintes, et je ne serais pas éloigné de croire que son *cas* ait décidé M. Malot à écrire *Un Beau-Frère*. Ce beau-frère est un assez odieux coquin, qui, obligé de compter trois cent mille francs à Cénéri, ne trouve rien de plus simple que de le faire interdire et enfermer. Des violences de caractère et des générosités d'humeur donnent à l'accusation un certain fondement, et le malheureux Cénéri est enfermé dans un asile d'aliénés, à la ferme du Lua. La folie, au théâtre comme dans la vie, a à la fois quelque chose d'attirant et de repoussant; mais son principal défaut est d'être triste. Impunément, un roman peut être lugubre. Un drame a besoin d'autres touches, çà et là, avivant un fond obstinément noir. Cénéri sort de l'asile des aliénés à peu près fou, fou du *délire des persécutions*. Dans le roman, il se tue logiquement, et l'effet de la donnée en est plus poignant. Dans la pièce, M. Belot a tenu à faire survivre le personnage. Un de ses amis, un avoué, tue le *beau-frère*, et avec la persécution disparaît la monomanie de la persécution. Il y a deux actes excellents dans *Un Beau-Frère*, le troisième et le quatrième, l'intérieur de la maison des fous et la lutte entre le beau-frère et sa femme, faible créature, rendue courageuse par le danger qui menace son frère Cénéri.

Une autre scène, que le public n'a pas bien comprise, et qui est intéressante, est celle où le père de Cénéri, magistrat en enfance, interroge son fils, qu'il croit fou. C'est l'imbécillité traitant le bon sens d'*imbécile*. Malheureusement une telle antithèse est dangereuse au théâtre où l'on rit volontiers des *gâteux*.

Bref, le drame captive comme le roman, qu'il a eu le grand tort d'affaiblir, de ne point présenter par ses côtés les plus originaux. Que devient, par exemple, tout le côté ambitieux du caractère du *beau-frère* et toute la partie du *high life*, si intéressante dans le livre?

Pujol a admirablement joué le rôle du malheureux traité de fou. Il a une énergie singulière et des abattements touchants. Villeray est fébrile et menaçant dans le beau-frère.

Un acteur, jusqu'ici au second plan, M. Ulric, a joué avec talent un rôle de fou raisonnable qui rappelle un peu la fameuse création de Lesueur dans les *Fous* d'Édouard Plouvier. M. Blaisot est aussi excellent dans le personnage du docteur, l'aliéniste doux. Madame Fromentin a eu des moments de colère et des mouvements très-énergiques. Mademoiselle Angelo et mademoiselle Vannoy sont fort bien dans les rôles épisodiques. Landrol, comme toujours, est très-bon, et l'on a revu avec plaisir M. Derval, fort touchant et très-simple dans le personnage du magistrat à demi ramolli.

XXXIV

Gymnase : *Monsieur Alphonse*, comédie en trois actes, de M. Alexandre Dumas fils.

1er décembre 1873.

« Sais-tu qu'on n'a que vingt-quatre heures au Palais pour maudire ses juges? dit l'Almaviva du *Barbier de Séville*. — On a vingt-quatre ans au théâtre, » répond Figaro. L'auteur de la *Femme de Claude* n'a pas attendu autant que cela pour maudire les siens; et encore ne les a-t-il point maudits, il a fait mieux : il les a conquis et charmés.

Monsieur Alphonse est une des meilleures — quelques-uns disent la meilleure — des comédies de M. Alexandre Dumas fils. Pour moi, je ne saurais préférer une œuvre à une autre, *Diane de Lys* au *Demi-Monde*, et *Monsieur Alphonse* à la *Dame aux Camélias*. Je dirai seulement que cette dernière œuvre est égale à ses aînées par le mérite littéraire, par l'art infini avec lequel l'auteur noue et dénoue les situations les plus périlleuses, et que, si elle a sur les comédies passées une supériorité, c'est par l'élévation de la pensée, la hauteur des idées et la portée morale. On ne saurait demander au théâtre une moralité plus frappante jaillissant d'une action plus simple, et une impression plus honnête ressortant de la lutte de caractères plus opposés. Au point de vue de la morale, — dont M. Alexandre Dumas se fait un honneur aujourd'hui de se soucier profondément, — il n'est pas possible de donner à la femme tentée de faillir une leçon plus cruelle qu'en la mettant en présence d'un type pareil à celui de Monsieur Alphonse; il n'est pas possible de relever avec plus de fierté de son abaissement immérité la femme qui a été entraînée dans la honte, mais qui n'a rencontré que le remords au fond de sa chute. Au point de vue de l'art, art d'autant plus parfait qu'il se dérobe, qu'il procède par phrases nettes, acérées, profondes, et non par tirades, on ne saurait non plus demander mieux, et, si j'avais à définir cette comédie, *Monsieur Alphonse*, je dirais volontiers qu'elle a la hardiesse de facture du *Supplice d'une femme*, avec deux éléments nouveaux : la gaîté la plus vive et le sentiment le plus exquis. *Monsieur Alphonse* est donc, on le voit, un chef-d'œuvre en son genre, et depuis fort longtemps la critique n'avait pas été appelée à juger une pièce de théâtre de cette valeur.

Mais, tout d'abord, je veux faire ressortir, en dehors de toutes les qualités littéraires, cette force de volonté, cette conviction, cette foi véritable qui ont permis à M. Dumas fils de résister à ses dernières épreuves, et qui, après la dure bataille de la *Femme de Claude*, lui ont donné la vigueur voulue pour remporter cette complète victoire. Ce n'est pas lui qui aurait cédé devant le public; il l'estime assez pour le braver, il s'estime trop lui-même pour le servir. Le public s'est irrité devant ce caractère étrange et apaisé de Claude, ne punissant la créature humaine qu'autant qu'elle s'opposait à l'accomplissement d'une fonction humanitaire? M. Dumas fils n'a point capitulé, ne s'est pas déclaré battu. Il a fait comme Bonaparte à Marengo, il a regardé sa montre, et, sur le terrain même où il venait d'être repoussé, il a voulu remporter l'avantage. Il a repris ce même type de Claude; il a enrôlé son ingénieur dans la marine, et, confiant dans son idée, il a attaqué une fois encore les positions disputées. J'ai bien dit: *Monsieur Alphonse* est son Marengo, un Marengo où tous ses acteurs, tous ses soldats, auront eu leur part de gloire et où le général en chef n'aura à regretter aucun Desaix.

« Ils ne veulent point des idées exprimées sincèrement, disait M. Dumas fils après la représentation de la *Femme de Claude*. Eh bien, je leur donnerai *le Caporal et la Payse!* » Ce n'était là qu'une boutade. Il ne s'agit point d'un vaudeville avec *Monsieur Alphonse*, mais d'une belle et noble comédie où l'auteur célèbre, dans un style excellent et d'un accent convaincu, ces grandes et bonnes choses : la pitié, le pardon, la famille, — cette patrie intime où l'on apprend à chérir la patrie, cette famille agrandie.

Le sujet de la pièce, c'est encore — mais à un point de vue plus poignant que jamais — l'éternelle question de l'adultère.

Raymonde de Montaiglin, la femme d'un marin, le commandant de Montaiglin, a, pendant un des voyages de son mari, succombé à je ne sais quelle surprise. Ignorance d'un côté, audace et violence de l'autre, elle est devenue, malgré elle-même, la maîtresse d'un ami de son mari, Octave, un jeune homme dont le père, compagnon d'armes de M. de Montaiglin, est mort dans les bras du commandant, et dont la mère a succombé plus tard, après s'être ruinée pour payer les dettes de son fils. « *Une femme,* dit Labruyère, *oublie d'un homme qu'elle n'aime plus jusqu'aux faveurs qu'il a reçues d'elle.* » Raymonde n'a jamais aimé Octave, elle n'a donc pas eu beaucoup de peine à l'oublier; ce n'est point là une adultère comme « la femme de Claude, » une de ces *guenons du pays de Nod* que M. Dumas vouait au revolver du mari ; c'est une pauvre femme faible, séduite, entraînée, tombée, mais toujours pure de cœur et d'âme. Il est d'ailleurs résulté de cette aventure, de cette faute dont Raymonde est la victime plutôt que la complice, — il est résulté un enfant, une petite fille, élevée chez des paysans, et que Raymonde et Octave vont visiter de temps à autre, — la mère en couvrant la petite Adrienne de baisers et en se laissant appeler par elle *maman,* le père en se faisant nommer *Monsieur Alphonse* et en regardant constamment son chronomètre afin de ne point manquer le train qui doit le ramener à Paris.

En tout, M. Alphonse a fait de la sorte six visites à son enfant.

Cette petite fille l'embarrasse. Il a trente-trois ans, elle en a onze ; il va se marier, il épousera bientôt une certaine madame Guichard, ancienne servante d'auberge, mariée à un vieux monsieur fort riche dont elle a soigné les derniers catarrhes et dont elle a hérité. M. Alphonse est même un peu plus que le fiancé de la grosse dame; il est son amant et même son obligé. C'est un type que le dix-huitième siècle a mis plus d'une fois en scène, ce chevalier à bonnes fortunes; mais je ne crois pas que nul auteur dramatique l'ait traîné sur la scène avec plus de vigueur et d'audace heureuse que M. Dumas fils. M. Alphonse — ou Octave — veut donc, avant d'épouser madame Guichard, se débarrasser d'Adrienne. Il a trouvé, pour arriver à ce résultat, un excellent moyen : c'est chez Montaiglin, chez la mère, sous le toit conjugal, qu'il abritera l'enfant de l'adultère. Il arrache tout d'abord le consentement de Raymonde; puis il demande à Montaiglin de se charger de cette fille, dont il lui révèle brusquement l'existence.

Le commandant reçoit la confidence avec sévérité. Il parle, à ce garçon perdu, le langage du devoir, de l'honneur; il lui demande où le mènera une vie gâchée, une existence que le malheureux va littéralement vendre à une femme de basse extraction; il se chargera d'ailleurs de l'enfant. Octave n'a plus qu'à amener Adrienne au logis; elle sera la bienvenue.

La petite Adrienne n'ignore point qu'on la conduit chez sa mère. Elle ne cherche pas à comprendre pourquoi Raymonde venait l'embrasser furtivement, comme une coupable. « Je n'ai rien compris, je n'ai rien cherché, dira-« t-elle tout à l'heure à sa mère. J'ai senti, voilà tout, « qu'il n'y a que toi qui m'aimes dans le monde, que je « n'aime que toi sur la terre et que c'est un secret. » Elle entre donc, en saluant, dans le salon de Raymonde, elle l'appelle *madame*; puis elle lui saute au cou dès qu'elle est seule avec elle, et lui donne, cette fois, le doux nom de *maman*. Quelques-uns ont trouvé que l'enfant était bien précoce et bien forte, à onze ans, pour savoir dissimuler ainsi. Ils ne se sont pas rendu compte de l'infini qui emplit ces petites têtes. L'enfant est le grand mystère; il est naïf et profond, habile et confiant; il sait interroger comme le juge d'instruction et garder un secret comme le plus muet des coupables. L'enfant, c'est l'homme à l'état instinctif, c'est-à-dire plus faible au point de vue du corps, plus insondable au point de vue des idées. Qui n'a pas reculé, baissé les yeux et gardé le silence devant le point d'interrogation inquiétant et incroyable d'un enfant de dix ans?

C'est une des plus jolies scènes de la pièce que ce duo entre Raymonde et Adrienne. On a entendu dans la vie de semblables dialogues; cela est vrai et cela sonne franc comme le baiser du soir que la mère échange avec sa fille.

« — Rien ne nous séparera plus? dit Adrienne. — Rien. — Je coucherai près de toi? — Oui. — Dans ta chambre? — Dans la chambre voisine. — Les portes ouvertes? — Oui. — Nous nous endormirons en causant le soir. — C'est cela. — Et la première réveillée embrassera l'autre. — Ce sera moi. — Ce n'est pas sûr. Enfin! je vais donc avoir une enfance! »

Sauf le dernier soupir, qui est bien un peu *pensé*, mais qui peut cependant se rencontrer sur des lèvres de dix ans, que cela est exquis, charmant, pris sur nature! Et que de bonnes fortunes pareilles dans cette touchante comédie de *Monsieur Alphonse!*

Adrienne est donc accueillie, recueillie chez M. de Montaiglin. Raymonde s'habitue déjà à ce bonheur, lorsque madame Guichard arrive, essoufflée, après avoir passé la nuit dans un fiacre qui courait après Octave. Elle sait, on vient de lui dire que *son fiancé* avait une fille; elle veut avoir une explication avec le galant. La conclusion en est que le mariage ne se fera point si madame Guichard ne garde pas Adrienne. La dame veut être sûre, au moins, que, si la mère de la petite vit encore (Octave lui a dit qu'elle était morte), elle ne pourra voir son enfant qu'en s'adressant à madame Guichard. Il faut maintenant que M. Alphonse exige de madame de Montaiglin cette chose inattendue : le départ d'Adrienne. La pauvre Raymonde reçoit ce rude coup en plein cœur. Elle ne saurait abandonner son enfant à une étrangère. Elle s'était habituée depuis quelques heures à l'idée de la garder près d'elle. Elle complote avec l'enfant une fuite prochaine. Adrienne se sauvera et irá se réfugier, si on veut l'emmener, chez la nourrice de Raymonde, rue des Abbesses, à Montmartre. Là, du moins, la mère et la fille se retrouveront et s'aimeront librement.

L'entrée de M. de Montaiglin coupe court à cet entretien, et c'est ici que se place une admirable scène, une de celles qui ont décidé du grand succès de *Monsieur Alphonse*. Qui ne se rappelle la situation pathétique du *Supplice d'une femme*, l'épouse adultère tendant à son mari, par un mouvement d'honnêteté instinctive, la lettre qu'elle vient de recevoir de son amant? La situation ici est parallèle, sinon identique. Raymonde, pénétrée de douleur, s'oubliant elle-même pour ne plus songer qu'à la cruelle nécessité où elle est de laisser partir son enfant, dit à son mari combien elle souffre, combien Adrienne souffrira, à son tour, chez une étrangère, chez une femme telle que madame Guichard. Adrienne a déjà été si malheureuse! Elle n'a jamais connu sa famille; elle a vécu chez des paysans; tendre, elle a manqué de toutes les tendresses! Et on va la confier à une madame Guichard! On va la livrer à cette femme qui la réclame comme un otage! La pauvre Raymonde parle avec une éloquence si profonde, si vraie, si douloureuse, que M. de Montaiglin se sent tout à coup envahi par un soupçon, qui devient une certitude à chaque parole de sa femme.

Il regarde Raymonde, et, pâle, tout ému :
— Mais c'est ta fille ! dit-il.

Raymonde recule effarée, puis, éclatant en sanglots, se précipite dans les bras de son mari. Ici, Claude reparaît dans M. de Montaiglin. Il connaît Raymonde; il sait ce qu'elle a dû souffrir; il a pu, connaissant Octave, se convaincre que la responsabilité de la faute remontait à l'amant et non à la femme. Il pardonne donc. Il pardonne, malgré les supplications de Raymonde, qui le supplie de la punir. « Va, lui répond-il, va embrasser ta fille! » Le deuxième acte finit sur ce mot superbe.

Et ce n'est pas tout. Cet époux outragé ira plus loin encore. Il fait appeler à la fois un notaire et Octave. Il s'agit de reconnaître un enfant déclaré à l'état civil né de *père et mère inconnus*. Octave, pressé par Montaiglin de reconnaître Adrienne, hésite, recule, demande à réfléchir : « Un enfant reconnu a plus de droits qu'un enfant recueilli. Il devient parfois gênant dans les affaires de succession. » Le commandant coupe court d'un ton bref aux explications et aux excuses de « Monsieur Alphonse. »

— Appelle madame de Montaiglin, dit-il à un de ses matelots.

Puis, lorsque Raymonde est présente, il dicte au notaire le nom, laissé en blanc sur l'acte légal, le nom de l'homme qui reconnaît Adrienne pour sa fille. Ce nom, c'est le sien, Jean-Marc de Montaiglin, et il le prononce fièrement, sans faiblesse, tandis que la pauvre Raymonde, pâle et accablée, regarde cet homme comme on regarderait son Dieu. Elle l'admire, elle l'adore.

Mais il faut deux témoins à un acte de cette sorte. Le premier, ce sera le matelot Remy, tout fier de l'honneur que lui fait son commandant; le second, ce sera Octave lui-même.

— Qu'est-ce que cela signifie? dit le jeune homme en s'avançant.

— Cela signifie, lui répond Montaiglin en le regardant en face, que la fille de ma femme ne peut avoir d'autre père que moi. Allons, signe!

Cette scène admirable a fait passer dans toute la salle des frémissements d'émotion. Et avec quelle simplicité magistrale elle est traitée! Comme tout cela est vrai, puissant, pris dans le plus profond de l'âme humaine, exempt des supercheries et des habiletés qui font triompher les *faiseurs* ! La riposte du commandant ressemble à quelqu'un de ces *coups droits* des grands maîtres de l'escrime; les combinaisons artificielles des habiles du théâtre font songer aux traîtrises adroites des bretteurs.

Le dénouement de *Monsieur Alphonse* est digne de son début. Octave se met à la disposition de Montaiglin, mais le commandant le renvoie à sa destinée, laissant à la vie le soin de le venger du jeune drôle. Et, comme « Monsieur Alphonse » ne comprend rien à cette grandeur d'âme : « — Ce n'est pas la seule chose, dit-il, que tu ne comprennes point. Nous ne sommes pas de la même espèce. » Octave n'aura pas même la consolation de faire chère lie avec les écus de madame Guichard ; la dame est courroucée et ne lui pardonne point ses mensonges. Passionnée au début de la pièce, domptée par ce jeune homme aux mains de femme, qu'elle étoufferait facilement dans ses bras robustes de paysanne, elle rougit à la fin de cette liaison ; elle a retrouvé, au contact de Montaiglin, la vérité même de sa propre nature, plutôt dévoyée que corrompue. Et c'est bien là ce que M. Dumas a voulu montrer : l'homme représenté par Montaiglin se faisant rédempteur d'âmes, arrachant à la fois au mal Raymonde et madame Guichard, la femme tombée et la femme perdue. On avouera que ce n'est pas là une conception vulgaire. L'intrigue imaginée ou traitée par M. Dumas fils peut être jusqu'à un certain point connue, rappeler telle ou telle pièce du Théâtre-Français, le *Supplice d'une femme*, où M. Dumas a mis sa marque, les *Enfants*, de M. Richard, etc. ; mais ce qui fait le prix de cette œuvre, c'est l'élévation et le calme de la pensée, c'est l'accent mâle de cette conclusion, c'est le talent personnel et robuste qui s'affirme là au degré suprême.

Il y a deux scènes capitales, magistrales, dans cette comédie, la grande scène du second acte entre Raymonde et son mari, la scène du troisième acte entre Montaiglin et madame Guichard, et je ne sais vraiment pas laquelle est la meilleure. Elles se valent ; mais peut-être est-ce encore la dernière qui me paraîtrait la plus remarquable. C'est là, c'est dans cette conversation entre la femme perdue et l'homme admirable et resté debout, que tout ce qu'il y avait de primitivement bon dans la nature vulgaire de madame Guichard s'épanouit, fleurit, apparaît comme une fleur sur un tas de boue. Évidemment, je le répète, dans la pensée de M. Dumas, ce Montaiglin n'est pas seulement l'*homme qui pardonne*, il est aussi *celui qui rachète*. L'influence de cette nature, faite non-seulement d'honnêteté, mais d'honneur, ne s'arrête pas — je tiens à le redire — à Raymonde; elle s'étend sur madame Guichard, et à la lumière de cette raison virile, de cette clarté et de cette pureté de sentiment, la pauvre femme aperçoit tout ce qu'elle aurait pu être elle-même au contact d'un homme aussi supérieur, aussi fort et aussi bon. Il y a là une émotion contenue, entrecoupée de rires, de plaisanteries attendries, de *mots* d'un naturel poignant et vrai, qui fait de cette scène quelque chose de profondément attendrissant et de profondément humain.

Oui, humain, je le répète; car il faut s'entendre sur ce qu'on appelle l'humain et le surhumain. Rien n'est surhumain, après tout, de ce qui peut faire vibrer en nous des sentiments inattendus, plus vigoureux dans le bien que ne l'exige peut-être la morale de tous les jours, mais se rapprochant de cet idéal et de cet absolu dont nous avons du moins la conception si nous n'en trouvons pas la réalité. Certes, il est surhumain, ce soldat qui répond fièrement, bravement, à l'aveu de sa femme et en parlant de la fille de l'adultère:

— Eh bien! nous la garderons!

Il est surhumain comme le sont tous les êtres affranchis des passions qui nous rapetissent. Mais n'est-il pas permis à l'auteur, je dirai ici au poëte, de créer, de peindre, de nous présenter de pareils types, de vivre avec eux, de nous les donner comme des modèles? Ne nous sentons-nous pas dans une atmosphère morale toute nouvelle? Ne nous semble-t-il pas que ce marin nous emporte avec lui vers l'infini de la mer? Et d'ailleurs, quelque misanthrope qu'on puisse être, — et peut-être aussi parce qu'on est misanthrope, — ne saurait-on rencontrer, même dans notre humaine espèce, des individualités dont la beauté d'âme atteint parfois et réalise de tels rêves de splendeur morale? Un Marc-Aurèle pardonnant à une Faustine, c'est, par exemple, un Montaiglin sous la pourpre, avec la couronne d'un César au front.

Demeurons, demeurons longtemps dans l'intimité de pareils êtres. Sachons les applaudir dans le domaine de l'art : peut-être est-ce le moyen de leur donner un prétexte à naître et à vivre de notre vie. Il vaut mieux s'attarder avec de telles âmes, et prendre plaisir à de tels dévouements et à de telles pensées, qu'à tout ce qui débilite et affadit. Nul plus que moi n'aime et n'admire la vérité, l'*âpre vérité*, comme dit Stendhal; mais nul aussi n'aime à se sentir touché au cœur par un fier langage, apaisé, profond et grave, de la gravité douce de ceux qui croient avoir trouvé dans la bonté le secret de la vie. D'autant plus que, tel que nous le présente M. Dumas, ce *Claude* nouveau, ce commandant de Montaiglin, n'a rien de banal dans sa bonté, et qu'il ne la fait point reposer sur l'indifférence, mais sur l'affection : il connaît le vice, et il le hait, comme il déteste toute laideur et toute lâcheté; mais il a épuré son âme à quelque doctrine stoïcienne, et, en sachant combattre le mal partout où il le rencontre, il sait aussi découvrir et mettre au jour le bien partout où il se cache. « S'il se rencontrait un homme comme vous sur vingt, dit madame Guichard au commandant, l'humanité se tirerait encore d'affaire. »

Voilà le dernier mot peut-être de cette œuvre où M. Dumas a moins encore voulu peindre *un homme* que présenter *aux hommes* un modèle à suivre.

Il a d'ailleurs (et c'est ici que l'auteur dramatique reparaît) incarné ce type supérieur dans un de ces êtres qui, par leur vie, connaissent mieux que les autres le dévouement à tout ce qui est la vérité, le dédain de tout ce qui est le faux. Il a choisi un marin, l'âme agrandie par l'habitude de l'infini, épurée, comme ses poumons, par l'air vivifiant de la mer, et il a fait tomber de cette bouche habituée au commandement les mots de pardon et d'oubli. C'est Pujol qui joue ce rôle, et il le joue avec une superbe autorité. Une femme d'esprit disait, en parlant de Pujol : « Il joue bien les marins parce que, pour les
« représenter, il n'est pas besoin de savoir marcher. Les
« marins marchent mal, Pujol aussi. » C'est possible;

l'acteur a une roideur peut-être trop grande, mais il est convaincu, viril, consciencieux; ce n'est pas seulement un comédien, on sent que ce doit être un homme. Il a et il prend chaque jour sur le public un peu de cette autorité qu'avait autrefois Tisserant. Il est correct, sympathique et énergique.

Frédéric Achard représente Monsieur Alphonse, et il lui a donné une excellente physionomie : l'air fat, le sourire satisfait, et le ton du langage impertinent. Tandis que madame Guichard lui parle, il tire un ivoire de la poche de son gilet et se fait les ongles. Ce n'est là qu'un trait, mais c'est un trait de caractère. Le rôle était difficile; M. Achard s'en est bravement et victorieusement tiré.

Mademoiselle Pierson a obtenu, dans Raymonde, un succès incontesté. Le rôle avait été conçu et écrit pour mademoiselle Desclée. On le devine, on le sent, on le voit. Mademoiselle Pierson a donc pris le parti le meilleur, celui de s'inspirer du souvenir de cette étonnante comédienne, qu'une maladie grave a contrainte de quitter le théâtre. Je crois bien que la première représentation de *Monsieur Alphonse* sera pour mademoiselle Pierson, constamment en progrès, une date des plus heureuses. Elle n'avait pas encore été accueillie par le public avec de tels bravos. Elle est excellente dans ce personnage de Raymonde, et elle y est d'autant meilleure, je le répète, qu'elle a eu à lutter contre un rôle difficile et contre le souvenir de l'admirable et pauvre Desclée.

Quant à mademoiselle Alphonsine, elle doit être enchantée d'avoir été chargée du personnage de madame Guichard. Je cherche vainement la femme qui, à son défaut, eût pu représenter une telle créature, faite de vulgarité, d'inconscience, de bons instincts, de vice et d'honnêteté. Alphonsine fait rire et pleurer. Elle a des mots d'un naturel absolu. Pourrait-on mieux exprimer qu'elle l'étonnement éprouvé lorsque madame Guichard, ayant reconnu la petite Adrienne et s'apercevant qu'elle s'est déclarée par cela même la mère de l'enfant reconnue par M. de Montaiglin, s'écrie :

— Eh bien, j'ai fait là quelque chose de joli !

Je donne le sens des paroles, à défaut du texte.

Il faut voir la stupéfaction d'Alphonsine. C'est, encore une fois, la nature même prise sur le fait.

Alphonsine ! Quand on prononce ce nom, cela évoque, pour tous ceux qui ont suivi le théâtre parisien depuis vingt ans, un souvenir de gaîté printanière, quelque chose comme l'écho affaibli d'un flon-flon. Alphonsine fut, avant tout, lorsqu'elle débuta aux Délassements-Comiques, avant de passer aux Variétés, une de ces grisettes joyeuses comme Lambert Thiboust aimait à en mettre en scène, comme Musset nous en a laissé des croquis, une Mimi Pinson plus populaire, une Bernerette, moins la mélancolie. Elle arrivait, chantait, riait, avec de petites chatteries toutes drôles, des frissons comiques et qui n'étaient qu'à elle, une afféterie d'enfant gâté. Et vraiment elle était l'enfant gâté du public. On la choyait, on la fêtait ; elle fut, un moment, la plus parisienne des actrices de vaudeville. Puis, un jour, dans un joli tableau populaire, dans l'*Homme n'est pas parfait*, voici que cette joyeuse Alphonsine s'avise de faire verser des larmes. La grisette d'autrefois était devenue une brave femme, franche, loyale, très-dramatique, et celle qui donnait jadis la réplique à Lassagne eût pu porter sans faiblir le poids d'un drame. On s'aperçut que sous le rire il y avait une pensée, et sous la fusée de gaîté une vive flamme de sentiment. Ce sont ces qualités que mademoiselle Alphonsine déploie à un haut degré dans le personnage de madame Guichard, sa meilleure création, à coup sûr, la plus complète et la plus profonde.

Il ne serait pas juste d'oublier mademoiselle Lody, qui a si gentiment joué, et avec une voix si bien timbrée, le rôle de la petite Adrienne. Mademoiselle Lody, qui représente une enfant de onze ans, est une élève du Conservatoire qui a quatorze ans à peu près. Elle est toute mince, mignonne et d'une intelligence tout à fait vive. Sa diction est fort bonne, sans manière, sans cette prétention insupportable des petites débutantes. On ne saurait mieux commencer la carrière du théâtre que ne l'a fait cette enfant, qui d'ailleurs, ce me semble, avait déjà joué des rôles enfantins à la Comédie-Française.

On le voit, c'est une soirée triomphale que cette représentation de *Monsieur Alphonse*. La critique, cette fois, applaudira plus qu'elle ne jugera. Elle est sous le charme. Et c'est tant mieux; car, ce qui vaut plus encore que le talent lui-même, c'est la loyauté dans le talent et la persistance dans la foi — deux vertus littéraires dont vient de faire preuve M. Dumas fils, et que nous avons toujours honorées en lui, même lorsqu'on les discutait, même lorsqu'on les niait. Nous sommes donc doublement heureux de les voir reconnues et saluées aujourd'hui.

M. Dumas est sorti victorieux de la lutte qu'il soutenait depuis quelques années contre une partie du public et de la critique. Il a su vaincre; il ne lui reste plus qu'à profiter de sa victoire et à nous donner désormais des œuvres conçues dans le sentiment de morale fière et de probité véritable qui caractérise ce drame simple, émouvant et élevé.

XXXV

COMÉDIE-FRANÇAISE : *Jean de Thommeray*, comédie en cinq actes, de MM. Émile Augier et Jules Sandeau.

5 janvier 1874.

M. Émile Augier, séduit par le charme intime et honnête d'une nouvelle de M. Jules Sandeau, *Jean de Thommeray*, vient de tirer une comédie en cinq actes du récit du conteur. Ce n'est pas la première fois que l'auteur du *Fils de Giboyer* collabore avec l'auteur de *Madeleine* et de *Marianna*. M. Augier a donné avec M. Sandeau la *Pierre de touche* et le *Gendre de M. Poirier*, deux œuvres hors de pair; et ce n'est pas là, à dire vrai, une collaboration ordinaire. Ces deux talents sont absolument faits pour se comprendre et se compléter. M. Jules Sandeau, écrivain délicat, analyste touchant, moraliste pénétrant et ému, apporte à M. Augier des tendresses de sentiment qui s'allient fort bien aux qualités mâles et hardies de l'homme qui a signé les *Lionnes pauvres* et les *Effrontés*. Il résulte donc de l'association de ces deux individualités une sorte de personnalité à la fois sentimentale et ironique, pleine de vitalité et de force, et c'est ainsi que le *Gendre de M. Poirier* plaît en même temps par la puissance de l'émotion et par la force de la satire. Cette comédie résume excellemment, en les montrant unis, les caractères et les talents de MM. Augier et Sandeau.

Jean de Thommeray, lorsque la nouvelle fut mise en vente, il y a quelques mois, en un volume qui contient aussi une remarquable histoire, le *Colonel Évrard*, obtint un succès d'autant plus solide qu'il était plus intime et plus délicat. Le public lettré fut vivement touché de la simplicité de ce récit, d'où se dégageait une douce idée morale. Il s'agissait là d'un jeune homme, pris honnête et bon à sa province et roulé, comme un caillou livré à un torrent, par la vie parisienne, tombant de chute en chute jusqu'au scepticisme le plus profond, et arrivant à la négation de la famille, de la patrie, du bien et du mal; puis, tout à coup, se relevant, comme soulevé par une étincelle électrique, au spectacle de son père et de ses frères arrivant à Paris pour défendre contre l'étranger la capitale de ce malheureux pays qui est la France.

La nouvelle de M. Jules Sandeau, animée, d'un bout à l'autre, d'un grand souffle d'honnêteté, manquait peut-être d'une originalité qui ne faisait point défaut à ce dénouement, empreint en outre d'une saisissante grandeur morale. Le roman contemporain n'a pas inventé beaucoup de scènes aussi émouvantes que celle où M. Sandeau nous montre Jean de Thommeray assistant au défilé des mobiles de la Bretagne, entendant le biniou qui joue tristement les airs du pays, regardant les rangs pressés où sa place est marquée et d'où il est absent; lui, l'enfant prodigue et le patriote désillusionné.

Le vieux M. de Thommeray, qui commande le bataillon, fait l'appel de ses hommes, et lorsqu'il a fini, un nouveau venu, poussé par sa naturelle vaillance qui s'éveille, s'avance, tête nue, et réclame sa part de danger.

— Qui êtes-vous? dit le chef.

— Un homme qui a mal vécu et qui a juré de bien mourir!

Le commandant remet un fusil à ce soldat inattendu, et, lorsque le jeune homme est rentré dans le rang:

— Jean de Thommeray, dit le père, continuant son appel.

Une voix mâle répond:

— *Présent!*

La nouvelle tout entière est dans ce seul mot, si habilement préparé, si bien amené et qui produit un si grand effet lorsqu'il tombe, à la dernière page, comme un mâle appel de tambour. Ce mot aura été pour beaucoup, n'en doutez pas, dans le vif succès du récit de M. Sandeau. Il en marque bien le sens, il en accentue l'intérêt. C'est l'étude d'une âme troublée jetée dans un milieu malsain et se retrouvant elle-même à la première bouffée d'air salubre, — que le conteur a voulu faire. C'est une leçon de morale qu'il a enfermée dans les soixante pages de son récit, et l'heure était pour cela bien venue; il y a tant de ces esprits dévoyés qu'un jet de lumière peut tout à coup remettre dans le chemin de Damas!

Je ne m'étonne pas que M. Émile Augier ait été tenté par la nouvelle de M. Jules Sandeau et se soit mis si cordialement à l'œuvre pour la faire passer de la bibliothèque au théâtre. Cette idée de la régénération d'un noble caractère, un moment entraîné vers les choses basses, M. Augier l'avait déjà traitée dans une pièce âpre et hautaine qui n'obtint pas, à mon avis, le succès qu'elle méritait. Je veux parler de la *Contagion*. Le principal personnage de la *Contagion* était précisément un autre Jean de Thommeray, un Huron, jeté, tout naïf et tout simple, au milieu du *high life* parisien et se débattant de son mieux entre une aventurière de grande race et le baron d'Estrigaud, un coquin de l'espèce exquise.

M. Augier, moraliste un peu amer, ne caressant pas volontiers le vice et le marquant, au contraire, d'un fer rouge, devait tenir à reprendre en sous-œuvre une idée qu'il n'avait pu émettre qu'à demi. Il a donc choisi la nouvelle de M. Sandeau pour la transformer en comédie, et l'événement, sans lui donner absolument raison, ne lui a pas précisément donné tort.

En principe, il serait assez difficile de décider s'il convient d'emprunter au livre un sujet de pièce de théâtre, et si les romans sont bien faits pour être découpés en scènes dramatiques. Ici, je pense, — comme en toutes choses, — il n'y a point d'absolu. Tel roman, qui offre presque à chaque page des situations saisissantes, évidemment faites pour passionner le public, sera facilement transporté sur le théâtre, et les spectateurs y trouveront leur compte. Tel autre, qui ne vaut que par la finesse de l'analyse, la peinture des caractères, le charme des paysages encadrant une action simple, paraîtra vite déplacé si on le transforme en actes forcément languissants. Tout est relatif, encore une fois. Les romans historiques de Dumas père, avec leurs prodigieuses inventions, leurs éblouissements de couleurs, leurs chocs incessants d'aventures, sont des drames tout faits, tout créés. Les idylles de George Sand, la *Petite Fadette*, la *Mare au Diable*, ne fourniraient ou n'ont fourni, au contraire, que des pièces médiocres, car ces chefs-d'œuvre ne valent que par le détail. *François le Champi*, si fort applaudi au théâtre, n'est pourtant pas une exception. Le personnage de Jean Bonnin, qui en fit en partie le succès, est, par exemple, tout entier inventé pour les besoins de la comédie et n'a rien de commun avec le récit primitif.

Jean de Thommeray, qui appartient à ce genre d'histoires émouvantes sans combinaisons et par le fait seul de je ne sais quel charme honnête, irrésistible, ne semblait donc point contenir un sujet de comédie. L'action n'en est pas une; elle s'éparpille sur plusieurs personnages. On y assiste aux candides amours de Jean de Thommeray et de sa cousine Marie; aux amours adultères de Jean et d'une femme du monde, d'un monde assez étrange; aux aventures de Jean avec une fille à la mode, qui s'appelle, je crois, Fiammetta dans le roman et Blanche ou Baronnette dans la comédie. Tout cela est fort intéressant, tour à tour, mais ne constitue pas une action dramatique. La pièce a cinq actes : ce sont cinq tableaux séparés entre eux et simplement unis par la personnalité de Jean de Thommeray qui les traverse tour à tour, à la façon d'un compère de revue.

Au premier acte, Jean de Thommeray est chez lui, en Bretagne. Il attend ses deux frères, qui reviennent d'Afrique, engagés volontaires et simples soldats, selon l'habitude de la famille, mais décorés de la médaille militaire. Il est fiancé à sa cousine, et le voilà qui, au retour de la chasse, superbe avec son costume d'Hippolyte breton, coquette doucement avec une Phèdre parisienne en villégiature dans l'Ouest. Cependant les *gars* du pays arrivent, entourant et acclamant les deux enfants de Thommeray qui se présentent, couverts de leur uniforme de chasseurs d'Afrique, devant leur père, debout sur le perron du château, entre sa femme et son fils aîné, et buvant, dans la vieille coupe de famille, le vin des grands jours, en portant un toast au devoir, au dévouement et à la France.

Il y avait, dans ce premier tableau, volontairement rempli de discours, une telle force de sentiments probes et fiers, que toute la salle a éclaté en applaudissements, voulant bien montrer ainsi qu'elle accueillait avec la même sympathie les deux auteurs de l'œuvre nouvelle et les accents qu'ils faisaient entendre.

C'est un fait, assurément, qu'à cette heure le public est tout prêt à acclamer celui qui parlera une langue juste à ses instincts honnêtes et sincères. Le public n'est plus en défiance contre les grands sentiments et les idées élevées; au contraire, il ne demande qu'à se livrer et, après s'être laissé entraîner à ce qui est frivole, à se laisser emporter par ce qui est sain et fort. Mais encore faut-il l'intéresser, l'attacher, l'amuser. Rien ne résiste à l'ennui, et une salle qui ne s'amuse pas devient implacable. Un homme d'esprit nous disait un jour en toute vérité : « Vous rassembleriez deux mille personnes dans « un théâtre en les avertissant qu'il s'agit de la vie d'un « homme; — qu'on va représenter une pièce et que, si « elle ne réussit pas, l'auteur sera guillotiné au dénoue- « ment; quelle que pût être la sensibilité privée des deux « mille spectateurs rassemblés, si la pièce les ennuyait, « si elle était longue et mauvaise, personne au monde ne « pourrait empêcher la salle de bâiller, de montrer son « ennui, et par conséquent l'auteur d'être exécuté. »

Je ne veux pas dire que les habitués de la Comédie-Française aient jamais eu l'intention de traiter ainsi MM. Augier et Sandeau. Tout au contraire, *Jean de Thommeray* a été fort applaudi. C'est une conception élevée et digne de louange et d'estime; mais, précisément parce que les auteurs avaient, tout d'abord, introduit le public dans une atmosphère honnête, embaumée de fleur d'oranger, dans un milieu patriarcal, ils l'ont eux-mêmes forcé à se cabrer ensuite lorsqu'ils l'ont fait passer dans le salon où l'on joue, et dans l'appartement de Jean de Thommeray, où les dames du monde brisent, de colère, les ombrelles des femmes du demi-monde. Les auteurs nous diront qu'on ne saurait vraiment bien châtier le vice qu'en le peignant tel qu'il est chez lui. Mais voici précisément ce qu'on peut leur répondre : Jusqu'à présent, la *cocotte*, pour l'appeler par son nom, n'était pas chez elle à la Comédie-Française. Elle avait ses grandes entrées sur la scène du Vaudeville, des Variétés, voire du Gymnase; mais elle ne se glissait rue Richelieu que sous un pseudonyme, presque sous un masque, et dans les costumes du répertoire. Aujourd'hui, elle promène et fait bruire, sous couleur de morale, ses falbalas sur les planches du Théâtre-Français. Elle y est entrée par droit de conquête, comme elle se montre déjà dans les réceptions académiques, elle qui se contentait jadis des *premières* des Bouffes-Parisiens. Ne vous y trompez pas. Cette introduction de la *cocotte* dans les pièces de la Comédie-Française n'est pas autre chose qu'une invasion. Le sentiment dans lequel MM. Augier et Sandeau ont tracé la silhouette de cette Baronnette est loin d'être répréhensible, mais le fait est là : Baronnette étale son chignon roux sur la scène du Théâtre-Français, et elle jette crânement ses mots d'argot parisien aux échos habitués aux graves paroles du *Misanthrope*.

Le plus curieux, c'est que Baronnette obtient son billet de logement dans la maison de Molière justement dans une comédie aux tendances morales et aux conclusions quasi-puritaines. C'est pour dégoûter Jean de Thommeray des passions et des caprices que MM. Augier et Jules Sandeau le livrent tour à tour à la femme adultère et à la fille folle. Ils ont voulu, je le répète, montrer les dégradations successives d'un être né bon et vertueux; mais il est arrivé, ce qui n'est point rare en pareil cas, une chose assez curieuse, c'est que Jean de Thommeray, malgré ses vertus premières, ressemble fort, au bout d'un certain temps, à un misérable; tandis que les personnages coupables ou vicieux sont tout bonnement charmants. On n'a rien à reprocher à la femme adultère dans *Jean de Thommeray*. Elle aime. Elle pousse Jean à jouer pour gagner cinquante mille francs dont elle a besoin, mais elle les refuse dès qu'il les a gagnés. En revanche, il la traite de la façon la plus grossière et lui jette au visage un de ces mots que les femmes ne pardonnent pas. Jean de Thommeray, ruiné, va épouser la fille d'un banquier qui veut *se payer* un gendre titré.

— Allez-vous donc faire un mariage d'argent? lui demande la femme qu'il a aimée.

Et lui, brusquement et brutalement :

— Avez-vous donc fait un mariage d'inclination?

La pauvre femme, à mon sens, n'a pas à regretter un pareil amant. Et Baronnette? Elle est bizarre, fantasque, insensée, *toquée*, dirait Gavarni. Elle tient à empêcher Jean de partir pour la Bretagne et à souper avec lui, là, sur-le-champ, sans façon. Elle le tutoie à première vue, ce qui a dû faire rougir les *bustes* de la Comédie. Elle a des mots terribles à propos des bijoux qu'on lui offre : « *Vous savez, celui-là, je vous promets, mon petit Jean, que je ne le mettrai pas dans la vente!* » Elle est sans scrupules et sans façons, soit; mais elle n'a ni pose ni afféterie : elle tient à « demeurer avec Jean de Thommeray », quitte à perdre ce qu'elle nomme sa *position* et à mourir un peu plus tôt sur la paille. Personne ne s'aviserait, sans nul doute, de songer à sa candidature pour le prix Monthyon; mais Jean n'a pas à lui faire de bien gros reproches, et ce n'est pas Baronnette qui a tué en lui les bons instincts et les nobles pensées. Que nous sommes loin ici (au point de vue du danger couru) de cette terrible Olympe dont M. Augier traça, un jour, le portrait d'une main si ferme et d'un burin si cruel!

A dire vrai, on ne sait qui a étouffé chez Jean ces germes honnêtes. MM. Augier et Sandeau ne nous le montrent pas assez. Confiant et chevaleresque au premier tableau, Jean de Thommeray devient sinistre comme un héros de Byron au dernier acte, et il jette à Paris endormi des malédictions qui semblent tomber des lèvres de Manfred. Encore un coup, il n'a cependant à s'en prendre qu'à lui-même. Les gens qui l'ont corrompu n'étaient que de médiocres corrupteurs, et l'on n'est point perdu pour avoir donné à déjeuner à quelques amis qui font des *mots* au dessert. Que si Jean de Thommeray a été tenté, c'est qu'il était, comme eût dit Dorine, bien tendre à cette tentation, et, pour être juste, il a bientôt fait de passer du puritanisme un peu sauvage qu'il montre en Bretagne au scepticisme amer qu'il affecte devant Paris assiégé.

Ces réserves faites, il n'en reste pas moins une œuvre animée d'une haute idée morale. Les auteurs ont peut-être trop insisté sur les personnages vicieux qu'ils ont rendus agréables, tandis qu'ils noircissaient leur héros à plaisir; l'impression de *Jean de Thommeray* n'en a pas moins été profonde. Le premier tableau avait préparé les spectateurs aux pensées les plus douces et à la fois les plus viriles. Le dernier acte les a laissés sous une vive émotion. C'est un prodige de réalité et d'effet théâtral que ce dernier tableau. Jamais l'Opéra, jamais le théâtre n'est parvenu à reconstituer ainsi la vérité même, à la rendre visible et comme tangible aux spectateurs. Je n'ai jamais vu pareille chose. Le quai, ce quai Malaquais, si peu éloigné de la Comédie-Française, était là, sous nos yeux, non pas représenté par un décor, mais absolument vrai, tel qu'il est, et l'on s'est extasié à bon droit devant une telle vision. M. Perrin a fait là son chef-d'œuvre de mise en scène.

Sous un ciel troublé de septembre, la nuit, sous des nuages brouillés à travers lesquels filtrent les rayons de la lune, les quais de Paris, déserts, ponctués de lueurs qui semblent s'éloigner et se perdre à l'horizon comme des files de vers luisants, se détachent, avec les lignes de leurs silhouettes, sur une atmosphère triste et pénétrante. Les bâtiments de l'Institut coupent ce panorama saisissant. Des lanternes rouges éclairent, au coin de la rue Bonaparte, des travaux de terrassement. La lumière, la couleur, la disposition de ce décor, sont autant de surprises.

L'effet est prestigieux. Deux hommes sont en scène au lever du rideau, et ils semblent, tant le reste est vivant et vrai, faire partie intégrante de ce diorama.

Cependant, les clairons retentissent au loin; on sent que cette ville à demi assoupie a sa vie cachée, et que ce grand corps de cité a revêtu son vêtement militaire. Lorsque le détachement des mobiles, avec leurs uniformes mêlés, vareuses et blouses, est entré en scène, l'illusion a rappelé à bien des spectateurs ces scènes inoubliables du siège qui déjà ont pris pour nous le caractère d'événements devenus légendaires.

On s'est beaucoup demandé, à ce propos, si le moment était déjà venu de représenter, sur le théâtre, ces faits d'un passé qui date d'hier. Sommes-nous bien fondés à nous décerner à nous-mêmes des brevets d'héroïsme simple, ainsi que le font, au dernier acte, les deux bourgeois de MM. Augier et Sandeau, causant entre eux comme des individus détachés d'un chœur antique ou comme les personnages épisodiques des drames de Shakespeare? Ce n'est pas nous qui demanderons jamais qu'on excite encore ce sot chauvinisme national qui nous a menés, par l'infatuation de nous-mêmes, au dénouement que nous avons vu. Les souvenirs de la dernière guerre sont d'ailleurs sacrés, comme la mémoire d'un mort. Il n'y faut toucher que d'une main légère et pieuse. Pourtant, n'est-il point permis d'évoquer des images sombres ou chères pour rappeler à tous, discrètement, qu'il est une patrie? Ne saurait-on trouver une consolation dans le spectacle de grandeurs passées, de dévouements inconnus, de sacrifices modestes?

D'ailleurs, qu'on essaye ou non de résister, de tels tableaux produisent sur les cœurs de profonds effets. On a mis en scène au théâtre du Château-d'Eau, dans la revue de fin d'année, un épisode de l'évacuation de nos départements de l'Est. C'est le matin : dans le village muet et clos on n'entend que l'écho insultant d'une musique prussienne qui s'éloigne. A peine les dernières notes ont-elles été entendues, que les habitants se glissent hors des maisons comme des ombres, regardent au loin si les Allemands ont disparu, et tout aussitôt s'embrassent, ouvrent leurs fenêtres, déploient les drapeaux tricolores, tandis que du côté opposé à l'endroit d'où partait la fanfare germaine, on entend retentir, clair comme un chant de coq, le son alerte des clairons français. Je sais tout ce qu'on peut reprocher à une pareille exhibition, je comprends autant que personne que le silence convient à de certains malheurs; mais j'ai vu l'évacuation, j'ai assisté à des scènes réelles, et pourtant ce tableau patriotique, au milieu d'une revue de fin d'année, ne m'en a pas moins ému, comme il émeut, en dépit des mécontents, tous les spectateurs qui le regardent, et les mécontents les premiers.

Le dernier acte de *Jean de Thommeray* a saisi le public avec une intensité peut-être plus grande. J'ai regretté que les auteurs n'aient point terminé leur drame par le mot superbe du roman : *Présent!* Je le répète, c'était la conclusion logique du sujet. Avec tous ses défauts (nous avons dit que c'était là une succession d'épisodes, une accumulation de diverses actions plutôt qu'une comédie véritable), *Jean de Thommeray* n'en est pas moins digne des deux auteurs qui ont écrit cette œuvre. On y retrouve, avec toutes les tendresses de M. Sandeau, la hardiesse sympathique et forte de M. Augier, parfois poussée jusqu'à la crudité. Mais que de mots frappants et forts ou comiques, comme ceux des jeunes gandins causant chez Jean de Thommeray, entre la poire et le fromage, ou fermes comme celui de ce personnage qui s'écrie : « On n'amasse plus la fortune aujourd'hui, on la ramasse ! »

Jean de Thommeray est excellemment joué. Got n'a pas un grand rôle; mais il a fait un type amusant d'un agioteur avide de noblesse. Maubant a la dignité la plus grande dans le personnage du vieux comte de Thommeray, et madame Guyon s'est fait vivement applaudir dans le rôle de la mère.

M. Mounet-Sully, si artistiquement beau sous la toge antique ou le pourpoint du dix-septième siècle, a paru gêné dans le frac moderne. Il pousse trop loin, au dernier acte, les imprécations de son personnage.

Laroche est fort bien, et M. Joumard a eu le plus grand succès dans un rôle épisodique de *gommeux* qui se vante de son *cachet : sigillum meum.* Au reste, ce sont deux rôles à *côté* qui ont absolument animé la pièce. Mademoiselle Croizette, dans le personnage de Baronnette, a vraiment montré une intelligence étonnante et un naturel écrasant. Elle a une façon de relever sa jupe lorsqu'on lui annonce l'entrée de madame de Thommeray, et de fuir en s'écriant : — *Aïe! la mère! Par où s'en va-t-on?* — qui est le sublime du genre. Ce bout de rôle, qui a fait froncer le sourcil aux vieux habitués du théâtre, a été pour mademoiselle Croizette son plus grand succès. Elle y est parfaite. J'avoue maintenant que, sans parler de la *majesté* de la Comédie-Française, il y a tout un monde dans l'entrée bruyante, tapageuse, insolente, de l'habitante du quartier Bréda en plein répertoire. Les dieux s'en vont! Et les filles folles arrivent!

Mademoiselle Favart, qu'on n'avait pas vue depuis longtemps, a reparu dans le personnage de la femme adultère. Elle y est tout à fait remarquable, et variée dans ses intonations et la recherche de ses effets. Je ne sais pourquoi elle a rappelé à plus d'un spectateur mademoiselle Fargueil. Elle a vraiment quelque chose de la désinvolture de la comédienne du Vaudeville.

Thiron n'a point de rôle, pas plus que mademoiselle Reichemberg, qui paraît et disparaît après avoir été justement applaudie, la charmante jeune fille, mais comme une pensionnaire qu'on envoie se coucher de bonne heure.

En résumé, l'accueil fait à l'œuvre de MM. Émile Augier et Jules Sandeau a été sympathique, et l'on a salué là deux maîtres aimés qui ont toujours mis leur talent au service des idées justes, saines et élevées — ce qui est déjà d'une originalité grande par le temps qui court.

XXXVI

Porte-Saint-Martin : *Les Deux Orphelines*, drame en huit tableaux de MM. Ad. d'Ennery et Cormon.

2 février 1874.

M. d'Ennery nous disait un jour : « Il n'est pas très-difficile de faire une *pièce qui réussisse*; ce qui est plus malaisé, c'est de faire une *bonne pièce qui réussisse*. » Certaines banalités obligées sont toujours, en effet, à peu près sûres de *passer*, pour me servir de l'expression de M. Sardou. Un drame qui n'aborde de front aucune idée nouvelle, qui se traîne habilement dans les sentiers battus, ne soulèvera jamais de grandes protestations et fera son chemin sans fracas, mais sans accident. Voilà ce qu'entendait M. d'Ennery par « la pièce qui réussit ». Mais on peut dire que les auteurs du drame nouveau de la Porte-Saint-Martin viennent de signer une bonne pièce et qui a réussi. Ce succès est même un des plus grands et des plus mérités que nous ayons vus au théâtre depuis longtemps. Il rappelle, par son intensité, et rappellera sans doute par sa durée ces triomphes légendaires d'autrefois, *Trente ans ou la Vie d'un Joueur*, *Victor ou l'Enfant de la forêt*, de V. Ducange, ou la *Grâce de Dieu*, de M. d'Ennery lui-même.

M. d'Ennery vient de rencontrer là un des triomphes les plus complets de sa carrière. *L'Aïeule*, qu'il composa avec M. Charles Edmond, ne produisit pas plus d'effet, à la première représentation, que ces *Deux Orphelines*. Avec un art étonnant, une patience consommée, un doigté merveilleux, l'auteur a tenu toute une salle sous le coup de l'émotion la plus profonde ou de la terreur la plus grande. C'est décidément un habile homme et un maître en ce genre que M. d'Ennery. Il connaît comme personne le *cœur humain*, non pas peut-être le cœur humain des personnages qu'il met en scène, mais à coup sûr le cœur humain du public.

Le cœur humain de qui? le cœur humain de quoi?

dit Musset.

M. d'Ennery sait exactement quelle dose d'effroi ou d'attendrissement il faut servir à la foule dont le *cœur humain* est absolument transformé lorsqu'elle entre au théâtre, et qui, fût-elle totalement composée de gredins, n'en est pas moins accessible à tous les sentiments les meilleurs et les plus tendres. C'est même un des priviléges du théâtre de faire subir à l'homme de telles transformations. Un avare y va très-bien, par exemple, rire, et de grand cœur, de la lésinerie d'Harpagon.

C'est une des vertus de M. d'Ennery que de savoir, à un milligramme près, ce que peut supporter le public qui l'écoute. Je le comparerais volontiers à un de ces médecins habiles qui tantôt font de l'homœopathie, tantôt de l'allopathie, tantôt de la chirurgie. Il vous sert l'émotion à doses infinitésimales; puis, au lieu de ces globules, il vous tend une coupe pleine d'un nouveau breuvage, et finalement il tranche dans le vif et *déblaie un dénoûment*, pour parler le langage du théâtre, comme un opérateur couperait un membre.

C'est surtout en écoutant les *Deux Orphelines* que nous avons pu nous apercevoir de cette habileté qui tour à tour se plaît aux nuances ou tranche dans le vif. On a dit de M. d'Ennery un bien joli mot et qui peint tout à fait la *faculté maîtresse* du dramaturge : « D'Ennery, a-t-on dit, est, à lui seul, une salle pleine. » Il sait d'avance, étant donné tel mot ou telle situation, ce qu'en penseront à la fois, et les fauteuils, et le parterre, et le *paradis*. Il connaît admirablement ce clavier humain d'une salle de spectacle. Ce qui nuit aux auteurs, c'est qu'ils ne s'imaginent point l'effet absolu que produiront sur le théâtre plein de monde les actes qu'ils font répéter devant des banquettes vides. Les banquettes vides sont fort indulgentes ; mais, dès qu'elles se peuplent, elles sont bien capables de se fâcher. Tout le talent du *metteur en scène* consiste donc, nous l'avons déjà dit plus d'une fois, à se figurer la salle pleine et à deviner ce qu'elle pensera de l'œuvre qu'on répète. Or, c'est précisément là le talent spécial de M. d'Ennery. J'imagine que c'était aussi celui de M. Scribe. Une idée qu'on apporte à un tel homme, en supposant qu'elle vaille 50 lorsqu'on la lui soumet, vaudra 100 lorsqu'il l'aura examinée, approuvée, et qu'il en aura tiré tout ce qu'on peut en tirer.

En matière de collaboration, il est assez difficile — et il serait même fort indiscret et fort déplacé — de rechercher quelle est, entre les collaborateurs, celui dont la part est la plus large ; et, en parlant de M. d'Ennery, je n'ai garde d'oublier M. Cormon, qui certes a sa grande et belle part dans ce remarquable drame des *Deux Orphelines*. Mais je prends M. d'Ennery comme type de ces *charpentiers* habiles dont la jeune génération a trop médit, et qui, habitués au travail et au soin, ne livrent rien au hasard dans leurs œuvres, et construisent une pièce avec le patient labeur d'un architecte menant une demeure des fondations au faîte. La plupart du temps, — depuis quelques années du moins, je crois, — M. d'Ennery laisse à ses collaborateurs le soin de *dépister* le sujet et les situations. Il attend qu'on ait fait lever le lièvre ou happé le lapin, et qu'on le lui rabatte ou qu'on le lui rapporte. Alors il examine le gibier, et, avec son flair habituel, il vous répond : *c'est bon* ou *c'est mauvais, cela va* ou *cela ne va point.*

Et lorsqu'on lui demande, un peu déconcerté, ce qu'il faut trouver à la place de ce qu'il a rejeté, il répond imperturbablement :

— Cherchez !

— Mais chercher quoi ? Trouver quoi ?

— Cherchez !

C'est la réponse éternelle. Et le plus curieux, c'est que, poussé par lui, on cherche et l'on trouve, et que, lorsqu'on a trouvé, il accommode si bien le produit de la chasse, que le mets qui en résulte peut à bon droit garder le fumet et comme le cachet particulier du maître. Quel exemple pour ceux des nouveaux venus qui *bâclent* un drame sans penser, *sans peser, sans rester,* comme dit le poëte, et qui ont écrit leurs cinq actes en moins de temps que ne mettent des hommes comme M. d'Ennery ou M. Cormon pour achever un plan et construire un scenario ?

Ce qui est très-remarquable dans ces *Deux Orphelines,* comme dans tous les mélodrames de cette école, c'est la façon dont ces huit tableaux sont équarris. On les pourrait comparer à un meuble achevé, dont tous les tiroirs ferment hermétiquement et dont les serrures jouent avec facilité. Cela est parfait dans son genre. Rien n'est inutile ; le hasard n'a aucunement sa part dans les combinaisons multiples du drame. Nous aurions rempli tous nos feuillets d'habitude avant d'avoir achevé l'analyse, et, dans cette succession de scènes, il n'est pas un détail qui ne serve, soit aux péripéties, soit au dénouement. Les longueurs mêmes, qui ne font pas défaut aux *Deux Orphelines,* semblent des habiletés ; elles rendent plus saisissants encore les coups de théâtre qui leur succèdent.

Théophile Gautier raconte, dans cette *Histoire du Romantisme* que nous annoncions l'autre jour [1], que, lorsque son ami Joseph Bouchardy, *Bouchardy au cœur de salpêtre* comme on disait dans le cénacle, fit représenter, à la Gaîté, le *Sonneur de Saint-Paul,* le feuilletoniste de la *Presse* essaya d'en donner *in extenso* le compte rendu à ses lecteurs. « Neuf colonnes d'analyse, dit Théophile « Gautier, ne nous avaient amené qu'à la moitié du pre- « mier acte. Comme Bouchardy était devenu notre voisin,

---

[1] C'est un des volumes les plus curieux, les plus intéressants, les plus personnels de l'écrivain. Ces fragments, qui dureront, ont été réunis, avec un soin pieux et un goût très-sûr, par un esprit épris de Théophile Gautier, et qui pénétra très-avant dans la pensée du maître. C'est M. Maurice Dreyfous, dont on connaissait déjà un viril volume de vers. Il faut lire cette *Histoire du Romantisme.* (1 vol., chez Charpentier.)

« nous l'allâmes chercher pour nous guider dans ce dé-
« dale d'événements ; mais, après une ou deux heures de
« marches et de contre-marches, il nous avoua qu'il ne
« s'y retrouvait pas, n'ayant pas son plan devant lui. »
Pareille aventure n'arriverait point, sans doute, à M. Cormon ou à M. d'Ennery ; mais il n'en est pas moins vrai qu'il nous serait assez difficile de donner, par le menu, l'analyse du nouveau drame de la Porte-Saint-Martin.

Ce drame, c'est la mise en scène émouvante des aventures de deux orphelines, jetées seules dans le Paris plein de piéges du dix-huitième siècle, le Paris des guet-apens, des lettres de cachet, de la Salpêtrière, de la Grève, des exempts de police et des coupeurs de bourses. Les deux jeunes filles, qui ne sont point sœurs par la naissance, mais par l'affection et le malheur, arrivent à Paris, isolées, perdues, et, dès leur premier pas, on les sépare. Un grand seigneur débauché fait enlever et transporter Henriette dans sa petite maison; la veuve d'un supplicié, la Frochard, entraîne dans son taudis Louise, qui est aveugle, et lui apprendra à chanter et à mendier par les rues.

Comment ces deux orphelines, ainsi arrachées l'une à l'autre, parviendront-elles à se retrouver, à se réunir ? C'est là que gît tout le drame, et certes un des drames les plus attendrissants, les plus émouvants qu'on ait jamais montrés à la sensibilité de la foule. Henriette, qui échappe à son séducteur, grâce au dévouement d'un jeune gentilhomme, le chevalier de Vaudrey, moins pervers que ses compagnons, n'en est pas moins arrêtée, par ordre du lieutenant général de la police, qui la soupçonne de vouloir exploiter son neveu et lui escroquer son nom et son titre. On la jette à la Salpêtrière, parmi les vierges folles, les voleuses et les filles perdues. Elle fera partie du prochain convoi de femmes déportées à la Guyane. Comment les auteurs parviendront-ils à la tirer de ce sinistre et mauvais pas ?

Louise, pendant ce temps, chante, en frissonnant sous la neige, des chansons aux portes des églises. Elle tend la main, elle grelotte. La Frochard, cette *Chouette* hideuse, spécule, comme la mégère des *Mystères de Paris*, sur l'air charmant et triste de cette autre *Goualeuse*, une *Fleur-de-Marie* innocente. Lorsque Louise ne veut point chanter, on la bat, on la torture. Il n'y a, auprès de la pauvre enfant, et pour veiller sur elle, qu'un être misérable et rachitique, faible et boiteux, le fils de la Frochard, un petit rémouleur que sa mère et son frère appellent eux-mêmes l'*Avorton*. L'*Avorton* a un cœur ; il plaint, il aime la pauvre fille ; lorsqu'il la voit trembler de froid, il ôte son vêtement de dessus son dos et le place doucement sur les épaules frissonnantes de Louise, et l'aveugle, qui ne peut que deviner, lui dit doucement sans le voir : « C'est vous, Pierre ? »

Rien n'est plus charmant et d'un ton plus juste que cette pénétrante idylle. Qu'y a-t-il là de nouveau ? Peu de chose. C'est *Fanchon la vielleuse*, c'est *Fleur-de-Marie*, c'est l'éternelle abandonnée pleurant et chantant ; mais cela est poignant et vrai, et l'effet a été profond. Tandis que l'Avorton protége l'orpheline, son frère, Jacques, un grand gars brutal, odieux et lâche, voleur hier, demain assassin, convoite aussi cette petite. Il l'épousera, dût-il user de violence, et sa mère, la Frochard, approuve. Quand l'orpheline sera la femme de Jacques, on ne craindra plus du moins ses plaintes ou ses dénonciations. Comment, de ce côté aussi, les auteurs rendront-ils la liberté à Louise ?

Voilà le triomphe de leur habileté : tout concourt logiquement à assurer la réunion des deux orphelines. Henriette est sauvée de la Salpétrière par une pauvre fille repentie, l'ancienne maîtresse de Jacques Frochard, dont la conduite a mérité le pardon. La malheureuse se substitue à Henriette et — lorsque l'exempt chargé d'appeler les femmes destinées à la Guyane appelle *Henriette Gérard*, — elle répond : *C'est moi !*

Ici, un épisode émouvant a fait grandir le succès, déjà certain, du drame. Il y a à la Salpétrière une sœur, bonne et douce, qui n'a jamais menti. Lorsque la maîtresse de Jacques répond au nom d'Henriette, l'exempt demande à la sœur Geneviève si elle reconnaît bien Henriette Gérard, et la sainte fille, qui connaît l'innocence d'Henriette, se trouve prise entre sa terreur du mensonge et le désir de sauver une honnête femme. Elle hésite, elle tremble; on l'implore. Enfin, elle ment; elle répond : *Oui*; elle assure qu'elle reconnaît Henriette. « C'est mon premier mensonge, dit-elle. — Il vous sera compté là-haut, lui est-il répondu, comme une œuvre de charité. »

Qui ne reconnaîtrait là, dans cette sœur du mélodrame, la *sœur Simplice* dont Victor Hugo nous a tracé la douce image? Qui ne se rappellerait l'épisode identique du roman des *Misérables*, et le mensonge de sœur Simplice, *qui n'avait jamais menti?* Lorsque Jean Valjean est poursuivi, sœur Simplice, qui le reconnaît, répond : *Non, je ne le connais pas*, comme la religieuse du drame, et le poëte fait suivre, en des lignes émues, ce mensonge d'une sorte de salut respectueux : « Sainte fille, il te sera compté au ciel! » Le mensonge de sœur Geneviève a fort ému le public de la Porte-Saint-Martin, et Victor Hugo a fourni encore aux auteurs des *Deux Orphelines* un motif touchant, le récit, fort bien dit par mademoiselle Dica Petit, de la façon dont le père d'Henriette, quoique pauvre, recueille aussi la petite Louise. « Au lieu d'un enfant, nous en aurons deux, » dit-il à sa femme en rapportant l'orpheline à son logis. — C'est l'admirable pièce de vers des *Pauvres Gens*, transportée au théâtre, et le « *Tiens, les voilà!* » du pêcheur, mis sur les lèvres d'un paysan normand. Ce ressouvenir de deux des plus parfaites imaginations d'un grand poëte n'a pas nui, on le devine, à l'attendrissement provoqué par le drame.

Le tableau de la Salpêtrière avait remué la sensibilité des spectateurs; le tableau qui suit a peut-être plus profondément frappé le public. On a fort justement rappelé, à ce propos, le souvenir du dernier acte de *Trente Ans ou la Vie d'un Joueur*. On pourrait aussi comparer ce septième tableau des *Deux Orphelines* à ce drame étrange et sinistre de Zacharias Werner qui s'appelle la *Nuit du vingt-quatre février*. Le dramaturge allemand n'a pas accumulé dans son œuvre plus de terreur que MM. d'Ennery et Cormon dans cette mise en scène de l'intérieur des Frochard. L'antre est hideux; il sent la misère et le crime. Un escalier vermoulu conduit à une chambre sombre. Louise est couchée sur de la paille, dans un coin. Les instruments du rémouleur sont là, et l'œil invinciblement se fixe sur un couteau fraîchement aiguisé qui jette les lueurs vives de l'acier. Ce couteau, tout à l'heure, dénouera le drame : c'est avec cette lame brillante que Pierre Frochard, l'Avorton, tuera son frère, l'Hercule.

La scène est terrible, et Taillade l'a supérieurement jouée. Jacques menace Louise de son amour; il veut l'empêcher de franchir le seuil de la masure. Louise a retrouvé Henriette, et les deux orphelines sont là, entre Jacques Frochard et sa mère, le vice hideux et la force épouvantable. Pour tout défenseur, les pauvres filles n'ont que ce misérable être bancroche qui tremble ordinairement devant Jacques et qui se demande lui-même s'il a du sang dans les veines. Elles n'ont que l'Avorton; mais cela suffit. Il se redresse devant la menace de son frère comme un serpent sous la griffe d'un tigre. Il n'a plus peur; il regarde en face le grand Jacques et lui rejette ses propres paroles au visage :

— Tu l'as dit tout à l'heure : nous sommes d'une famille qui tue! Si tu fais un pas vers Louise, tu es mort!

Et il brandit le couteau qu'il vient d'aiguiser.

— Nous sommes Caïn et Abel, ajoute-t-il, mais cette fois, c'est Abel qui va tuer Caïn.

Jacques avance et frappe; l'Avorton tombe, mais c'est pour se relever et planter son couteau dans le ventre du colosse, qui chancelle à son tour et s'écroule pour ne plus se relever.

N'avons-nous pas assisté à un spectacle à peu près semblable, dans un drame que jouait fort bien Vannoy: *la Bête du bon Dieu*, et où le souffre-douleur se débarrassait aussi de son tyran avec un couteau?

Il faut voir Taillade se redressant, terrible et ce couteau à la main. Il a joué toute cette scène avec une puissance superbe, comme il avait composé jusque-là tout ce rôle d'une façon craintive et tremblante tout à fait émouvante. La pièce est d'ailleurs admirablement jouée et avec un ensemble rare. Il n'est vraiment pas un rôle qui ne soit bien tenu. Peut-être est-ce parce que les bons rôles font les bons comédiens; car, en vérité, tous les personnages de ce drame ont une physionomie, une allure particulière, un caractère. Le rôle comique de la pièce, celui d'un valet qui déplore les erreurs philosophiques de son maître, et se sent tout heureux de voir le chevalier revenir aux saines traditions lorsqu'il appelle ses gens *marauds* ou *pendards*, ce seul rôle est mal venu. C'est là du comique *à côté* que tout le monde ne saurait comprendre. Mais, en revanche, quelle diversité de types dramatiques, tous dessinés avec une franchise et un bonheur absolus ! Nous n'avons pas, en effet, parlé de plusieurs personnages qui tiennent une importante place dans les *Deux Orphelines* : le lieutenant général de la police, entre autres, M. de Linières, jaloux de sa femme et jaloux à juste titre, puisque Louise, la petite aveugle, est la fille de madame de Linières, ce qui amène d'ailleurs le comte à pardonner à sa femme, exactement comme le fait M. de Montaiglin dans *Monsieur Alphonse*.

Tous ces divers personnages gardent, dans une action multiple et qui serait facilement devenue diffuse sans l'habileté magistrale des auteurs, une physionomie et un intérêt particuliers. Encore un coup, tout cela est agencé d'une façon prodigieuse ! Quelle entente de la mise en scène dans ce tableau où nous voyons madame de Linières, la comtesse, vêtue de fourrures et d'une magnifique toilette de velours bleu, faire l'aumône à sa fille, dont les dents claquent sous la neige ! L'antithèse de cette grande dame, que suivent, chapeau bas, jusqu'à sa chaise, des valets galonnés, et de cette pauvresse qui tremble, est irrésistible comme effet. Aussi l'on pleure, et l'on pleure de douces larmes. MM. d'Ennery et Cormon auront attendri bien des rochers.

Il faut nommer tous les acteurs de ce grand succès, Taillade en tête. Il est admirable. On n'est à la fois ni plus humble ni plus effrayant. C'est un personnage de Sébastien Mercier, découvrant tout à coup en lui-même des accents à la Shakespeare. Lacressonnière est parfait d'autorité sous l'habit de M. de Linières. Laray est excellent. Régnier et Mangin ont absolument bien rempli leurs rôles. Mademoiselle Dica Petit a eu des accents touchants et énergiques. Son succès a été grand, mais moins imprévu que celui de mademoiselle Angèle Moreau, qui, en un soir, a conquis la sympathie du public par la façon douce et triste et charmante dont elle joue son rôle d'aveugle. Madame Lacressonnière n'a que deux scènes, qu'elle enlève avec énergie, et madame Daubrun donne un caractère simple et vrai à sœur Geneviève. Une actrice qui fit beaucoup rire jadis, madame Sophie Hamet, a trouvé dans les *Deux Orphelines* l'occasion de faire frissonner.

Elle est effrayante sous les traits de la Frochard, horrible et d'une vérité superbe. La voix, le geste, le costume, tout est composé avec un talent rare, tout est parfait. C'est *Chopard* femelle.

Il serait injuste d'oublier la mise en scène, jolie et très-exacte. Le tableau de l'entrée de la messe à Saint-Sulpice m'a particulièrement séduit. Ces bourgeoises encapuchonnées, ces bourgeois appuyés sur leurs cannes, ces grandes dames descendant de leurs chaises, ces mendiants accroupis sur les marches, ces laquais en livrée, ont vraiment le caractère du dix-huitième siècle. On songe aux tableaux de Meissonnier en les voyant, et aux bavardages de Diderot.

Bref, c'est un grand succès que la pièce de MM. d'Ennery et Cormon. Si elle ne touchait et n'entraînait point le public, il faudrait désespérer du drame. Nous n'en sommes pas là ; tout au contraire, on peut voir, par la façon dont le public a accueilli les *Deux Orphelines*, que le travail, le soin, le souci du bien, ne peuvent longtemps passer inaperçus. MM. d'Ennery et Cormon sont, en effet, du temps où l'on cherchait le mieux, même dans les sphères qui ne visaient pas à l'art parfait. Quel étonnement pour ceux d'aujourd'hui ! Voici deux hommes experts aux choses du théâtre, l'un et l'autre ont eu des succès divers et très-grands; ils peuvent se croire maîtres de leur art et se lancer, comme à l'aventure, dans les cinq actes de leur œuvre ! Point du tout. Ils cherchent, combinent, travaillent, ne laissent rien à l'*alea* et ne livrent leur pièce que lorsqu'elle satisfait leur propre conscience. Le succès est à ce prix. Aussi bien, voilà un drame qui, sans se piquer de faire du style et par la seule puissance de l'action, va émouvoir, comme on dit, *tout Paris*, et fait le plus grand honneur aux deux auteurs qui l'ont signé.

XXXVII

VAUDEVILLE : *Le Candidat*, comédie en quatre actes, par M. Gustave Flaubert. — AIMÉE DESCLÉE.

16 mars 1874.

M. Gustave Flaubert vient de subir, au théâtre, une de ces épreuves qui n'ont manqué à aucun des écrivains remarquables de ce temps : à Balzac, qui composa les *Ressources de Quinola*; à George Sand, qui fit *Cosima*; à Lamartine, qui donna *Toussaint Louverture*; à M. Edmond About, qui risqua *Guillery* et *Gaëtana*; aux frères de Goncourt, les auteurs d'*Henriette Maréchal*. Il est toujours dangereux, lorsqu'on a, dans les lettres, une situation acquise, de la risquer dans une de ces batailles scéniques comme on jouerait sa fortune sur un coup de dés. Un inconnu peut impunément tomber, il ne compromet rien de son passé. Eugène Scribe débuta par quatorze chutes successives, et ne s'en trouva pas plus mal. Mais un maître qui, certain de lui-même sur un autre terrain, se livre pieds et poings liés au public, engage, il faut l'avouer, une terrible partie. Et tout d'abord il a contre lui deux catégories de spectateurs : ceux qui, l'admirant pour ses œuvres passées, éprouveraient cependant un certain petit plaisir à lui voir faire un faux pas (car enfin de quoi se mêle un homme qui veut toucher à toutes choses, et a-t-il vraiment la prétention d'être universel ?); puis ceux des spectateurs qui, ne le connaissant point, s'avisent de le juger sur l'œuvre présente et s'écrient dès qu'ils voient une faiblesse : Que nous avait-on dit? Voilà, en vérité, un homme célèbre tout à fait au-dessous de sa réputation !

Quoi qu'il fasse, l'écrivain qui, précédé d'une haute renommée, aborde pour la première fois le théâtre, doit naviguer entre ces deux écueils. Il n'a, pour lui venir en aide, que ses amis personnels, qui sont toujours rares, et qui d'ailleurs savent fort bien lâcher le gouvernail si la tempête devient trop forte. Alfred de Vigny affirmait que, pour un homme de lettres, tout livre nouveau était un nouveau début. *On débute toujours*, disait-il. Mais un romancier de la valeur de M. Flaubert débute deux fois lorsqu'il offre au public un ouvrage dramatique. Il met en question, et l'œuvre présente, et les œuvres passées; et plus d'un, même parmi ceux qui l'écoutent sans être du métier, plus d'un n'est point fâché de lui faire payer son triomphe d'hier par la sévérité d'aujourd'hui.

On nous répondra que nul ne force personne à écrire des pièces de théâtre. « Il est si facile, disait un homme d'esprit, de ne pas faire une tragédie en cinq actes ! » Puis, on a peut-être bien le droit de se montrer moins indulgent lorsqu'on se trouve en présence d'un des talents les plus incontestables de cette époque, et, sans qu'on s'en étonne, on exigera plus de l'auteur de *Madame de Bovary* que du premier ou dernier venu.

M. Gustave Flaubert est, en effet, une des physionomies littéraires les plus remarquables qu'aient vues se produire ces quinze dernières années. Il a signé un *maître-livre*, le plus étonnant, à coup sûr, qu'on ait composé depuis Balzac, et un livre que n'eût pas écrit Balzac, car il fallait pour y parvenir une richesse de coloris, une science pittoresque du style, que Balzac, avec tout son génie, ne possédait point, et que Gustave Flaubert semble avoir ravies à Théophile Gautier. C'est *Madame Bovary* que je veux dire ; tout le monde a lu ce livre. A cette heure même, il s'en publie deux éditions à la fois, qu'on peut appeler définitives : l'une, toute de luxe et de rareté, chez Lemerre ; l'autre, chez Charpentier, avec le curieux procès intenté à l'auteur, au nom de la morale publique, par M. Pinard, le futur ministre de l'Empire. La plaidoirie de M° Senard, qui défendit Gustave Flaubert devant le tribunal correctionnel, est jointe aussi à ce réquisitoire, et l'avocat de l'écrivain ne faisait que rendre, par avance, le jugement de l'avenir lorsqu'il déclarait tout à fait viable et durable ce livre, que Lamartine admirait si profondément. Aujourd'hui, *Madame Bovary*, après avoir été quelque chose comme une œuvre de combat, est devenue à peu près une œuvre classique. Classique ? Voilà un bien gros mot. Il faudrait l'entendre, il est vrai, comme je le prononce. Je veux dire que le style même de ce livre est un modèle de langue *picturale* et savante, et plût à notre maîtresse souveraine l'Université qu'un tel langage, sans être classique dans le sens absolu du mot, se parlât couramment dans nos classes !

Quant à la partie morale ou à l'*immoralité* de *Madame Bovary*, jadis flétrie (en pure perte) par M. Pinard, j'avoue que je ne vois pas dans ce livre autre chose qu'une œuvre d'art réagissant contre certaines séductions malsaines de l'art. Ce terrible roman, avec ses crus et ses réalités saisissantes, — œuvre de professeur de clinique, disait Sainte-Beuve, qui le loua le premier ; — ce roman effarouchant les pudeurs trop facilement alarmées est la négation même de tout ce qui est le faux, le malsain, la rêverie alanguissante, l'insaisissable, le romanesque. Madame Bovary, c'est une victime du *vague à l'âme* publiquement disséquée devant la foule. C'est Lélia se regardant en un miroir qui ne flatte plus et y apercevant tout à coup ces laideurs atroces qui se dissimulent hypocritement sous ce mot indéfini, mensonger, l'*idéal*, pseudonyme liquoreux de l'adultère : les confidences en fiacre, les amours furtives, les escaliers sombres des hôtels garnis, tout le cadre malsain des banales passions. Les esprits qui pourraient trouver à se corrompre devant un tel spectacle sont absolument corrompus d'avance. A mon avis, c'est un terrible plaidoyer contre l'adultère que ce roman où l'auteur ne se pique pas de plaider, mais de peindre. Lorsque madame Bovary meurt, — et de quelle mort! — lorsqu'elle repose dans cet enclos où « des arbres, çà et là, faisaient des « bouquets noirs entre des pierres blanches, » qui la pleure, qui songe à elle durant la nuit qui suit les funérailles ? Sont-ce ses amants? Ils ne lui ont jamais demandé que du plaisir. Morte hier, elle est oubliée aujourd'hui. « Rodolphe, qui, pour se distraire, avait battu le bois « toute la journée, dormait tranquillement dans son châ- « teau ; Léon, là-bas, dormait aussi. Seul, Charles Bovary, « éveillé, — le mari — pensait toujours à elle. »

Un tel dénouement, ce me semble, contient une moralité saisissante. Et voilà bien pourquoi je l'aime, cet émouvant récit où, selon le mot de l'auteur lui-même, on peut mesurer de près *la petitesse des passions que l'art exagère.*

Peut-être M. Gustave Flaubert, en parlant ainsi d'Emma Bovary, a-t-il voulu donner a formule même de son propre talent ou du moins de s propres recherches. Lui, si profondément artiste dans ce livre superbe, *Salammbô*, tout plein d'une grandeur étrange et comme chauffé d'un soleil puissant, s'est attaché à démontrer les petitesses, non-seulement de la passion coupable, mais de la vie même, de la politique, par exemple, dans cette série d'épisodes qui s'appelle l'*Éducation sentimentale*. Un pessimisme profond, absolu, emplit ce dernier livre, et M. Flaubert nous y apparaît plus dégoûté qu'amer et ayant, pour parler vulgairement, *fait son deuil* de la bonté et même de l'honnêteté humaines.

Être pessimiste, cela n'est pas toujours un défaut. Les satisfaits et les souriants de parti pris sont assez nombreux pour qu'on aime à saluer, de temps à autre, des misanthropes. Un front altier console de tant de fronts courbés. Mais, pessimiste, on peut l'être tout à son aise dans un livre; on ne saurait l'être au théâtre sans danger. Le lecteur d'un livre est un être avec lequel vous causez librement, au coin du feu, face à face. Vous pouvez tout lui dire. On ne le regarde pas. Il ne se fâchera point. Faites-lui toucher du doigt toutes les plaies du monde, il vous trouvera très-volontiers habile et pas du tout révoltant. Au contraire, un public multiple comme celui d'une salle de théâtre ne consentira jamais à ce qu'on lui présente le monde entier comme un ramassis de personnages odieux, intéressés ou vulgaires. Ce même homme qui tout à l'heure, solitaire, applaudissait aux conclusions d'un La Rochefoucauld, sifflera les mêmes maximes professées tout haut sur la scène. C'est qu'en entrant au théâtre l'homme vous échappe; il n'est plus, comme un moment auparavant, une individualité capable d'entendre sans broncher la vérité la plus cruelle; il est une partie de ce grand tout mobile qui se nomme un public et qui n'admet, en fait de sentiments émouvants, que l'honneur, la vertu, le désintéressement, l'amour, et qui veut à tout prix, sur la scène, des personnages sympathiques, peut-être simplement parce qu'ils sont assez rares dans la vie.

Le pessimisme de M. Gustave Flaubert lui a porté malheur. Le *Candidat*, ce tableau pris sur le vif — sans doute trop chargé — des tribulations d'une élection en province, a paru trop attristant à la majorité des spectateurs. Beaucoup de gens qui ont vu, il n'y a pas si longtemps, voter dans des soupières et qui n'ont pas dû oublier les *rastels* d'autrefois, ont déclaré que les palinodies de Rousselin (c'est le nom du candidat étudié par M. Flaubert) étaient décidément invraisemblables. Et puis, en écrivant une pièce politique, ce qui est fort dangereux, ce qui l'est infiniment davantage aujourd'hui que la politique absorbe tout, M. Flaubert avait eu le bon esprit de présenter au public une peinture et non une sauce, l'étude d'un type et non la caricature d'une personnalité. Le public devait lui tenir compte de cette sorte d'impartialité. Le public, qui aime assez les coups de boutoir donnés et les égratignures faites sous ses yeux, n'en a su aucun gré à l'auteur du *Candidat*. Il a certainement regretté les plaisanteries de *Rabagas*.

Il y a cependant un tableau curieux des mœurs politiques de la province dans la pièce de M. Gustave Flaubert. Les aventures de ce malheureux Rousselin, avide de mettre sur sa carte ce titre mirifique : *député*, ses hésitations entre les partis les plus divers qu'il flatte tour à tour, radical ici, monarchiste là, modéré par tempérament, socialiste par occasion, républicain quelquefois, légitimiste souvent, candidat toujours, ces changements soudains et ces modifications successives ne laissent pas que d'avoir leurs côtés plaisants. Elles ne sont malheureusement pas encadrées dans une action intéressante. Ce n'est pas une chose absolue que, pour faire un civet, il faille un lièvre. Il y a parfaitement un lièvre dans le *Candidat*; c'est la sauce qui n'y est pas. L'accommodement est nul. Les amours intéressées de M. Mirel avec mademoiselle Rousselin, les amours adultères de M. Julien Duprat, poëte et rédacteur de l'*Impartial*, avec madame Rousselin, les ambitions du vieux Gruchet, les jalousies d'une institutrice anglaise, les vanités d'un gentillâtre de province, tout cela n'est pas fait pour passionner infiniment le public. On s'est ennuyé, il faut bien l'avouer; on s'est ennuyé plus qu'on ne le devait faire, certes, car il y a là des traits, des scènes, des tableaux qui méritaient un meilleur accueil; mais la salle n'était vraiment ni en humeur d'indulgence, ni même en humeur de justice.

C'est ainsi, pour n'en citer qu'un exemple, qu'elle a tout à fait pris à rebours la pensée même de l'auteur. Au second acte, lorsque, sous les arbres du Mail, Julien Duprat, jouant à l'Antony, fait à madame Rousselin une déclaration d'amour digne des tirades fatales que récitait si bien Bocage, et s'écrie : « *Je suis de 1830, moi!* » le public s'est mis à rire, ne comprenant pas que l'auteur lui-même raillait ce poëte de province, sorte de Léon du journalisme, faisant une cour romanesque à une autre Emma

Bovary. Bref, le *Candidat* n'a pas réussi. On n'a pas même vu l'idée, vraiment poignante cette fois, qui remplit le dernier acte. Ce Rousselin, qui est père, mari, ami, et bonhomme au fond, n'est plus, au dénouement, que candidat. Il sacrifie sa fille pour s'assurer des voix ; il n'a plus de monnaie à jeter à un pauvre qui meurt de faim : il a tout donné pour acheter des voix ; sa femme n'est pas au logis : il ne s'inquiète pas de sa femme ; il regarde la pendule et s'écrie seulement, haletant, éperdu : « A cette heure, on dépouille le scrutin ! »

Cette situation est beaucoup plus philosophique que dramatique : c'est là le malheur ; mais elle est réellement belle, à coup sûr. Je regrette que M. Flaubert l'ait terminée par un trait vulgaire. Au moment où Rousselin voit son salon envahi par ses électeurs, il se précipite vers le vieux Gruchet et lui demande : « Est-ce que je le suis ? » — Et le paysan madré, songeant au rendez-vous de Julien et de madame Rousselin : — « Vous l'êtes, fait-il, c'est moi qui vous en réponds ! » Il y a plus d'esprit dans les autres parties du *Candidat*, notamment dans le tableau beaucoup trop long mais assez mordant de la réunion publique, et c'est terminer par un trait de mauvais goût une comédie vigoureuse où l'observation, l'ironie, la vérité, le style, ne tiennent malheureusement pas lieu de l'habileté dramatique.

Ah! si M. Flaubert avait introduit là un personnage sympathique! s'il avait offert ce régal aux baisers du public! Mais M. Flaubert est toujours l'homme qui ne sacrifiera rien à M. Homais, et qui raconte que, lorsque Charles Bovary se cloître chez lui après la mort de sa femme, la petite ville prétend que le pauvre diable *s'enferme pour boire*. Lorsqu'on a cette opinion de l'humanité, on ne s'adresse pas à des foules avides de rire et peu disposées à la misanthropie. L'épreuve tentée, M. Gustave Flaubert a retiré sa pièce. Le remède est radical et point du tout proportionné au mal. Mais peut-être l'auteur de *Salammbô* a-t-il raison : on n'a pas écouté le *Candidat*, on l'a supporté ; mais on le lira ; tout ce qui semblait long paraîtra alerte, bien observé, pris sur le vif, et le succès de la brochure sera déjà une première revanche de l'auteur.

Une grande artiste est morte cette semaine. Mademoiselle Aimée Desclée, agonisante depuis de longs mois, a cessé de souffrir. Une maladie qui ne pardonne pas la dévorait sans merci. On raconte que la malheureuse femme demandait, pour en finir plus tôt, du poison à ses amis. Elle avait, accablée de douleurs, comme un appétit de la mort. La pauvre Desclée n'avait qu'à attendre. La mort venait trop lente, mais elle venait. Celle qui fut Diane de Lys, Frou-Frou, Marceline et la princesse Georges est heureuse maintenant : elle repose.

La renommée de mademoiselle Desclée avait été à la fois bien soudaine et bien lente ; bien soudaine, car, du soir au lendemain, après avoir joué *Diane de Lys* au Gymnase, elle était célèbre ; bien lente, car, avant d'obtenir du public cette justice, cette revanche, elle avait obscurément végété, dans ce même théâtre, qu'elle avait quitté enfin, lasse, ennuyée, pour demander à l'étranger les bravos que refusait Paris. Aimée Desclée était acclamée depuis dix ans en Italie qu'elle était inconnue, oubliée ici. Elle fit, à Turin, la fortune de la troupe Meynadier. On lui trouvait un naturel exquis, un tempérament personnel, une originalité sans affectation, toutes les qualités que nous avons, depuis, applaudies en elle.

Desclée avait quitté l'Italie pour Bruxelles. Un jour, Alexandre Dumas fils alla l'écouter. Elle jouait justement *Diane de Lys*. Huit jours après, Aimée Desclée était engagée au Gymnase. Elle y aura laissé, dans son trop court passage, un inoubliable souvenir. Il était impossible d'être supérieure à ce qu'elle fut dans *Frou-Frou* et dans *Une Visite de noces*. Elle avait une voix à la fois nasillarde et musicale qui faisait frissonner, une voix qui trahissait comme un monde de déceptions et de douleurs apaisées, des yeux fixes, profonds, tristes, un regard étrange et plein d'*au delà* ; ses lèvres, plus volontiers ironiques ou souffrantes qu'amoureuses, gardaient un rictus encore affligé. Il y avait là quelque amertume devenue souvenir.

A coup sûr aussi, il y avait, comme l'a dit Dumas fils dans son poignant discours, il y avait là *une âme.*

Ce je ne sais quoi de mystérieux donnait à Aimée Desclée un inexprimable charme. Elle n'était point jolie ; elle était pire, elle était irrésistible. D'ailleurs, point coquette, non pas même vaine ou seulement enivrée de ses succès. Alexandre Dumas fils la définissait ainsi : « *C'est une morte.* » A coup sûr vivante, elle se survivait. Elle survivait à quelque songe. On n'écrit pas les lettres affligées qu'elle écrivait sans qu'on ait laissé au fond du passé une part de soi-même. Cette grande artiste applaudie, cette autre Dorval, eût volontiers dit, en plein triomphe, comme Valentine de Milan : « *Plus ne m'est rien, rien ne m'est plus!* » Peut-être avait-elle, avec les amertumes, la nostalgie du temps passé où, ignorée, douloureuse, luttant, cherchant, elle pouvait du moins espérer! La gloire qui vient ne donne pas le quart du bonheur de la gloire qu'on attend.

Cette femme, remarquable par l'intelligence (on va publier, dit-on, ses *Lettres*, d'un ton si pénétrant et d'un tour si heureux) était la fille d'un saint-simonien, M. Desclée, qui l'avait élevée en l'instruisant. Une vocation irrésistible avait seule arraché mademoiselle Desclée au foyer paternel. Après tout, cette vie sitôt tranchée aura été une vie heureuse. Aimée Desclée aura paru et disparu ; mais elle laissera du moins un nom dans l'histoire jamais achevée du théâtre, et ce nom demeurera uni à celui de l'écrivain qui parlait, l'autre jour, sur sa tombe.

Il y a deux ans, on jouait, au théâtre de la Gaîté, dans une matinée littéraire, un à-propos d'un jeune poète, l'*Eloge d'Alexandre Dumas*, par M. Paul Delair. L'auteur montrait, groupés autour de la statue d'Alexandre Dumas, tous les personnages qui avaient fait la gloire et qui étaient l'œuvre du grand conteur : d'Artagnan, mademoiselle de Belle-Isle, le drame et la comédie. Tout à coup, dans une robe blanche, toute simple, presque timide, une femme s'avançait, un brin de lilas à la main. C'était Aimée Desclée, venant déposer, au nom du fils, une couronne sur le buste du père. Elle représentait la *Comédie moderne*, et nul, parmi ceux qui l'ont entendue, n'oubliera le ton exquis dont elle dit ces simples vers, le charme musical qu'elle leur donnait :

> Je n'ai qu'un mot à dire, hélas !
> Mais, lui-même, il m'attend ! Et si je ne suis pas
> De son œuvre, je suis du moins de sa famille !

C'était là le comble de l'art.

Eh bien, cet hommage que rendait Desclée au père d'Alexandre Dumas fils, celui-ci l'a rendu avec une émotion éloquente à la comédienne morte. Lui aussi a déposé sur la tombe entr'ouverte le bouquet de lilas et la branche de laurier. Et la dette suprême est payée, et l'on va parler encore de cette admirable Aimée Desclée jusqu'à ce qu'on l'oublie et qu'on lui découvre quelque rivale à naître qui ne la vaudra pas.

XXXVIII

Comédie-Française : le *Sphinx*, drame en quatre actes, de M. Octave Feuillet. — Vaudeville : reprise de la *Comtesse de Sommerive*.

30 mars 1874.

La nouvelle pièce de M. Octave Feuillet que vient de représenter la Comédie-Française appartient, comme il est convenu de le dire, à la *deuxième manière* de son auteur. Il semble, en effet, que M. Octave Feuillet ait eu deux *manières*, comme Raphaël : la première, où il se montre sous des traits à la fois mondains et passionnés, un gentleman enamouré, un *Musset des familles*, a-t-on dit (le mot est des frères de Goncourt); la seconde, où il paraît vouloir réagir contre lui-même, forcer son naturel féminin et produire des œuvres ardentes et mâles, et où, sous prétexte de rompre avec ses propres traditions, il pousse la passion jusqu'à la névrose et le sans-gêne jusqu'au déshabillé. Entendons-nous : avec M. Feuillet ce déshabillé même garde toujours une grâce qui veut être décente et qui n'en est peut-être que plus capiteuse. Ce peintre habituel des adultères du *high life* met des gants glacés pour tenir ses pinceaux; mais ses couleurs, qu'il trouve le moyen de parfumer, ont cependant une crudité bizarre qui les rend tout aussi chaudes et grisantes que celles du plus profond réalisme.

Je dirai plus : il y a dans cet art tout particulier, et que je reconnais très-grand, de M. Feuillet, une séduction spéciale qui ne laisse pas que de garder quelque chose de malsain. Telle pièce de théâtre, comme *Julie*, de M. Feuillet, où l'adultère se fait volontiers doux et tentant, aura poussé à rêver et à s'échauffer plus de cervelles que des comédies plus brutales où le vice est tout simplement et tout énergiquement le vice. Il est évident que M. Octave Feuillet, par son éducation, par son talent, par son tempérament, n'a certes pas la volonté de produire un tel résultat. Tout au contraire, il vise à moraliser; c'est un moraliste, en effet, mais un moraliste peu rébarbatif, qui ne va jamais jusqu'à la colère ou dont les courroux s'arrêtent à mi-chemin, un de ces médecins aimables qui voient le mal, prescrivent le remède, mais, pour ne point se faire prendre en haine par les malades, n'insistent guère pour forcer leurs clients à absorber les médicaments voulus. Et, puisque je me suis servi de cette comparaison, il est évident que, si M. Octave Feuillet, au lieu d'étudier le cœur humain, eût étudié le corps humain, il eût été tout naturellement le médecin des dames, élégant, poli, disert, le diagnostic excellent, la main légère, le sourire à la bouche, joli homme et bon confident entendant à demi-mot, docteur peu sévère et confesseur indulgent.

La clientèle littéraire de M. Octave Feuillet est toute féminine. Tandis que M. Dumas fils fait pousser les hauts cris à tout ce qui est femme, par sa façon acérée de traiter les choses, M. Feuillet fait sourire, par l'adresse qu'il met à les caresser. L'un prescrit les astringents, l'autre les lénitifs; l'un et l'autre d'ailleurs réussissent, par des moyens différents, à exciter la curiosité, l'adoration ou la colère de cette grande partie du public qu'on appelle *les femmes*, et qui est celle, après tout, qui fait les succès plus vifs et plus continus.

Le *Sphinx*, l'événement dramatique de la semaine, appartient donc à ce genre de romans et de pièces où M. Feuillet a déjà rencontré, dans le livre et au théâtre, de grands succès, très-divers : *Monsieur de Camors*, *Julie*, *Julia de Trécœur*. Cette dernière œuvre donnerait même, plus que toutes les autres, la caractéristique du talent de M. Feuillet. Avec *Dalila*, c'est bien certainement ce qu'a signé de plus complet cette plume élégante qui, un moment, dans un mélodrame d'autrefois : *Palma, ou la nuit du Vendredi-Saint*, a cherché à retrouver les fureurs du théâtre de 1830. Rien de plus complet, en son genre, et de plus exquis que cette *nouvelle*, *Julia de Trécœur*, d'un charme étrange, et qui produit sur le cerveau l'effet de l'odeur des tubéreuses : elle procure une sorte d'enivrement maladif. L'héroïne de *Julia de Trécœur*, comme l'héroïne du *Sphinx*, est une de ces créatures féminines inexplicables, agitées par toutes les fièvres, secouées par une sorte d'hystérie, capables dans la même journée et dans la même heure d'héroïsme et d'infamie, âmes troublées et corps souffrants appartenant plutôt à la physiologie qu'à la psychologie, et qui font le malheur de ceux qu'elles rencontrent en même temps qu'elles se déchirent elles-mêmes comme de leurs propres mains. Le roman et le théâtre contemporain ont peut-être abusé de l'étude de ces créatures d'exception. Mais, à tout prendre, ces caractères excentriques et fous sont bien modernes, et chacun décrit ce qu'il a sous les yeux. Lorsqu'il a affaire à un tel type, M. Dumas fils est implacable : c'est la *femelle de Caïn*, il la tue sans pitié. M. Feuillet généralement fait tuer cette dame Caïn par elle-même. Julia de Trécœur se précipite dans la mer, à cheval, du haut d'une falaise à ple. Un coup d'éperon, un coup de cravache, et c'en est fait. Blanche de Chelles, cette sœur de Julia de Trécœur, avale un verre de poison et meurt dans des convulsions horribles. Et c'est ainsi que M. Feuillet, qui satisfait les mangeuses de fruit défendu en les montrant si séduisantes, si provocantes, si spirituelles et si belles, satisfait aussi la morale en leur infligeant une agonie finale qui rétablit décidément ou semble, du moins, rétablir les choses.

Blanche de Chelles, c'est la femme que M. Octave Feuillet a surnommée le *sphinx*. Elle doit à la fois son surnom à la conduite assez énigmatique qu'elle tient dans le monde, et à la bague ornée d'un sphinx qu'elle porte à sa main gauche. Cette bague contient une poudre terrible, toxique foudroyant qui fera son œuvre au dénouement de cette tragédie bourgeoise — ou mondaine, comme on voudra. En attendant, Blanche de Chelles, dont le mari, qui ne l'a point comprise, croise en ce moment dans les mers de Chine, est entourée par un groupe assez varié de soupirants. Trois hommes également médiocres se disputent le cœur de cette femme faite pour les grandes aventures : un gentillâtre de province, un pianiste caricatural, et un marin sans relief. Un quatrième, plus redoutable, un descendant des chefs de clans écossais dont Walter Scott a conté les légendes, lord Astley, froid et grave comme l'Oswald de *Corinne*, rôde autour de madame de Chelles, épiant une heure de faiblesse pour offrir à cette femme, qui, au contraire de madame du Deffant, a du *roman et du tempérament*, sa vie tout entière. Pendant ce temps, le beau-père de Blanche, un amiral aux superbes favoris gris, veille sur cette affolée et cette chercheuse d'amour. M. Octave Feuillet nous avait tout d'abord présenté cet amiral comme un type d'honneur farouche et menaçant. L'amiral, paraît-il, a du sang d'Othello dans les veines. On assure qu'il a tué ou failli tuer sa première femme, coupable de quelque *flirtation* trop prononcée. Lorsqu'il parle, il a des mots qui doivent donner à songer aux galants : « Dans ma famille comme à mon bord, je suis le

« maître; j'ai droit de vie et de mort sur tous ceux qui
« ne font pas leur devoir. » On frissonne en songeant que
cette imprudente Blanche de Chelles, qui jette une grappe
de raisins à demi grignotée à ses quatre soupirants en
disant : *Qui en veut après moi?* — se trouve sous la haute
surveillance de l'amiral. A quoi s'expose la malheureuse !
Il y aura quelque affreuse expiation au bout de ses co-
quetteries ! Le public regarde passer l'ombre de l'amiral
comme il regarderait descendre de son piédestal la statue
du Commandeur. Mais M. Feuillet a pris plaisir à faire
repentir les spectateurs de leur frisson anticipé. Il se
trouve, en fin de compte, que ce rude vieillard n'est
qu'une ganache vénérable ; ses froncements de sourcils et
ses roulements d'yeux ne l'empêchent nullement d'être
dupé. Il s'en console en ronflant philosophiquement sur
un canapé, tandis que le pianiste aux longs cheveux,
l'amoureux de Blanche, exécute une berceuse qui, jouée
pour endormir les soucis de madame de Chelles, ne sert
qu'à alourdir les paupières de ce brave et débonnaire
amiral. M. Feuillet est dur pour les pianistes.

Cet homme, assurément, n'aime pas la musique !

On devine bien que Blanche n'aimant ni le pianiste,
ni le marin, ni le gentillâtre, — quant à son mari, il est
convenu qu'on n'en parle plus, — il faut cependant qu'elle
aime quelqu'un. Ce quelqu'un est M. de Savigny, le mari
de la meilleure amie de Blanche. C'est pourtant madame
de Chelles qui a marié Berthe, qu'elle aime comme une
sœur, à M. de Savigny. L'a-t-elle fait pour étouffer en
elle-même la passion qu'elle a conçue pour cet homme ?
Je n'en sais rien et personne n'en peut rien savoir, cela
par la faute de M. Octave Feuillet. Il ne prend aucunement, en effet, le soin de nous dire comment sont nés,
dans les cœurs des personnages qu'il nous présente, les
sentiments qu'il veut peindre. Il a traité cette pièce de
théâtre comme il eût traité un roman, en laissant au spectateur — j'allais dire au lecteur — le soin de lire entre

les lignes. Méthode déplorable au point de vue dramatique, ou plutôt manque absolu de méthode. Au théâtre, il faut tout expliquer. Le public, avec raison, ne fait à l'auteur aucun crédit, et, pour s'intéresser à un héros, il a besoin de le connaître tout à fait. Or, d'où vient M. de Savigny? Où madame de Chelles l'a-t-elle rencontré? Est-ce avant son mariage que cette belle passion lui est venue? Questions sans réponse. On est bien forcé de prendre ces acteurs tels qu'on nous les présente.

Blanche de Chelles aime donc M. de Savigny, et celui-ci essaye d'étouffer sous une haine apparente la passion qui, de son côté, le dévore sourdement. Il veut quitter le château où il rencontre Blanche; il veut emmener sa femme Berthe à Nice; il flagelle dans des discours âpres et cruels les femmes du monde qui font de leur beauté un appât: tout cela est fort bien, mais tout cela veut simplement dire qu'il aime profondément madame de Chelles. Qui aime bien châtie bien, même en paroles. Berthe de Savigny, avec sa clairvoyance de femme, devine ce que son mari ne s'avoue peut-être pas à lui-même. Elle est jalouse de Blanche. Vainement, M. de Savigny lui jure qu'il n'aime et n'aimera jamais que la femme à laquelle il a donné son nom; un dernier soupçon demeure au cœur de Berthe. En attendant, ce mari redevient amant pour un soir. Il s'en ira avec sa femme par les bois, pas à pas, sous les rayons cléments de la lune, au sortir de la soirée donnée par l'amiral.

Blanche a entendu cette déclaration d'amour faite par le mari à sa femme. Éperdue et jalouse, elle offre à lord Astley de partir sur-le-champ, cette nuit même, pour l'Écosse. La voiture du lord attendra dans la forêt, et Blanche de Chelles sera exacte au rendez-vous.

M. Feuillet affectionne ces scènes amoureuses dans les bois, sous la feuillée, au bord des étangs, au haut des vieilles tours bretonnes, par les clairs de lune romantiques, *per amica silentia lunæ*. Il aime ces épisodes, semblables aux peintures de Compte-Calix, ces décors d'opéras encadrant les scènes de passion, ces paysages créés pour faire rêver les misses anglaises. On dirait Marivaux gazouillant dans une forêt ou un souterrain d'Anne Radcliffe.

Le décor de la Comédie-Française est superbe : un étang attirant et terrible, des arbres séculaires, un banc de gazon tout velouté de vert et fait pour la chute. Blanche de Chelles et M. de Savigny n'ont plus qu'à se rencontrer. C'est Berthe elle-même qui est cause de cette réunion. Elle confie à son mari que Blanche va partir, cette nuit même, avec lord Astley. M. de Savigny pâlit et bondit. Sous le prétexte de parler à l'Écossais, mais en réalité pour revoir Blanche, il quitte le bras de sa femme, la laisse seule continuer sa route, et se dresse devant madame de Chelles lorsque celle-ci apparaît sous les grands arbres. « Vous ne passerez pas, lui dit-il; vous ne rejoindrez pas « cet homme, je vous le défends. J'aimerais mieux vous « savoir morte! » Et, dans sa fureur, il la traîne un moment vers l'étang aux eaux profondes. Alors madame de Chelles, avec un grand cri de triomphe : « Ah! vous voyez bien, dit-elle, vous voyez bien que vous m'aimez! »

M. Octave Feuillet comptait sans doute que ce *duo* obtiendrait le même succès que jadis celui de Maxime et de Marguerite dans le *Roman d'un jeune homme pauvre*. Mais cette scène de l'*étang du meurtre* n'a pas la frénésie et l'accent de la *tour de Kerven*. Elle termine le troisième acte, qui, comme le second, est un peu long dans son dialogue, quoique matériellement assez court. Le premier acte était supérieur. Au quatrième, une grande scène, entre Blanche et Berthe, — la seule scène véritablement dramatique du *Sphinx*, — a sauvé la pièce.

Berthe sait tout. Elle a entendu l'aveu de Blanche, les paroles de M. de Savigny, — car, dans le *Sphinx*, tout le monde entend tout, sauf l'amiral, qui n'entend rien, et le public, qui n'entend parfois qu'à demi. Blanche, dans la coulisse, écoute les aveux de M. de Savigny faits à Berthe; Berthe, à son tour, écoute la déclaration faite à Blanche par M. de Savigny. Lord Astley lui-même entend les protestations entre-coupées de soupirs que se font M. de

Savigny et madame de Chelles. C'est là le comble de la naïveté en matière dramatique. Faire épier une scène à un personnage intéressé à la connaître, cela est, en vérité, trop facile. Cela tient lieu de combinaisons, de recherches et d'efforts. Dans le *Sphinx*, M. Octave Feuillet a largement usé de ce procédé : là, non-seulement les murs, mais les rochers, mais les troncs d'arbres ont des oreilles.

Berthe se tait, après avoir écouté de si belles choses. Elle connaît le prix du silence. Elle se contente de prendre, je ne sais où, les lettres que madame de Chelles a écrites à son mari et de menacer Blanche de les livrer à l'amiral.

— Mais tu sais qu'il me tuera !

— Soit. Si tu ne quittes pas ma maison, si tu ne me rends pas mon mari, l'amiral saura tout !

— Eh bien ! va, réplique madame de Chelles.

Berthe fait un pas pour sortir, les lettres à la main ; mais son honnêteté se révolte contre sa jalousie. « Non, dit-elle, ce serait trop lâche ! » Et, les lui jetant, elle rend les lettres à sa rivale. Épuisée par son émotion, elle est ensuite sur le point de s'évanouir. Elle étouffe, elle demande un verre d'eau, et Blanche va lui tendre un verre où la bague empoisonnée a laissé tomber quelques grains d'une poudre étrange. Mais, à son tour, madame de Chelles a un brusque remords de son infamie et de son crime. Elle se redresse, va droit à son amie, l'embrasse.

— Je vais te débarrasser de moi, ce ne sera pas long ! dit-elle.

Et elle boit le verre de poison, en suppliant Berthe de jeter sur elle un voile blanc, afin que personne n'aperçoive son visage contracté par la plus épouvantable des agonies.

M. Feuillet a écrit là une *nouvelle* dialoguée plutôt qu'une pièce dans le sens absolu du mot. C'est un roman, ce n'est pas un drame. Les rôles d'hommes sont absents. L'amiral, ai-je dit, tourne trop tôt au comique. Lord Astley, après s'être présenté fatal comme Lara, s'en va piteux

comme Jocrisse. M. de Savigny ne sait ni ce qu'il veut, ni
ce qu'il aime, ni ce qu'il déteste. Restent les deux rôles de
femmes. Blanche de Chelles, c'est Julia de Trécœur, c'est
l'étrange madame de Campvallon de *Monsieur de Camors*
(M. Feuillet parle, à propos de cette dernière, de son *sourire de sphinx*), c'est l'éternelle héroïne des dernières
œuvres de l'auteur. Mais M. Feuillet, si admirable de
concentration dans *Julia de Trécœur*, où il nous apparaît,
si je puis dire, comme un Mérimée sentimental, est diffus,
ou du moins il rêve plutôt qu'il n'agit dans le *Sphinx*, et
Blanche de Chelles n'a pas le relief, l'accent, la vigueur
de ses sœurs aînées. En revanche, le profil délicat, chaste
et passionné, tendre et souffrant, de madame de Savigny
a été dessiné par M. Feuillet avec une infinie délicatesse.
Ce rôle de second plan a facilement pris dans l'œuvre
nouvelle la première place, grâce au charme tout féminin
qui l'anime.

Mademoiselle Sarah Bernhart a obtenu un grand succès,
et son plus grand succès, à coup sûr, dans ce personnage.
Elle a dit d'une façon incomparable, avec une douceur
dolente et résolue, le mot de Berthe à son amie : « Tu sais
que, pour défendre ce que j'aime, je serais lionne, moi
aussi. » Quelle voix musicale d'ailleurs, et comme l'actrice est douée ! Au dernier acte, elle a été vraiment belle
et vaillamment applaudie.

Quant à mademoiselle Croizette, sa mort, l'agonie de
madame de Chelles est déjà un événement artistique.
Inégale dans le rôle même, absolument irrésistible et séduisante lorsque Blanche de Chelles doit être coquette ou
perfide, moins heureuse lorsque le *Sphinx* s'anime, livre
son secret et devient passionné, mademoiselle Croizette a
trouvé le moyen de mourir comme pas une comédienne
au monde peut-être n'était morte avant elle. Je sais tout
ce qu'on peut reprocher à cette affectation de réalisme ;
mais il faut avouer que l'actrice capable de produire un
tel effet est aussi admirable qu'effrayante. Je n'ai jamais
vu jusqu'ici, au théâtre, quelque chose d'aussi épouvantable et d'aussi vrai. A peine mademoiselle Croizette (car

ici Blanche de Chelles disparaît) a-t-elle avalé le poison qu'une révolution terrible se fait en elle. D'un mouvement brusque, l'actrice rejette ses longs cheveux derrière son front, et ce visage tout à l'heure souriant et charmant apparaît livide, verdi, convulsé ; les yeux sont tout à coup affectés d'un strabisme affreux, la bouche se crispe et se déforme, les bras se tordent, des secousses atroces soulèvent son abdomen, étreignent sa poitrine et son cou ; d'un mouvement saccadé elle arrache, comme si elle étouffait réellement, le corsage noir de son costume d'amazone, et, lorsqu'elle meurt, elle tombe roide, les jambes écartées, les bras balants, la bouche ouverte et les yeux fixes dans une face verte et défigurée. C'est un spectacle étonnant et superbe, affreux, si l'on veut ; mais Goya et ses épouvantes ne sont-ils pas aussi de l'art ? La peinture, il est vrai, n'est pas identique à l'art du théâtre. Théophile Gautier disait : *On ne doit jamais peindre ce qui fait horreur.* Doit-on, sur la scène, représenter, dans leur réalité, les atrocités de la vie ? Je sais bien que les femmes grecques accouchaient de terreur en voyant, sur le théâtre, errer les Euménides. Le but de l'art dramatique n'est pas précisément cependant le même que celui de la *Chambre des horreurs* de madame Tussaud. Il faut, je pense, laisser aux Américains le soin de crever une vessie pleine de sang de bœuf, qui coule très-exactement et rougit très-scrupuleusement les planches, lorsque Hamlet tue Polonius ; peut-être devons-nous nous contenter de voir ramasser le cadavre de ce Polonius.

Cela dit — et c'est, je crois, le sentiment de la majorité du public, — je déclare que, pour ma part, cette mort de mademoiselle Croizette m'a impressionné sans me déplaire. C'est effrayant, c'est atroce ; mais la comédienne capable de produire un tel effet n'a rien de vulgaire. On pourrait lui dire ce que Victor Hugo écrivait un jour à Charles Beaudelaire, après une lecture des *Fleurs du mal*, et ce serait à la fois le plus grand éloge et la meilleure critique de *son* agonie : « Vous avez créé une nouvelle espèce de frisson ! »

M. Feuillet n'est-il pas un peu le complice de cette mort violente? J'imagine qu'après avoir tant parlé du poison, au premier acte, il a voulu dérouter les prévisions ou, pour mieux dire, les certitudes du public et lui servir un empoisonnement inédit et de haut goût. Il a dû ouvrir pour cela plus d'un traité de toxicologie. Il a questionné M. Ambroise Tardieu. A coup sûr, il a donné, comme eût dit Eugène Sue, un *coup de poing de la fin* terriblement appliqué, et je ne serais pas étonné que cette mort, grâce à mademoiselle Croizette, ne fît courir tout Paris. L'horrible a ses fervents, comme le suave. M. Octave Feuillet, après tant de gâteaux de miel, a servi du vitriol à ses clientes. On lui passera cette fantaisie; on lui passe tout. Mais, si le *Sphinx* a du succès, l'auteur de *Dalila* et de *Montjoie* saura bien à quoi attribuer cette bonne fortune, et, pour peu qu'il s'en rende compte, nous y gagnerons tous si, au lieu de tempêtes dans un flacon de vinaigre de toilette comme le *Cheveu blanc*, au lieu surtout de mélodrames naïfs, relevés par un comique trop facile, comme le *Sphinx*, il nous donne des comédies pénétrantes comme le *Village*, ou des études étranges et fortes comme *Julia de Trécœur*. La vie moderne peut, après tout, être étudiée de toutes les manières : l'un en voit le côté puissant, l'autre le côté douloureux, un autre le côté comique. M. Octave Feuillet en cherche le parfum capiteux, provoquant, malsain et charmeur : il le trouve. Et ses fleurs rares ont leurs fanatiques, comme les fleurs de serre et les plantes tropicales, que, pour notre part, nous donnerions toutes pour une rose de mai, une branche d'aubépine ou une fleur des champs.

Les acteurs du *Sphinx* ont été ce qu'ils pouvaient être, excellents dans des rôles qui n'en sont pas. Delaunay fait ce qu'il peut pour animer le personnage de M. de Savigny; sans Maubant, qui lui donne de la dignité, l'amiral serait ridicule. Febvre est fort bien de ton, de tenue, de discrétion, dans le rôle de lord Astley. Coquelin cadet a obtenu un succès fou en pianiste chevelu. Il fait bien des progrès, et sa place est conquise, et très-large. Joumard a fait rire en *cocodés* prétentieux, comme il avait fait rire dans *Jean de Thommeray*. C'est le même rôle.

Il y a un autre cadavre en art dramatique cette semaine, c'est celui d'Alix, la fille de la comtesse de Sommerive, au Vaudeville. Après l'empoisonnée, la noyée. On se rappelle comment mademoiselle Pierson avait compris cette Ophélie de mélodrame rapportée toute pleine d'herbes dans le salon de sa mère. Elle était effrayante; mademoiselle Bartet a voulu la rendre plus poétique. Avec elle, Alix a moins séjourné sous l'eau. Charmante comparaison et qui nous montre bien où nous mènerait l'*art cadavérique*. Petrus Borel et ses fantaisies *lycanthropiques* seraient bientôt dépassés.

XXXIX

Virginie Déjazet.

12 août 1874 [1].

Il ne faut pas être ingrat pour ceux qui ont été le sourire, la gaîté, le charme de nos premières années, et lorsque l'occasion se présente de leur rendre une partie de ce que nous leur devons de plaisirs et de rêves évanouis, hâtons-nous de la saisir.

Dans un coin de Paris, à Montmartre, il y a, en ce moment, une vieille femme de soixante-dix-sept ans dont nul ne s'inquiète, qu'on oublie, et qui cependant a amusé trois générations successives, qui a été leur séduction, qui les a grisées de son esprit, de sa verve, de ses dons

---

1. Cet article, ou plutôt cet appel, publié dans l'*Indépendance belge*, donna lieu à un mouvement de sympathie vers Déjazet, mouvement dont la représentation organisée par le *Gaulois* fut le dénouement, en même temps qu'il était pour Déjazet un couronnement et comme une cordiale apothéose.

artistiques, d'un talent tout particulier, très-alerte, très-fin et très-français. C'est Virginie Déjazet. Le nom est populaire. Qui ne l'a répété, comme un applaudissement, tandis que le rideau tombait sur une comédie leste et pimpante, enlevée de verve par la plus piquante et la plus gauloise des actrices? Déjazet! Ce seul nom, pareil à un gai murmure d'abeilles, évoque tout un passé de bravos enthousiastes et de printanières soirées. Tout un monde disparu reparaît dès qu'on le prononce: le monde attirant des grisettes, des frais minois, des lèvres roses, des chansons de la vingtième année. Ou plutôt la grâce française semble s'incarner aussitôt dans un petit être élégant, mince, sémillant, en ses costumes du siècle passé, et qui va, vient, jure, jordonne, sourit, babille et pétille comme une statuette de Saxe qu'animerait l'esprit de Voltaire.

C'est Richelieu et c'est Létorières, c'est Gentil-Bernard, c'est Lulli dans son blanc costume de Marmiton, et c'est M. Garat avec son habit mordoré de muscadin. C'est l'écolier échappé des *Prés Saint-Gervais*, c'est le petit duelliste effronté de la *Douairière de Brionne*. Puis, soudain, métamorphose étonnante, c'est la *Lisette* de Béranger fredonnant, sur un air de Bérat, les souvenirs d'amour de la bonne vieille:

> Enfants, c'est moi qui suis Lisette,
> La Lisette du chansonnier...

Et, après Lisette, c'est la *Frétillon* elle-même du faiseur de chansons, Frétillon la bonne fille, Frétillon qui jette son cœur sans compter, aimante, aimée, adorée, Frétillon cette sœur aînée de Mimi Pinson, l'incarnation de la gaîté à son aurore, de la jeunesse qui ne songe point et de l'amour qui ne compte pas...

> Et Frétillon,
> Cette fille
> Qui frétille
> Mourra sans un cotillon!

Sans un cotillon? Je n'en sais rien. Mais Frétillon, dans son humble appartement de vieille femme, Frétillon est pauvre, Frétillon est oubliée, Frétillon a besoin qu'on se souvienne d'elle et qu'on donne, au moins, à ses dernières journées un peu du rayonnement de gloire qui illumina sa jeunesse. Virginie Déjazet n'a plus rien, parce qu'elle a tout donné. Lorsqu'elle pouvait courir encore le monde (il n'y a pas si longtemps encore), partout où elle passait, elle laissait après elle le souvenir d'un bienfait. Sterne avait inventé le *voyage sentimental*, Déjazet avait réalisé le *voyage charitable*. Il y a à Lille, dans un coin de cimetière, la tombe d'un pauvre diable de musicien de l'orchestre qui se suicida pour elle, qui, un soir, après une représentation, se donna la mort, sans avoir osé adresser la parole à celle qu'il aimait. — « Pauvre garçon! dit Déjazet avec une expression impossible à rendre, que n'a-t-il parlé! » Elle ne pouvait le sauver; elle voulut du moins qu'on ne l'oubliât pas. Elle fit construire un tombeau au malheureux musicien dans le cimetière de Lille, et elle n'a jamais passé par la ville sans aller renouveler les fleurs de cette tombe.

Aujourd'hui que l'âge est venu, et avec l'âge les infirmités, la tristesse, — faut-il écrire un terrible mot? la misère. — Ce que Virginie Déjazet regrette le plus de sa vie passée, ce ne sont pas les applaudissements, les couronnes, les rappels, non, c'est la possibilité d'obliger encore et de faire le bien. Il y avait, ne rions pas, il y avait quelque chose de la sœur de charité dans cette comédienne habituée à tous les succès et à toutes les fêtes. Et n'est-ce pas Béranger encore, ce bonhomme Béranger, auquel Déjazet allait chanter la *Lisette*, tandis qu'il l'écoutait, à demi mourant; — n'est-ce pas Béranger qui a écrit, à propos d'une sainte fille rapprochée d'une folle fille d'opéra :

> Je vous le dis, en vérité,
> Sauvons-nous par la charité?

Née le 30 août 1797, rue Saint-Lazare, cette Parisienne, essentiellement parisienne, Déjazet a aujourd'hui... Comptez. Et nul ne se soucie d'elle, je le répète. Elle a débuté, à cinq ans — à cinq ans ! en 1802 — sur le théâtre des Capucines. Et depuis, que de rôles, que de créations, que de luttes! Nous qui l'avons connue, qui l'avons vue, nous ne doutons guère que cette existence de comédienne deviendra un jour légendaire, que le souvenir de Déjazet durera autant que cet esprit capiteux, pétillant comme le champagne, qui est une partie de l'esprit français! Nous ne doutons pas que Sophie Arnould et Lecouvreur, et les comédiennes du siècle passé, ne laisseront point de mémoire plus vivante et plus chère. Déjazet, quoi qu'on fasse et dise, est une partie du vieux renom artistique de notre France. Elle incarne comme un art personnel ; elle règne, non pas sur un monde de marbre et de porphyre, comme la tragique Rachel, mais sur un petit enclos où font une ombre heureuse les charmilles feuillées et où l'air, comme aux jours d'avril, est tout parfumé de lilas. Voilà Déjazet : une grisette du théâtre, l'éternelle grisette, pimpante et chantante, un fredon sur les lèvres, le cœur sur la main, et pas une méchanceté dans le cœur !

Et, septuagénaire aujourd'hui, elle est encore tout cela pour ceux qui l'ont aimée et applaudie. Elle a conservé, à coup sûr, sa popularité et son prestige aux yeux de ceux qui n'ont qu'à se souvenir pour l'admirer, pour admirer cet art tout de nuances, d'ironique galanterie, de prestesse séduisante, où le sous-entendu le plus risqué gardait encore une retenue et l'apparence d'une espièglerie. — Que nous sommes loin de cet art-là ! Les grivoiseries se sont faites gravelures. Mimi Pinson ôte à présent sa robe, son unique robe, pour allumer les convoitises des vieillards *jeunes ou vieux*. Ce qui était pareil à une flèche chez Déjazet est semblable à une titillation ou à un chatouillement chez celles qui lui succèdent sans la remplacer.

On sentait, même en écoutant Déjazet dans ses rôles les plus scabreux, que l'actrice, en elle, pouvait adopter aussi la devise de la femme : *Bien faire et laisser dire*. Mais quoi ! ce n'est point de la comédienne que j'entends parler aujourd'hui ; c'est de la vieille femme à demi abandonnée, à demi oubliée. C'est pour elle que je réclame un appui, un aide, ce que les artistes, entre soi, ne se refusent jamais les uns aux autres. On avait, l'an dernier, essayé d'organiser pour Frédérick-Lemaître une représentation solennelle. Je ne sais pourquoi cette organisation n'aboutit pas. Mais quoi ! avec tout son génie, Frédérick était moins intéressant et moins à plaindre que Déjazet avec tout son cœur. — Frédérick avait eu — il a encore, je crois — une pension ; Déjazet n'en a pas. Déjazet, qui ne réclame rien à personne, qui ignore absolument que nous écrivons ces lignes, pleines, non de pitié, — la généreuse et vaillante créature n'en voudrait pas, — mais de justice ; Déjazet, bonne femme et... bonne mère ; Déjazet recevrait par le seul fait d'une représentation donnée à son profit, non-seulement ce secours matériel qui n'est pas à dédaigner, mais qu'elle refuserait d'une souscription, l'acceptant du concours de ses camarades — mais encore elle recevrait aussi ce secours moral qui fait tant de bien aux vieillards, la preuve qu'on ne vous oublie pas, qu'on vous aime toujours, que le public est encore prêt à accourir au seul appel d'un nom qui lui fut si cher.

Une représentation encore à Déjazet ! encore une fête pour Déjazet ! encore des bravos ! encore une couronne ! On les jette sans trop marchander à de nouvelles venues qui ne valent guère cette aïeule du vaudeville, du sourire et de l'esprit. Va-t-on marchander ce suprême brin de laurier à cette Muse de notre Gaule ? Laurier, oui, certes ; mais ce n'est pas de cela pourtant que devrait être faite la couronne de Déjazet : je n'y voudrais que des fleurs de printemps, des primevères et des lilas.

L'oubliera-t-on, je le répète, elle qui n'a oublié personne ? Un jour, à une amie, à une actrice qui se mourait, mademoiselle L...., Virginie Déjazet écrivait cette lettre touchante :

« Vous vous plaigniez hier de l'abandon de vos amis !

« En comptez-vous donc beaucoup, chère Louise, et ne
« confondez-vous pas le mot connaissance avec ce titre
« sacré? Tout le monde vous aime, c'est vrai ; mais tout
« le monde n'a ni le cœur ni le temps de se dévouer à
« votre triste sort! Moi qui crois connaître les amis, je
« sais qu'il en est cependant qui, malgré leur tendresse
« et leur désir, ne peuvent que rarement aller chez vous. »

Certes, et Déjazet pourtant n'est pas une pessimiste.
Cette femme, d'un esprit si fin, aura beaucoup aimé, et
des choses que les comédiennes n'aiment ni ne connaissent toujours : elle aura aimé sa patrie comme son art, et
ses rêves de générosité comme ses enfants. Qu'il ne soit
donc pas dit que les amis « n'ont ni le cœur ni le temps »
de se dévouer et de se souvenir; qu'il ne soit pas dit que
la petite chambre de Montmartre ne reçoive aucune visite.
Mais point de secours, surtout. Un élan de dévouement,
un concours de camarades. Un dernier éclat de gloire.
Un dernier rayon de bonheur. Un dernier bravo. Voilà
ce qu'il faut à Déjazet, à Frétillon, à Lisette, à la *bonne
vieille!* Voilà ce qu'on ne lui refusera pas.

Dans une page fort émue et fort émouvante, l'auteur
de *Monsieur Garat* raconta un jour comment sa première
visite à Déjazet décida de sa propre destinée. Il avait si
âprement lutté ! il avait colporté, de théâtre en théâtre,
ses manuscrits jaunissants. Soudain Déjazet apparaît à
lui *comme une fée* (le mot est de sa reconnaissance); elle
l'accueille, lui tend la main, lui ouvre son théâtre, lui
donne le baptême de la réputation, et *les Premières armes
de Figaro* deviennent les premières armes de Sardou.
M. Sardou ne voudra pas oublier ce souvenir de sa première ivresse. Il secondera, à coup sûr, ceux qui essayeront d'organiser une représentation pour Déjazet. Et tous
ceux qu'elle a obligés! et le cortége de tous les gens qui
doivent, non-seulement à son talent des émotions artistiques, mais à sa charité des secours efficaces, ne sera-t-il
pas nombreux?

Une couronne, une couronne encore à Virginie Déjazet!

Et si elle voulait, si elle pouvait encore tenir la plume, cette plume vive dont le style a, en vérité, l'accent même alerte et franc des bons *épistoliers* du dix-huitième siècle, si Déjazet pouvait écrire, ne trouverait-elle pas un libraire accourant avec joie pour recueillir ces fameux *Mémoires de Déjazet*, dont on a parlé tant de fois, et qui n'ont pas vu, et qui ne verront vraisemblablement jamais le jour ? Là serait le salut pour Déjazet. Dans ces confidences de sa vie artistique, dans ces récits d'un autre temps, où réapparaîtrait tout un monde d'acteurs et d'auteurs disparus, Déjazet trouverait sans nul doute ce qui manque à sa vieillesse. Pourquoi ne forcerait-on pas un peu sa verve à aiguillonner sa mémoire? Le public, à coup sûr, y gagnerait encore plus qu'elle !

Pauvre femme! Le temps est loin où les poëtes faisaient des vers à ses pieds, ses *pieds mutins* :

> Ses petits doigts sont pleins d'esprit,
> Sans contredit ;
> Au temps d'Athènes,
> Périclès les eût adorés
> Et dorés
> D'anneaux, de colliers et de chaînes.

Mais il y a moins longtemps peut-être que Déjazet elle-même rimait ces vers pour demander aux auteurs de *Madame Favart*, Saintine et Masson, de venir en aide au véritable fils de madame Favart, devenu vieux et besoigneux :

> Quand par votre plume légère,
> Leurs noms sont encore ennoblis,
> Que le triomphe de la mère
> Soulage les malheurs du fils !
> Puis, chaque soir plus courageuse,
> Cent fois je bénirai mon art,
> Qui m'aura faite la quêteuse
> Des deux auteurs de *Madame Favart*.

Déjazet savait même rimer pour être charitable. Non, certes, non il ne sera pas dit qu'on ne fera point pour elle ce qu'elle a fait jadis, non-seulement pour le fils de madame Favart, mais pour tant de malheureux anonymes dont la voix se joindrait facilement à la nôtre pour dire : Déjazet est isolée, oubliée, vieillie... N'oubliez pas Virginie Déjazet !

XL

LE THÉATRE DE NOVEMBRE 1874 A JANVIER 1875

I

PORTE-SAINT-MARTIN : *Le Tour du Monde,* pièce en cinq actes et quinze tableaux, par MM. Adolphe d'Ennery et Jules Verne. — VAUDEVILLE : *Le Chemin de Damas,* comédie en trois actes, par M. Théodore Barrière. — VARIÉTÉS : *Les Prés Saint-Gervais,* de MM. Sardou et Philippe Gille, musique de M. Lecocq. — PALAIS-ROYAL : *La Boule,* comédie en quatre actes, de MM. H. Meilhac et L. Halévy.

Il n'est vraiment pas facile de trouver, au théâtre ni ailleurs, cette chose exquise et rare : la nouveauté. Le *nouveau* était déjà bien vieux du temps de Salomon. Il n'y a peut-être plus, en ce monde, qu'un parti à prendre : c'est de renouveler, d'aviver, et, pour créer tout exprès un barbarisme, d'*originaliser* le banal. C'est ce que M. Jules Verne, homme d'imagination et de science, esprit curieux, chercheur très-particulier et très-moderne, a fait dans ses romans ; c'est ce qu'il vient de faire avec M. d'Ennery, dans la grande féerie de la Porte Saint-Martin, *le Tour du Monde en quatre-vingts jours.* Féerie ? Non. Panorama, le mot est plus juste. Une intrigue amusante, des tableaux variés, une certaine vérité suffisamment romanesque, l'impossible rendu acceptable et encadré dans les plus beaux décors du monde, voilà la pièce. On connaît le roman : Philéas Fogg, un original, membre d'un club excentrique de Londres, esprit méthodique et résolu, a parié de faire le tour du monde en quatre-vingts jours, comme cet officier de hussards hongrois, M. de Zubowitz, avait parié de venir à cheval, de Vienne à Paris, en deux semaines. Philéas Fogg tient son pari : il est à Suez, aux Indes, en Amérique, partout ; et, pour arriver à l'heure dite à Liverpool, il fait chauffer la chaudière du navire qu'il a acheté avec la mâture et les bastingages du bâtiment. Mais encore, malgré tous ses efforts, se présenterait-il en retard au club, si la différence des latitudes et je ne sais quel calcul, d'ailleurs très-exact, ne lui faisaient, en quatre-vingts jours, gagner précisément une journée. Les types amusants d'un *detective*, persuadé que Philéas Fogg n'est autre qu'un voleur qui a détroussé la Banque d'Angleterre, et du valet de Philéas, le parisien Passe-Partout, jettent leur fantaisie au milieu de ces pages imprévues et entraînantes.

Les auteurs de la pièce se sont contentés de tailler leurs tableaux dans le roman en y ajoutant un rival de l'anglais Philéas Fogg, l'américain Corsican, bientôt devenu l'ami dévoué du parieur. Ces deux compagnons, suivis du *detective* et de Passe-Partout, — accompagnés et un peu alourdis par deux jeunes Indiennes qu'ils ont arrachées au bûcher, — vont et viennent à travers l'espace, bravant les serpents de la grotte aux reptiles, échappant aux Indiens Pawnies qui attaquent le train chargé de voyageurs, engloutis avec l'*Henrietta* et sauvés avec les débris du steamer. Spectacle amusant, où le fantastique c'est l'électricité et la vapeur, où les talismans de l'ancienne féerie, les pieds de mouton et les œufs d'or fulminants sont remplacés par les coups de revolver ; fantaisie bien moderne, bien contemporaine, et qui met en scène la seule poésie qui reste maintenant en ce monde uniforme : les voyages !

MM. Dumaine et Lacressonnière ont bien joué, bravement, allègrement, les deux rôles de Corsican et de Philéas Fogg. MM. Vannoy, en policier ; Alexandre, en Parisien faisant le tour de la terre, sont fort amusants ; et, toujours enlacées, mademoiselle Angèle Moreau et mademoiselle Patry passent à travers ces tableaux, comme si les auteurs avaient transporté *les Deux Orphelines* dans l'Inde ou chez les sauvages. Ce n'est point d'ailleurs le moindre étonnement de cette pièce à surprises que de voir ces deux jeunes filles parcourir élégamment les savanes, tout en conservant leurs toilettes de chez Worth. Les décors du *Tour du Monde* sont célèbres : les machinistes anglais, nos maîtres, n'ont jamais mieux fait que ce steamer qui disparaît tout entier sous les flots, laissant apercevoir la mer immense, des épaves sur les vagues, et au fond, dans la nuit, les lumières du port et des phares de Liverpool trouant le brouillard.

La mise en scène est, paraît-il, un des éléments indispensables au succès, à l'heure présente. Le temps n'est plus où mademoiselle Mars jouait ses rôles en robe de tulle blanc dans un décor de quatre sous. M. Théodore Barrière, en donnant une comédie nouvelle au théâtre du Vaudeville, a tenu à ce qu'elle fût montée avec soin. Le théâtre du Vaudeville ne fait point fortune ; mais, à dire vrai, il prend soin de l'éviter :

— Pan, pan, est-ce ma brune ?
Pan, pan, qui frappe en bas ?
— Pan, pan, c'est la Fortune !
— Pan, pan, je n'ouvre pas !

Je ne sais si la Fortune a jamais frappé à la porte du Vauville depuis les soirs tapageurs de *Rabagas* et même depuis *l'Oncle Sam* ; mais, dans tous les cas, si elle l'a fait, le Vaudeville n'a pas plus ouvert que le personnage de la chanson de Béranger. Le Vaudeville a cependant cru avoir trouvé le salut dans *le Chemin de Damas*, de M. Barrière. Une pièce toute parisienne, avec des mots pétillants, acérés, meurtriers, — de petits obus de poche, — une intrigue semi-sentimentale, semi-ironique, l'histoire d'un M. de Parisiane, — proche parent du Parisis de M. Arsène Houssaye, — qui gaspille sa vie et tâche ensuite de la racheter : c'était assez autrefois pour un succès. M. Barrière y a joint l'attrait d'une scène quasi-shakspearienne, une comédie au clair de la lune, une causerie *dans le bleu*, Parisiane entouré d'un essaim de jolies femmes comme d'un cercle de fées. Et ces fées sont si charmantes, qu'elles convertissent Parisiane! J'aurais bien cru plutôt qu'elles allaient le damner!

Le Chemin de Damas est bien interprété par M. Julien Deschamps et mademoiselle Julia Bartet. Et qui ne souhaiterait que la pièce fût un succès? Ne dit-on pas que le Vaudeville va déserter la comédie et tomber dans l'opérette [1]? Quoi donc? Madame Judic et madame Théo ne nous suffisaient-elles point? Mais, hélas! où nous mèneraient toutes les récriminations? Il faut au Parisien ses flons-flons d'habitude : couplets de Scribe autrefois, *rondeaux* de MM. Offenbach et Lecocq aujourd'hui. Le jour où le public sera las de ces fredons, il le fera bien savoir et peut-être durement sentir.

Il n'en est pas là : *les Prés Saint-Gervais* ont été écoutés, et la pièce de M. Sardou, fort joliment ornée de couplets pimpants, par M. Ph. Gille, a réussi aux Variétés [2]. Les costumes sont *vrais* comme des Saint-Aubin, les décors verdoyants comme une tonnelle en mai, la musique court comme les brindilles d'un liseron, Madame Peschard ne vaut point Déjazet, mais elle plaît ; M. Christian est un précepteur digne de porter l'habit du docteur Pangloss, et la pièce est honnête et agréable, — l'opérette des familles, l'aimable comédie du temps de Gentil-Bernard et de Létorières.

La Boule, de MM. H. Meilhac et Halévy, c'est *le Roi Candaule*, des mêmes auteurs, en quatre actes au lieu d'un. Et *le Roi Candaule* ne faisait-il point partie de *la Boule* primitivement? On l'en avait détaché, trouvant qu'il pourrait réussir seul. *La Boule* n'en a pas eu moins de succès. On n'a jamais plus spirituellement, et plus cruel-

1. C'était un bruit controuvé — ou prématuré.
2. Beaucoup moins que les *Trente millions de Gladiator*, de E. Labiche et de Ph. Gille, ce gai vaudeville qui a succédé à l'opérette.

lement aussi, raillé les procès en séparations, les plaidoiries d'avocats et les surdités de la justice. La boule, c'est la bouteille d'eau chaude, le *moine* que Madame exige pour ses pieds quand elle se met au lit. Madame a trop froid, Monsieur a trop chaud. En partant de là, on va loin, on va jusqu'au Palais de justice ; mais on en revient, et là séparation n'est point prononcée. Jetez sur cette trame les broderies les plus légères, les paillettes, les mots brillants, légers et profonds à la fois : vous avez cette *Boule* que MM. Geoffroy, Gil-Pérez et Lhéritier jouent — les admirables comiques! — en comédiens émérites. Et voilà un succès nouveau pour les auteurs de *Frou-Frou*, ces Marivaux, proches parents de Gavarni !

II.

Théâtre de la Gaité : *La Haine,* drame en cinq actes et huit tableaux, par M. Victorien Sardou. — **Odéon :** *La Maîtresse légitime,* comédie en quatre actes, de M. L. Poupart-Davyl.

Le grand événement dramatique de cette fin de saison, c'est, au théâtre de la Gaité, la représentation, si longtemps attendue, de *la Haine*. Le drame de M. Sardou, très-supérieur à la plupart des productions courantes, est cependant bien inférieur à *Patrie*. Il n'en a ni l'élan, ni le souffle, ni la clarté. C'est un tableau volontairement lugubre des horreurs de la guerre civile. Cette sanglante chronique siennoise a été écrite, on le sent, comme à la lueur des derniers événements. On y perçoit l'écho de nos malheurs et de nos discordes. En ce sens, *la Haine* est une œuvre virile et louable. Ce qui y manque le plus, — chose extraordinaire dans une pièce de M. Sardou, — c'est le mouvement, c'est la vie. Les personnages s'y meuvent comme à l'état de fantômes, dans un cimetière très-peuplé, très-bruyant, mais cependant très-morne.

Nous sommes à Sienne. Les Guelfes, commandés par Orso, un homme du peuple, assiégent la ville, que défend, avec ses deux autres frères, Giugurta Saracini, consul de la cité et chef des Gibelins. Les soldats étant repoussés, Giugurta fait appel aux bourgeois qui, derrière le gonfalonier, vont aux remparts défendre la ville. Les femmes, muettes, assistent, du haut des murailles, à ce défilé qui sent déjà la défaite. On entend au loin les bombardes qui grondent et dont les coups se rapprochent. Des charretées de morts entrent dans la ville. Les marchands qui, tout à l'heure, causant, discutant, personnifiaient l'Italie divisée, morcelée, Pisans, Lucquois, Bolonais, Florentins, tous ont fui. Les Gibelins rentrent en désordre. Ils sont repoussés; la porte qu'ils défendaient est prise. Les Guelfes sont dans la ville : les voici. Ils se glissent d'abord prudemment le long des murailles, l'arbalète en main; puis ils s'enhardissent, couronnent les remparts, envahissent la place. Victoire! Sienne est à eux!

Non: car, pour arriver jusqu'au château, il faut emporter le palais des Saracini, et la porte de fer en est close. Orso, le chef des Guelfes, heurte au logis. Une fenêtre s'ouvre. A la fenêtre, une femme paraît, vêtue de blanc : c'est la sœur des Saracini, l'altière Cordélia, celle qui a souffleté Orso, devant tout le peuple, des fleurs que l'imprudent lui venait offrir. Elle regarde avec mépris ces cardeurs de laine et ces drapiers qui viennent de repousser des gentilshommes; et, comme elle refuse de leur livrer passage, ils se ruent sur le palais, l'emportent, le saccagent, et Orso s'empare, comme d'une proie, de Cordélia évanouie. Dans le combat, la vieille Uberta, la nourrice des Saracini, a perdu son fils, un enfant, Andréino, tué par Orso.

C'est là le premier tableau, le plus saisissant du drame, le plus mouvementé, et celui qui caractérise le mieux la manière de l'auteur. Qu'est-ce que cette exposition? Une pantomime admirable; mais on ne saurait rêver une reconstruction plus complète d'un temps disparu. On dirait un tableau d'un des peintres *primitifs* de l'école d'Ombrie prenant soudain vie et mouvement.

Cordélia a été outragée par Orso. Elle ne connaît rien du misérable que sa voix; mais, dès qu'elle l'entend, elle devine que c'est lui qui l'a déshonorée. Presque en même temps, Uberta apprend que le meurtrier de son enfant, c'est Orso. Une lutte s'engage entre ces deux femmes, la jeune fille et la mère. Laquelle des deux tuera Orso? Ce sera Cordélia. Au moment où il prie, agenouillé, avant la bataille, elle le frappe de son poignard. On l'emporte. Assoifées de haine, Cordélia et Uberta reviennent chercher le cadavre d'Orso parmi les morts. C'est Cordélia qui le trouve. On se rappelle involontairement, à cette scène, en voyant « ce champ plein de morts sur qui tombe la nuit », le dernier tableau du *Catilina* d'Alexandre Dumas; la vestale Marcia, violée par Catilina, comme Cordélia par Orso, et retrouvant son séducteur sur un monceau de cadavres, au milieu du champ de bataille de Pistoie. Mais cette scène terminait le drame dans l'œuvre de Dumas; dans *la Haine*, elle le continue, elle le retourne, pour ainsi dire, sur lui-même. Cordélia, qui tout à l'heure voulait poignarder encore Orso, frissonne à son gémissement, lui apporte de l'eau et le sauve. Elle le sauve si bien, qu'elle le transporte dans son palais et que, pour que Giugurta ne l'y trouve point, elle fait évader, avec la complicité d'Uberta, le Guelfe promis à la mort — son frère! — par un passage dangereux, ce qui est infâme. Encore pourra-t-on me dire que la haine devenue de l'amour n'admet pas les demi-sacrifices. Ce qui est vrai pour l'amante ne l'est pas, du moins, pour la mère. Jamais une Uberta ne consentira, quoi que nous montre M. Sardou, à protéger les jours du meurtrier de son fils.

Une scène pleine de souffle a fait disparaître la mauvaise impression de ce sauvetage impie. Orso, pour conquérir l'amour de Cordélia, jure qu'il fera cesser le carnage dans Sienne; il adjure ses concitoyens de mettre en liberté les Gibelins prisonniers, et, le peuple de Sienne ne formant plus qu'une armée, de courir sus tous ensemble, Gibelins et Guelfes, à l'empereur d'Allemagne, qui menace la ville et lui demande rançon. La scène est belle, éloquente, patriotique. Nous voilà, du moins, loin de *Rabagas*. Mais elle n'emporte pas le public aussi haut que l'auteur l'eût espéré, parce qu'il incarne le patriotisme dans un être qu'il a rendu antipathique dès ses premiers pas. Est-ce pour sa patrie, d'ailleurs, qu'Orso devient si généreux? Non, c'est pour Cordélia. Giugurta se charge de faire justice de cet amour né du crime. Il suit Cordélia jusque dans l'église; et là, sa sœur s'évanouissant au moment où il va la poignarder, il préfère l'empoisonner, ne voulant pas verser le sang dans un lieu consacré. La foule arrive; on trouve Cordélia mourante. « C'est la peste! » Orso s'avance vers son amante, il la prend dans ses bras. Quand il veut l'emporter, un cercle de fer l'entoure. Les épées sont tirées. Pestiféré, ayant touché une pestiférée, Orso mourra avec elle, dans l'église, fermée désormais. En vain veut-il essayer de sauver cette femme : les lourdes portes se referment avec un son funèbre, et l'agonie commence pour les deux êtres ensevelis dans ce vaste tombeau. L'effet de ce dénouement a été froid; et cependant rien n'est plus saisissant, et cette simplicité n'est point sans grandeur. Mais, encore une fois, tout cela est funèbre. Le drame s'agite dans un *campo santo*. Malgré la splendeur de la mise en scène, une impression, non pas de tristesse, mais d'ennui, se dégage de cette œuvre, que je regarderais pourtant comme fort belle, si elle avait cette vertu suprême, sans laquelle toutes les qualités d'artiste, de metteur en scène, de curieux, d'érudit, ne sont rien au bout de quelques années, *le style*. Le style y est ou trop tendu ou insuffisant : j'en pourrais citer plus d'un exemple. Et pourtant c'est là un spectacle digne d'une certaine admiration. M. Sardou a mis, dans l'encadrement de cette sombre chronique, si bien colorée de la teinte du temps, toute sa science et tout son goût. M. Offenbach, dont la musique militaire et religieuse donne tour à tour un accent très-imposant et très-mâle à ces scènes vigoureuses, a aussi bien fait les choses comme directeur que comme compositeur. Les décors sont superbes; les armures, les chasubles, les hallebardes, les châsses, les crosses, les mitres, sont dignes de figurer dans un musée rétrospectif. Tout est exact et juste : c'est de la résurrection. Le décor lumineux des ruines où siége le tribunal du peuple, la ruelle où dorment les morts sous les étoiles ironiques, l'intérieur froid et superbe de la cathédrale de Sienne, avec sa chaire de marbre et ses vitraux, sont de véritables œuvres d'art.

Les acteurs ont bien joué. Mademoiselle Lia Félix a trouvé des notes déchirantes pour rendre le désespoir de Cordélia. Jamais Gibeline outragée ne poussa des cris plus terribles et plus poignants. Cette digne sœur de Rachel a doublé son succès éclatant de *Jeanne d'Arc*. Madame Laurent est très-belle de désespoir accablé dans ce rôle d'Uberta. Elle a surtout un mouvement de haine farouche, lorsqu'elle dit à Cordélia, en parlant du cadavre d'Orso : « Viens le voir ! » M. Lafontaine a des élans superbes dans Orso. Et quel profil admirable que celui de M. Clément Just ! Il est à peindre, avec sa cotte de mailles et son armure noire. Il a été admirable, et je le vois encore, debout sur les marches de l'autel, effeuillant le bouquet de roses blanches sur le corps de sa sœur qu'il vient d'empoisonner. C'est le justicier impitoyable et sans remords.

Le drame de M. Sardou ira loin, malgré peut-être sa couleur monotone : tout le monde voudra moins le voir que *l'avoir vu* [1].

La comédie nouvelle de M. Poupart-Davyl, à l'Odéon, ira loin aussi, sans décors et sans luxe de mise en scène. M. Poupart-Davyl est un des auteurs du *Gascon*, et on a dû représenter de lui, à Bruxelles, une pièce interdite à Paris, *les Derniers Gentilshommes*. Ce n'est pas un tout jeune homme ; mais c'est un homme jeune, bien vivant, et qui vient d'écrire une alerte comédie, pleine d'esprit facile, avec une pointe de sentiment à la Mürger. *La Maîtresse légitime*, c'est l'histoire d'un jeune chef d'usine, André Dalesme, qui vit, depuis dix ans, avec une femme abandonnée de son mari et à qui on veut, pour le remettre en selle, faire épouser la fille d'un homme d'affaires, mademoiselle

---

1. M. Victorien Sardou devait, après vingt-six représentations, se plaindre tout haut de l'indifférence du public. *La Haine*, certes, méritait un autre sort. Mais, hélas ! au théâtre rien ne prévaut contre l'ennui.

Geneviève Boulmier. Et il s'y résigne; et Marthe, sa maîtresse, s'éloigne; et le sacrifice s'accomplirait, si Jean Duluc, un poëte, ne se trouvait là pour raconter la vérité à Geneviève, rendre Marthe à André, et rendre heureux tout ce qui s'aime. Il en est récompensé par la main de Geneviève, et tout finit le mieux du monde.

La pièce est peu de chose; mais les *mots*, l'esprit, l'émotion, voilà ce qui en fait le prix. C'est un grand succès. L'Odéon a trouvé là quelque chose comme *les Inutiles*. M. Porel est charmant dans le rôle de Duluc Il a une verve ironique et beaucoup de justesse dans la note émue. M. Richard a de l'entrain, une rudesse bonhomme, et sa voix porte bien. M. Masset a joué le personnage d'André avec chaleur. Tout cela a échauffé et entraîné la salle. Un comédien de second plan, M. Fréville, a dessiné admirablement une silhouette de Prudhomme doctrinaire. Les femmes ont aussi leur large part du succès. A-t-on plus de grâce et de distinction juvénile que mademoiselle Baretta? C'est la meilleure peut-être des *ingénues* de Paris. Mademoiselle Léonide Leblanc est en grand progrès. Sa voix métallique, plutôt faite pour la comédie que pour le drame, ne l'a pas desservie dans le rôle de Marthe, qu'elle a composé avec soin. Mademoiselle Clotilde Colas apparaît, raisonne courses et chevaux, et disparaît; mais elle est excellente, mordante et gaie dans ce rôle de *sportwoman*.

La Maîtresse légitime, succès incontestable pour M. Poupart-Davyl, en est un aussi pour M. Duquesnel, qui peut voir par là qu'on peut réussir à l'Odéon, sans orage, sans décors à paillettes et sans meute de chiens. Un hallali est une belle chose; une pointe d'esprit et une larme valent mieux encore et coûtent moins cher [1].

---

[1]. Il a été de mode cependant de faire de nos théâtres des chenils. Paris a vu jusqu'à deux meutes à la fois, jappant et attirant la foule, l'une dans *la Jeunesse du roi Henri*, l'autre dans *la Jeunesse de Louis XIV*. La jeunesse des souverains ne va pas sans curée, paraît-il. C'est alors que le Cirque d'hiver a imaginé de présenter une *chasse au cerf*, avec l'hallali et l'inévitable curée, aux spectateurs amis des acrobates. Mais du moins le Cirque ne touche-t-il pas de subvention.

III

Gymnase : *Les Deux Comtesses*, comédie en trois actes, de M. Eugène Nus.

L'année 1874 aura été, sous le rapport dramatique comme sous tant d'autres, terriblement pauvre. L'anémie est générale. Quelle œuvre nouvelle a surgi? quel auteur inconnu s'est révélé? quelle pierre solide ont même apportée les auteurs déjà célèbres à leur renommée? Il suffit de poser les points d'interrogation pour y répondre, et cette réponse est des plus tristes. Mais nous aurons le temps d'aborder au courant de ces causeries les considérations générales; aujourd'hui il nous suffit de les indiquer.

Ce qui est certain, c'est que la décadence s'accentue. L'art théâtral roule avec une vitesse effrayante sur une fatale pente. L'opérette, les pièces à *spectacles*, à exhibition de bêtes féroces ou d'acrobates, que nous croyions finies pour toujours, sont plus à la mode que jamais. La critique théâtrale, au lieu d'être, comme autrefois, la conseillère raisonnée et érudite des dramaturges, n'est plus guère que la nouvelliste du lendemain qui note au courant de la plume la chute ou le succès de la veille. Le *feuilleton* se meurt, en dépit des individualités qui le tiennent encore bien haut comme un étendard. Il viendra un temps où l'on se contentera de dénombrer le public de la *première*, pour faire savoir au public s'il est, oui ou non, de bon goût de se rendre à la pièce nouvelle. Toute la critique se réduira à l'énumération des personnages présents au drame ou à la comédie.

Et le drame et la comédie, que deviendront-ils alors? Ils se débattent déjà du mieux qu'ils peuvent, mais leurs efforts sont trop souvent stériles. Où en est le Gymnase? où en est le Vaudeville? Ils tâtonnent et ils cherchent. Les pièces nouvelles se succèdent sur l'une ou sur l'autre scène avec une rapidité qui fait peine. C'est toujours la pente en question.

Le Gymnase a pourtant donné une comédie aimable et soigneusement faite, et curieuse même au point de vue des costumes, car le public se plaît aux reconstructions plastiques des époques passées. *Les Deux Comtesses*, de M. Eugène Nus, c'est *le Colonel Chabert*, de Balzac, retourné et traité comme un pastel au lieu d'être peint à la Rembrandt. Thérèse Brotot, fille de l'intendant d'une noble famille bretonne, les Trévenec, a épousé en secret le comte Louis de Trévenec. Le comte est marin. Les journaux, en apportant la nouvelle d'un combat naval, annoncent sa mort. Thérèse Brotot se croit veuve, et elle a du comte de Trévenec un fils. Georges Brotot (car Thérèse ne lui a pas révélé le nom de son père) est peintre ; il va partir pour le Midi avec sa mère, lorsque celle-ci apprend qu'il existe à Paris un Trévenec, le frère sans doute du mort. Point du tout : c'est le comte lui-même, et, dans une scène fort dramatique, Georges, croyant parler à son oncle, s'aperçoit qu'il parle à son père.

On devine ce que fera le jeune homme au dénouement. Il anéantira, sous les yeux de sa mère, les preuves de la bigamie du comte de Trévenec. Ce petit drame intime et poignant, traité avec beaucoup de soin et de délicatesse, est signé de M. Eugène Nus ; mais je ne serais pas étonné que M. Nus ait eu, pour ces *Deux Comtesses*, un collaborateur anonyme, et, s'il m'est permis de révéler un secret, je crois que l'idée des *Deux Comtesses* a été fournie à M. Nus par M. Arthur Arnould, alors que le futur membre de la Commune ne s'occupait pas encore activement de politique et rêvait, non pas d'administrer Paris, mais de l'amuser et de l'émouvoir.

Toujours est-il que *les Deux Comtesses* ont réussi. La pièce est bien jouée et bien montée. On a pris plaisir à revoir ces costumes de nos aïeux et de nos aïeules qu'on rencontre dans les portraits de la jeunesse d'Ingres, ces collets immenses, ces cravates énormes, ces habits bleude-ciel ou vert tendre, ces robes à tailles courtes, ces gants féminins montant au plus haut de la saignée du bras. Un critique, qui n'est pas un critique d'art, a trouvé que la mise en scène des *Deux Comtesses* lui rappelait les tableaux de Gros. Je ne vois pas bien ce que le magnifique peintre de la *Peste de Jaffa* et de la *Bataille d'Eylau* avait à faire là; figurez-vous plutôt des personnages de Gérard allant et venant dans un salon où l'on croirait tout à l'heure voir entrer le sentimental Oswald et la rêveuse Corinne. On attend à tout moment le turban de madame de Staël.

M. Pujol est grave, d'une élégance froide et noble dans le rôle de Trévenec. M. Achard s'affirme de plus en plus. Il y a deux ans, nous l'entendions donner la réplique, au Conservatoire, aux concurrents d'opéra-comique. En deux ans, il a pris, il a conquis sa place. C'est un acteur intelligent, vraiment jeune et très-sympathique. M. Andrieu est amusant sous les traits d'un *jeune beau* du temps du premier empire, un petit-neveu des *muscadins* de l'an V, un grand-oncle des *lions* de 1830. Les deux comtesses, ce sont mesdemoiselles Othon et Fromentin. Elles sont, l'une et l'autre, tout à fait convenables. On a fêté mademoiselle Legault, jolie comme un cœur sous son large chapeau de paille, avec ses manches à gigot et ses collerettes montantes. Mademoiselle Legault joue le rôle d'une petite Américaine qui jargonne notre langue à ravir, avec un adorable accent anglais. Du talent vrai, je n'en vois pas beaucoup là; mais de la grâce, de la jeunesse, de la beauté, de jolis yeux, un joli sourire, un air ingénu qui n'est pas sans dureté et sans expérience: il y a tout cela. C'est un bouton de rose qui fait plaisir à regarder. Mais Théophile Gautier n'a-t-il pas dit que ce n'était pas assez d'avoir de l'esprit comme une rose?

IV

Odéon : *Le Docteur sans pareil*, un acte en vers, de M. Ernest d'Hervilly. — Gymnase : *Mademoiselle Duparc*, comédie en quatre actes, de M. Louis Denayrouze. — Ambigu : *Rose Michel*, drame en cinq actes, de M. Ernest Blum.

L'Odéon a célébré, selon la tradition, l'anniversaire de la naissance de Molière. Cette fois, comme l'an dernier, c'est M. Ernest d'Hervilly qui s'était chargé de rimer l'à-propos destiné à célébrer l'auteur comique où la France reconnaît son génie éternel et son bon sens du temps jadis. *A-propos* n'est pas d'ailleurs le mot juste. *Le Docteur sans pareil* de M. d'Hervilly est une comédie qui n'avait pas besoin, pour être applaudie, d'une solennité particulière. On est d'ordinaire fort indulgent pour ces petits actes légers, colorés de verve, et dont la prétention est tout simplement de célébrer sur des rimes plus ou moins cossues le grand homme dont on fête le souvenir. Mais *le Docteur sans pareil* peut se passer de cette amabilité annuelle. Tel qu'il est, c'est un amusant tableau de l'enfance de Molière, au temps où Jean-Baptiste gaminait encore, tout en rêvant déjà, sous l'auvent de la *Maison des singes*. Tableau pittoresque enlevé par une main d'artiste. Le vers de M. d'Hervilly est libre et franc, bien portant, allègre, rieur, narquois, et, avec cela, éloquent à l'occasion. Sa dominante est l'esprit; mais ne croyez pas que l'esprit soit le contraire de l'inspiration.

L'auteur du *Docteur sans pareil* a fort agréablement mêlé les remontrances du maître tapissier Jean Poquelin aux exhortations bouffonnes et mélancoliques de Fridelin et aux médecines du docteur Astringent. Sa pièce est gaie et jouée avec beaucoup de verve par Porel, Touzé et un trio charmant : mesdemoiselles Antonine, Clotilde Colas et Baretta. La dernière de ces trois comédiennes, mademoiselle Baretta, va quitter l'Odéon pour la Comédie-Française. Et, à coup sûr, mademoiselle Colas ne tardera pas à la suivre. Allure franche, bon rire large et jeune, de l'esprit jusqu'aux ongles, une ardeur et une vivacité faites pour arriver: voilà mademoiselle Clotilde Colas. Elle est née fille de Molière : elle entrera bientôt au logis paternel.

La quinzaine appartient aux *jeunes*, comme on dit. Après les vers de M. d'Hervilly, qui est un vrai poëte, nous avons applaudi, au Gymnase, la prose de M. Louis Denayrouze, qui est un poëte aussi. L'auteur de *la Belle Paule* vient de se classer définitivement, et du premier élan, parmi les véritables dramaturges. *Mademoiselle Duparc* est une pièce intéressante, saisissante même, et, de plus, une pièce bien faite. Cette question de métier n'est pas à dédaigner, comme on sait. Plus d'un critique a voulu découvrir dans l'œuvre de M. Denayrouze la main magistrale de M. Dumas fils. Ils se sont trompés. Il ne s'agit pas ici de paternité, mais tout au plus d'amitié. M. Dumas a conseillé, — et à peine, me dit-on, — il n'a pas collaboré. On reconnaît pourtant sa marque distinctive dans *Mademoiselle Duparc*, sa façon d'envisager à la fois et le théâtre et la vie : cela prouve que M. Denayrouze est un de ses disciples, mais cela ne prouve guère autre chose. Quant au succès même, il ne se prouve point, il s'impose.

Mademoiselle Duparc est une institutrice qu'une famille altière a, une première fois, séparée de l'homme qu'elle aimait, et qui est allé se faire tuer en Afrique. Elle est entrée dans la maison d'une jeune femme dont le mari se prend à l'aimer, mais à l'aimer passionnément, au point de vouloir tout quitter, épouse, foyer, famille, pour suivre la femme qu'il aime. L'institutrice se sacrifiera-t-elle une seconde fois? aura-t-elle, au contraire, le courage de secouer ses hésitations, de faire taire les derniers cris de son honnêteté? N'a-t-elle pas assez souffert? n'a-t-elle pas le droit, elle aussi, de s'asseoir « au banquet des heureux »? — « Vous voulez ma place? » lui dit alors l'épouse souffrante dont elle va enlever le mari. « Eh bien! prenez-la! » Comment? en poussant le crime jusqu'à sa limite extrême, en commettant non-seulement une lâcheté, mais un meurtre. Les deux femmes sont seules. La fenêtre est ouverte. Au bas, le gouffre. La campagne est déserte. — « Poussez-moi, vous être libre! — Me croyez-vous donc capable de vous tuer? » répond mademoiselle Duparc.

Ici se place une de ces phrases à la Dumas, où l'auteur de *la Princesse Georges* incarne les êtres dans une vertu ou un vice : « Ah! tu te dis le Mal et tu hésites! Mais « alors tu n'existes pas! Eh bien! ce que tu n'oses pas « faire, je le ferai! » Et l'épouse va se précipiter, lorsque l'amante la retient. Le sacrifice de cette honnête femme désarme mademoiselle Duparc. Elle a compris son devoir: elle disparaîtra, elle demandera le salut et le calme au cloître. Singulier salut! Et si la société n'a qu'une cellule pour les pauvres filles de ce genre, toutes celles qui ressemblent à mademoiselle Duparc auront vraiment le droit de se plaindre. Mais c'est là un point de vue tout philosophique, et je dirai tout social, qui n'a rien à faire avec le drame que voici.

Ce drame est très-puissant dans sa forme concertée. Il a des allures nettes et vives. Il va droit devant lui, bravement. C'est, toute allusion politique mise de côté, une comédie de combat. Le titre primitivement choisi par M. Denayrouze ne le disait-il pas? *Mademoiselle Duparc* s'appelait tout d'abord *Sur la brèche*. Des scènes comiques, un profil joliment enlevé de préfet de l'Empire, des mots bien venus, çà et là, font ressortir ce que l'action dramatique a de viril et de résolu. La dernière scène, que j'ai contée, a décidé du grand succès de l'œuvre. Une fort belle encore et traitée avec une fermeté et une promptitude singulières, c'est la scène du second acte, où mademoiselle Duparc, insultée par un fat, vient dire à la femme qui la soupçonne d'être la maîtresse de son mari : « Madame, voici monsieur qui prétend que j'ai eu « un amant. Si vous le croyez, chassez-moi! si vous ne « le croyez pas, chassez-le! »

Tout cela constitue, je le répète, une véritable comédie et dénote chez M. Denayrouze un tempérament fait pour le théâtre. M. Denayrouze n'a pas les fadeurs ou les habiletés d'une école désormais vieillie; il n'a pas non plus les rudesses, impuissantes en somme, de certains nouveaux venus qui prennent la brutalité pour de la force. Il est, dans *Mademoiselle Duparc*, très-nerveux et très-maître de lui. Voilà un début remarquable, et, j'ose le dire, un avenir assuré.

Mademoiselle Duparc est bien jouée. Ravel est excellent dans un rôle de vieux gentilhomme sceptique. L'institutrice, c'est mademoiselle Tallandiéra : profil aigu, bouche mordante, voix profonde; des cheveux pareils à l'aile du corbeau, aplatis en bandeaux luisants sur un front mat; je ne sais quoi d'étrange dans une démarche de reine ou de panthère. L'honnête femme, c'est mademoiselle Blanche Pierson : un visage fin, des gestes élégants; des cheveux blonds, s'harmonisant avec de claires toilettes qui donnent à toute sa personne un grand charme et une séduction en quelque sorte suave; une voix bien timbrée, caressante. Le duo est fait à souhait pour former, pour les yeux, la plus remarquable antithèse. Et la pièce y gagne. Cette lutte entre deux natures aussi dissemblables, c'est un duel où il n'y a, pour l'une et pour l'autre, que des bravos.

Les bravos! on les a prodigués à mademoiselle. Fargueil, qui vient de jouer *Rose Michel* à l'Ambigu; on l'a littéralement couverte d'une ondée d'applaudissements. Quelle admirable, quelle grande artiste! La pièce de M. Blum ne contient guère qu'une situation, mais poignante, saisissante, capable de supporter le plus grand succès. Rose Michel a vu son mari assassiner un homme. Elle va le dénoncer; mais elle songe que sa fille mourra si elle ne peut épouser l'homme qu'elle aime. Pour sa fille, elle se tait. Elle étouffe sa colère, ses remords, ses sentiments de dévouement et de fierté. Cela dure cinq actes, cette « tempête sous un crâne », et durant cinq actes, mademoiselle Fargueil est étonnante de vérité et de souffrances. Elle a atteint le dernier degré du pathétique, cette femme élégante, si bien faite pour les ironies de la comédie; elle a poussé le drame jusqu'au sublime dans l'horreur, lorsqu'elle a pris son mari à la gorge en le secouant et en lui criant: «Assassin! assassin!» Quelle scène! et comme la salle, électrisée, a acclamé mademoiselle Fargueil! Charly et Faille combattent à ses côtés et avec succès; mais elle est, elle, tout le drame, toute la pièce, tout l'intérêt, toute l'émotion, toute la fièvre de cette *Rose Michel*, qui sera pour elle ce que *Marie-Jeanne* a été pour madame Dorval.

FIN

TABLE DES MATIÈRES

Dédicace... v
Préface.. 1

I

Les Concours du Conservatoire (27 juillet 1868). 13

II

Gymnase: *Fanny Lear*, comédie en cinq actes, de MM. Meilhac et Ludovic Halévy (24 août 1868)................................ 23

III

Odéon : *Le Drame de la rue de la Paix*, drame en cinq actes, de M. Adolphe Belot. — De la police dans la littérature (8 novembre 1868)... 30

IV

La question du Comité de lecture à la Comédie-Française. — Débuts de mademoiselle Reichemberg dans l'*École des Femmes*. — Athénée : *Les Horreurs de la Guerre*, deux actes de M. Ph. Gille, musique de M. Coste (21 décembre 1868)......................... 36

V

Gymnase: *Séraphine*, comédie en cinq actes, de M. Victorien Sardou (4 janvier 1869).. 46

VI

Théâtre-Français : *Les Faux Ménages*, comédie en quatre actes et en vers, par M. Édouard Pailleron (11 janvier 1869).............. 53

VII

Odéon : *La Comédie de l'Amour*, un acte en vers, de M. Jean du Boys; — le *Passant*, un acte en vers, de M. François Coppée (18 janvier 1869).. 61

VIII

Porte-Saint-Martin : *Patrie !* drame en cinq actes et huit tableaux, de M. Victorien Sardou (18 mars 1869)....................... 70

IX

Comédie-Française : *Julie*, drame en trois actes, de M. Octave Feuillet (10 mai 1869).. 81

X

Théâtre de Cluny : *Le Juif Polonais*, drame de MM. Erckmann-Chatrian. — L'œuvre des romanciers nationaux (21 juin 1869)....... 88

XI

Le Concours de déclamation au Conservatoire (2 août 1869)....... 100

XII

Comédie-Française : *La Parvenue*, comédie en quatre actes, de M. Henri Rivière. — Gymnase : *Diane de Lys*. — Mort de Théodore Anne (6 septembre 1869).. 109

XIII

Odéon : *Le Bâtard*, drame en quatre actes, de M. Alfred Touroude. — *Des Modes dans la haine et dans le crime* (27 septembre 1869). 118

XIV

Gymnase : *Frou-Frou*, comédie en cinq actes, de MM. Meilhac et Ludovic Halévy (1er novembre 1869)............................. 129

XV

Comédie-Française : *Lions et Renards*, comédie en cinq actes, de M. Émile Augier (13 décembre 1869)........................... 133

TABLE DES MATIÈRES.

XVI
Palais-Royal : *Le plus heureux des trois*, comédie en trois actes, de MM. Labiche et Gondinet (17 janvier 1870).................... 144

XVII
Odéon : *L'Autre*, drame en cinq actes, de George Sand. — Menus-Plaisirs : *Malheur aux vaincus!* drame en cinq actes, de M. Théodore Barrière (28 février 1870)............................ 150

XVIII
Odéon : *Fernande*, pièce en quatre actes, par M. Victorien Sardou (14 mars 1870)... 158

XIX
Odéon : *Contagion*, comédie en cinq actes, par M. Émile Augier (24 mars 1870)... 169

XX
Porte-Saint-Martin : *Michel Pauper*, drame en cinq actes, de M. Henri Becque. — Mort de Charles Dickens (20 juin 1870)............. 177

XXI
Une question à l'ordre du jour (11 juillet 1870).................. 184

XXII
Gymnase : *Une Visite de Noces*, comédie en un acte, par M. Alexandre Dumas fils (16 octobre 1871)................................... 194

XXIII
Odéon : *La Baronne*, drame en quatre actes, par MM. Édouard Foussier et Charles Edmond (27 novembre 1871)........... 203

XXIV
Gymnase : *La Princesse Georges*, trois actes, de M. Alexandre Dumas fils (2 décembre 1871) 211

XXV
Les deux Dumas. — Une préface d'Alexandre Dumas fils. — Représentation extraordinaire au bénéfice de la souscription pour le monument de Dumas père (18 décembre 1871)................... 218

XXVI

Comédie-Française : *Christiane*, pièce en quatre actes, de M. Edmond Gondinet (21 décembre 1871).................................. 227

XXVII

Vaudeville : *Rabagas*, comédie en cinq actes, de M. Victorien Sardou. — Ambigu : *Lise Tavernier*, drame de M. Alphonse Daudet (5 février 1872).................................. 234

XXVIII

La rentrée de mademoiselle Schneider. — L'opérette (8 avril 1872). 245

XXIX

Comédie-Française : Représentation de retraite de Régnier. — *Nany*, comédie en quatre actes, par MM. Henri Meilhac et Émile de Najac (15 avril 1872).................................. 253

XXX

Comédie-Française : *Hélène*, drame en trois actes, de M. Édouard Pailleron. — Variétés : *Les Sonnettes*, un acte, de MM. Meilhac et Halévy (18 novembre 1872).................................. 262

XXXI

Gymnase : *La Femme de Claude*, pièce en trois actes, de M. Alexandre Dumas fils. — L'Anniversaire de Molière (20 janvier 1873)..... 272

XXXII

Odéon : *L'Aïeule*, drame en cinq actes, de MM. Ad. d'Ennery et Ch. Edmond (reprise). — Folies-Dramatiques : *La Fille de Madame Angot*, de MM. Siraudin, Clairville et Koning (24 février 1873). 284

XXXIII

Variétés : *Toto chez Tata*, un acte, par MM. Meilhac et Ludovic Halévy. — Gymnase : *Un Beau-Frère*, drame de M. Alphonse Belot, tiré du roman de M. Hector Malot (1ᵉʳ septembre 1873)........ 293

XXXIV

Gymnase : *Monsieur Alphonse*, comédie en trois actes, de M. Alexandre Dumas fils (1ᵉʳ décembre 1873).................................. 304

XXXV

Comédie-Française : *Jean de Thommeray*, comédie en cinq actes, de MM. Emile Augier et Jules Sandeau (5 janvier 1874)............ 317

XXXVI

Porte-Saint-Martin : *Les Deux Orphelines*, drame en huit tableaux, de MM. Ad. d'Ennery et Cormon (2 février 1874)............ 328

XXXVII

Vaudeville : *Le Candidat*, comédie en quatre actes, par M. Gustave Flaubert. — Aimée Desclée (16 mars 1874)................ 338

XXXVIII

Comédie Française : *Le Sphinx*, drame en quatre actes, par M. Octave Feuillet. — Vaudeville : reprise de la *Comtesse de Somerive*. — L'art cadavérique (30 mars 1874)........................ 347

XXXIX

Virginie Déjazet (12 août 1874).............................. 358

XL

LE THÉATRE DE NOVEMBRE 1874 A JANVIER 1875.

I. — Porte-Saint-Martin : *Le Tour du Monde*, pièce en cinq actes et quinze tableaux, par MM. Adolphe d'Ennery et Jules Verne. — Vaudeville : *Le Chemin de Damas*, comédie en trois actes, par M. Théodore Barrière. — Variétés : *Les Prés Saint-Gervais*, de MM. Sardou et Philippe Gille, musique de M. Lecocq. — Palais-Royal : *La Boule*, comédie en quatre actes, de MM. H. Meilhac et L. Halévy.. 365

II. — Théâtre de la Gaîté : *La Haine*, drame en cinq actes et huit tableaux, par M. Victorien Sardou. — Odéon : *La Maîtresse légitime*, comédie en quatre actes, de M. L. Poupart-Davyl......... 369

III. — Gymnase : *Les Deux Comtesses*, comédie en trois actes, de M. Eugène Nus.. 375

IV. — Odéon : *Le Docteur sans pareil*, un acte en vers, de M. Ernest d'Hervilly. — Gymnase : *Mademoiselle Duparc*, comédie en quatre actes, de M. Louis Denayrouze. — Ambigu : *Rose Michel*, drame en cinq actes, de M. Ernest Blum......................... 378

FIN DE LA TABLE DES MATIÈRES.

TABLE ALPHABÉTIQUE

Des Pièces de théâtre analysées dans les deux volumes

DE LA VIE MODERNE AU THÉATRE[1]

A

Aïeule (l'), II, 284.
Amoureux de Marlon (les), I, 214.
Antony, I, 141.
Autre (l'), II, 150.

B

Baronne (la), II, 203.
Bataille de Dames, I, 301.
Bâtard (le), II, 118.
Beau-Frère (Un), II, 299.
Beaux Messieurs de Bois-Doré (les), I, 123.
Bertrand et Raton, II, 254.
Bonaparte à Brienne, I, 150.
Bonne Mère (la), I, 133.
Boule (la), II, 368.

C

Camille Desmoulins, II, 255.
Candidat (le), II, 338.
Château à Toto (le), I, 356.
Chemin de Damas (le), II, 367.
Chemin retrouvé (le), I, 345.
Christiane, II, 127.
Comédie de l'Amour (la), II, 65.

Commes elles sont toutes, I, 284.
Comte d'Essex (le), I, 334.
Comte Jacques (le), I, 240.
Comtesse de Sommerive (la), II, 359.
Confédérés de Bar (les), I, 138.
Contagion (la), II, 169.
Cousin Montagnac (le), I, 312.
Coup de Bourse (Un), I, 313.
Crime de Faverne (le), I, 253.

D

Dame aux Camélias (la), I, 333.
Dernière Leçon (la), I, 312.
Dernières Folies de Madame Angot (les), II, 390.
Deux Comtesses (les), II, 375.
Deux Orphelines (les), II, 328.
Diane de Lys, I, 339; II, 114.
Didier, I, 224.
Docteur sans pareil (le), II, 378.
Don Juan, I, 269.
Drame de la rue de la Paix (le), II, 80.
Drames polonais, I, 138.
Duc Job (le), I, 82.

E

Éloge d'Alexandre Dumas, II, 346.

---

1. Le chiffre romain I indique que les noms des auteurs et des artistes cités et les pièces analysées se trouvent dans le tome *premier*, et le chiffre II dans le tome *second* de la *Vie moderne au théâtre*.

F

Famille Benoiton (la), I, 49.
Fanny Lear, II, 23.
Fantaisie (Une), I, 88.
Faux Bonshommes (les), I, 170.
Faux Ménages (les), II, 53.
Femme de Claude (la), II, 272.
Fernande, II, 159.
Fille de Madame Angot (la), II, 287.
Fourberies de Scapin (les), I, 107.
François le Champi, I, 91.
Froufrou, II, 129.

G

Glenarvon, I, 304.
Grammaire (la), I, 78.
Grandes Demoiselles (les), I, 298.

H

Haine (la), II, 369.
Hamlet, I, 189.
Hélène, II, 262.
Hernani, I, 17, 29.
Horreurs de la Guerre (les), II, 43.

I

Idées de Madame Aubray (les), I, 373.

J

Jean de Thommeray, II, 317.
Juif polonais (le), II, 88.
Julie, II, 81.

K

Kean, I, 275.

L

Lions et Renards, II, 133.
Lise Tavernier, II, 244.

M

Madame Angot au sérail de Constantinople, II, 290.
Madame Angot dans son Ballon, II, 290.
Madame Angot ou la Poissarde parvenue, II, 288.
Madame Desroches, I, 208.
Mademoiselle Dupare, II, 379.
Maîtresse légitime (la), II, 375.
Malheur aux Vaincus, II, 165.
Mari comme on en voit peu (Un), I, 282.
Marquis de Villemer (le), I, 61.
Michel et Christine, I, 70.
Michel Pauper, II, 177.
Mil huit cent soixante-sept, I, 218.
Misanthropie et Repentir, II, 262.
Miss Suzanne, I, 194.
Monsieur Alphonse, II, 304.

N

Nany, II, 253.
Nos Ancêtres, I, 328.
Nos Bons Villageois, I, 102.
Notre Cousin d'Amérique, I, 57.
Nuit d'Octobre (la), I, 351.

P

Palma ou la Nuit du Vendredi-Saint, II, 349.
Papa d'un Prix d'honneur (le), I, 253.
Parisiens (les), I, 307.
Parole et l'Épée (la), I, 268.
Parvenue (la), II, 109.
Passant (le), II, 65.
Patrie, II, 70.
Paul Forestier, I, 236, 244.
Père Gachette (le), I, 20.
Petite Ville (la), I, 360.
Petits Crevés (les), I, 112.
Plus heureux des Trois (le), II, 144.
Pont des Soupirs (le), I, 359.
Prés Saint-Gervais (les), II, 368.
Princesse Georges (la), II, 214, 222.
Puce à l'Oreille (la), I, 78.

R

Rabagas, II, 234.
Repentir de Madame Angot ou le Mariage de Nicolas (le), II, 289.
Rivales (les), I, 279.
Rocambole, I, 45.
Rôdeurs de Barrières (les), I, 229.
Roi Lear (le), I, 323.
Roman d'une Honnête Femme (le), I, 161.
Rose Michel, II, 381.

S

Saint-François (la), I, 223.
Sapho, I, 179.
Sarabande (la), I, 243.
Séraphine, II, 46.
Sonnettes (les), II, 271.
Sphinx (le), II, 347.

T

Toto chez Tata, II, 293.
Tour du Monde (le), II, 345.

Treize (les), I, 214.
Trente Millions de Gladiator (les), II, 368.

U

Usurier de Village (Un), I, 171.

V

Valise de Molière (la), I, 230.
Vengeur (le), I, 296.
Veuve Beaugency (la), I, 313.
Vieux Péchés (les), I, 71.
Visite de Noces (Une), II, 194.
Voyages de Gulliver (les), I, 198.

Z

Zouave est en bas (le), I, 337.

TABLE ALPHABÉTIQUE

Des Auteurs dramatiques dont les œuvres sont analysées dans les deux volumes

DE LA VIE MODERNE AU THÉATRE

A

Abraham (E.), I, 112.
Aune (Th.), II, 117.
Aristophane, I, 43.
Aude (Jean), II, 290.
Augier (Émile), I, 236, 244; II, 133, 169, 317.
Augu (H.), I, 329.

B

Barrière (Th.), I, 161, 170, 253, 307; II, 155, 367.
Bataille (Ch.), I, 171.
Beauvallet (Léon), I, 253.
Becque (H.), II, 177.
Belot (Ad.), II, 30, 299.
Berton (Pierre), I, 223.
Blum (Ernest), I, 45, 198, 296, 351.
Bourgeois (Anicet), I, 45.
Boyer (Philoxène), I, 179.
Brisebarre, I, 296.

C

Clairville, I, 198; II, 284.
Coppée (F.), II, 65.
Cormon, II, 328.
Couturier, I, 354.

D

Daudet (Alphonse), II, 244.
Delair (Paul), II, 346.
Denayrouze (L.), II, 379.
Deslandes (Paulin), I, 20.
Desroziers (G.), I, 282.
Du Boys (Jean), II, 65.
Dugué (F.), I, 314.
Dumas (Alexandre), I, 275.
Dumas fils (Alexandre), I, 332, 373; II, 114, 194, 211, 218, 272, 304.

E

Edmond (Charles), II, 203, 284.
Ennery (d'), II, 284, 328, 365.
Erckmann-Chatrian, II, 88.

F

Feuillet (Octave), II, 81, 317.
Feydeau (Ernest), I, 313.
Flan (Al.), I, 112.
Flaubert (Gustave), II, 338.
Florian, I, 133.
Fournier (Ed.), I, 230.
Foussier (Ed.), II, 203.

G

Gille (Ph.), II, 43, 368.
Glais-Bizoin, I, 87.
Gondinet (Ed.), I, 240, 298; II, 144, 327.

H

Halévy (Ludovic), I, 357; II, 23, 129, 271, 293, 368.
Hervilly (E. d'), II, 378.
Hugo (Victor), I, 29.

K

Koning (V.), II, 284.

L

Labiche (E.), I, 77, 253; II, 111, 368.
Lacroix (Jules), I, 323.
Laya (Léon), I, 82, 208.
Legouvé (Ernest), I, 194, 302.
Leroy (Louis), I, 345.
Lockroy (Ed.), I, 351.

M

Mallefille (F.), I, 304.
Meilhac (H.), I, 243, 357; II, 23, 129, 261, 271, 293, 368.
Meurice (Paul), I, 123.
Michel (Marc), I, 300.
Mickiewicz (Adam), I, 138.
Molière, I, 269.
Monnier (Albert), I, 198.
Musset (Alfred de), I, 351.

N

Najac (de), II, 261.
Narrey (Ch.), I, 284.
Nus (Eugène), II, 376.

P

Pagès (Abel), I, 318.
Pagès (Alphonse), I, 318.
Pailleron (Ed.), II, 53, 263.
Parfait (Paul), I, 351.
Peaucellier, I, 314.
Perronnet (Madame), I, 223.
Pertus (Casimir), I, 136.
Philibert (H.), I, 318.
Picard, I, 360.
Ponsard (F.), I, 61.
Ponson du Terrail, I, 45.
Poupart-Davyl, II, 372.
Prébois (Madame de), I, 161.
Prével (J.), I, 112, 312.

R

Régnier, I, 345.
Rivière (H.), II, 109.
Robert (Auguste), I, 268.
Rolland (Amédée), I, 171, 279, 329.

S

Sand (George), I, 91, 123; II, 150.
Sandeau (Jules), II, 317.
Sardou (Victorien), I, 49; II, 46; 70, 158, 234, 368, 369.
Scribe, I, 301.
Shakespeare, I, 93.
Siraudin, II, 284.
Sophocle, I, 136.
Supersac (L.), I, 223.

T

Taylor (Tom), I, 57.
Thiboust (Lambert), I, 68, 78.
Touroude, II, 118.

V

Verne (Jules), II, 365.
Voltaire, I, 316.

TABLE ALPHABÉTIQUE

Des Artistes dramatiques dont les noms sont cités dans les deux volumes

DE LA VIE MODERNE AU THÉATRE

A

Abel, I, 308.
Achard (Frédéric), II, 314, 377.
Agar (Mlle), II, 65.
Aimée (Mlle), II, 108.
Alexandre, I, 191; II, 366.
Allan (Mme), I, 301.
Allart, I, 46.
Alphonsine (Mlle), I, 303, 357; II, 314.
Andrieu, II, 377.
Angelo (Mlle), I, 198, 287; II, 303.
Antonine (Mlle), I, 182; II, 243, 378.
Arnal, I, 197.
Arnould-Plessy (Mme), II, 259.
Aurèle, II, 157.

B

Bache, I, 359.
Barataud (Mlle), I, 349.
Barretta (Mlle), I, 275; II, 286, 374, 378.
Barré, I, 214.
Bartet (Mlle), II, 358, 363.

Baujard (Mlle), II, 108.
Beauvallet, I, 328.
Bernhardt (Mlle Sarah), I, 270, 288; II, 70, 355.
Berton (F.), I, 131, 278; II, 36, 80, 128, 155, 177.
Berton (Pierre), I, 180, 197, 243, 349; II, 128, 155, 265.
Bic (Mlle), II, 108.
Blaisot, I, 143; II, 303.
Bocage, I, 125.
Bode (Mlle), I, 107.
Bondois (Paul), I, 131.
Bouffar (Mlle Zulma), I, 357.
Bouffé, I, 71.
Brasseur, I, 262; II, 144.
Brésil, I, 306.
Bressant, I, 39, 213, 274, 279; II, 64, 144.
Brindeau, I, 259.
Brohan (Mme Madeleine), I, 303.
Broisat (Mlle), II, 358, 363.

C

Castellano, I, 46, 259.
Cellier (Mlle), I, 56.

Chapuy (Mlle), II, 105, 108.
Chariy, I, 306, 331; II, 80, 382.
Chaumont (Mme Céline), I, 169, 197, 300; II, 271, 297.
Chéri-Lesueur (Mme), II, 163.
Chéron (Mlle), II, 107.
Chotel, I, 118.
Christian, II, 368.
Clarence (Mme J.), I, 218.
Clément-Just, II, 184, 244, 373.
Colas (Mlle Clotilde), II, 20, 108, 374, 378.
Colombier (Mlle), I, 46.
Colson, I, 282.
Coquelin, I, 240, 274; II, 64, 144, 233, 262.
Coquelin cadet, I, 279; II, 357.
Cornélie (Mme), I, 355.
Couder, I, 156.
Coulombier, I, 119.
Croizette (Mlle), II, 22, 107, 262, 327, 3..

D

Dalbert, I, 356.
Damain (Mlle H.), I, 135, 224.
Dambricourt (Mlle), II, 157.
Daubrun (Mme), II, 337.
Debreuil (Mlle), I, 259.
Debrue, I, 312.
Debureau, I, 158.
Déjazet (Mlle), I, 150; II, 132, 296, 299, 358.
Delahaye (Mlle), I, 312.
Delaistre, I, 306.
Delaporte (Mlle), I, 169, 240.
Delaunay, I, 38, 240; II, 64, 144, 233, 262, 270, 357.
Delessart, I, 56.
Delmary (Mlle), II, 18.
Delmaurial (Mlle), II, 22.
Derval, I, 244; II, 303.
Deschamps, I, 115.
Deschamps (Mlle E.), II, 149.
Deschamps (J.), I, 115; II, 368.
Desclée (Mlle), II, 114, 131, 202, 217, 282, 314, 345.
Deshayes (Paul), I, 93, 132, 328.

Désiré, I, 78, 359.
Desrieux, I, 282.
Didier (Mlle Rosa), I, 242.
Doche (Mme), II, 177.
Dorval (Mme), II, 362.
Dubois (Mlle Émilie), I, 86, 212, 275, 303; II, 43.
Dugaril, II, 17, 21.
Dugueret (Mlle), I, 177, 308.
Dumaine, I, 218; II, 60, 344.
Duparay, II, 254.
Dupuis, I, 359; II, 278.
Duverger (Mlle), I, 143.

E

Essler (Mlle Jane), I, 131.

F

Faille, II, 382.
Fargueil (Mlle), I, 49, 56; II, 80, 381.
Favart (Mlle), I, 39, 240; II, 64, 88, 144, 266, 271, 327.
Febvre, I, 56, 234, 303; II, 86, 233, 271, 357.
Félix, I, 308.
Félix (Mlle Dinah), I, 234.
Félix (Mlle Lia), I, 61, 218; II, 373.
Ferraris (Mlle), I, 279.
Fix (Mlle Delphine), I, 301.
Fraizier, II, 21.
Fréville, II, 374.
Fromentin (Mme), I, 300; II, 131, 303, 377.

G

Garait (Mlle), I, 360.
Gaspari, II, 157.
Gaspari (Mme), II, 157.
Génat (Mlle), I, 191.
Geffroy, II, 210.
Geoffroy, I, 73, 262; II, 149, 369.
Gérard (Mlle Laurence), I, 135.

Gillemot, II, 107.
Gil-Pérès, I, 357; II, 149, 369.
Ginet (Paul), I, 115.
Girardin (Mlle), I, 283.
Gobert, II, 255.
Got, I, 83, 87, 240, 303; II, 144, 177, 326.
Greuler, II, 243.
Grivot (Mme), I, 121.
Guérin (Mlle M.), I, 360.
Guichard, I, 177.
Guyon (Mme), II, 326.

H

Hamet (Mme Sophie), II, 337.
Hébert (Mlle), II, 243.
Héricourt (Mlle), II, 18.
Honorine (Mlle), I, 219.
Hyacinthe, I, 279.

J

Janillon, II, 107.
Joanny, I, 32.
Joumard, II, 21, 103, 107, 327, 357.
Judic (Mme), II, 299.
Judith (Mme), I, 189.
Julian, I, 191.

K

Kelly (Mlle), II, 99, 202.

L

Lacombe, I, 351.
Lacressonnière, II, 337, 366.
Lacressonnière (Mme), II, 337.
Laferrière, I, 143.
Lafont, I, 130; II, 243.
Lafontaine, I, 213; II, 88, 373.
Lafontaine (Mme Victoria), I, 213, 240.

Lagier (Mlle Suzanne), I, 306.
Lambquin (Mme), I, 224, 360.
Landrol, I, 197, 243, 349; II, 202, 218, 285, 303.
Laray, I, 306, 356; II, 337.
Laroche, II, 21, 109, 266, 327.
Lassouche, I, 357.
Latouche, I, 191.
Laurent (Mme Marie), I, 46, 92; II, 244, 286, 373.
Laute, I, 328.
Lebel, I, 199.
Leblanc (Mlle Léonide), II, 80, 374.
Lefort, I, 349.
Legault (Mlle), II, 377.
Legrand (Mlle Berthe), II, 21.
Lemaître (Charles), II, 81.
Lemaître (Frédérick), I, 20, 251, 275; II, 157.
Leroux, I, 303.
Lesueur, I, 205; II, 303.
Lhéritier, I, 78, 262; II, 149, 369.
Lody (Mlle), II, 315.

M

Magnier (Mlle Marie), I, 244.
Maillart, I, 303.
Maugin, II, 337.
Manuel, I, 218.
Marié (Mlle Paola), II, 290.
Martin, I, 108, 224, 279, 360.
Martin (Mlle), II, 103, 108.
Mars (Mlle), II, 259.
Masset, I, 86; II, 374.
Massin (Mlle), I, 242, 350; II, 218.
Masson (Mme), I, 178.
Maubant, I, 39, 274; II, 326, 357.
May (Mlle), II, 108.
Mazoudier, II, 21, 103, 107.
Mélanie (Mlle), I, 349.
Miroy (Mlle Clarisse), I, 205.
Monnier (Mlle H.), I, 312.
Monrose, I, 86.
Montal, I, 306, 331.
Morand (Mlle), II, 108.
Moreau (Mlle Angèle), II, 337, 366.
Mounet-Sully, II, 17, 21, 326.
Murray, II, 107.

TABLE ALPHABÉTIQUE DES ARTISTES.

N

Nathalie (Mlle), I, 86, 213; II, 271.
Nertann, II, 164.
Noé (Fernand), I, 107.

O

Othon (Mme), II, 377.

P

Page (Mlle Adèle), I, 132.
Pasca (Mme), I, 349; II, 29, 51.
Patry (Mlle), II, 367.
Pazza (Mlle), II, 105.
Pérey (Charles), I, 312.
Perrier, II, 255.
Peschard (Mme), II, 368.
Petit (Mlle Dica), I, 306, 332; II, 337.
Pierson (Mlle Blanche), I, 198, 287, 349; II, 218, 263, 314, 358, 381.
Ponsin (Mlle), I, 213; II, 233.
Porel, I, 287, 300; II, 374, 378.
Potel, I, 359.
Pradeau, I, 167, 283, 300; II, 52, 283.
Priston, I, 79.
Provost, I, 86, 303; II, 256.
Prudhon, II, 233.
Pujol, II, 29, 51, 132, 218, 283, 303, 313, 377.

R

Ramelli (Mlle), I, 93.
Ravel, II, 132, 381.
Raynard, I, 46, 205; II, 36, 202, 218.
Régnier (de la Comédie-Française), I, 274, 303; II, 253.
Régnier, I, 46; II, 337.

Reichemberg (Mlle), II, 20, 42, 233, 271, 337.
Reynald, I, 61, 93, 132, 226, 379.
Richard (Georges), II, 34, 346, 374.
Ristori (Mme), I, 25, 355.
Rocher (Mlle), II, 108.
Romanville, I, 108.
Rousseil (Mlle), I, 259.
Rouvière, I, 190.

S

Saint-Germain, I, 282, 308.
Saint-Léon, I, 279.
Samary (Mlle), I, 262.
Samson, II, 254, 256.
Schneider (Mlle), I, 203; I, 245.
Seveste, I, 214.
Silly (Mlle), I, 219.
Soquet, II, 109.
Sothern, I, 57.
Strintz, II, 107.
Stuart, II, 157.

T

Tacova, I, 359.
Taillade, I, 46, 226, 323; II, 36, 183, 335.
Talbot, I, 86.
Talien, II, 99.
Tallandiéra (Mlle), II, 381.
Taulin, I, 360.
Thérésa (Mlle), I, 219.
Thierret (Mme), I, 312, 351.
Thiron, I, 174, 359; II, 233, 327.
Tholer (Mlle), II, 20, 233.
Thomas (Mlle), II, 21.
Thuillier (Mlle), I, 226; II, 177.
Tisserant, I, 177.
Tordeus (Mlle), I, 274.
Touzé, II, 378.

U

Ulric, II, 303.

V

Vannoy, I, 174; II, 325, 366.
Vannoy (Mlle), II, 284, 303.
Vigne (Mme), I, 322.

Villeray, I, 349; II, 283, 303.
Vois, II, 21.

W

Williams, I, 199.
Worms (Mlle), I, 78.

FIN

Extrait du Catalogue G. Barba, 7, rue Christine, Paris.

Publications populaires illustrées à 20 cent. la livraison

ROMANS

ŒUVRES COMPLÈTES
DE
CH. PAUL DE KOCK
ILLUSTRÉES DE 720 VIGNETTES
PAR BERTALL

L'ouvrage complet forme 6 volumes in-4. Prix, broché... 24 fr.

ON VEND SÉPARÉMENT

par volume séparé : 4 fr. 10 et par brochures :

Monsieur Dupont............	» 95	La Maison blanche..........	1 35
Mon Voisin Raymond.........	1 15	Frère Jacques..............	1 15
La Femme, le Mari et l'Amant..	1 15	Zizine.....................	1 15
L'Enfant de ma femme.......	» 55	Ni jamais, ni toujours.......	» 95
Georgette..................	» 95	4ᵉ vol., br., 4 fr. 10	
1ᵉʳ vol., br., 4 fr. 10			
		Un Jeune Homme charmant...	1 15
Le Barbier de Paris..........	1 15	Sœur Anne.................	1 35
Madeleine..................	» 95	Jean.......................	1 15
Le Cocu...................	1 15	Contes et Chansons.........	» 95
Un Bon Enfant..............	» 95	5ᵉ vol., br., 4 fr. 10	
Un Homme à marier.........	» 55		
2ᵉ vol., br., 4 fr. 10		Une Fête aux environs de Paris	» 80
		La Laitière de Montfermeil....	1 35
Gustave le mauvais sujet.....	» 95	L'Homme de la nature.......	1 15
André le Savoyard..........	1 35	Moustache.................	1 15
La Pucelle de Belleville......	1 15	Nouvelles et Théâtre........	» 75
Un Tourlourou..............	1 15	6ᵉ vol., br., 4 fr. 10	
3ᵉ vol., br., 4 fr. 10			

NOTA. Il existe, par chaque Roman, une gravure sur acier, par Raffet. La collection complète, soit 30 gravures sur acier. Prix : 9 francs.

EXTRAIT DU CATALOGUE G. BARBA, 7, RUE CHRISTINE, PARIS.

Publications populaires illustrées à 20 cent. la livraison.

LITTÉRATURE. — HISTOIRE. — VOYAGES.

OEUVRES COMPLÈTES DE MOLIÈRE
ILLUSTRÉES DE 120 VIGNETTES SUR BOIS PAR J.-LANGE
Nouvelle édition augmentée d'une notice sur chaque pièce, par É. de la BÉDOLLIÈRE
Prix : broché, 5 fr., relié, 7 fr. Le même orné de 10 gravures sur acier. Prix : 6 fr.
relié.. 8 fr.

Chaque pièce se vend séparément. Savoir :

Vie de Molière............	Don Juan................	Mélicerte................
L'Etourdi................ • 25	Le Mariage forcé........ • 25	Pastorale comique.......
Le Dépit amoureux....... • 25	Le Misanthrope.......... • 25	Les Amants magnifiques.. • 25
Don Garcie de Navarre..	Le Médecin malgré lui...	Le Bourgeois gentilhomme • 25
Les Précieuses ridicules. • 25	L'Imp. de Versailles..... • 25	Psyché.................. • 25
L'Ecole des maris........	Le Tartuffe.............. • 25	Les Fourberies de Scapin.
Sganarelle............... • 25	Amphitryon.............. • 25	La comtesse d'Escarbagnas • 25
L'Ecole des femmes......	L'Avare................. • 25	Les Femmes savantes.... • 25
La Critique de l'Ecole des femmes............... • 25	Georges Dandin.........	Le Malade imaginaire....
La princesse d'Élide.....	L'Amour médecin........ • 25	Poésies diverses, le Val de
Les Fâcheux............. • 25	M. de Pourceaugnac.....	Grâce, etc............. • 8
	Le Sicilien.............. • 25	

La collection des dix gravures sur acier. Prix : 1 franc. 10

OEUVRES COMPLÈTES DE RACINE
ILLUSTRÉES PAR JANET-LANGE
Notice sur chaque pièce par E. de la BÉDOLLIÈRE
OEuvres complètes : 2 60. On vend séparément :

Vie de Racine. La Thébaïde • 20	Britannicus............. • 20	Iphigénie............... • 20
Alexandre............... • 20	Bérénice................ • 20	Phèdre................. • 20
Andromaque............. • 20	Bajazet................. • 20	Esther................. • 20
Les Plaideurs........... • 20	Mithridate.............. • 20	Athalie................. • 20

OEUVRES COMPLÈTES DE CORNEILLE
ILLUSTRÉES PAR JANET-LANGE
Notice sur chaque pièce par E. de la BÉDOLLIÈRE
OEuvres complètes : 2 60. On vend séparément :

Vie de Corneille......... • 20	Polyeucte............... • 20	Héraclius............... • 20
Le Cid.................. • 20	Le Menteur............. • 20	Don Sanche............ • 20
Horace................. • 20	Pompée................ • 20	Nicomède.............. • 20
Cinna.................. • 20	Rodogune.............. • 20	Sertorius............... • 20

Racine et Corneille, reliés en 1 volume. Prix : 7 francs.

OEUVRES COMPLÈTES DE REGNARD
ILLUSTRÉES PAR JANET LANGE
Notice sur chaque pièce, par É. de la BÉDOLLIÈRE
OEuvres complètes : 2 fr. On vend séparément :

Notice sur Regnard.....	Les Folles amoureuses...	Le Légataire universel...
Le Bal................. • 20	Le Mariage de la Folie..	La Critique du Légataire • 20
Le Joueur.............. • 20	Le Retour imprévu...... • 20	Voyages de Regnard..... • 75
Le Distrait............. • 20	Les Ménechmes......... • 20	

LA FONTAINE		FLORIAN	
Fables.................	• 95	Fables.................	• 55
VOLTAIRE		**BOILEAU**	
Histoire de Charles XII..	• 75	OEuvres poétiques.......	• 95

Extrait du Catalogue de G. Barba, 7, rue Christine, Paris.

Publications populaires illustrées à 20 centimes la livraison.

LITTÉRATURE — HISTOIRE — VOYAGES

LOUIS GAMERAY
Voyages et Aventures........ 1 60
Mes Pontons................. » 95

MADAME STOVE
La Case du père Tom........ 1 60
Fleur de Mai................ » 55

HILDRETH
L'Esclave blanc............. 1 15

MADAME DE MONTOLIEU
Robinson suisse............. 2 »

ACHILLE FILLIAS
Histoire de Suède........... 1 60

HAUSSMANN
La Chine.................... 1 80

BÉNÉDICT RÉVOIL
Les Aztecs.................. » 75

BENJAMIN GASTINEAU
La France en Afrique........ 1 35

AUGUSTE CHALLAMEL
Histoire de France.......... 4 10
Le même, relié en toile..... 5 »

Le même, par séries séparées.
Histoire de Napoléon........ 1 15
Histoire de la Révolution... 1 15
Histoire de Paris........... 1 15
Histoire de France.......... 1 15

BRILLAT-SAVARIN
Physiologie du goût......... 1 15

HOFFMANN
*Contes fantastiques.......... 1 15
*Contes nocturnes............ 1 15
*L'Élixir du Diable.......... 1 15
*Contes des frères Sérapion.. 1 15
*Contes mystérieux........... 1 15
*Le volume broché............ 5 »
    Le même, relié .... 7 »

LAS CASES
*Le Mémorial de Sainte-Hélène.. 5 »
    Le même, relié en toile.... 7 »

O'MEARA
*Le Mémorial de Sainte-Hélène,
    2ᵉ partie................ 4 10
    Le même, relié........... 6 »

On vend séparément :
*Napoléon en exil............ 2 »
*Batailles de Napoléon....... 2 20

BOITARD
*Le Jardin des Plantes....... 4 10
    Le même, relié........... 6 »

LÉON PLÉE
Abd-el-Kader................ 1 15

PERRAULT
*Le Cabinet des Fées......... 1 15

DESBAROLLES
*Deux Artistes en Espagne.... 1 15

MICHIELS
*La Traite des Nègres........ » 95

CHARLES DE BUSSY
*Histoire de S. Vincent de Paul.. » 95

DANIEL FOÉ
*Robinson Crusoé............. 1 35

LA FRANCE ILLUSTRÉE

GÉOGRAPHIE, HISTOIRE, ADMINISTRATION ET STATISTIQUE

PAR

V.-A. MALTE-BRUN

ACCOMPAGNÉE D'UN

NOUVEL ATLAS COLORIÉ

DRESSÉ PAR DÉPARTEMENTS

PAR A.-H. DUFOUR

1re série.
1 Cher............... » 40
2 Nord............... » 40
3 Seine-et-Marne.... » 40
4 Loiret............. » 40
5 Pas-de-Calais...... » 40

2e série.
6, 7 Rhône........... » 80
8 Doubs.............. » 40
9 Bas-Rhin........... » 40
10 Oise.............. » 40

3e série.
11 Haut-Rhin......... » 40
12 Indre-et-Loire.... » 40
13, 14 Seine-Inférieure » 80
15 Charente-Inférieure » 40

4e série.
16, 17, 18 Seine-et-Oise. 1 20
19 Loire-Inférieure.. » 40
20 Indre............. » 40

5e série.
21, 22 Eure........... » 80
23 Aisne............. » 40
24 Nièvre............ » 40
25 Ain............... » 40

6e série.
26, 27 B.-du-Rhône... » 80
28 Calvados.......... » 40
29 Yonne............. » 40
30 Corse............. » 40

7e série.
31, 32 Gironde........ » 80
33 Eure-et-Loir...... » 40
34 Orne.............. » 40
35 Ille-et-Vilaine... » 40

8e série.
36 Saône-et-Loire.... » 40
37 Lot............... » 40
38 Somme............. » 40
39 Manche............ » 40
40 Drôme............. » 40

9e série.
41 Isère............. » 40
42 Charente.......... » 40

43 Morbihan......... » 40
44 Loir-et-Cher....... » 40
45 Allier............. » 40

10e série.
46 Côtes-du-Nord..... » 40
47 Ariège............ » 40
48 Finistère......... » 40
49 Hautes-Alpes...... » 40
50 Basses-Pyrénées... » 40

11e série.
51 Marne............. » 40
52 Haute-Vienne...... » 40
53 Tarn.............. » 40
54 Aube.............. » 40
55 Maine-et-Loire.... » 40

12e série.
56 Pyrénées-Orientales » 40
57 Basses-Alpes...... » 40
58 Aude.............. » 40
59 Haute-Marne....... » 40
60 Dordogne.......... » 40

13e série.
61, 62 Côte-d'Or...... » 80
63 Vaucluse.......... » 40
64 Ardennes.......... » 40
65 Mayenne........... » 40

14e série.
66 Sarthe............ » 40
67 Vienne............ » 40
68 Hérault........... » 40
69 Lot-et-Garonne.... » 40
70 Creuse............ » 40

15e série.
71 Haute-Loire....... » 40
72 Gers.............. » 40
73 Vendée............ » 40
74 Landes............ » 40
75 Deux-Sèvres....... » 40

16e série.
76 Corrèze........... » 40
77, 78 Haute-Garonne.. » 80
79 Var............... » 40
80 Jura.............. » 40

17e série.
81 Loire............. » 40
82 Gard.............. » 40
83 Vosges............ » 40
84 Haute-Saône....... » 40
85 Ardèche........... » 40

18e série.
86 Tarn-et-Garonne... » 40
87 Meurthe........... » 40
88 Lozère............ » 40
89 Hautes-Pyrénées... » 40
90 Cantal............ » 40

19e série.
91 Moselle........... » 40
92 Puy-de-Dôme....... » 40
93 Meuse............. » 40
94 Aveyron........... » 40
95 Colonies d'Amérique » 40

20e série.
96 Colonies d'Asie, d'Afrique...... » 40
97 Algérie........... » 40
98, 99, 100 Seine..... 1 20

21e série.
101 La France, Géographie, Carte physique.. » 40
102 La France, Histoire, Cartes par Provinces et par Départements.. » 40
103 La France, Littérature, Cartes des communications..... » 40
104, 105 La France, Industrie, Carte générale (double).......... » 80

22e série.
106 Savoie........... » 40
107 Haute-Savoie..... » 40
108 Alpes-Maritimes.. » 40
109 à 112 Dictionnaire des Communes.... 2 00

ON PEUT TOUJOURS SOUSCRIRE AU CHOIX :

1° Par département avec carte, 40 c. — 2° Par série de cinq départements avec cartes, 2 fr. 10 c. — 3° Par volume ou atlas séparé.

L'ouvrage complet, 2 vol. gr. in-8 et atlas. — Prix : br. **45 fr.**, rel. **55 fr.**

Publié par GEORGES BARBA, éditeur, 7, rue Christine.

Paris. — Imprimerie Téville et Capiomont, 6, rue des Poitevins.

www.ingramcontent.com/pod-product-compliance
Lightning Source LLC
Chambersburg PA
CBHW052137230426
43671CB00009B/1280